帮助学生走向新的认知和实践

以批判性思维为工具

撰写人（按章节作者为序）

高新桥　何耀华　娄福艳　王天红

邢香英　王肖华　王　静　王秀莉

燕纯纯　刘媛媛　陈　曦　朱红宁

中国政法大学出版社

2022·北京

图书在版编目（CIP）数据

帮助学生走向新的认知和实践：以批判性思维为工具/高新桥等著. —北京：中国政法大学出版社，2022.8

ISBN 978-7-5764-0514-9

Ⅰ.①帮…　Ⅱ.①高…　Ⅲ.①中学教育—教学研究　Ⅳ.①G632.0

中国版本图书馆CIP数据核字(2022)第145575号

出　版　者	中国政法大学出版社
地　　　址	北京市海淀区西土城路 25 号
邮　　　箱	fadapress@163.com
网　　　址	http://www.cuplpress.com (网络实名：中国政法大学出版社)
电　　　话	010-58908435(第一编辑部) 58908334(邮购部)
承　　　印	北京鑫海金澳胶印有限公司
开　　　本	787mm×1092mm　1/16
印　　　张	22.25
字　　　数	500 千字
版　　　次	2022 年 8 月第 1 版
印　　　次	2022 年 8 月第 1 次印刷
印　　　数	1~1500 册
定　　　价	69.00 元

序

习近平总书记指出："培养创新型人才是国家、民族长远发展的大计。当今世界的竞争说到底是人才竞争、教育竞争。要更加重视人才自主培养，更加重视科学精神、创新能力、批判性思维的培养培育。"这一重要论述，既突出强调了创新人才对于国家民族长远发展的决定性意义，突出强调了教育对于创新人才自主培养的关键作用，也指明了创新人才培养的重心要放到科学精神、创新能力、批判性思维等方面，进而揭示了创新人才自主培养需要各级各类教育相互衔接、共同发力。学习、领会习近平总书记关于创新人才培养的要求，要将提升创新人才自主培养能力作为构建高质量教育体系的重大任务和今后教育改革发展的主攻方向，紧密结合各级各类教育的实际，落实到教育工作的全方位、全过程。结合中小学教育工作的实际，要切实加强创新人才基础培养，营造"为创新而教"的学校文化，探索育人方式变革，把科学精神、创新能力、批判性思维的培养贯彻到日常教育教学实践中，不断提升学生的创新素养。

近年来，许多中小学积极推进课程、教学、评价与学校管理一体化改革，在推进课程的综合性、选择性、实践性方面取得了进展，在探索深度学习理论、基于大概念引领的单元学习、基于学科能力提升的教学策略等方面取得了实效，在倡导学生主体作用、关注学生学习能力和思维品质方面有了一些积极的探索，增强了学校办学活力，激发了学生主体作用，为创新人才基础培养积累了经验。

北京市第十九中学注重面向全体学生加强批判性思维培养。从2015年以来，老师们就较系统地开展批判性思维理论研究和教学实践，经过持续六年的教学实践，在运用批判性思维工具促进教师专业发展、创新课堂教学模式、引导学生开展深度学习等方面积累了大量鲜活案例，形成了实践成果，取得较好的教育教学效果。老师们用实践证明，将批判性思维融入普通中学教学全过程，有助于促进学生核心素养的发展，有助于提升教师的批判性思维品质，有助于提升学校整体办学水平。2021年，该校承办了全国基础教育批判性思维教育研讨会，吸引了来自全国各地的大中小学教育同仁，共同分享批判性思维在学生培养中的价值。《帮助学生走向新的认知与实践——以批判性思维为工具》正是在长期实践与研讨总结的基础上形成的。

本书通过案例分析与相关论述，具体而又生动地探讨了批判性思维与学科教学融合的普适性方法和路径，以及可操作的实施策略。它既可帮助教师深化对教育教学本质的理解，更新教学观念，改进教学方式；同时也可以帮助学生掌握科学学习方法，发展高阶思维，进而提升思维品质和自主学习、终身学习能力。全书以一般理论为背景、具体学科案例为载体，探讨如何运用批判性思维工具促进"教与学"，较好地将理论与实践相融合，具有较强的启发性、指导性和可操作性。

来自教学一线的实践经验和策略是最宝贵的教育财富。这本凝结了北京市第十九中学优秀教育实践者汗水和心血的作品，是实实在在将批判性思维理论与教学实践相结合的佳作，是十九中师生新时代教育改革的智慧结晶。希望本书的出版，对推动批判性思维理论普及与应用实践，为创新人才培养和课堂教学改革创新，进而对促进教师专业发展、提升学生核心素养发挥积极作用。

北京教育科学研究院院长

方中雄

2022 年 3 月 21 日

目 录

第一章　批判性思维与中学教育

　　思维是人们在一定时代对客观事物的理性认知方式，是一个人对信息进行处理和转换的过程。思维决定了人们能否把握客观事物及其认识的正确态度。不同的思维方式可能会有不同的认知结果，也本能地影响着认知后的行动结果。因此为了更加正确地处理事物，人们倡导系统思维、动态思维、整合思维、创新思维等。有人说，80%的管理问题只要掌握20%的管理思维就可以解决，正如古希腊物理学家阿基米德说："给我一个支点，我可以撬动整个地球。"一语道破了思维的重要性。思维的培养在一个人的成长中也是非常重要的，特别是在基础教育阶段的青少年，教师不仅要培养学生的学习兴趣，激发学生的求知欲和好奇心，更要在这个过程中注重对他们情感的培养、能力的培养和思维的培养，中学教育就肩负着这个育人的使命。

　　2021年5月28日，习近平总书记在两院院士大会、中国科协第十次全国代表大会上指出，培养创新型人才是国家、民族长远发展的大计，世界的竞争归根到底是人才的竞争、教育的竞争，要更加重视人才的自主培养，更加重视科学精神、创新能力和批判性思维的培养与培育。习近平总书记首次提出把批判性思维的培养、培育作为我国人才自主培养的重要抓手，批判性思维作为21世纪人才素养的核心能力，批判性思维能力也成为学科必备的核心素养。在2016年颁布的《中国学生发展核心素养》中表述为理性思维、批判质疑、勇于探究，也体现在2017年新颁布的各学科课程标准中。

　　基础教育作为培养人才的重要环节和关键阶段，面对着当前的全面深化教育综合改革的形势，要从根本上思考教育的培养模式，思考人才的培养模式，思考教学改革在人成长中的切身价值，那就要在人的思维培养上下功夫。批判性思维的理论与运用对于一部分老师来讲，仍然存在较大的困难，我们也希望能够借助《帮助学生走向新的认知与实践——以批判性思维为工具》一书，引发教育同仁的思考与研讨，更愿意借助批判性思维工具反思和改进学校教学，为国家创新性人才的培养做出基础教育的贡献。

第一节　教育评价改革对批判性思维的呼唤

一、教育评价体系的核心主张与批判性思维培养的内在逻辑

　　从2014年国务院发布的《关于深化考试招生制度改革的实施意见》到2020年中共中央、国务院发布的《深化新时代教育评价改革总体方案》，再到2020年教育部考试中心发布的《中国高考评价体系》，三个文件一脉相承，都在围绕国家人才培养战略转型的角度，进一步促进和深化教育改革落细落实。以招生制度改革文件为引领，以评价方式改革为手段，以考试命题改革为载体，推进中学教育改革，引导学校教育注重学生思维能力和核心价值的培养，从而更好地服务于我国的人才培养战略，服务于人才强国的战略。

2020 年 1 月 7 日教育部考试中心正式发布《中国高考评价体系》，其核心内容包括："一核"为考查目的，是高考核心功能的概括，即"立德树人、服务选才、引导教学"，回答了"为什么考"的问题；"四层"即"必备知识、关键能力、学科素养、核心价值"为考查内容，也是考试内容的核心提炼，回答了"考什么"的问题；"四翼"强调了"基础性、综合性、应用性、创新性"，从评价维度出发回答了"怎么考"的问题。

《中国高考评价体系》的"一核""四层""四翼"都与批判性思维密切相关。如何引导教学说明了从教到学的转变在"导"上，"导"需要有情境、有素材、有任务、有问题，在分析中关注核心知识，形成解决问题的路径，否则就成为灌输。高考重点关注的主干内容，源于社会生活中的情境，源于科学技术进步的前沿信息，源于学生在成长中的经历体验与思考，只有学生在思维能力上提升，才能实现融会贯通和触类旁通。从这样一个链条出发，是当下的高考命题特点，近年来的高考试题更加关注考查学生的理性思考能力、独立思考能力、发散思维和逆向思维等，考查学生根据材料进行开放性的问题设计，通过分析和变化思维要素进行推测和自行探究论证，并考查学生在解决问题的思辨能力、写作等书面表达能力，考查学生在解决问题中的勇气和自信心。批判性思维可以使学生多角度辨别信息、分析问题，从而做出理性的、明智的解答，实现从"解题"到"解决问题"的转变与提升。这些能力考查的核心就是批判性思维能力的核心。

二、教育质量提升与育人方式的转换对批判性思维的客观要求

2019 年 6 月 23 日，中共中央、国务院发布《关于深化教育教学改革全面提高义务教育质量的意见》，要求义务教育学校要树立科学的教育质量观，立德树人，"五育"并举，深化课程育人、活动育人、实践育人和协同育人，着力培养学生的认知能力和思维发展，激发创新意识，确保义务教育质量提升。

2020 年中共中央、国务院发布《深化新时代教育评价改革总体方案》，吹响了新时代教育评价改革攻坚号角，扭住了当前教育改革的"牛鼻子"。对义务教育学校来说，在已推行 9 年的义务教育学业质量评价"绿色指标"基础上，进一步完善指标体系，重点评价促进学生全面发展、保障学生平等权益、引领教师专业发展、提升教育教学水平、营造和谐育人环境、建设现代学校制度以及学业负担、社会满意度等情况。全面客观反映学校的办学质量和进步指数，使"以'绿色指标'测评结果论英雄"成为衡量义务教育学校办学质量的指挥棒。对普通高中学校，以深化中考和高考改革为抓手，突出实施学生综合素质评价、开展学生发展指导、优化教学资源配置、有序推进选课走班、规范招生办学行为等评价，完善高中阶段课堂教学分层分类、学生综合素质评价体系，促进普通高中特色多样发展。这也成为学校教育改革的落脚点和基本要求，影响着学校管理者的思维方式，影响着教师教育教学实施的思维方式，进而影响学生的思维方式，更影响教育的人才培养方式。

2016 年 9 月，中国学生发展核心素养的研究成果公布，分为人文基础、自主发展、社会参与三大层面，在项目指标当中，提到了理性思维批判质疑、勇于探究、乐学善学、勤于反思以及问题解决，这些核心素养成为导向，引导学校教育改革的方向。提升学生核心素养的关键在于提升教师的核心素养，教师的质疑、反思、批判、探究等思维能力成为提升的重点。从 2017 年开始进行了新的高中课程改革，突出了学生的选择性和学业水平考试这样一个特点，越来越看到从知识为基、能力为重到素养导向以及价值引领的转变。北京的中考改革也经历了三个变化，从最开始的语数英理化等传统科目到"3+3"（语数英必考加选考）到"3+2+2"，引导学生关注社会发展、关注生活实际、关注国家大事乃至世界的重大变革，在考试命题当中更强调

真实情境。那么新课程改革注重学生发展的个体性与差异性，重视开发学生的个性潜能，也重在培养学生的创新思维和实践能力。

随着招生考试制度的陆续完善，健全质量评价体系等解答了"为什么考""考什么"和"怎么考"的问题。评价体系以"必备知识、关键能力、学科素养和核心价值"为考查内容，其中关键能力体现在信息筛选能力、分析运用能力、论证能力、解决问题的能力以及发散思维和逆向思维等。从命题的呈现来看更加关注社会生活、关注科技进步和国家经济发展，这些命题素材是鲜活的社会情境，是教科书之外的生动实例，考查学生分析解决问题能力的同时，考查学生独立思考的清晰思维能力，包括学生的归纳概括能力、抽象思维能力和演绎推理能力、批判性思维能力和辩证思维能力，而这些能力也恰恰是 21 世纪学生的核心素养。

三、考试命题强化关键能力与思维品质提升

《深化新时代教育评价改革总体方案》作为纲领性文件，不仅指导着考试内容改革和命题工作的测评体系，更重要的是引导着教育教学的转变，尤其是对中学的教育教学来说，理顺教与学的关系，促进中学教育教学理念的转变，推进学生核心素养的落实，对接育人方式改革，扭转教育的简单功利化倾向，提升教育评价的导向作用，构建良好的教育生态，促进立德树人根本任务的落实。

实现教育评价的导向性作用，对学科素养与核心能力的考查是高考的首要目标，通过现有的考试命题体现出来，如试题中信息量的增加、试题选材的丰富性、设置的问题情境、开放性论证等，考察学生的关键能力和思维品质。2020 年抗击新冠肺炎疫情的内容，如政府职能、医务工作、科技研究、全社会的组织动员等，不仅是时政的热点，彰显我国政治制度的优势，更引导学生关注国家大事，坚定制度自信。新冠疫苗的研制引领学生立志科学研究，全民总动员引领学生关爱社会、关爱他人、服务社会的情怀。向友好国家提供新冠疫苗，彰显构建全球命运共同体的理念与实际行动。这些重大社会现实问题的设置，着重考查了学生的家国情怀、责任担当与理想信念，是高考对"立德树人"考查的具体体现。这也是国务院办公厅《关于新时代推进普通高中育人方式改革的指导意见》所要求的。高考命题注重联系社会生活实际，增加综合性、开放性、应用性和探究性试题的具体体现，重点考查学生运用所学知识发现问题、分析问题和解决问题的能力，突出对思维品质中抽象思维能力、归纳思维能力、演绎推理能力和批评性思维能力、辩证思维能力的考查，实现对学生掌握学科大概念、主干知识和思维方法的考查与选拔。

下面以一道试题来说明。

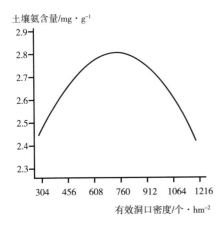

土壤氮含量/mg·g⁻¹

有效洞口密度/个·hm⁻²

2020 年高考地理（全国 I 卷）考查内容分布表（《中国高考报告》第 238 页）考查的重点体现在资源的开发与利用、生态保护和可持续发展等方面，考查的核心素养主要是区域认知、综合思维、人地协调观和地理实践力。以 44 题为例。[地理——选修 6：环境保护]（10 分）

高原鼠兔多穴居于植被低矮的高山草甸地区，因啃食植物曾被看作是引起高山草甸退化的有害动物而被大量灭杀。土壤全氮含量是衡量土壤肥力的重要指标。通常土壤肥力越高，植被生长越好，生态系统抗退化能力越强。图8示意青藏高原某典型区域高原鼠兔有效洞口（有鼠兔活动）密度与土壤全氮含量的关系。分析高原鼠

兔密度对高山草甸退化的影响，并提出防控高原鼠兔的策略。

【解析】首先要注意审题，该问题包括两个分析，先分析高原鼠兔密度对高山草甸退化的影响，再提出对策。

读图可知，青藏高原某典型区域高原鼠兔有效洞口密度与土壤全氮含量的关系是：先随着高原鼠兔密度增加土壤全氮含量也增加，当高原鼠兔有效洞口密度达到 760 后，高原鼠兔密度继续增加后，土壤全氮含量随之开始下降。即密度过大时，土壤肥力下降，引起高山草甸退化；密度过小时，高原鼠兔对维持高山草甸的氮循环贡献小，土壤肥力较低，高山草甸易退化；而合适的高原鼠兔密度，能够维系土壤肥力，有利于促进高山草甸生长。从而得出分析的结论：合适的高原鼠兔密度，能够维系土壤肥力，促进高山草甸生长。

其次分析对策。透过高原鼠兔的密度与土壤肥力之间的关系，就应该辩证地提出高原鼠兔的数量要控制在适度的范围内，既不放纵也不能全面捕杀，所以提出的对策是把高原鼠兔数量（密度）控制在合适范围之内，使得土壤全氮含量处于较高的水平，刚好能够维系土壤肥力。最后形成书面答案。

【答案】合适的高原鼠兔密度，能够维系土壤肥力，促进高山草甸生长，使之不易退化；密度过大时，高原鼠兔大量啃食植被，土壤肥力下降，引起高山草甸退化；密度过小时，高原鼠兔对维持高山草甸的氮循环贡献小，土壤肥力较低，高山草甸易退化。把高原鼠兔数量（密度）控制在合适范围之内，而不是全面灭杀。

从本题来看，素材情境是陌生的，考查的是可持续发展的理念。给出试题的区域是青藏高原，一个相关数据图和一段文字表述情境，仔细分析并没有考查更多的地理知识。对于高中学生来说，可以从数学思维的角度读图解析，运用合理的语言表达出结论就可以，考查的是学生辩证思维的能力。

我们仔细分析试题，发现考察的关键能力和思维品质都涵盖在以下八种核心能力中：

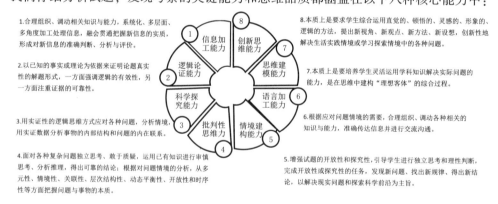

图 1-1-1 强化关键能力和思维品质所涉及的八种核心能力

第二节 中学教育中批判性思维的现状

一、批判性思维在中学教育中开始受到关注

2010 年 7 月 8 日《国家中长期教育改革和发展规划纲要（2010—2020 年）》中提出，要注重学思结合，倡导启发式、探究式、讨论式、参与式教学，帮助学生学会学习。激发学生的

好奇心，培养学生的兴趣爱好，营造独立思考、自由探索、勇于创新的良好环境。这是课堂教学新型面貌的基本要求，也蕴含着批判性思维品质提升的开端。十余年来，课堂教学确实发生了很大的变化，教师从教转向学的理念与意识都在课堂教学实践中不断地落实，课堂更加活泼开放，学生的主体地位逐步彰显。但通过听评课发现，部分课堂教学中还存在着很多问题，如教师讲、学生听的安静课堂；缺少有效提问、师生简单问答的低效课堂；缺少问题引领、任务驱动的实效课堂；缺少引发思考、促进思维能力提升的建构课堂……我们期待的课堂是老师与学生、学生与学生之间的质疑，在课堂上产生激烈的辩论，在质疑、辩论中真正运用批判性思维的学习。

习近平总书记在全国教育大会上指出：有什么样的评价指挥棒，就有什么样的办学导向；要坚决克服唯分数、唯升学、唯文凭、唯论文、唯帽子的顽瘴痼疾，从根本上解决教育评价指挥棒问题，扭转教育功利化倾向；坚决改变简单以考分排名评老师、以考试成绩评学生、以升学率评学校的导向和做法。总书记的重要讲话，为深化新时代教育评价改革提供了根本遵循。

二、批判性思维的发起者应该是教师

多年的教学管理使得我们有机会走进更多的课堂教学，每年开展数百节的听评课活动，看到多种形式激发学生思维的高效课堂，感悟到课堂教学对学生素养培育的作用与价值之大。不管是从学科本位的角度评价课堂教学，还是跨越学科从教学的实施来看，当下的课堂教学组织实施中仍然存在着很多需要迫切改进的问题。如教师的教学设计不够，表现在：知识内容的设计缺少思维逻辑；教学组织实施中的问题意识不强，缺少课堂中有效的教学问题引领学生思考；学生的学习活动有的是为了设计而设计，为了活动而活动，缺少符合学生特点的、符合学习内容需要的有效设计与实施；对学生问题回答的有效评价还缺少方法；教师缺少能够起到知识结构化的板书设计；尤其是"双减"政策下更缺少对作业的设计与研究。其根源或许在于学校管理者的固化思维，未能理解当下教育改革的客观要求和形势，仍然存留"只见分数不见学生"的传统理念。分数是每一个学生都要过的关卡，也是衡量一个学生学业水平的指标。随着招生考试方式的变革，增加了学生的综合素质评价，但仍然量化成分数，高考的等级性考试最后也折合成分数。分数不仅成为学生学业水平的指标，也成为升学的衡量指标。正如2021年两会期间江苏省锡山高级中学唐江澎校长所言：学生没有分数，就过不了今天的高考，但孩子只有分数，恐怕也赢不了未来的大考。一个学校没有升学率，就没有高考竞争力，但教育只关注升学率，国家恐怕也没有核心竞争力。分数是重要的，但分数不是教育的全部内容，更不是教育的根本目标。好的教育，应该是培养终生运动者、责任担当者、问题解决者和优雅生活者。这段话不仅道出了一位教育者对教育改革的期望，也道出了对教师发展的期望。教师习惯于传统教学的模式是从概念到逻辑到例证、从例证到习题的强化训练，习惯于从懂到会、从会到熟、从熟到巧的机械训练，使得知识训练"超载"，缺少从表象思维到抽象思维的引领，再到创新思维的体验与提升。部分教师也缺少对深度学习的实践，在重知识本位的过程中，教师本身的思维能力发展不足，因此在培养学生发展核心素养的道路上对思维发展的探究还任重道远。

三、教师的批判性思维教育理念需要转变与提升

高考作为人才选拔的一种重要途径，考试命题贴合社会和生活，试题的情境化体现了考查知识的灵活性、开放性，试卷阅读量的增加强调了信息的筛选、识别、辨析、评价的能力，即

以批判性思维为代表的高阶思维成为考查的中心，考查学生开放的心态、独立思考、明确的问题意识、清晰的逻辑思维、严谨的论证过程，也是这样一个过程才会培养学生良好的思维品质。批判性思维与创新人才培养有着高度的关联，两者是不可分割的一个整体。把这样的一个高阶思维考查作为中心，那我们的教育教学就要向这个方面来具体落实。实际上教学改革过程当中，老师们也经历了多次的教学改革，十年一大改、五年一小改，教学理念要时时改，相对频繁的改革没有使教师从理念上提高对改革的理解与实践，却出现老师们疲了，学生们一届一届地变了，老师也倦了的状况；出现了考试变了，课堂真正改了吗？命题变了，学校教师的教学研究跟上了吗？学生变了，老师的育人理念是否真正变了？还有一系列的问题，都成为让改革走深走实的羁绊。在现实的教学工作当中，能够感受到有些教师努力，但"穿新鞋走老路"的做法仍然存在，学生的成绩、能力、核心素养提高了多少呢？学校的工作又是如何开展的呢？这一系列的问题都在我们的头脑当中呈现出来。如果有这样的一些问题，就是对努力的一种质疑，也是批判性思维的一个起点，是一个可喜的变化。

从批判性思维的角度来看，教师是如何努力的呢？是延长时间还是加强教研，是在备课、上课、听课、评课哪个教学环节做的研究；是否更多地关注了学生的活动参与、探究体验；是否给学生足够的时间思考与表达；教师是个体研究还是团队研究；教学在哪些学科上去突破，怎么突破的，是否有一些思考后的行动跟进使成果得以固化……面对着一系列的质疑，就是批判性思维的开始。质疑之后应该思考，如何从教转向学，如何在教学过程当中注重学生的体验，而这种体验应该是从学生获取知识、识别信息、运用信息、分析论证开始的；学校教研解决了哪些困惑问题；等等。这一系列的问题也是对高考改革的理解和落实，在某种程度上还不到位。现实的教学当中，这种用批判性思维工具改进教学、提升育人理念的落地还有很大的提升空间。

高考改革已经实现从考知识到考试能力的转换，通过各种情境的设置，考查学生综合运用知识和能力的水平，考查学生独立思考、敢于质疑、发现问题、逻辑论证和批判性思维的能力，这是一个要点。蔡元培先生讲过，"教育的艺术不在传授，而在鼓舞和唤醒"。而鼓舞和唤醒则需要教师帮助学生树立正确的思维方式，使学生在学习和生活中真正受益。教师在教学过程中，需要点燃学生思维的火把，让每一位学生真正在学习中"活"起来。怎样才能让学生的思维"活"起来呢？这是教育者应该实实在在需要研究和改变的问题。那么从教师的教到转向学生的学，从学科教学转向学科的教育，目前我们觉得尚需时日，这样一个过程就是教师专业成长的历程。北京市第十九中学近几年以科研引领教学改革，从理念到行为跟进，从种子教师到教师团队，再到学校管理者层面，以课题为抓手，优秀教师引领教学研究的不断深化，初见成效。2017 年开展市级科研课题《基于学情分析的教学活动设计与实施的行动研究》，结题之后反思学生对于深层次分析问题的高阶能力还有欠缺。2018 年跟进了《基于学情分析的学习品质提升的行动研究》和 2019 年《批判性思维工具促进教师专业发展的研究》。在系列研究中从关注课堂教学到关注学习品质，从关注学生品质到关注教师成长，目的就是从关注学生的成绩走向关注学生的思维，从关注学生阶段性的发展走向终身发展，落实好学生核心素养的培养。

四、批判性思维促进学习者思维品质的提升

杨叔子院士也曾经多次提到过批判性思维强调的不只是思维，更是知识、思维、方法、原则和精神的统一。人民教育家于漪老师说，现在的老师不缺教学技巧，而缺思想与批判性思

维。思维是一种力量，基础教育的工作者更要思考如何来提升学生的思维品质，这是时代的需要。在教育领域提倡批判性思维，主要是让孩子能够养成批判性思维的习惯，具备批判性思维能力是人成长的客观要求。

教育改革的深化推动中学教育教学的发展方向进一步在学习方式变革上下功夫。2018 年11 月刘月霞、郭华主编的《深度学习：走向核心素养（理论普及读本）》由教育科学出版社发行，研究开发"深度学习"教学改进项目，是探索落实学生发展核心素养和各学科课程标准的重要途径和有力抓手。其理念中也多次谈到批判性思维的价值，尤其是怎样实现深度学习，更是运用批判性思维的理论，强调选择情境素材策略要多视角链接生活和生产，链接学科发展和科技前沿，链接思想道德教育要素。在学习过程中设计富有挑战性的学习任务，强调思维外显策略，引导学生自我分析、质疑辩论，促进学生与任务深度互动，组织讨论和交流，通过教师的引导追问等让思维外显。学生围绕着具有挑战性的学习主题，全身心积极参与，体验成功，获得发展的有意义的学习过程。在这个过程中，学生掌握学科的核心知识，理解学习过程，把握学科的本质及思想方法，形成积极的内在学习动机、高级的社会性情感、积极的态度、正确的价值观，成为既具独立性、批判性、创造性又有合作精神、基础扎实的优秀的学习者

当下批判性思维的教学研究，迫切需要放在如何提升中小学生的思维品质和思维能力的大背景下来考虑。目前中学教学中教师大量用的是演绎思维，很少用归纳思维。演绎和归纳是两条路，归纳是从个别到一般，演绎是从点到面。批判性思维要在掌握真凭实据的基础上展开，否则怎么批判？批判什么东西？批判不是否定，批判是在原有的基础上使好的发扬光大，使不足得到克服。思维方法确实要突破，批判性思维培养的目的是提升中学生的思维品质和思维能力，有这样一个扎实的基础，批判性思维就能得到正确的运用。上海特级教师余党绪开展了多年的教学实践，他从思辨性阅读入手，改进阅读教学，破解高中阶段阅读低效的难题，冲破阅读定势，打开阅读教学的新局面。成为当下基础教育批判性思维教学实践的开拓者。在华中科技大学专家的引领和带动下，我们也看到华中科技大学附属小学、南京市中华中学、北京市第十九中学等一批学校开始了批判性思维的教学研究。批判性思维的教学研究已经越来越受到关注，也越来越显现出成效来。但在进行批判性思维教学的时候，千万不能够绝对化，要开放、多元、互动，不断有新的发现。希望以这个思维的方式为切入口，能够突破中学教学的现实困境，打开一片新的天地。

第二章　批判性思维在中学教育中的探索

第一节　思维与批判性思维解读

我们处在一个信息爆炸的时代，一个科技加速发展的时代，一个全球化蜿蜒前行的时代，一个充满机遇和挑战的时代。当下的我们尤其是未来的新生代，都需要具备适应和驾驭飞速变化的新未来的能力。

基础教育作为培养人才的重要环节和关键阶段，面对着当前的全面深化教育综合改革的形势，要从根本上思考教育的培养模式、思考人才的培养模式、思考教学改革在人成长中的切身价值，那就是需要在人的思维能力和思维品质培养上下功夫。近年来，批判性思维引起了国内外教育界越来越多的重视。经济合作与发展组织发布题为《为 21 世纪培育教师、提升学校领导力：来自世界的经验》的报告，报告指出，21 世纪我们要培养学生的基本技能，必须培养学生的批判性思维、创造性思维以及生活方式等。2021 年 5 月 28 日习近平总书记首次提出把批判思维的培养培育作为我国人才自主培养的重要抓手，批判性思维作为 21 世纪人才素养的核心能力，在新颁布的各学科课程标准中，也成为学科必备的核心素养。然而，在批判性思维已成为一个时髦词汇或流行术语之时，人们对批判性思维的概念、方法以及如何在教学中加以运用和贯彻，仍处于探究、实践和总结之中。

一、思维是一个荆棘丛生的过程

每当我们遇到疑惑或问题，总会摸着脑袋说"让我想想"。这个"想想"，就是"思想""思维"或"思考"的意思。许多学者从不同角度对思维进行较为系统的解读，虽然不完全一致，但是，都可以帮助人们对思维的认识。

（一）杜威对思维的解读

杜威是 20 世纪著名哲学家、教育学家，实用主义哲学的创始人之一。他在《我们如何思维》一书中认为思维有四种含义：一是从最不严谨的含义来说，凡是脑子里想到的，都可以说是思维，包括任何随心的遐想、零碎的回忆或一掠而过的感触。二是我们对于自己并未直接见到、听到、嗅到、接触到的事物的想法，如编撰一段故事。三是人们立足已有的信念（真实的知识或是被信以为真的知识）而得出自己的信念。四是人们用心搜寻证据，确信证据充足，若能证据成立，再考虑它所导致的进一步的结论，才形成信念。这一思维过程就构成思考、思维。也只有这种思维才有教育意义，因而也就是本书的主题。

（二）加里·R. 卡比等[1]对思维的解读

加里·R. 卡比（以下简称加里）在《思维——批判性和创造性思维的跨学科研究》一书

---

[1]　[美] 加里·R. 卡比（Gary R. Kirby），[美] 杰弗里·R. 古德帕斯特。

中提出一种定义思维的方法，即通过观察人们交流时所传达之思维结果来定义思维。书里是这样解释的，如果人们的"思维活动"完全是内在性的并永远不会被用于外在交流，这种活动对我们来说毫无用处。由此，加里将思维定义为具有交流潜在性的大脑活动。而交流媒介包括语言（讲话、书写、签约、辅助语言、模仿），图像（电脑制图、设计蓝图、图表、符号），艺术（图画、雕刻、模特、建筑、音乐、舞蹈），科学公式以及数学等。所有这些交流形式都有其独到之处和特定的优点，但人类主要的交流方式还是语言，因此思维主要是指具有言谈或书写表达潜在性的大脑活动。

那么人们如何认识思维呢？这是一个无法直接回答的问题，否则会套进一个循环论证里：试图用思维认识思维，如同用眼睛观察我们的眼睛一样。不过，眼睛可以借助镜子等作为反射中介看到其自身。由此可类推，要了解我们的思维，就需要为我们的大脑提供一面镜子。加里认为，书写与言谈就可以作为思维的反射镜（如下图所示）。

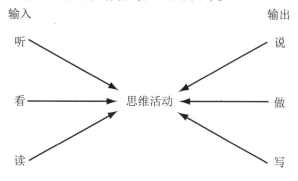

图 2-1-1　思维活动

当然，借助说、做、写将思维外化，并不能准确复制大脑思维，但是可作为一面模糊的镜子。加里认为人们的说、做、写可以看作思维外化，同时，说、做、写又可以使思维更加清晰、准确、丰富。

（三）文森特·赖安·拉吉罗等对思维的解读

文森特·赖安·拉吉罗在《思考的艺术》一书对思维定义是：思维是能够帮助阐述或解决问题，做出决定、了解欲望的所有心理活动；思考是探寻答案，是获取意义。

文森特·赖安·拉吉罗认为思维过程包括大量心理活动，其中观察、记忆、怀疑、想象、调查、解释、评价和判断最为重要。通常这些活动中的若干活动是共同起作用的。例如，我们解决问题时，通过质疑、解释和分析，确定问题或者困境，然后解决它。

由上可知，思维是一种认知过程，包括观察、记忆、联想、推理、判断等过程。笛卡尔在《论灵魂的激情》（Passions of the Soul）中提到，正是通过思维、推理和意志对动物本能的控制，使人成为人。思维似乎一直与理性、知识、真理同行。然而事实并非如此——人类思维天生就具有容易"上当受骗"的倾向。神经科学、心理学和哲学教授安东尼奥·达马西奥（Antonio Damasio）认为人的推理过程受到情绪和感受的支持，某些情况下情绪甚至代替推理。文森特·鲁吉罗在《超越感觉——批判性思考指南》一书中指出，人类的感知、记忆也都不够完善。传统经济学一直将人类视为"理性人"，诺贝尔奖获得者赫伯特·西蒙（Herbert Simon）基于人类处理信息能力的局限而提出人的"有限理性"说。另一位诺贝尔奖获得者丹尼尔·卡尼曼（Daniel Kahneman）在《思考，快与慢》一书中认为，理性其实不那么可靠，我们的决策过程其实充斥着偏见和谬误，甚至是自欺欺人。在很多情况下，人并不是理性的，偏见是人与生俱来的缺陷。

二、思维的意义

顾明远教授说，教育的本质是培养思维。即便人们不一定真正理解这句话内涵，也会认同培养学生思维能力是教育重要目标。思维为什么重要，它对人来说思维的意义是什么？人们通常是含糊不清的。要较好地回答这一问题，我们不妨把人与动物进行一个对比。因为，思维能力被人们看作是人与动物根本区别。

我们还是以"下雨"这一自然天气现象为例，来比较人与动物之间差别。下面列举二种情境：

情境 1：下雨了，人和动物都会躲藏到能够避雨地方。

情境 2：打雷了，动物会躲藏到能够避雨的地方；人们也许会思考：马上下雨吗？还是只打雷不下雨？

情境 1 是人和动物受到直接的刺激，避雨行为出于生物趋利避害的本能反应。而情境 2，动物和人反应不一样，是动物出于本能作出反应——条件反射，而人则是对"打雷"已发生现象与未来是否"下雨"进行预测，并根据预测而采取行动。人类播种、耕种和收获谷物，都是基于这种预测能力，这种预测从某种角度来说，是科学萌芽，也正是这种预测能力使人类相比于其他生物更能战胜自然，获取更多的生存资源，最终成为万物之主。

结合杜威对思维的解读，我们不妨把这种预测看作思维的作用之一，它使人们行为超越本能，从单纯冲动和单纯的一成不变的行动中解脱出来，并影响人们的行动。打雷了，动物会躲藏到能够避雨的地方，是依据当时打雷刺激而引起的生理状态，而人类则可以通过思维而采取行动，而这行动取决于未来可能发生事件，而不是眼前已发生的事件，而已发生的事件是事实，不需要预测，也就是说不需要思考。

对人与动物进行简单比较，得出思维作用之一是预测。

当然，人类进化到文明时代，思维的作用不只是预测，它还发挥了其他作用，其中之一是将事物之间通过编制符号建立联系。符号诞生是人类进化的重要转折点，因为它将思维意义的另外一个功能体现出来，将事物之间建立联系，进而形成系统，极大提升了思维的预测功能。如人们把"打雷""下雨""山洞"等自然现象作标记，并建立联系，久而久之，这种联系在人类大脑在留下深刻的印象，再次出现类似现象时，人们因为已将它们建立联系，行动将变得更加迅速而有效。

通过符号将具体事件建立联系，它使人们进行有系统的准备，如一切没有发生之前，就为"下雨"作好准备，"伞"这一工具也就发明了。

可见，人类通过思维对相关事物建立联系，进行有系统的准备，进而创造自然界原本没有的工具，即发明。从某种程度上来讲，系统的准备与发明是思维的结果，是思维发挥作用之后的结果，联系应是除预测之外，思维的另一价值。思维的联系作用使得事物的含义变得更丰富、更充实、更复杂。

人们看到"伞"，联系到"下雨""打雷"以及其他与此相关的事物及感受，甚至以往相同情境中发生的人和事，由此让人产生不同的情绪和想法。也正是由于思维具有联系价值，使得不同人对同一事物认识和理解不完全一样，因而使事物的含义变得丰富、复杂、充实。这是思维的又一个价值。

前两种价值是属于实际的，它们使人们控制能力有所增加。

第三种价值使事物的意义更加充实，而与控制能力并无关联。例如我们到博物馆参观，看到远古时代留下的工具，思维使得这些残缺物品变得丰富而生动，对古老的文明有所了解和认识，知道了过去我们不曾知道的意义。

以上提到的三种思维价值累积起来，组成了真正人类的理性生活，与单纯受感觉和欲望支配的其他动物的生活方式之间相区别。

然而，这种思维意义本身不能自动生成。思维需要细心而周到的教育指导，才能充分地实现其机能。不仅如此，思维还可能沿着错误的途径，导引出虚假的和有害的信念。思维系统的训练之所以必要，不仅在于担心思维有缺乏发展的危险，更为重要的是担心思维错误的发展。

我们重新体会顾明远的话：教育的本质是培养思维。提升思维能力的巨大价值就在于：思维可以提升人们控制能力，进而提升生存能力；事物经过思维而获得的意义，有可能毫无限制地应用于生活中的种种对象和事件，因而，人类生活因意义的不断增长变得充实。

三、批判性思维：促进学生思维发展的工具

前面提到思维天然存在缺乏发展的危险和错误发展的可能，也就是存在影响思维意义实现的因素，即思维障碍。为了便于阐述，不妨先分析哪些因素会影响人们思维而导致人们错误的预测和联系，使得人们没有正确处理事件或问题，影响生活或生存。这样，或许能够较为简单且清晰了解思维价值实施的主要思维障碍是什么。

人们思维方式往往是潜意识的，想在人们没有意识到自身思维过程的情况下改变思维是不可能的。对于大多数人而言，在很多情况下，潜意识是思维发展最大的敌人，潜意识中的思维方式或经验是解决新问题的主要障碍，成为日常生活问题的来源，妨碍我们对机会的发觉和把握，不能发现真正有价值的事情。

可见解决思维障碍，促进思维发展，避免错误的思维影响我们思考和解决问题，最重要的是能够反思我们自己的思维并合理评估，而批判性思维是一种对思维方式进行思考艺术，能够优化人们的思维方式，是人的创新和解决问题的核心能力，在基础教育中开始培养，无论国家层面还是教育学者、一线教师已充分认识这一点。本书从基础教育一线教师角度，阐述如何在基础教育中应用批判性思维工具，进而发展学生批判性思维能力，具有开放理性的精神，以及批判性阅读、写作，主动探究和创新能力。

因此，基础教育要改变以往千篇一律的填鸭式教学方法，探索以学生为主体的"开放、批评、探究"式教学，将促进学生的思维发展放在教学首位，支持他们参与各种创新活动，树立为人类、为社会创造价值的远大志向。

四、追踪批判性思维发展历史

批判性思维（critical thinking）也称为批判性思考，它基本上与批评、反对、唱反调无关，而是一种人们准确观察、分析、评估、判断各种现象、问题、形势等复杂事物和各种观点、思想、理论等信息或知识的一种能力、方法和态度。批判性思维的历史，可以追溯到遥远的古希腊时代。

苏格拉底是历史上最初具有批判性思维的思想者之一。他与学生谈话，并不直截了当地把学生所应知道的知识告诉他，而是采用对话、讨论、启发式的教育方法，通过双方辩论、向对方提问，揭露对方回答问题中的矛盾之处及推理缺陷；或是提出反例，引入更为深入的思考。这一过程要求学生对概念和定义进行进一步的思考，对问题做进一步的分析，逐步引导学生自己最后得出正确答案的方法，而不是人云亦云，只重复权威和前人说过的话。苏格拉底式的这一方法与批判性思维有异曲同工之妙，对于培养学生独立思考的能力、怀疑和批判的精神，可

以起到非常重要的促进作用。

现代意义上批判性思维概念的提出，从杜威的反思性思维（reflective thinking）开始。在《经验与自然》一书中，杜威提出"我们之所以相信许多东西，并不是因为事物就是这样的，而是因为我们通过权威的势力，由于模仿、特权、教诲、语言的无意识的影响等等，而已经变得习惯于这样的信仰了"。对杜威来说，批判性思维是所有公民都需要定期参与的事情，而且哲学家的角色不是假设和具体化永恒的真理，而是为日常批判性（和不那么批判性）思维产生的信念提供系统的批判。

美国科学哲学家卡尔·波普尔从科学哲学的角度，强调了批判性讨论在科学进步中的重要性。波普尔认为，科学的精神就是批判，只有可证伪的陈述才是科学的陈述，因此，知识的真理性特质只有通过外在化的批判性检验才能获得。而美国社会学家彼得伯格和托马斯卢克曼在《现实的社会建构》一书中，更是将日常生活中的常识和科学知识都归于有关现实的知识，且这些知识并非一种先验的客观存在，而是人们在社会互动中建构而成，与历史、文化等社会环境密切相关。由此，对知识常怀反思、质疑、分析、评判之心不仅不足为奇而且是知识得以不断丰富发展的动力之一。

尽管杜威等哲学家对学校和大学的教育实践影响甚微，但事情在 20 世纪 70 年代开始发生变化。美国卷入越南战争多年，学生广泛反对战争，其中包括抱怨他们的大学逻辑课程对处理有关战争的争论没有帮助。哲学家霍华德·卡亨（Howard Kahane）认真对待这些抱怨，并于 1971 年发表了他的《生活中的逻辑学》，这是第一批大学水平的批判性思维著作之一，并产生了巨大的影响。对于讲授推理技能、种种思维技能，甚至"批判性思维"技能的兴趣开始迅速增长，到 20 世纪 80 年代，北美的许多学校和学院都明确致力于讲授批判性思维技能和特质。

然而，对于这些是什么以及如何教授和评估它们并没有非常清晰的看法，而且由于哲学家们大量参与了批判性思维的表征、设计大学水平的课程以及试图将其融入 K-12 课程，美国哲学协会要求彼得·法乔恩（Peter Facione），他本人是一位积极参与批判性思维教学和评估的哲学家，来调查这个主题，以澄清它是什么以及应该如何教授和评估它。[1]

五、什么是批判性思维

虽然有很多哲学家、教育家、心理学家提出了各种有关批判性思维的定义，我们还是倾向于采用美国哲学协会（APA）组织由 46 位专家组成的德尔斐共识小组（Delphi consensus panel）于 1990 年制定，并达成广泛共识的定义：

我们将批判性思维理解为一种有意识的、自我审视的判断，它对该判断所依据的证据（evidential）、概念（conceptual）、方法（methodological）、标准（criteriological）或背景（contextual）诸方面进行解释（interpretation）、分析（analysis）、评估（evaluation）、推理（inference）和说明（explanation）。理想的批判性思考者喜欢探索，了解全面，相信理性，思想开放，立场灵活，评估公正，诚实面对个人偏见，判断谨慎，愿意重新考虑，厘清问题，在复杂的事情上有条有理，勤于寻找相关信息，合理选择标准，专注于调查，坚持在调查对象和调查情况允许的范围内寻求准确的结果。[2]

德尔斐共识小组坚持认为，拥有进行批判性思维所必需的认知技能是可能的，但缺乏情感

〔1〕 J. Anthony Blair ced 2021, Studies in Critical Thinking, 2nd Ed, Windsor Studies in Argumentaiton vol. 8，p. 153.

〔2〕 Facione, P. A. (1990). The Pelphi Report Critical Thinking：A Statement of Expert Consensus for Purposes of Educational Assessment and Instruction. Exuction summary. California Acadqmic Press.

气质（affective dispositions）——一般习惯和态度——来锻炼这些技能。考虑一个拥有与批判性思维相关的认知技能但缺乏了解或讨论社会问题倾向的人——很难称此人为有效的批判性思考者。因此，专家组认为，技能和气质的发展对于培养全面的批判性思考者至关重要[1]，并由此提出了批判性思维所需6大技能和19项特质。

美国哲学协会关于批判性思维技能和性格的报告。

（一）6大批判性思维技能

1. 认知技能和子技能。①释义：分类、解码意义、阐明意义。②分析：检查想法、识别论点、分析论点。③评估：评估主张、评估论点。④推理：查询证据、推测替代方案、得出结论。⑤解释：陈述结果、证明过程合理、提出论点。⑥自我审视：自我检查、自我纠正。

（二）19项批判性思维特质

1. 针对具体问题、疑问或问题的方法。①清楚地陈述问题或疑虑。②有序处理复杂性。③努力寻找相关信息。④选择和应用标准的合理性。⑤将注意力集中在手头的问题上。⑥遇到困难坚持不懈。⑦精确到主题和环境允许的程度。

2. 生活方式和一般生活的方法。①对广泛问题的好奇心。②关注成为并保持普遍的消息灵通。③时刻想到使用批判性思维的机会。④相信理性探究的过程。⑤对自己推理能力的自信。⑥对备选方案和意见持开放态度。⑦了解他人的意见。⑧公正地评价推理。⑨诚实面对自己具有不一样的世界观。⑩灵活地考虑偏差、偏见、刻板印象、以自我为中心或以社会为中心的倾向。⑪谨慎地暂停、作出或改变判断。⑫针对诚实反思表明有必要改变的观点，愿意重新考虑和修改。

加拿大籍华人董毓教授自20世纪80年代开始，从事批判性思维教学，是在中西方大学都教授过批判性思维课程的华人学者。本书作者团队是在董毓教授培养下，走向批判性思维教育实践探索，所以，本书后续章节涉及批判性思维原理和方法，均参考董毓教授著作《批判性思维十讲》。因此，在此简单介绍《批判性思维十讲》中对批判性思维的解读：

批判性思维是理性的探究和实证过程，它有理智品质和高阶思维能力两大构成，即它是：德育和智育的，德育部分，是一组批判理性精神和品德，包括求真、谦虚、谨慎、客观公正、反省、开放等品质；批判性思维的智育部分，是阐明、辨别、分析、推理、判断和发展的高阶思维技能。

第二节　批判性思维在中学教育中的作用

中国学生核心素养目标明确提出：培养学生解决关键问题能力。因此，基础教育教学迫切需要一种开放性思维方法的指导，让学生思路更加开阔、思考更加缜密。

2015年夏，北京市第十九中学引进了一系列的课程，其中包括《批判性思维》。《批判性思维》课程介绍中写到培养学生创新能力，引领学生走向新的认知和实践，培养学生反思性思维，该课程理念与内容吸引了学校部分教师，尤其批判性思维的理念与技能极大触动教师思想，打破了教师对教学原有的认知。

---

[1] Facione, P. A. (1990). The Pelphi Report Critical Thinking: A Statement of Expert Consensus for Purposes of Educational Assessment and Instruction. Exuction summary. California Acadqmic Press.

之前，教师对批判性思维认识仅局限于它是一种思想方法，只是一个概念。此后，批判性思维则逐渐成为教师观察和理解教育的一个视角，一个工具。为了进一步理解批判性思维，十九中自 2016 年起，每年组织部分教师参加学者董毓主讲的批判性思维研习班，定期组织教师阅读国内外批判性思维书籍，同时也与相关的作者或译者，如董毓、仲海霞、朱素梅等请教和研讨。教师开始有意识地在教学实践中，自觉地、明确地、尽可能合乎规律地渗透和落实批判性思维的培养。尽管在过程中遇到很多困难，但教师们深切地感到，它给教育教学带来的改进是实实在在的，越来越坚信批判性思维，能准确指导人们行动、实现预期效果。

2016 年 11 月，十九中市级学科带头人何耀华随海淀名师工作站组织的《基于学生创新能力培养的教学设计》项目，赴美学习，先后在华盛顿和休斯敦进行培训。华盛顿乔治梅森大学的 Anne Reed 教授及其夫人 Peter Reed 教授的《提问的力量》讲座中指出让学生广泛而深入思考，有助于学生深入理解，急于让学生知道标准答案是不利于学生理解力培养的。在休斯敦，Kimber Brandon 博士在她的《课程设计与培养理解力》（即 UbD）提到，在 big idea（大思路）下，确定迁移目标及绩效任务后，需设计基本问题，她在评价我们设计的问题是否是基本问题时指出，最主要标准为答案是否唯一，只要答案是唯一的，则不是基本问题，用她的话来说，凡是能在 Google 上搜到答案的问题，均不是基本问题。

何耀华当时虽然不是很理解她的观点，但联想到教学过程中一种现象：会提问题并乐于参与讨论的学生，往往学得好，且不需花很多时间，此外，讨论氛围浓厚的班级，总体成绩也较理想。因此，需要在大脑中将问题、批判性思维、创新能力综合起来思考。

回国后，她尝试运用批判性思维方法改进教学，以课题方式进行实践探索。经过近六年中两轮教学实践探索，更加明确批判性思维在基础教育中的价值。本节将从一线教师视角阐述批判性思维在基础教育中的作用。

一、概述

董毓教授在其著作《批判性思维十讲》中提到了批判性思维的作用，笔者将其总结如下：

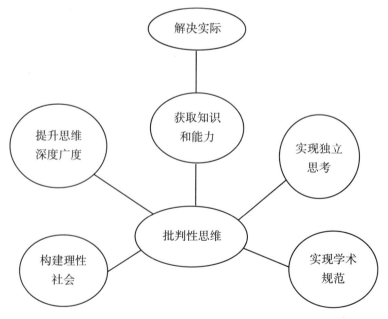

图 2-2-1　批判性思维的作用

在以上作用中，有一些是解决问题方面的，比如获取知识和能力、解决实际问题；还有一些是提升个人思维品质实现个人成长方面的，比如实现独立思考、提升思维深广度；还有一些是社会层面的，比如实现学术规范、构建理性社会。对于个人来说，批判性思维可以帮助获取知识，实现独立思考，提升思考的深度和广度，最终指向问题解决，构建理性、公平的社会。

对于中小学生来说，应侧重解决问题和提升思维品质。因此批判性思维最重要的作用体现在下面几个方面：①提升个人品质——实现独立思考，成为一个理性的人。②思维品质——提升思维的深度、广度。③能力提升——获得知识和能力。④解决问题——解决学科问题和实际问题。

二、批判性思维在基础教育中的具体价值

（一）批判性思维有助于学习者养成"问题意识"

基础教育对一个人一生发展产生重大影响，是个人获取知识、提升能力、培养品格、形成正确价值观的时期。基础教育的最终目的是为社会输送人才。新的时代需要具有"问题意识"的新型人才。问题不仅规定了思维的目的，还控制着思维过程的方向，是认知过程得以启动的动力和源泉。学生在学校所学的知识，将来可能有一半以上会过时，或被证实是错误的。正因如此，学生要学会如何去质疑、去提问、去探索并体验。

新的时代需要学校教育方式变革，为社会输送新型的人才。近年来，国内许多知名学校如南京市中华中学、上海师范大学附属中学、北京市八一学校、北京市第十九中学等学校积极探索基于"问题"解决的人才培养模式。众多学者及广大的一线教师为此做出不懈努力和探索。

然而，教学改革是曲折的、艰难的。中学课堂追求"高大上"（难、深），教学内容脱离中学生认识水平的现象在某些学科仍是主流，既给学生造成不必要的学习难度，也违背了中学学科的教学目的，同时阻碍学生"问题意识"的培养。中学生自尊心较强，因害怕答错而被其他同学嘲笑，不敢表达自己真实想法，使自己的思维得不到及时反思和修正。

以生物学科为例，中学生物课程主要目的是让中学生了解生物，喜欢生物，并在此过程提高生物学科素养，即以学科知识为载体培养学生科学思维是课程目的。教材内容的选择应既联系学生实际，又简单易懂，使学生学起来兴趣盎然，激发了学生的探索欲望，也提升了学生的思维水平。过深的知识、要求过高使学生学习压力很大，使学生失去学习信心，不利于学生主动探究，不利于培养学生"问题意识"。批判性思维强调开放、理性、包容，消除学生羞怯心理，让学生在轻松的氛围中乐于提问。

此外，问题的发现则需要学生有怀疑精神和好奇心。提问是好奇心的一种重要表现方式和组成部分，是独立思考和自主学习的过程，学生基于思考，根据自己的经验背景对外部信息进行选择、加工和处理，将新知识和原有知识联系起来，对所接受的信息进行解释，从而生成个人的意义和理解，再对自己不理解的部分进行质疑和提问。

而重在反思的批判性思维，是一种在批判和质疑基础上的认知活动，是基于问题意识的理性且反省的思维，是创新性思维的基础。批判性思维的核心要素就是质疑，基本表现是问题意识。当学生发现问题时，就会产生解决问题的需要，产生一种心理上的不平衡，从而激起强烈的求知欲和好奇心，唤起内心的思考和创造的需求和兴趣，在创造动机的驱使下，积极自主地进行创新思考，提出更有价值的问题，从而促进学生创造能力的发展。

培养学生"问题意识"，首先要将学生放在主体地位，让学生自己学会学习、学会探索。孔子早就说过"学而不思则罔"，即学了以后不思考、不思维，学习是茫然的，不能获得真正

的知识。其次，教师要充分相信学生的能力，让学生自己发现问题、提出问题、解决问题。而不是仅仅将知识灌输给学生。

以往，我们也经常提倡启发式教学，多半教师提出问题让学生回答，但这些问题是教师提出来的，而不是学生自己提出来的。

（二）批判性思维有助于学习者"问题解决"

教育界将批判性思维看作是学习的一个不可分割的成分，可与问题解决并列为思维的两大基本技能。[1] 同时，批判性思维还是问题解决的基本工具。解决问题一般需要遵循6个步骤：①对问题的识别和准确了解；②假想可能的解决方案；③对假想的方案进行论证、比较，选择最佳；④对最佳方案进行分析、评估、测试以确定或推翻；⑤反思，寻求替代方案；⑥撰写问题解决方案报告。不难看出，问题解决过程多个环节均需运用批判性思维进行思考和分析。

（三）批判性思维有助于学习者思维发展

思维有很多种，形象思维、抽象思维、逻辑思维等等。在众多的思维方式中，批判性思维有着重要的意义。批判性思维是建立在对客观事实的理性分析基础之上的一种客观评估与理论评价的意愿与能力，指的是通过一定的标准评价思维，进而改善思维，是合理的、反思性的思维，既是思维技能，也是思维倾向。批判性思维要求人们具备解释、分析、评估、推论、说明、自我校准的基本技能。

清华大学钱颖一教授认为：教育的价值不仅体现在学生的知识掌握上，更体现在学生的思维发展上，其中的核心是批判性思维与创造性思维教育。

以前，课堂教学更多是让学生获得固定知识，但是未来可能更加重要的是培养学生的思维方式，培养学生的迁移能力，这是至关重要的。随着信息技术的发展，随着"互联网+教育"的发展，随着人工智能时代的到来，把一切知识教给一切人，已经变成遥不可及的梦想。原来人们还能做到，是因为那个时候知识更新相对缓慢，人们注重知识，注重学习前人经验，这是最重要的一条捷径，但是现在时代发展了，有专家做过分析，本科四年学的知识，到本科毕业的时候，75%已经过时了，更不用说学生在高中所学的知识了。

因此，在基础教育中，人们不应将学生学更多的知识、知识更加渊博作为教育目标。以死记硬背为特征的传统教学将会面临前所未有的挑战。学再多的知识也不如建立一套自己的思维方式，注重思维生长将成为未来学习变革的重要方向。

（四）批判性思维有助学习者形成积极心态

笔者曾遇到这样一位学生，是位男孩，有较为严重的失眠病，几乎每晚只能入睡1小时~2小时。与他交谈中了解到，他对自己有很高期望，认为自己将来一位有杰出数学家，自学了很多国外的课程，然而，他不重视基础知识学习，学业并不突出，日常作业也常常完成不了。老师和同学对他的评价与他自我评价有较大差距，常常情绪低落，患有中度忧郁症。

研究表明，控制感影响着人们的焦虑、抑郁、压力水平等心理健康相关的因素。批判性思维是个体在生活中发现、分析和解决问题的重要认知能力，有助于提升人体控制感。

帮助学生走出不合理思想，调整心态，有时比技能的培养更重要。

笔者与这位学生交流时，他的行为、困境是由于对自我认识不合理、与现实不符。为了帮助他走出困境，笔者与他共同制定短期可以实现的目标，并及时评价，经过一个学期，他的精

---

〔1〕 刘儒德："论批判性思维的意义和内涵"，载《高等师范教育研究》2000年第1期。

神状态有所改善。调整目标其背后思想是提升学生对目标的控制感，而制定合理目标，需要分析、判断，具有一定批判性思维习性和技能。

笔者并没有直接纠正他的行为，而是受批判性思维原理启发，任何行为背后都存在一个假设，不可合行为首先是假设不合理。因此，帮助该学生走出困境，不只是纠正他的行为或思想，而是共同分析，重建更合理的目标，将长期目标或理想调整为短期可实现性的大的目标。

2015 年，我尝试对影响学生学业的因素进行调查。具体调研方式，一是对所教的 80 位学生进行学业水平跟踪。为了让数据更有可信度，判断每届学生学业水平均以高三的三次区统考成绩为准。二是对学生进行问卷调查，用批判性思维能力（中文版）测量表，从寻求真理性、思想开放、分析性、系统性、自信性、好询问性、认知成熟度性七个纬度了解学生批判性思维品质水平。

通过对近 80 位高三学生高三三次区统考成绩发展与学生批判性思维能力水平进行对比分析，发现与学业发展相关性最大是自信性。数据显示，在高三，学业有明显进步的学生往往是比较自信的学生，这些学生以积极的思维方式对待大大小小的考试，比较注重学习过程中的问题分析、总结，对自己的学业充满信心。

虽然，这一次调研数据采集及数据分析不是十分严谨，但是结合近三十年教学经验，让我更加确信，学生自信和勇敢等批判性思维品质对学生学业影响大于知识本身所起的作用。

如果学生在学习生活中，以积极思维方式面对各种问题，其心理感受是积极的，往往具有较强解决问题和克服困难的勇气，因此，学业进步也相对显著。

（五）批判性思维有助于学习者走向社会生活

批判性思维不仅能促进人类文明发展，对人的个体来说，它更是一种生活方式。

美国学者史蒂芬·D. 布鲁克菲尔德在其《批判性思维教与学》一书写到：如果不能批判性思考，你的生存将陷入危险，你将在生活中受到伤害，让那些希望你受伤害的人得逞，而你自己却懵然无知；如果不能批判性思考，实现预期结果的可能性会更小。

所以，批判性思维在当今具有开放、多元、快速变化、互联互通、信息来源广泛等特点的社会生活中，尤显得重要。信息社会里，信息是首要的资源，谁能获取并适当评价信息，谁就更能获取成功、更有力量。这可以表现为：其一，人们的现代生活处处充满着各种宣传媒介，如广告、新闻报道、科学评论等等，人们不得不随时对它们作出多方面的评价；其二，在每天的工作和生活中，人们都要解决许多问题，问题往往有好几种解决方案，能否比较、分析和判断哪一种方法最有效呢？

因此，人们应具备独立思考，明辨是非，去伪存真的能力。所以在信息时代，教育不是培养一知半解的"知道分子"（知道知识的人）。未来要求课堂教学要更加重视培养有独到见解、能触类旁通的"知识分子"，即能形成自己的思维方式，能够解决实际问题，需要学生具有批判性思考能力，自己去判断。

这就是未来教育转型非常重要的发展趋势，甚至是课堂转型的主要趋势。"知识就是力量"教育理念已不符合复杂多变的信息化时代，清华大学钱颖一教授明确提出"教育必须超越知识"。

学生经过批判性思维训练，能对各种信息抱着谨慎态度，能够较好识别各种信息真伪。良好的批判性思维能力是一个人适应社会的必备条件，它有助于人们的有效思维，进行多视角的思维，从而提高人们的判断力、决策效率。在"信息超载"时代，人们必须通过批判性思维，衡量证据，在论据充分的基础上接受或拒绝某种思想或观点。

案例 2-2-1:《保研大学生破解彩票漏洞获刑》

"新闻"：5 月 18 日，《重庆青年报》官方头条号报道《大学生破解彩票漏洞获利 380 万被取消保研名额并获刑》称，就读于某知名大学的张某，因涉嫌利用专业知识破解彩票漏洞非法获利 380 万元，涉及金额特别巨大，相关执法机关正式向法院提出起诉，而一旦罪名成立，除没收 380 万元赃款之外，张某还将面临 3 年以下有期徒刑。文章后半部分，详细介绍了张某如何计算出博彩网站的漏洞，并晒出了张某与昵称为"注册网址"的博彩网站管理员的聊天页面。这篇"新闻"发布后，在各类内容平台上热传。

"真相"：《北京青年报》记者发现这篇报道没有事发的具体时间、地点、人名以及单位名称，疑点重重。而且文中 3 张配图都是其他新闻事件的照片。更为蹊跷的是，在这条新闻的配图中，留下了"暗号"，指向一家名为"爱购彩"的博彩网站。

"分析"：从表面来看，这只是一则普通的社会新闻，但实际上，从新闻人物、图片到整个事件，均为虚构，而通过报道中"不经意"流露出的博彩网站网址，有业内人士指出，这是博彩网站的钓鱼新套路，不明真相的读者有可能因此陷入博彩网站的陷阱。一些传统媒体的官方账号为它打上了"新闻"的幌子，新媒体的转载则加快了它的传播。

据不完全统计，网易新闻客户端、百度百家号、腾讯天天快报、今日头条等平台上都刊发过类似新闻。

上则案例印证史蒂芬·D. 布鲁克菲尔德的观点。

也可以说，批判性思维不仅能让学生在考试中取得好成绩，写出论证缜密的论文，抑或提出经得起检验的实验假设，它更是一种生活方式，在某些组织企图左右人们思维的时候，帮助人们明辨是非。从古希腊到文艺复兴，到启蒙运动、现代科学，那些重塑历史的伟人，无疑都是具备批判性思维能力的人。

（六）批判性思维有助于教育者的理念转变

对于笔者而言，批判性思维价值促使教育思想和理念的改变。

没有接触到杜威的《我们如何思维》之前，教育孩子就是三种方法：批评、讲道理、刻意感动。杜威在《我们如何思维》一书中指出批评、讲道理、刻意感动都是无效的教育。这让我感到既意外，又似乎正确。笔者具有教师通性，喜欢跟学生讲道理，尽管学生表面都认同，都接受批判，都认为老师付出很多，事实上几乎看不到学生的变化，原来常用的三种教育手段都是无效的教育方式。一个典型例子，2016 届有一位学生，喜欢刷题，把刷题当作最主要的学习方法。笔者批评他刷题无效，学生不理会，照旧刷题。一直到高三第二学期，尽管他刷了大量题，成绩非但提升不了，排名还退步了，很苦恼。笔者再次与他沟通，这次，改变说理方式，与他一起分析刷题，跟他说刷题的优点是可以提升你的思维能力和丰富你的解题经验，但刷题的不足之处在于概念的理解和知识的准确迁移是比较弱的。在此基础上，提供了如何优化学习的方法，采用更多学习策略来提升自己的知识迁移能力，如概括、总结、思维导图要比刷题好。

最后，学生接受了笔者的观点。开始注重概念理解，知识梳理总结及问题分析，最后高考取得 74 分的好成绩（满分 80 分）。

学生为什么愿意接受笔者的建议，改变学习方法，原因可能很复杂。笔者认为，沟通方式的改变，问题分析视角的调整是重要原因。两次谈话核心观点是一样的，但是第一次仅仅是传达笔者认为正确的学习方法，而第二次，不是一味否定，而是先肯定刷题对知识巩固有一定的帮助，而且也能提升做类似题不熟练程度，笔者与学生对刷题学习方式达成一定程度上的认同，在此基础上，有理有据对各种学习方法进行分析、论证，让笔者的观点更有说服力，学生更愿意接受。

在这一事件过程，笔者实际上运用了批判性思维方法，与学生就学习方法进行探讨。①辨别构成我们的思维并决定我们的行为的假设：刷题对提分有效。②检验这些假设在多大程度上是合理的：分析刷题为何能够提分，什么样情况下，提分效果不佳。③从多个角度考察我们的想法和决定：考试命题出发点是什么？如何准确运用知识？如何问题分析？④在以上步骤的基础上，做出明智的行动：调整学习方法，注重概念理解、分析、概括、注重问题分析，运用思维导图让知识结构化，便于知识运用。

从上面的一个小例子，可以看出批判性思维有两个关键的性质，即开放性和公正性。开放性即要考察多种观点，接受多方质疑。公正性即是要站在客观的立场上，不以自己价值观的尺度去衡量评价其他观点，而以更加逻辑的、符合科学思维的中立的尺度去衡量他人观点。与此对应的就是：对理性的尊重，对探究过程的其他参与者的尊重。

表 2-2-1　习惯性思维者与批判性思维者的区别[1]

习惯性思维者	批判性思维者
常常仅仅是思考	分析自己的思考
以自我为中心进行思考	认真分析自我中心根源
我们常常得到不值得信赖的思考标准	批判性思考者揭露不合理的标准，并且用更好的标准取代之
我们常常被困扰在直觉意义系统中	批判性思考者将自己的思考提升到意识水平，使自己可以从那些不严谨的直觉思考中解脱出来
我们常常使用没有清晰结构的逻辑系统	批判性思考者寻求工具以阐明和评估自己使用的逻辑系统
我们常常生活在思维和情感的自由状态中	批判性思考者使用思维和情感明确自己是谁、我们是什么以及我们人生的目标
我们常常被自己的思想所控制	批判思考者学习控制自己的思想

从表中可以看出，批判性思维者更加注重事实，注重自我分析，注重逻辑。

第三节　中学教育中批判性思维培养

目前越来越多的人注意到了批判性思维的重要性，开展了对批判性思维的研究和教学工作，国外有许多学者致力于基础教育中的批判性思维教育研究。因为，批判性思维需要得到发展并付诸实践，善于思考应成为一种习惯，习惯必须从小开始培养。

虽然很多教育工作者意识到了中小学生批判性思维训练的重要性，但是他们的实际教学活动还存在较大的困难。其中，基础教育中批判性思维培养要点是什么？怎么培养？许多一线教

[1]　[美]理查德·保罗（Richard Paul）、琳达·埃尔德（Linda Elder）著，侯玉波、姜佟琳等译：《批判性思维工具》，机械工业出版社 2013 年版，第 25 页。

师并没有明确，以致批判性思维在基础教育中的运用缺乏系统性，批判性思维与现有的教学活动也难以达成共识。

加拿大华人董毓教授多年来致力于批判性思维教育，他在《批判性思维教育研究（2021年 第1辑）》中较为系统地阐述了基础教育中的批判性思维教育的主要目标和途径，他认为批判性思维首先是习性，然后是技能，并指出了批判性思维工具四大应用：研究性学习、批判性阅读、分析性写作和论证性写作。他特别强调应在学生的学习、读书和写作上运用批判性思维工具。这为批判性思维在基础教育中培养什么和怎么培养提供了思路。

一、批判性思维是中学教育重要内容

学校教育是一个人一生中重要的接受教育的宝贵时光，是个人获取知识、提升能力、培养品格、形成正确价值观的重要阵地。除了从课堂学习之外，学生还要在解决真实问题的过程中运用知识、解决问题、提升能力。正确地认识问题，全面分析问题，运用合适的策略解决问题是学生能力的体现，解决问题离不开思维能力的提升，学校教育是提升学生思维能力的重要阵地。当今社会的发展，对思维和能力的要求更加突出，这就要求学校教育除了传授知识之外，还要提升学生的思维水平。

董毓教授多年来致力于批判性思维教育，出版了很多关于批判性思维的专著，在其著作《批判性思维十讲》中指出：批判性思维教育的根本目的是提升学生的思维能力和创新能力。

除了董毓教授之外，还有很多专家和学者意识到了批判性思维的重要性，出版了很多批判性思维的著作，还有很多研究团队和社会团体致力于在基础教育中培养学生的批判性思维能力，比如华中科技大学附属小学的刘玉团队，北京语言大学的谢小庆老师，还有C计划团队。这些研究团队做了很多细致和有价值的工作，对国内批判性思维教育的推广有重要的意义。

作者作为一名中学教师，结合中学生年龄特点、思维水平正处于发展阶段，社会经验不充分，加之学业任务和面临的中考和高考等重要考试，培养中学生的批判性思维和大学生有不同的侧重。关于中学生性批判性思维的培养，作者的观点如下：

中学生批判性思维能力培养的最终目的是解决问题并获得成长；中学生批判性思维培养的做法不要面面俱到，抓住批判性思维的几个核心要义进行重点培养。

二、中学教育中批判性思维培养要点

"六边形战士"是一个网络流行词，描述那些个人能力全面发展，没有死角的人物。它来自日本体育媒体对中国乒乓球队队员的分析。六边形的六个顶点对应六种不同的能力：力量、速度、技巧、发球、防守、经验，每种能力按照1~5分进行评价，最后把评分用连线首尾相接，构成一个六边形。这个图形的外围越接近正六边形，说明这个人能力越强，越均衡。

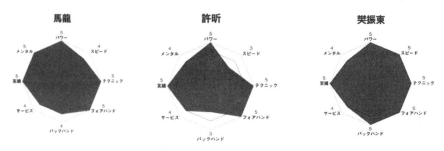

图 2-3-1 "六边形战士"

为了在基础教育中运用批判性思维工具成为可操作之事，笔者借鉴"六边形战士"呈现方式，在理解批判性思维及其培养的理论体系全貌的基础上，结合基础教育实践，在批判性思维品质方面，我们选择了质疑、理性、反思三个方面；在批判性思维技能方面，我们选择了分析、论证和表达，作为对中小学生最重要的六个要义。并以此制作出如下中小学生批判性思维六边形。以雷达图形呈现中小学生批判性思维培养要点。（雷达图是一种表现多维数据的图表，可以在同一张图上对多种对象进行比较，这个图形的外围越靠外，越接近正六边形，说明这个人能力越强，越均衡）

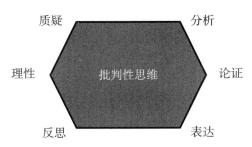

图 2-3-2　中小学生批判性思维培养要点雷达图

批判性思维六边形要点最终指向的是解决问题，个人获得成长。这个六边形可以描述批判性思维的核心要义，作为中学批判性思维培养的重要方面 。

在批判性思维六边形中，左侧三个词是批判性思维的品质方面的要求，右侧是批判性思维技能方面的要点。这样使批判性思维运用尽可能简易可行，同时又防止碎片化。

质疑：质疑是批判性思维的起点，质疑是提问，不是判断，更不是否定性的判断。质疑包括质疑的对象和质疑的方式，质疑的对象不限制，方式要根据具体可信的理由合理提问。这种质疑不仅是对自己还是对他人，更主要的是去质疑从小到大一直坚信不疑的一些观念观点：我们相信它，是因为我们经历了独立的思考判断，还是仅仅因为一直听别人这样说就觉得它一定是对的。质疑不是要做一个杠精，质疑是思考的起点，从质疑出发，去搜集信息，做研究，最后形成自己的判断和观点，这就是质疑的意义。一个具有批判性思维意识的人，应该是习惯性带有质疑意识的人。

理性：理性指的是有理由的推导，在对问题具体的分析和充足的论证基础上谨慎地获得结论。能够看到问题的复杂性，能够从问题中看到深藏的问题，然后从中抽丝剥茧，运用理性做出一个更好的判断。在分析问题时，辩证地考虑多种观点，尤其是对立的观点，对不同的观点进行分析，以求达到全面性。

反思：反思是批判性思维要养成的习惯，指对自己思考的反思，是否符合实际，是否细致、深刻，是否充足、多样和全面；是否公正；反思自己思维的不足和缺点，是否考虑了多方观点；要同时考虑别人的观点，不同的意见或许也有道理，考虑问题时是否将自己放在中心；是否考虑了对立的立场；反思是提升批判性思维的主要路径，"时时勤拂拭，莫使有尘埃"。

分析：分析主要指分析问题，分析问题的构成和关系。提出和分析问题，是认识的起点，好的起点引导好的认知。在基础教育中，分析问题则着重于分析问题的主旨是什么，问题的复杂性在哪里，问题的构成要素有哪些，这些要素之间有什么关系，为什么要提出这个问题，分析这个问题的意义是什么，这个问题还有没有其他的分析角度。引导学生多角度地思考问题。

论证：论证是根据理由的推理活动，是批判性思维的中心问题。澄清概念、审查证据、进行推理和论证、补充隐含假设、考虑多种可能性、得出结论。学生要学会分析已有的论证，分析论证结构是什么样的？论证的前提是什么？论证的质量如何？也要能够做出高品质的论证。[1] 如何分析论证和做出论证，后文也会结合具体案例来阐述。

表达：表达或者做出决策是批判性思维的最终表现形式，表达要清晰、严谨。表达可以是对问题认识的描述，也可以是对问题的解答，也可以是对问题提出自己的看法，或者是对问题分析的过程。表达无处不在，可以有各种形式，口头的、书面的、文字的、图形的、流程图的，等等。对于中学生来说，表达首先是要具体，要结合研究对象，用准确清晰的语言来描述，不要说一些模糊的宽泛的适合一切对象的表达；其次表达要有逻辑，逻辑链条要清晰，不要有思维断点；最后表达要准确，不要有一些产生歧义的表达。

三、批判性思维六边形使用

（一）质疑

质疑有两个方面，质疑的对象和质疑的方式。质疑的对象不限制，根据论证的过程，质疑的对象包括但不限于以下方面：

信息：信息是真实的吗？信息的来源可靠吗？尽量考虑到多方面的信息了吗？信息和问题相关吗？

假设：假设是正确的吗？假设是合理的吗？

推理过程：推理的前提可信吗？前提能有效支持结论吗？

结论：是根据证据做的判断吗？考虑其他可能的证据了吗？

质疑要站在客观、中立的立场上，根据具体可信的理由进行合理地提问。

质疑除了是对外的，更多地指向自我的思维过程，去质疑从小到大一直坚信不疑的一些观念观点：我们相信它，是因为我们经历了独立的思考判断，还是仅仅因为一直听别人这样说就觉得它一定是对的？从质疑出发，去搜集信息，做研究，最后形成自己的判断和观点，这就是质疑的意义。一个具有批判性思维意识的人，应该是习惯性（理性的）带有质疑意识的人。

对于中小学生来说，面对学习中的一个原理、概念或者问题，不要仅仅停留在背下来记下来这个程度，老师说什么就是什么的程度，要多思考一下这个概念是如何形成的？形成的背景是什么？推导的过程合理吗？还有没有其他的解释角度等。

（二）理性

理性包括三个方面：一是理由，即证据意识，指的是有理由的推导，在对问题具体地分析和充足地论证基础上谨慎地获得结论。二是追求真理，基于事实而不是情绪分析问题，分析问题能够看到问题的复杂性，能够从问题中看到深藏的问题，然后从中抽丝剥茧，运用理性地做出一个更好的判断。如果有更好的证据被提出来，我们愿意修正自己的观点。追求真理的另一个角度是要认识到我们学习的很多知识都是有适用条件的，如果条件发生改变，结果可能不同。三是同理心，愿意站在他人的角度看待问题，学会考虑和理解他人的观点。

对于中学生来说，关于理性中的"理由"，教育者可以这样和学生对话：你是基于什么现象提出这个问题的？你得出这个结论的理由是什么？你是基于什么想到可以这么做的？你做出这样的判断，理由是什么？你的推断过程是什么？……

对于中学生来说，关于理性中的"真理"，教育者可以这样和学生对

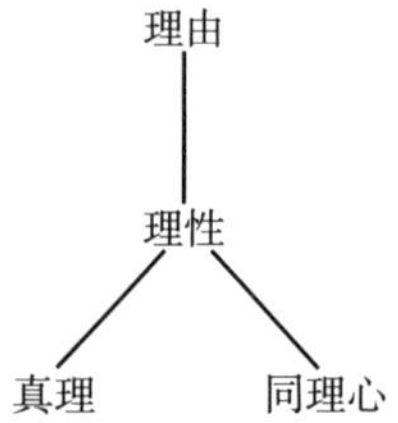

图 2-3-3　理性

〔1〕 董毓：《批判性思维原理与方法——走向新的认识和实践》，高等教育出版社 2017 版，第 37 页。

话：你支持/反对一项决策，是有理由的还是仅仅喜欢/讨厌那个人？这个定理（公理、结论、规律）的前提条件是什么？适用范围是什么？……

（三）反思

反思是指向自我的，对自我的反思，反思是批判性思维要养成的习惯，指对自己思考过程的反思，反思是提升批判性思维的主要路径。"时时勤拂拭，莫使有尘埃。"

反思态度：是否以自我为中心？是否考虑了对立方的立场？是否公正？是否积极主动？

反思过程：是否考察了尽可能多的信息？信息的来源是否可靠？是否考虑了主要问题？是否澄清了概念？推理的前提是否可信？推理逻辑链条是否完整？论证是否充分可靠？是否考虑了多方观点？是否考虑了其他的可能性？表达是否清晰具体？

对中学生来说，反思更多的是一种习惯，除了反思自己的思维方式之外，还反思自己的学习习惯，反思自己分析问题的方式，反思自己是否有证据意识等。

（四）分析

分析主要指分析信息、分析问题和分析论证过程，信息真实是论证的基础，提出和分析问题，是认识的起点，对论证进行分析是批判性思维能力的体现。

分析信息：信息的来源是否可靠？信息是真实的吗？信息和主题相关吗？信息包含的要素是什么？

分析问题：问题的主旨是什么？问题的复杂性在哪里？问题的构成要素有哪些？这些要素之间有什么关系？为什么要提出这个问题？分析这个问题的意义是什么？这个问题还有没有其他的分析角度？

图 2-3-4　**分析**

分析论证：推理的前提是什么？前提是否可信？推理过程是否相关？证据是否对结论提供充足的支持？是否考虑了对立观点？是否有其他的解释方式？

对于中小学生来说，学习遇到的信息来源基本上是可靠的，信息本身也是真实的，大多数时候问题也比较明确，但是常常需要将实际问题转化成学科问题。学生需要提升的是寻找和问题以及论证有关的信息的能力，即提取有效信息的能力，以及利用信息，结合学科知识进行推理，并解决问题的能力。

（五）论证

论证是根据理由的推理活动，包括前提、结论和推理过程，是批判性思维的中心问题。论证包括分析和评估已有的论证和做出高品质的论证两个角度。分析论证在分析中已经涉及，本部分主要说明如何进行论证。

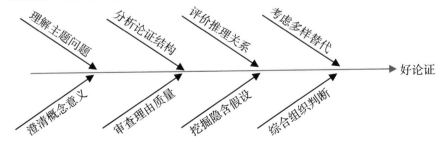

图 2-3-5　**论证过程"鱼骨图"**

董毓《批判性思维原理与方法》提到了论证过程的"鱼骨图"，清晰地阐述了论证的组成部分，为分析论证和进行论证提供了很好的支撑。如何分析论证和做出论证，本书后面的章节会以具体的案例进行详细的阐述。

对于中小学生来说，在学科学习方面，论证有两个方面：一方面是给出结论，要求学生运用学科知识，结合证据进行推理和解释说明，推理过程要严谨，逻辑链条完整，考虑角度完整；还有一方面是没有结论，要求学生对事实进行分析，有充足证据支撑情况下进行论证。

（六）表达

表达或者做出决策是批判性思维的最终表现形式，是思维的外在表现。表达要清晰、严谨，和主题相关。表达内容可以是对问题的认识的描述，也可以是对问题的解答，也可以是对问题提出自己的看法，或者是对问题分析的过程，或者是探究过程的总结。

表达无处不在，可以有各种形式，口头的、书面的、文字的、图形的、流程图的，等等。

对于中小学生来说，常见的表达的形式和要求如下图所示：在表达的要求中，清晰性指的是表达要有层次、有条理，清晰地使用语言和概念；具体性指的是表达要和具体知识相关，要用具体的例子来支撑；相关性指的是表达的内容要和问题相关；准确性指的是语言要准确，没有歧义；逻辑性推理关系要清晰，顺序合理，逻辑没有断点。本书后面章节会结合具体的案例对表达进行阐述。

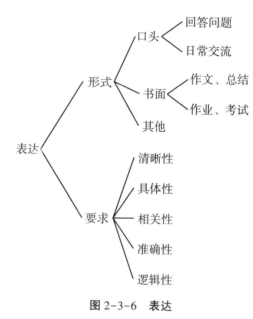

图 2-3-6　表达

四、批判性思维在基础教育中培养途径

中小学生批判性思维的培养与运用，最终还是要落实到教学中，以教学为载体，让批判性思维的种子在学生的内心生根发芽，开花结果。

该如何在教学中培养学生的批判性思维呢？

（一）开设批判性思维课程培养学生批判性思维

建立专门的批判思维课程，引导学生学习，训练批判性思维倾向和批判性思维能力。学校自 2016—2017 年学年起，分别在初一、高一开设批判性思维选修课。

1. 初一批判性思维课程目录：

（1）《开学第一课》，你怎么看？

（2）707 分上北大女孩王心仪"感谢贫穷"与"感谢贫穷：一个可怕的口号"；

（3）《红星照耀中国》中外界对于共产党和苏区的报道以及斯诺亲自看到的苏区的对比；

（4）在教学中应该增加白话文还是文言文？

（5）北京双胞胎女孩在青岛溺亡：是否应该指责发朋友圈玩手机的母亲？

（6）《古文观止》中《子鱼论战》：宋襄公与子鱼观点孰是孰非？

（7）BBC触犯行规拍下的神作，让一亿人哭着打出9.7分：自然越残酷，生命越坚韧！

（8）孙悟空到底是不是英雄？

2. 高一批判性思维课程目录：

（1）认识批判性思维。

（2）你擅长思考吗？

（3）他们说的是什么？

（4）这是一个论辩吗？

（5）他们说得怎么样？

（6）读出言外之意。

（7）证据在哪里？

（8）批判阅读与做笔记。

（9）批判性分析写作。

（10）批判反思。

（二）在具体学科教学中培养并运用批判性思维

批判性思维培养与运用应该贯穿到所有课程的教学中去。教师应该积极探索并寻找知识传授与思维训练的结合点，如以学生为教学主体，创建新型的课堂教学文化；进行问题式教学，提出具有思考性的问题，激发学生的思维，引导学生分析问题、解决问题；引导学生进行探究性自主学习；等等。

通过这些有效的教学方式，真正把课堂还给学生，让学生主动去思考、去求知，培养批判性思维。

（三）日常的生活实践培养批判性思维

培养学生的批判性思维，不能仅仅将目光聚焦在学校教育上，还应该落实到日常的学习和生活实践中。罗伯特·恩尼斯是国际公认的批判性思维权威、美国批判性思维运动的开拓者，他认为，批判性思维教学的目标不应该只限制在教学生在他们的学校课堂上批判性思考，还应该努力教他们在生活的其他方面也会进行批判性思考。因此，教师应该注重课堂之外的部分，引导学生在课堂之外，在日常的生活实践中，锻炼并培养批判性思维。对社会上一些常见的行为，教师可以让学生自己去观察、分析，进行判断，发表自己的看法。如：大街上的乞讨者该不该予以关怀、基因编辑等。

此外，批判性思维还体现在生活的方方面面：如何与父母、朋友相处，如何正确处理自己的错误，如何正确认识自己的优缺点等等。只有在课堂内外同时注重学生批判性思维的培养，才能真正树牢批判性思维的根基。

案例2-2-2：利用图尔敏的论证模型探讨：是否赞同民众接种疫苗？

科学技术的发展引发一系列社会性问题，涉及伦理道德观念、政治、传统文化以及生态环境保护等问题，其中与生物相关的热点议题是运用批判性思维天然的切入点。

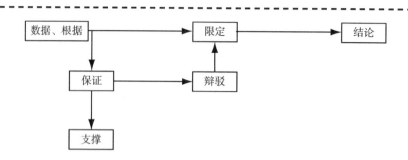

通过对学生提出问题"你是否赞同民众接种疫苗"引发学生深度思考，学生回答"赞成"或者"反对"——旨在让学生"辨析概念、理清思路"，这是思维的起点。

"赞成"的学生需要说明赞成的理由、"反对"的学生需要说明反对的理由——旨在让学生寻找"证据"支持自己的结论。（以下以"赞成"为例）

通过不断地提问引导学生从"因为注射疫苗有好处——所以该接种疫苗"找到相关的保证（大前提）——"刺激人体的免疫系统，产生对人体具有保护作用的免疫物质，从而增加了对某种疾病的抵抗能力"及支撑"健康与生命最重要"；

现在是否就可以注射疫苗了？教师或者学生提出辩驳："风险有很多：接种后依然感染，时间，体质，接种人群，儿童、老年人、孕妇接种时身体状况，疫苗的种类，疫苗本身'真假'问题、过期等"——引导学生有"同理心"，考虑问题要理性全面。

在"辩驳"的基础上，如何完善自己的结论？教师引导学生给出一系列"限定"条件——"在国家有力监督下确保疫苗为'真'且未过期、咨询医生自身是否适宜接种（体质、现阶段身体状况）……"

权衡决策，给出有完整思路和证据支持的结论。

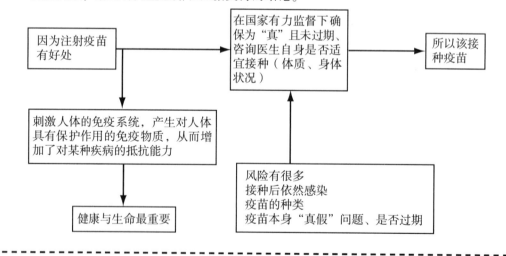

总体思路：教师引导学生辨析概念与问题，促使学生理清思路；通过一系列问题，促使学生找到各种可能性；学生依据批判性思维相关工具（如图尔敏模型），进行论证。通过批判性思维训练，学生能够更有效地掌握复杂思维技能，构建复杂思维体系，胜任更高级脑力劳动。（批判性思维也可用于生物学科学探究：异常、概念确定——异常现象、寻找可能性——科学探究——逻辑推理——创新）

（四）在实际问题的解决中培养并运用批判性思维

在基础教育中运用批判性思维目的是培养学生如何看待事物、考虑问题，旨在让学生通过假设和推理的方式，找到解决问题的办法。

教师在进行教学设计时要有意识引导学生运用批判性思维解决实际问题。设计活动，搭建台阶，将分析、推理、论述、评价这些技能通过活动显性化，使学生在对输入内容进行深度解读和思考的过程中，运用批判性思维。

（五）在阅读中培养并运用批判性思维

有学者认为批判性思维培养并运用需要知识积累。批判性思维目的是提出更具有说服力的解答，而不仅仅怀疑。因此，具有好的批判性思维能力的人在质疑之前，是能够提出更好假说或提供质疑的依据，这都需要广泛阅读和知识积累，为质疑提供支点。

教师要鼓励学生在课外进行拓展阅读和深度思考，以开放的心态去学习、去相信，再去怀疑，这是批判性思维培养与运用的关键。

只有让读书和思考成为日常生活的常态，学生才有可能迅速成长为一个具有批判性思维能力并运用的人。

（六）在对话中培养并运用批判性思维

在培养学生的批判性思维时，教师要给予具体的要求、建议，并创造机会和平台，让学生相互学习、互相促进。就学生的学习过程来看，开展批判性思维对话，能让学生在良好的、放松的学习环境下和日常生活中充分地表达自己，表现自我，多方面收集信息，练习从不同的角度看待事情，从异同中练习反思及判断，培养良好的学习习惯、学习态度、思维能力，学会尊重他人，接纳不同看法而不盲从。

第四节　走向批判性思维教与学

人们通常说"乔布斯改变了世界"，因为他发明了个人电脑，发明了智能手机；说马云改变了商业模式、物流流程，因为他创造了电商。从人类社会发展角度来看，这些都是从工业时代到后工业时代（也叫信息化时代）发展的结果。工业时代特点是人类劳动的机械化，机器替代了人的体力劳动。机器成为产业革命的象征，大规模制造统一规格产品的工厂成为产业革命最伟大的成就。与此相适应，基础教育采取以知识传授为主的标准化课堂教学和人才培养模式，一直风行至今。

后工业时代（信息化时代）不是产业革命的简单延续，而是根本不同质的一种知识产业形态，它的生产方式突出特点是高度尊崇创新。这种变化势必要求学校教育进行变革。产业革命时代的学校是模仿工厂生产，因此学校教育重在"教"，重在知识和技能传承，而后产业革命时代的学校是帮助社会创新，因此学校教育重在"问题"解决，培养学生创新能力。2012年，世界经济合作与发展组织发布了一个很重要的报告，题为《为21世纪培育教师、提升学校领导力：来自世界的经验》。该报告指出，在21世纪我们要培养学生的基本技能中，必须要培养的是学生的批判性思维、创造性思维以及生活方式等。面对新形势，如何改革创新教学模式，积极探索创新型人才培养，是当前和今后基础教育工作者面临的重要课题。

近年来，北京市第十九中学积极开展创新型人才培养教学模式探索，利用批判性思维开展"开放、批判、探究"教学模式探索即是其中一例。

一、课堂教学反思

中学课堂相比以前，已有明显的变化，合作、自主、探究已逐渐成为课堂教学变革的导向。但多数常态课仍是讲授式的教学，学生被动地接收老师传送的知识，即便对优秀学生使用"因材施教"的方法也是以知识为核，表现在对成绩好的学生给予特殊培养，主要体现在"学早一点""学多一点""学深一点"。这里仍然是对知识而言的。钱颖一教授在美国大学任教经历中发现，中国留学生往往在硕士和博士头两年的考试中领先全班，因为他们学得早、学得多、学得深。但是在此之后，当到达了知识前沿时，在需要自己探索新知识的时候，中国学生的通常优势就没有了。这似乎同时印证了"因材施教"方法的长处和短处。

是什么卡住创新人才培养？原因之一是在标准化考试评价体系指挥下，学生学习过程中的大部分学科知识要么来自于教材、要么来自于教师，他们很容易迷信权威、囿于权威，认为教材和老师给出的知识就是正确的、无异议的，他们没有意识到"自己的某些观点和看法"也是有价值的，对自己没有认同，更缺乏创新的欲望。北京师范大学王磊教授提出核心素养导向的基础教育需要将学习目标从知识结论取向到认识发展取向转变，获取知识结论不再是课堂教学目标，而是要引导学生学会发现、学会思考、学会判断。

受此启发，笔者开始思考：如何让"教"更符合学生"学习"规律，实现"教"转向"学"。

二、初探："讨论式"教学

（一）"讨论式"教学溯源

"讨论式"教学可追溯到孔子开创"启发式"教学和苏格拉底倡导的"产婆术"。

"启发式"教学核心是调动学生的思维，培养其独立思考、创造性思维的能力。孔子的"不愤不启，不悱不发。举一隅以三隅反则不复也"是对"启发式"教学的经典论述。他建议教师对学生进行启发要掌握最恰当的时机，要等到学生将要想出来而还没想出来、想要说出来又说不出来时，加以启发。"启发式"教学包含丰富的方法，基本特征是用一定的逻辑序列的问题串展开教学。《论语》几乎全是用"对话"的方式进行教学。《学记》中也谈到了"启发式"教学，提出"君子之教，喻也。道而弗牵，强而弗抑，开而弗达。道而弗牵则和，强而弗抑则易，开而弗达则思。和易以思，可谓善喻矣"。

即是说好的教师教学，就是对学生引导，而不是牵着学生走；勉励学生，而不是强行压制学生；启发学生，而不是一下子把道理都讲了。引导而不牵着走，就使教与学之间的矛盾关系变得融洽；勉励而又不强行压制，更能使学生体会到学习快乐，不易产生畏难情绪；启发学生而不一下子把道理全讲出来，可以促使学生独立思考。

古希腊著名的哲学家、教育家苏格拉底也用"对话"的方式开展教学。他用讨论问题的询问方式与人交谈，但不直接把结论教给学生，而是对学生回答提出质疑，指出问题所在，并一步步引导学生最后得出正确的结论。这种方法被后人称之为"苏格拉底方法"，又叫"产婆术"。它包括四个步骤：第一步，讥讽。即不断提出问题使对方陷入自相矛盾之中，最终不得不承认自己是无知的。第二步，助产。帮助对方得到问题的正确答案。第三步，归纳。从各种具体事物中找到问题的共性和本质。第四步，定义。将个别事物归入一般概念。

在苏格拉底的教育思想中，非常重要的一点，他认为，每一个人都天生具有发展的可能性，因此，他总是将别人和自己置于人格平等的地位，不把现成的答案直接交给学生，而是让学生自己通过探索去得出结论。由自己所发现的真知与从别人那里得来的知识是不同的。"知识必须自我认识，自我认识只能被唤醒，而不像转让货物。一个人一旦有了自我认识，就会重新记忆起仿佛很久以前曾经知道的。"[1]

本节中所说"讨论式"教学核心是苏格拉底的"产婆术"，同时也融入孔子的教育思想和方法，从学生问题入手，通过一系列具有逻辑关系问题串，引发学生思考，通过讨论、交流，最终促使学生自主获得认识。摒弃"产婆术"第一步骤讥讽，教学不刻意引导学生陷入自相矛盾之中。

（二）"讨论式"教学在实践中萌发

笔者从教已有 25 年，带出一届又一届学生，观察每届毕业学生，发现在高考中取得好成绩学生往往不是最刻苦的，也不一定是看起来最聪明的学生，但一定是爱思考、爱提问、有想法的学生，喜欢交流和讨论的学生。这里又蕴含着怎样的道理？背后的规律是什么？

2015—2016 学年，笔者担任两个平行班（2 班和 4 班）的生物教学任务。两个班的风格很不一样，2 班学生上课安静，听讲认真，而 4 班想法多多。一开始，2 班成绩比 4 班好，一学期结束之后，4 班成绩比 2 班好，主要是因为 4 班有五六个男生经常提问。通过学生提问与老师回答，建立了很好的交流沟通关系，课堂也逐渐由教师讲授转向讨论。学生进入高三后，他们在学业上的优势越发明显，在 11 月初全区高三期中测试中，4 班学生相比其他平行班级，成绩要高出许多。

因此，课堂教学过程，不应是教师的"一言堂"，而是引导学生思考、交流、沟通，激发学生提出新问题，在对问题探讨过程中，提升学生思维水平。师生间的有效交流与沟通能极大地提高教学效果。

鉴于以上的现象和思考，对教学进行改革，将课堂对话、讨论作为重要教学组织形式，逐步形成以"讨论式"教学。

（三）讨论教学中要把握好几个问题

1. 讨论要避免任何偏向。一个学生群体中，往往会有几位学生学习能力较强，能明确地表达自己的看法并使讨论顺利进行，深受教师赏识，在讨论陷于沉默时，教师往往指望能说会道的学生打破沉默，避免冷场。这是一个错误的想法，因为其他学生目睹了几次固定在少数几位同学的讨论，其他同学就会降低参加讨论的积极性，因为他们可以按经验预测出教师最终会让谁来发言。多次后，大多数学生就会心不在焉，课堂的讨论会变得越来越难。

2. 不要害怕沉默。不要对沉默产生恐慌。讨论一开始，学生需要对新的问题进行思考，往往需要一点时间，甚至较长的时间。教师需要努力保持沉默，对学生抱以充分信任，要有耐心，尤其不要制造紧张气氛，频频督促学生发言，甚至教师开始回答自己提出的问题。其次，不要认为学生一旦沉默就表明反应迟钝、自由散漫。由于讨论是充满犹豫、尝试的，其过程可能就会迂回曲折，在重新组织自己的观点时往往显得木讷。教师在组织讨论时，应该将反思时的沉默变成学生开展深入思考时普遍、必要的组织部分。

3. 讨论的主题应是学生真实存在问题。对于学生来说，讨论的主题应是他们真实存在的问题。获得学生的问题，我采取的是两种方法。一种方法是，教师设计一些反馈性问题，了解学生真实问题。另一种方法，就是培养学生主动提问，具体做法是在教室设置一个提问区，让学生把自己的问题贴在提问区，或者通过微信等多种方式，开通学生提问渠道。我在教学过程

---

[1] [德] 雅斯贝尔斯著，邹进译：《什么是教育》，生活·读书·新知三联书店 1991 年版。

中，两种方法都使用，第一种方法往往在学生学业检测之后使用，第二种是日常教学过程中通用方法。下面为反馈性问题设计及运用案例。

例如，笔者高三习题讲评课讨论主题的形成均是通过课前对学生问题进行调查，分析综合出学生的主要问题，因为问题来自学生，学生参与度很高，课堂效果非常好。本节案例2-4-1《运用学生"自我评价"工具构建生物选择题解题思维模型——以生物选择题讲评课课型设计为例》，所涉及的问题都是通过课前"自我评价"工具了解学生问题，分析、综合而成的。

4. 师生构建同伴式新型学习关系。梁国立教授（美国威斯康星大学终身正教授）在一次海淀区种子教师论坛发言提到"学习是学生的足迹所至和人际关系所在，教师不仅是传道授业解惑，教师还是学习关系的构建者"。

以往我们强调教师"要有一桶水才能给学生一杯水"，"讨论式"教学中师生不再是水桶与水杯关系，而是同伴关系，教师是戴着博士帽（指拥有扎实的学科背景）的学习者，在课堂教学中，教师不再是学术权威，而是要放下身段，参与讨论，俯身指点，教师和学生构成学习共同体。

5. 讨论要具有批判性。无论是"讨论""对话"，若要使其具有鲜活的生命力，就应使其保持批判性。因为只有持有批判的心态参与时，他们才会尽可能多地听取别人的想法和观点，并加以询问和探究。因此，课堂的"讨论"要具有批判性，以一种开放的心态来反复斟酌有价值的观点，使这些观点经受怀疑、争辩以及反驳等一系列过程。这种开放、批判的讨论氛围可以激发更多的想法，每个人也有机会澄清自己的观点，从中选择更好的观点，尽可能达成共识。

6. "讨论"深入需要探究。笔者在前期实践基础上，对"讨论式"教学进行反思。课堂教学目标是什么？随着时代的发展、科学和技术的进步，原先笃定的基础知识和基本技能都在迭代更新。那么，我们到底应该教给孩子们什么呢？除了基础知识和基本技能外，最应该教的就是学科思想方法，其精华就是质疑、逻辑、证据，而批判性思维是科学思想方法的重要内容。北京师范大学生物课程专家刘恩山教授认为科学思维的方法包括逻辑思维、批判性思维和发散性思维。其中批判性思维是对自己或别人的观点进行反思、提出质疑、弄清情况和进行独立分析的过程。有了这种思维品质，学生就能够对生物学问题做出科学的分析及批判，这个说法合理吗？科学吗？也就是说面对一个说法，学生不应该"照单全收"，而是通过探究，批判性地、选择性地相信。

总之，教师要更要注重学情分析，通过准确把握学生的优势潜能和认知特征，提供个性化的学习服务，满足学生的个性发展需要，实现"尊重差异、发现差异、利用差异、发展个性"的量化学习，通过课堂教学努力让每一位学生都有出彩的机会。

案例2-4-2《生物学中同源染色体概念辨析》是一节"讨论式"教学实录。

三、优化："开放、批判、探究"式教学

笔者在尝试"讨论式"教学时，认识到"讨论深入需要探究"，尤其发现"科学探究"与批判性思维有密切关系（见下表）后，将"探究"作为优化教学的重要抓手。科学探究与批判性思维关系如下：

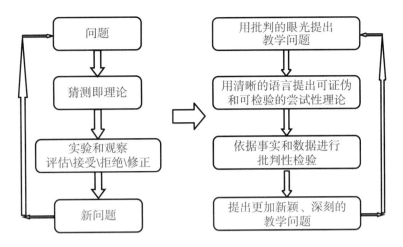

通过近六年的教学实践，对课堂教学"探究"组织形式有进一步认识，提出"开放、批判、探究"教学模式，如下面所示：

1. 开放。基础教育阶段的教学除了传授知识，更重要的是调动学生主动学习的积极性，提高学生的思维能力。传统教学模式下，学生学习过程往往是被动的接受过程，学生参与学习活动的积极性不能充分调动，也限制学生思维发展。因此，以学生为中心来组织教与学活动，才可能让学生思维活跃，学生通过说、写、实践将思维成果输出，通过教师与同伴的评价反思自身的思维。创设开放课堂是以学生为主体教学活动的前提。在开放课堂中，教师的地位由知识的"储备箱"转变成教学活动的组织者、引导者、启发者、评论者，教师作用从知识"传授"转身学习"引导"，学生由被"填鸭式"的被动接受的学习过程变为积极主动的学习状态。开放课堂特点之一，教师与学生在教学活动中是共同学习和发展的，教师不再是教学活动的支配者。

从学生层面看，"开放、批判、探究"教学模式强调学生自我认同，主动发展。换句话说，把学生的学习过程看成是每一个学生在自己原有知识体系上的一次自我重构或更新的过程，而不是将零散的知识强行塞入一个不成体系的记忆篮子里。

从教师层面看，教师对学生要充分理解，积极引导。每一个学生由于知识体系的差异，在面对同样的教学内容时，有些学生能理解，有些学生理解不了或有着错误的理解；遇到试题，有些同学能解决，有些同学不能解决或错误地解决。在传统教学模式下，学生出现与老师截然不同结论，或出现明显错误时，老师感到十分震惊之余，往往产生对学生完全否定的评价。这不仅严重摧毁学生自信心，削弱学生自我认同，也直接影响学习过程"批判""探究"活动的开展。"开放、批判、探究"教学模式强调老师要尽可能了解每一个学生所掌握的知识背景或知识体系，通过学生在学习或解答问题过程中表现出来的正确或错误，积极引导学生把新的知识吸纳到自己原有或经过调整了的知识体系，不断自我更新和重构自己的知识体系。

2. 批判。批判是问题意识表达、继续和超越，是对各种观点和主张进行评估，以便确定什么样的信念最合理，对周围世界进行更合理的解释，积极地探索对原有解释尽可能提出质疑的信息，对信息进行分析综合，以便更有效地做出决定和选择。课堂教学中"批判"这一环节，目的不是否定或肯定，而是知识重构的开始。

从学生层面看要积极参与批判性对话。无论是"讨论""对话"，若要使其具有鲜活的生命力，就应使其保持批判性。因为只有持有批判的心态参与时，学生才会尽可能多地听取别人的想法和观点，并加以询问和探究。学生开展"批判性对话"，以一种开放的心态来反复斟酌有价值的观点，使这些观点经受怀疑、争辩以及反驳等一系列过程。这种开放、批判的讨论氛围可以激发更多的想法，每个人也有机会澄清自己的观点，从中选择更好的观点，尽可能达成共识。

从教师层面看要合理使用批判性评价。教师的批判性评价不仅是一个评价过程，更是一种思维活动，目的是推动学生思维发展，具有一定工具性。批判性评价作用不在于为学生提供种种具体的科学知识，而是对学生论证是还合理、有效的一种态度。它可促进学生思考、表达、探求新的知识。教师通过批判性评价，启发学生怎样合理地进行推理论证、交流，培养学生建设性交流与探讨的习惯。

3. 探究。探究是批判旧模式、旧理论、旧方法的同时，寻找新模式、新理论、新方法，并最终创造性地解决问题的过程。其过程可概括为三个环节：聚焦问题、考察问题、形成判断。以高中生物必修二"同源染色体"概念理解为例。

教材对同源染色体定义是：形状、大小相同，一条来自父方，一条来自母方。

教师引导学生对定义进行细致分析，学生质疑：一条来自父方，一条来自母方，来源不同，为何叫"同源染色体"？（聚焦问题）

面对问题，教师鼓励学生提出自己的观点，有一学生说："同源染色体"中同源是指"起源"，是从生物进化历程来看；而同源染色体定义中来源不同，是从个体诞生过程来看。（自我认同，主动学习）

教师不急于给出答案，而是引导学生进一步思考。

学生提出：X 与 Y 性染色体，形状、大小不同，但它们是同源染色体，又如何理解？

学生反驳：同源染色体是相同祖先染色体的后代，便是在漫长的传递过程中，由于体内外各种因素作用，结构发生改变，有改变明显的，如 X 与 Y 性染色体，有不明显的，如常染色体。书上不是说了一般相同。（批判性对话）

教师提议学生课后去查阅相关资料。学生对资料进行分析、讨论，得出判断——是否为同源染色体要把握以下两点：从生物进化角度，是"同源"；从个体发展角度，能"联会"。（形成判断）

（二）开放、批判、探究内在关系

开放是批判性思维教学为前提，批判是批判性思维教学的关键，探究是批判性思维教学的核心。三者密不可分，没有开放，就没有自由，就没有真正的批判，更不可以发生真正探究。

第一，开放理性是探究基础。美国"批判性思维国家高层理事会"主席理查德·保罗（Richard Paul）在《批判性思维工具》一书中写到："不是所有的思维方式都是公正的。人们常常自私、狭窄地学习和应用思维技能，思维不是与生俱来就是公正的，人的本性是自私的。"开放心态是让思维在自己与他人的思考之间公平地穿梭，平等对话交流。目的是公平合理地评价既有的自己的思考与他人的思考，来修正并发展自己的思考，是重建与发展新的自我。在一个开放、民主的课堂，学生相互尊重、交流，以谦逊态度开展探究，学生彼此之间相互促进，不仅使他们之间关系更加亲密，加深了彼此间的信任，同时探究更加有效。开放理性讨论可以让学生相互间感到合作愉快，合作愉快是有效探究的基础，因为它使团队具有战斗力。

第二，批判性对话是探究关键。批判性思维理论认为"批判性对话"可以让学生思维保持高度兴奋。因为只有学生持有批判的心态时，他们才会尽可能多地吸取别人的想法和观点，并加以询问和探究。"批判性对话"是以一种开放的心态来反复斟酌有价值的观点，使这些观点经受怀疑、争辩以及反驳等一系列过程。它的特点是学生以一种开放的心态进行讨论，学生听到有说服力的、理由充足的反对意见时，能够及时更改自己的观点，当反对意见理由不足时，能坚持自己的想法，通过进一步寻找依据，作出更合理判断。教师在课堂教学长期运用"批判性对话"能够促使学生学习目标发生改变，从知识结论取向到认识发展取向。因此，课堂教学过程，不应是教师的"一言堂"，而是引导学生思考、交流、沟通，激发学生提问新问题，在对问题探讨论过程中，提升学生思维水平。师生间的有效交流与沟通能极大地改善教学效果。

"批判性对话"是类似于多元逻辑的推理形式，开展以批判性对话为基础的探究，则是批判性思维的本质。[1]

此外，作为结论往往是唯一的自然科学领域的问题，也是可以运用"批判性对话"形式进行探究。作为学生不可能一开始就是以正确方式进行思考，需要开展对话性的思考，而不是生吞活剥地接受被灌输的知识。对学生来说，即使被充分论证"正确"的知识，在条件允许时经历探究过程，将更深入理解知识，有助于知识运用。这种学习，可称之为深度学习。这种学习不仅适用于自然科学的领域，也同样适用于真正地理解人文社会科学领域自身的问题。

"批判性对话"能够促使学生学习目标从知识结论取向到认识发展取向转变。

第三，探究是认识发展途径。为众人所接受的波普尔的认知理论认为科学知识增长的途径是从问题开始，提出试探性解释的理论，经过批判性检验，排除错误，新的困难形成新的问题。如此循环，导致客观知识的增长。学生学习过程本质是认知发展过程，因此，科学知识增长的途径理论上与学生学习过程是基本一致，提出假设、批判性检验，排除错误的探究过程是学生学习的主要途径。

以批判性思维为途径，组织"开放、批判、探究"式教学，可以引导学生走向新的认识和实践，帮助学生树立科学价值观。科学价值观，其核心就是相信我们所处的客观世界，从根本上是可以被认识、被理解、被改变的。

（三）"开放、批判、探究"教学意义

随着"开放、批判、探究"教学实践探索不断深入，越来越深刻意识到批判性思维习惯是学习品质的保障。许多学生学业发展不理想，并不是智力问题，而是潜能没有得到发挥。人的思维技能与其他技能如打篮球、跳芭蕾舞一样，需要有意识投入和学习，需要进行思维练习。因为，人的思维不是与生俱来就是公正的，人的本性是自我，习惯从自己的角度看问题，以致思维不全面、深入。

在我看来，应试教育的危害不是表面上的学习压力大、任务繁重、学习乐趣的失去，而是

---

〔1〕 钟启泉："批判性思维：概念界定与教学方略"，载《全球教育展望》2020 年第 1 期。

大量的无思维含量和思维品质的机械性知识学习排挤了思维训练。有人说，应试教育中的学生学习，不是真正的学习，是有一定道理。"让学习真正发生"，必须让学习具有"情境（现实的需要）、实践（方法）、思维发展与提升（品质）"三要素，其中思维发展与提升是学习的核心，是学习的目的。然而，思维发展与提升需要好的思维习惯。

批判性思维则是审慎地判断是非和正确决策的能力，是集知识、价值和思维方法于一体的综合能力与品格。其要素包括理性，即尊重事实、实事求是，以科学知识和逻辑规则为基础，同时还要排除情绪、利益、偏好的干扰，保持冷静客观的态度和立场。独立而包容，即不盲从，自己独立判断，自尊的同时又尊重别人，宽容差异的存在，而在必要时又基于理性去认同公共价值。强调思维谦逊、思维的勇气、思维换位思考、思维正直、思维坚毅、思维自主等，这些批判性思维习惯都有助于学生形成良好思维品质。

案例 2-4-1：运用学生"自我评价"工具构建生物选择题解题思维模型
——以生物选择题讲评课课型设计为例[1]
北京市第十九中学　何耀华

前　言

试卷讲评课是学科教学的重要环节。它是以分析学生考试反映出来的问题，并通过讲评帮助学生纠正错误，巩固知识和提高能力的一种课型。高质量的试卷讲评课应能起到纠正错误，弥补缺漏加深理解，强化巩固拓宽思路，揭示规律总结经验，树立信心提高能力，促进学生发展的作用。

笔者尝试以学生"自我评价"为主的选择题讲评，从能力培养出发，通过学生进行解题习惯的培养，发展学生思维水平，改进学习方法，最终提升学生学习能力。

1. 学生"自我评价"为主的试卷讲评课的指导思想

首先，高中学生无论在心理特征还是个性形成上都正在经历从幼稚向成熟的变化，这一阶段的学生渴望独立和自我价值的展现，这一客观现实需要教师改革以讲为主的方式，让学生由被禁锢的受教育者转为自由成长的受教育者，尽可能多方面、多色彩地展现学生，而非塑造学生。

其次，学生思维发展途径主要是三种：表达、写作和行动。学生"自我评价"可将这三种有机融合，即通过自我反思总结问题的原因（写作），通过对他人问题分析和评价或回应他人质疑（表达），促使深入思考，通过问题纠正和方法应用（行动），改进思维水平。

再次，多数人的思维方式都是潜意识的，学生也是如此，当思维在潜意识中运作时，学生对自身思维过程不清情况下改变思维是不可能的。但是，人们面对他人质疑或评价他人时，会对思维过程进行深入了解，才能让思维过程变得清晰。

可见，试卷讲评课让学生"自我评价"不仅能够发现试卷中存在的错误，知道知识掌握过程中存在的缺陷，还能发现自身存在的不足，便于学生真正地了解自己，认清自己，学会对自己的思维方式进行反思，提升思维水平，同时学生在讲评试卷的过程中，会积极组织语言，然后进行正确的表达，传递给教师和同学正确的信息，顺利利用语言

---

[1] 本文章是北京市十三五规划课题《基于学情分析的教学活动设计与实施实践研究》（课题编号：CDDB17214）研究成果。

与教师和同学进行各种交流，正确地表达自己的思想，总结自身存在的不足，经过不断锻炼，学生的语言组织能力必然会得到提高，思维水平也随之提高。

综上所述，试卷讲评课应让学生从被动的被评价者转变为主动自我评价者，真正的学习行为是学生自动自发的学习。因此，教师应为学生创造各种机会，运用各种学习方式并评判自己的成就，学生应发挥主观能动性，客观评价自己的长处与弱点，发现问题、解决问题。

学生在实际问题解决过程中的操作、演示、口头陈述等行为是构成学生自我能力评价的重要组成部分。让学生在评价过程中参与评价、成为评价的主体，让学生意识到评价是发现问题、自我提高的方式。

2 以学生"自我评价"为主的选择题讲评课设计

2.1 课前准备：

例题1：下图所示实验能够说明

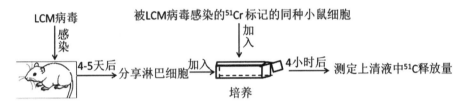

A. 病毒抗原诱导 B 细胞分化的作用　　B. 浆细胞产生抗体的作用

C. 病毒刺激淋巴细胞增殖的作用　　D. 效应 T 淋巴细胞的作用

本题得分率为 78.26%；下表为笔者在自评问卷中相关问题的设置及对数据进行的统计。

> 选择第三题：
>
> 1. 我准确地选出了答案；
>
> 2. 如果是意料外"幸运的"选对的题，等同于未选对；
>
> 3. 我对理解图形有困难；
>
> 4. 我对免疫中＿＿＿＿＿＿有疑惑。
>
> 　数据统计如下：
>
> 　选项1：31.28%
>
> 　选项2：41.65%
>
> 　主观问题：体液免疫、免疫细胞、
>
> 　B 细胞与 T 细胞的区别、免疫异常

在对二者进行对比后不难发现，真正理解的学生只有 31.28%。在答题时，正确选对的学生仍然存在很多疑惑，而假如只通过正确率来安排讲评，势必会使这些问题隐藏起来，在今后的答题中暴露出来。

其次是自评问卷在学生进行问题分析中充当一个指引，暗示出本题的出题目的以及重点知识，使得学生在分析问题时可以有针对性地进行查缺补漏。

例题 2：下图表示某绿色植物在 15℃和 25℃条件下，光照强度和氧气释放速度的关系。下列说法不正确的是：

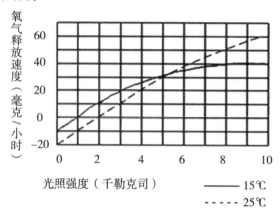

光照强度（千勒克司）　　　——— 15℃
　　　　　　　　　　　　- - - - - 25℃

光照强度和氧气释放速度关系

A. 当光照强度等于 0 时，该植物在 25℃比 15℃多吸收氧气 10 毫升/小时

B. 当光照强度等于 5 千勒克司时，该植物在两种温度下制造有机物的量相等

C. 当光照强度小于 5 千勒克司时，适当地降低温度有利于温室内该植物的增产

D. 当光照强度超过 8 千勒克司时，15℃下该植物光合作用的制约因素主要是碳（暗）反应

自评表选择题 2 题具体分析

选择第二题：
1. 我准确地选出了答案；
2. 我对理解图形有困难；
3. 我并没有将"真光合""净光合"应用于本题；
4. 我对于_____选项有问题，我当时的想法是_____。

其中 2、3 两项暗示出本题的易错点以及重点分析，学生在分析时针对 2、3 两项，便有机会反观自身是否在这一重点知识上存在问题，便于其在课下查缺补漏。

再次是将问题有效归类，设计反馈。

笔者在课前根据本次试卷选择题的特点和学生在"自评问卷"中暴露出的问题进行了统计归类，将试卷检查的学生不理解或没掌握的知识点，以及学生没有纳入知识体系和技能系统中的教学重点进行罗列，并根据试题内容，设计了补偿性题目。例如学生在图形类题目错误率较高，笔者根据学生问题，带领学生了解图形类题目分析方法，并设置了相关的图形图表问题帮助学生学会运用。

2.2 课堂实施：通过学生"自我评价"主动构建"生物选择题解题思维模型"

选择题特点是素材广泛，知识点细，考查形式灵活等。它不仅能够考查生物基础知识，在一定程度上还能够考查学生的理解、应用及综合分析等能力。选择题在高考中分值大，而且能力要求比较高。因此，培养学生形成"生物选择题解题思维模型"，掌握较为通用的选择题解题思路、策略与方法，并恰当运用，就能够简化难点，取得较好的成绩。

下面，通过具体例题3，谈谈如何通过学生"自我评价"主动构建"生物选择题解题思维模型"。

例题3. 稳态的生理意义是（　　　）

A. 使体温维持相对恒定

B. 使体液的 PH 保持相对稳定

C. 是机体进行正常生命活动的必要条件

D. 使内环境的渗透压处于相对平衡

本题通过"课前选择题自评表"反映了学生主要问题是不理解什么是"意义"。为此，笔者对该题讲评如下：

师：多数同学在自评表中反映选择题主要问题是审题错误，并归总为语文能力问题。这并不是真正问题所在。审题错误的真正原因是我们没有一个科学的思维方法，对问题理解凭感性较多，如该题同学们认为 A、B、D 都是与稳态有效，而没有深入解读题干问的是"稳态的生理意义是"，其关键词是什么？

生：意义。

师：对。所以审题第一步是认读，确认关键词。

生：老师，我注意到了"意义"，但不理解"意义"的含义。

师：谁能对意义作一下解释。

生1：稳态的生理意义就是稳态的功能。

生2：稳态的生理意义就是稳态的作用。

生3：稳态的生理意义就是稳态有什么影响。

师：这三种解释，哪一个你更认可？为什么？

生4：我不认可稳态的作用，稳态不是一个生理过程，它是一种状态，各种理化性质在一定范围内波动，不存在什么作用。

生5：我不认可稳态的功能。

生6：我认可稳态有什么影响。

生7：我认为稳态的意义是稳态有什么价值，它对人体生理活动有什么影响。

师：解释得特别棒。

学生通过对话，对他人观点进行评价，结合自己的理解深入思考什么是"意义"的同时，对"稳态"概念理解也更加深入。

在整个师生对话过程，教师主要作用是"追问"。首先通过"追问"引导学生发散思维，多角度理解"意义"的含义。其次，通过"追问"促使学生积极表达，让学生思想相互碰撞，激发学生思维火花。再次是通过"追问"让学生相互评价逐步形成更准确的认识。

在学生完全理解例题如何解答基础上，笔者要求学生总结本题解题经验，具体做法：

笔者结合学生"课前选择题自评表"所反映出的问题，让学生对若干个错题进行反思、对话、评价。逐步构建"生物选择题解题思维模型"如下：

步骤1 认读：对关键词与信息的获取，即问题的对象，问题的情境以及句子结构和连接词。

↓

步骤2 辨析：运用相应的原理进行比较、分析。

↓

步骤3 评价：结论是否具有清晰性、准确性、精确性、相关性、深度 、广度、逻辑性、重要性、公正性。

2.3 课堂实施："生物选择题解题思维模型" 运用

"生物选择题审题思维模型"是教师引导学生共同构建的，需要不断在解题过程中运用，才能成为学生思维习惯。笔者通过下面例题4，介绍该思维模型的运用。

例题4：将小鼠B细胞注入家兔体内，产生免疫反应后，家兔血清能使小鼠T细胞凝集成细胞集团。而未经免疫的家兔血清不能使小鼠T细胞凝集成团。T细胞凝集现象的出现是因为

A. 小鼠B细胞诱导家兔产生细胞免疫

B. 小鼠T细胞诱导家兔产生体液免疫

C. 小鼠B细胞和小鼠T细胞有相同抗原

D. 小鼠T细胞和家兔T细胞有相同抗原

师：本题关键词和信息是什么？（实施步骤1）

生1：小鼠T细胞凝集成细胞集团。

生2：问题对象是"血清能使小鼠T细胞凝集成细胞集团"，血清中能发挥免疫作用是抗体，不可能是细胞免疫。所以A错。

生3：引起家兔体免疫应答产生抗体是小鼠B细胞，小鼠B细胞是抗原，抗原与抗体有特异性，小鼠B细胞引起家兔体免疫应答产生抗体能与小鼠T细胞凝集成细胞集团，说明小鼠B细胞和小鼠T细胞有相同抗原。

师：大家是否认为选项C正确？理由是什么？（实施步骤2）

生4：选项C符合体液免疫机理

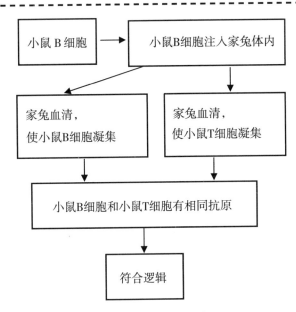

师：与 C 选项相比，其他选项如何解释？（实施步骤 3）

生 5：小鼠 B 细胞没有进入到家兔的细胞内部，不会诱导家兔产生细胞免疫，A 错误。

生 6：家兔血清能使小鼠 T 细胞凝集成细胞集团，家兔血清不含免疫细胞，A 错误。

生 7：B 选项错误很明显，注射的是小鼠 B 细胞，不是小鼠 T 细胞诱导家兔产生体液免疫。

生 8：D 选择排除需要深入分析。分析实验过程中，可以得出经过免疫的家兔血清不会使自身家兔 T 细胞凝集成细胞集团，可以判定小鼠 B 细胞和家兔 T 细胞不具有相同抗原，至于小鼠 T 细胞和家兔 T 细胞是否有相同抗原，本实验没进行论证。

师：现在对本题有了一个比较全面、清晰性、准确性理解，同学们还有什么新的问题吗？

教师此时提问目的不再是解题，而是培养学生探究和创新能力。探究和创新能力核心是提出问题能力，教师在教学中要重视对学生提出问题能力培养，尤其是在解决现有问题之后，要尽可能引导学生提出新问题，并让学生认识能够提出新问题既表明是对现有问题有了深入理解，同时也是提升思维能力的重要方法。

学生在教师启发下，提出一些好问题，如小鼠 B 细胞和小鼠 T 细胞有相同抗原是什么？有何意义？等等。

笔者通过实践探索，认为"生物选择题解题思维模型"不仅能提升学生选择题的正答率，而且在帮助学生夯实基础的同时提升学生思维水平，是一种操作性强又有效的工具。

3. 课型的解释

本节课设计思路受批判性思维理念启发，"批判性思维是一种对思维方式进行思考的艺术，该艺术能够优化人的思维方式"，设置问题串，通过追问方式组织学生解答、质疑和评价，在引领着学生一次次"设疑"、"解惑"之后，潜移默化地帮助学生树立正确有效的思维模型，并将其利用起来。课堂主线是"生物选择题解题思维模型"及应用。

设计课前调查问卷使问题的设置更有针对性、更具体化，使学生全程参与、不知不觉间构建模型、利用多种类型选择题应用思维模型，多元地进行能力的综合培养。

在选择题的讲评过程中，笔者将思路定位到对于题目信息的有效分析上，并据此目的将审题的思维过程具体化，确立起一套便于学生遵循和实际操作的理论化过程，这个看似简单的思维模型主要目的是将读题、解题时的思维过程理论化，并在学生解决每一道题时用这一理论化的思维过程对其进行引领和强化。通过在授课过程中引领学生运用这一思维方法，可以将抽象的解题过程规范化，有助于学生思维更加谨慎，另外通过交流和分析题目语言表达，使学生思维得以训练。

案例 2-4-2：教学实录：生物学中同源染色体概念辨析

2016 学年，北京市海淀区高三期末考试中一道命题，看似简单，但学生错误率很高，我在分析学生问题过程中，逐步理解几位教授所讲的观点。下面以此题分析为话题，谈谈通过课堂对话、讨论帮助学生深入理解所学概念。

题：右图为某动物细胞分裂的示意图，据图判断该细胞

A. 只分裂形成 1 种卵细胞

B. 含有 3 对同源染色体

C. 含有 3 个染色体组

D. 一定发生过基因突变

学生得分情况：A 33.33%　B 27.78%　C 16.67%　D 22.22%

从数据来看，有不少学生认为此图有同源染色体，如果在以前，笔者会归结为学生没有记住同源染色体的概念。鉴于前期思考，笔者想了解学生错误的原因，则不急于解释，而是通过对话，组织讨论，让学生谈谈自己对同源染色体认识。

学生一：形状、大小相同，一条来自父方，一条来自母方。

学生二：一条来自父方，一条来自母方，来源不同，又叫"同源染色体"，真别扭！

学生三："同源染色体"中同源是指"起源"，是从生物进化历程来看，而同源染色体定义中来源不同，是从个体诞生过程来看。

学生四：X 与 Y 性染色体，形状、大小不同，但它们是同源染色体，又如何理解？

学生五：同源染色体是相同祖先染色体的后代，便是在漫长的传递过程中，由于体内外各种因素作用，结构发生改变，有改变明显的，如 X 与 Y 性染色体，有不明显的，如常染色体。书上不是说了一般相同。

学生六：可不可以这样理解，同源染色体比作"长江"与"黄河"，同"源"不同"流"，不过殊途同归，流进"大海"，即进入合子。

学生四：对于"同源不同路"，我明白了。但是在细胞分裂中由于染色体复制导致出现了姐妹染色单体，单体一旦分开后不叫同源染色体，而叫（姐妹）两个染色体。书上将二倍体植物花药离体培养，得到的单倍体幼苗，用秋水仙素处理后变为了 AA，叫二倍体。形成的 AA（二倍体）是因为秋水仙素处理的结果，此时的 AA 分别位于 2 条染色

体上，该 2 条染色体能否也叫同源染色体？如果不叫，又为什么称呼为二倍体植物？如果叫，那又该如何理解同源染色体的概念？

示意图为：AA（二倍体）→A（单倍体）→AA（二倍体）。

随着学生讨论不断深入，也促使我重新审视同源染色体的概念，它并不像我原来所想的那么简单。

最后，我提议学生课后去查阅相关资料。

第二天，同学们带了他们所查阅的资料。

刘祖洞编著《遗传学》："两个相同染色体，即同源染……开始配对。"

高等教育出版社出版，高等师范院校试用教材："……细胞内的二同源染色体（即来自父本和母本的相似染色体）两两成对靠拢……"

《中学生物教学》2002 年第 9 期"同源染色体溯源"："同源染色体的狭义概念就是高中课本所下的概念：配对的两条染色体，形状和大小一般都相同，一条来自父方，一条来自母方，叫做同源染色体。定义中一条来自父方，一条来自母方，是从个体发育角度来看，同源染色体中'同源'是从系统发育来讲（系统发育是与个体发育相对而言）。"

戴灼华等人主编的《遗传学》："……基因重组发生在减数分裂前期。染色体变得可见就标志着减数分裂开始，……。同源染色体相互接近，在一个或多个区域配对形成二价体。配对一直进行到整个染色体的同源部位并排在一起，该过程称为联会或染色体配对。"

学生对资料进行分析，讨论，得出判断是否是同源染色体要把握以下几点：

1. 从生物进化角度，是"同源"；

2. 从个体发展角度，能"联会"；

至于，一条来自父方，一条来自母方，一般指二倍体生物，在减数分裂时，两两配对染色体而言。

其中一位学生提问：是否可以把同源染色体的概念简单归纳为"减数分裂过程中能够配对（联会）的染色体"。这样可以忽略其是"来源"还是"起源"、是"二倍体"还是"多倍体"、是"染色体的形态大小相同"和"例外（如 XY 性染色体）"的问题。

这样的概念能够解决减数分裂的问题，同时也能解决：二位体植物花药离体培养获得单倍体，用秋水仙素处理后可生育问题，从系统发育角度来讲，在物种形成过程中，每种类型的染色体的拷贝来源相同，它们在减数分过程中，是能联会的，可能产生有活力的配子。

其他学生在他的提议基础上，提出判断同源染色体关键在于在个体发展过程，染色能否进行联会。

回过头来，再看前面习题，为何认为该图无同源染色体，根本原因是姐妹染色单体因着丝点分开后形成两个染色体，在此个体发展过程，彼此之间不会作出联会行为，如同时进行下一代（合子），它们则是同源染色体。

收获：

课堂讨论十分热烈，随着讨论深入，学生思维也得到以培养。

首先，从同伴各种质疑声中学会谨慎谦和。通过交流，意识到自己的观点要被认可，需要清晰、具体和有条理地思考与表达；同时意识到现实问题是复杂的，要从不同角度看问题，才能得出较为全面、接近事实的结论或观点。

其次，培养学生探究意识。课堂教学不局限于教材，而是通过查阅，获取更多资料，进行比较、分析、批判和综合，帮助学生更准确理解相关概念，不仅有助于知识掌握，更有利于知识运用。

再次，提升了学生思维能力。教师将课堂作为学生共同解决问题的场所，教学生生物学技能的同时，要引导学生学会倾听他人意见，从他人的角度理解相反的观点，努力发现自己对问题认识的局限性，公正面对各种意见、观点，进而鉴别哪些是危险和荒谬的观点。

感悟：

做这节课是我接触批判性思维应该还不到一年时间。之前，我每次面对新的一批学生，我往往会给学生说：生物的这个学科你怎么去看，它一定是理科，它一定会培养理性思维，但它有别于数学。跟数学的精确性相比的话，生物学科理论往往存在一些不能解释或不能完善解释的现象，学者赵鼎新将生物称之为不完美学科，因为它在不断地发展不断地修正，它每一个答案都有可能被修正，也正是因为生物学科是一个不完美的学科，正好可以培养学生反思性思维，这种想法完全出于自己对教学的理解。这是我接触批判性思维之前，我对生物学科的认识。学习批判性思维之后，对教育教学有了新的认识。人的发展是教育教学核心目标，而人的发展核心内容是什么？我认为是解决问题能力及沟通能力提升，而这两者都与人的思维方式有关，批判性思维提倡开放、理性，则为问题解决和有效沟通奠定基础，课堂"讨论"则是开放、理性的表现，激发思维碰撞，不仅提升学生参与度，而且有助于学生反思。课堂实录中充分反映了学生的质疑与反思。

案例 2-4-3：运用批判性思维工具培养学生科学思维

——以生物学教学为例

北京市第十九中学 何耀华

1. 前言

普通高中生物学课程标准（2017 年版）将"科学思维"作为生物学科素养重要内容之一，并指出"科学思维"是指尊重事实和证据，崇尚严谨和务实的求知态度，运用科学的思维方法认识事物、解决实际问题的思维习惯和能力，可见运用科学的思维方法是形成科学思维的重要手段。科学的思维方法包括哪些？北京师范大学生物课程论专家刘恩山教授认为科学思维的方法包括逻辑思维、批判性思维和发散性思维。其中批判性思维是对自己或别人的观点进行反思、提出质疑、弄清情况和进行独立分析的过程。有了这种思维品质，学生就能够对生物学问题做出科学的分析及批判，从而做出理性的决定。本文就如何运用批判性思维工具，培养学生科学思维，提出一些浅显观点。

2. 批判性思维工具

美国学者理查德·保罗在《批判性思维工具》[1] 一书提出批判性思考者的思维模

〔1〕 [美] 理查德·保罗（Richard Paul）、琳达·埃尔德（Linda Elder）著，侯玉波、姜佟琳等译：《批判性思维工具》，机械工业出版社 2013 年版。

式：运用思维标准来指导、评估和调整思考过程的各要素，从而逐渐形成相应思维质量，成为一个成熟的批判性思维者（下图所示）：

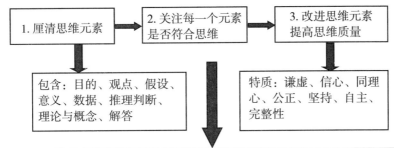

清晰性：能够清楚地被理解	精确性：通过被证实	准确性：拥有详实的细节	重要性：聚焦于重要的问题	相关性：与问题相关
完整性：全面，没有遗漏	逻辑性：符合逻辑，没有矛盾	公正：客观，不循私利	广度：站在不同立场进行分析	深度：使用了不同的分析角度

　　如何推动合理的、反思性的思维，美国学者马克在研究图尔敏论证模型基础上，提出简单可操作批判性思维工具，见下表。

旧问题				
立场（观点）	理由	说明	反驳	回应
新问题				

　　本文以高中生物教学为例，依据批判性思考者的思维模式组织教学，并借助批判性思维工具，引导学生经历像科学家构建理论知识一样评价资料、提出主张、为主张进行辩驳等过程，从而让学生了解科学知识构建的本质，学习科学家思考问题的方式，进而培养学生科学思维能力，提升学生学科素养。

　　3. 案例：DNA 是主要的遗传物质

　　3.1 创设情境，提出问题

　　教师呈现相关的科学史，19 世纪中期，孟德尔通过 8 年的豌豆杂交实验提出了遗传因子学说及遗传学的分离定律和自由组合定律；1903 年，萨顿根据染色体和遗传因子行为上的平行关系提出假说：遗传因子在染色体上；20 世纪初期，遗传学家摩尔根通过果蝇的遗传实验，证明染色体是基因的载体；到了20世纪中叶，科学家发现染色体主要是由蛋白质和DNA组成的。让学生了解科学家如何对前人结论进行继承、质疑和论证，在此基础上，提出初期研究问题：遗传物质是什么？

3.2 小组讨论，修改问题

学生经过讨论，提出各种观点，其中主要的观点是DNA是遗传物质或蛋白质是遗传物质。教师让学生两人一小组，分A、B组。A组的观点：遗传物质是蛋白质。B组的观点：遗传物质是DNA。让学生依据所学知识或经验尽可能多列出支持本组观点的理由并说明，同时也对本组所持的观点进行合理批判，并对反驳尽可能进行回应，即通过正—反—正论证，促使学生树立尊重事实和证据，崇尚严谨和务实的科学态度，同时修改问题，提出更好的研究问题。学生讨论并记录，结果见下表。

初期问题：遗传物质是什么？				
立场（观点）	理由	说明	反驳	回应
A组：遗传物质是蛋白质	蛋白质结构多样性	符合生物性状多样性特点	蛋白质结构不稳定，不符合生物性状相对稳定的特点	也许存在某种机制，如跟某种物质结合，增强了蛋白质结构稳定性
	染色体的组成成分	摩尔根已证明基因在染色体上	染色体上除了蛋白质，还有DNA	
	蛋白质中氨基酸的不同排列组合	可以贮存大量遗传信息	具有不同组合的生物大分子还有DNA、RNA	它们分别只有4种基本单位
B组：遗传物质是DNA	染色体的组成成分	摩尔根已证明基因在染色体上	染色体上除了DNA，还有蛋白质	
	核酸不同的碱基排列组合	可以贮存大量遗传信息	具有不同组合的生物大分子还有蛋白质	蛋白质结构不稳定，不符合生物性状相对稳定的特点
	DNA结构相对稳定	合生物性状相对稳定的特点	它只有4种核苷酸，多样性很难与蛋白质相比	DNA分子核苷酸数目足够的话，其种类也是极其多样的
修改问题：遗传物质是DNA还是蛋白质？				

3.3 寻求更多信息

学生对两种观点充分讨论后，观察分析格里菲斯实验，明确四组实验中只有S型细菌才能杀死小鼠。提出疑问：为什么加热杀死的S型细菌还能使活的R型细菌转化为S型活细菌？请学生分析、思考、讨论相关的问题，提出观点之一是加热杀死的S型细菌"死而复生"，观点之二是加热杀死的S型细菌"借尸还魂"。A组观点：加热杀死的S型细菌"死而复生"。B组观点：加热杀死的S型细菌"借尸还魂"。小组讨论，并填写《批判性思维工具表》。学生通过讨论、填写工具表，观点趋同，即加热杀死的S型细菌体内存在一种活性物质——"转化因子"，促成R型细菌转化为S型细菌，并提出新问题："转化因子"是什么？详见下表。

问题：第4组实验中的S型是怎样产生				
立场（观点）	理由	说明	反驳	回应
A组：加热杀死的S型细菌"死而复生"	S型特点R型没有		加热杀死的S型细菌的蛋白质已变性，不可能恢复	
B组：加热杀死的S型细菌"借尸还魂"	借尸：R型菌	R型菌受某种因素影响，发生变异	这种因素是什么？	
	还魂：S型菌的遗传物质	S型菌的遗传物质促使R型菌发生改变	如何证明？	
新问题："转化因子"是什么？				

学生观察分析艾弗里实验：S型细菌体内有多种物质DNA、蛋白质和多糖等，如何进一步探究S型细菌体内哪种物质可能是转化因子？小组讨论，并填写工具表，得出结论：DNA是遗传物质，蛋白质不是。同时提出新问题：所有生物的遗传物质都是DNA吗？详见下表。

问题：S型细菌体内哪种物质可能是转化因子？				
立场（观点）	理由	说明	反驳	回应
蛋白质是转化因子	蛋白质与生物性状密切相关	S型菌的蛋白质+R型菌→S菌+R菌	结果没有	蛋白质不是转化因子
多糖是转化因子	S型菌有多糖	S型菌的多糖+R型菌→S菌+R菌	结果没有	蛋白质不是转化因子
DNA是转化因子	结构稳定	S型菌的DNA+R型菌→S菌+R菌	虽然出现S型菌，但是提取的DNA还有其他物质，如蛋白质。	假如破坏了DNA，重做同样实验，如果不出现S型菌，则说明DNA是"转化因子"
		补充实验：S型菌的DNA+R型菌+DNA酶→S菌+R菌	肺炎双球菌转化是DNA引起，这具有普遍性吗？	寻找新的实验材料，实验材料特点：更简单，DNA和蛋白质是在自然状态下就能够彻底分离的生物
结论：DNA是遗传物质，蛋白质不是				
新问题：所有生物的遗传物质都是DNA吗？				

3.4 评估论证，寻找反例

展示烟草花叶病毒、HIV 病毒的结构，教师问："烟草花叶病毒成分和噬菌体不同，它只有 RNA，那么它的遗传物质是什么？"学生根据艾弗里的肺炎双球菌体外转化实验和噬菌体侵染细菌的实验设计思路和实验具体方法，设计实验来探究烟草花叶病毒的遗传物质是 RNA 还是蛋白质。

3.5 课堂小结，构建知识网络

教师引导学生运用批判性思维工具（表格）对同学的有关主张提出质疑或反驳，并要求学生根据以上的实验设计思路，可以设计实验来探究任何生物的遗传物质。最后师生根据批判性思维过程，并对运用批判性思维工具得出的结论进行梳理和总结，构建知识网络：

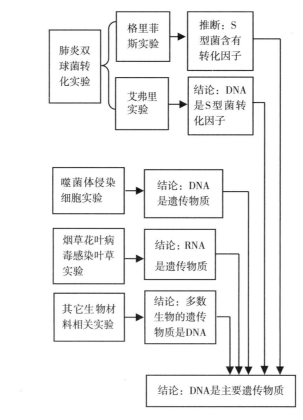

（四）结束语

本文所运用的批判性思维方法及工具是国内外批判性思维专家研究成果，结合生物学科特点，尝试作为学生科学思维培养的工具，在课堂教学过程中加以应用。实践表明，批判性思维方法及工具能让学生思维发展路径更加清晰，通过"正—反—正"讨论、分析、质疑，让学生思维发展过程更符合科学家探究历程，从而使科学思维得到发展。尤其是从问题到问题课堂教学组织形式与波普尔提出"理性重建"过程相符："问题→尝试性解决→反思、质疑、排除错误→新的问题"。

科学思维内涵是科学精神，科学的精神就是批判，不断推翻旧有理论，不断做出新发现。

按照波普尔的说法，只有可证伪的陈述才是科学的陈述。因此，知识的真理性特质只有通过外在化的批判性检验才能获得。

笔者在教学实践中尝试用批判性思维工具，来培养学生科学思维，得到学生认可。

【参考文献】

1. ［美］理查德·保罗（Richard Paul）、琳达·埃尔德（Linda Elder）著，侯玉波、姜佟琳等译：《批判性思维工具》，机械工业出版社 2015 年版。

2. 谷振诣、刘壮虎：《批判性思维教程》，北京大学出版社 2006 年版。

3. ［加］董毓：《批判性思维——原理和方法》，高等教育出版社 2010 年版。

4. ［美］莎伦·白琳（Sharon Bailin）、马克·巴特斯比（Mark Battersby）著，仲海霞译：《权衡》，机械工业出版社 2014 年版。

5. 何耀华："运用批判性思维工具培养学生科学思维——以生物学教学为例"，载《生物学通报》2018 年第 9 期。

第三章　批判性思维与学科融合

第一节　批判性思维与学科融合的基础

一、核心素养与批判性思维

（一）核心素养

近年来，对核心素养的讨论日益高涨，不同国家从不同角度进行考察，给出的界定往往不同，但共同点是强调今天需要培养学生未来融入社会所需要的品格和能力，即促进形成个人和社会发展所需要的"关键的、重要的"素养。

2014年，教育部颁布了《关于全面深化课程改革落实立德树人根本任务的意见》，启动了"中国学生发展核心素养"体系的制定和高中各学科课程标准的修订。

（二）中国学生发展核心素养

林崇德教授负责的"中国学生发展核心素养研究"课题组于2016年建构了三大领域、六个指标的中国学生核心素养体系框架。

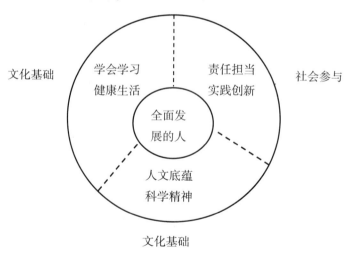

图 3-1-1　中国学生核心素养体系

对核心素养的每一个指标进一步分解，得到三个领域六大要点和十八个基本要点（表3-1-1）。

表 3-1-1　核心素养指标对应的基本要点

领域	核心素养指标	基本要点
文化基础	人文底蕴	人文积淀、人文情怀、审美情趣
	科学精神	理性思维、批判质疑、勇于探究
自主发展	学会学习	乐学善学、勤于反思、信息意识
	健康生活	珍爱生命、健全人格、自我管理
社会参与	责任担当	社会责任、国家认同、国际理解
	实践创新	劳动意识、问题解决、技术应用

在中国学生发展核心素养的六大指标中，科学精神、学会学习、实践创新的要点中都和批判性思维相关。尤其是科学精神中的要点：理性思维、批判性质疑、勇于探究，几乎和批判性思维中的"理性、质疑、论证"完全吻合。可以这么说，学生批判性思维的培养有助于学生核心素养的提升。

（三）学科素养

2018 年，习近平总书记在全国教育大会上指出，要努力构建德智体美劳全面培养的教育体系，形成更高水平的人才培养体系。为全面贯彻落实全国教育大会精神，2019 年，教育部明确提出要立足全面发展育人目标，建构包括"核心价值、学科素养、关键能力、必备知识"在内的高考考察内容体系。

《中国高考评价体系》指出，学科素养指的是即将进入高等学校的学习者在面对生活实践或学习探索问题情境时，能够在正确的思想价值观念指导下，合理运用科学的思维方法，有效整合学科相关知识，运用学科相关能力，高质量地认识问题、分析问题和解决问题的综合品质。学科素养通过基础教育阶段的学科教学培养形成，既是基础教育培养的目标，也是高校选拔人才的要求。

（四）学科核心素养

不同的学科结合本学科的教学内容和学习活动，提出了自己学科的学科核心素养。学科核心素养是学科育人价值的集中体现，是学生应具备的、能够适应终身发展和社会需要的正确价值观、必备品格和关键能力。不同的学科核心素养是学生发展核心素养的重要组成部分，是学生综合素质的具体体现。

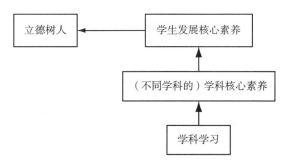

图 3-1-2　学科学习、学科核心素养、学生发展核心素养的关系

中学生通过不同学科的学习，提升不同的学科核心素养，这些不同的学科核心素养共同形成了学生发展核心素养，实现培养人才的目标。即国家培养人才的根本途径是学科学习。批判性思维中的理性、反思、质疑等品质和批判性思维中的分析、论证、表达等技能，是不同的学科所共有的，因此，教学中将学科教学与批判性思维培养进行融合，是提升学生学科核心素养并最终提升学生发展核心素养的有效途径。

二、学科核心素养中的批判性思维体现

在培养创新型人才教育背景下，批判性思维、独立思考、批判、质疑等品质在高考改革和教育改革的官方文件中反复出现，教学内容的变化和高考试题的变化趋势都体现出教育不是靠死记硬背，而是发展思考的能力。

（一）学科核心素养的构成

上文已经提到是，学科核心素养是学生应具备的、能够适应终身发展和社会需要发展的价值观、必备品格和关键能力。

1. 价值观。课程标准没有对价值观的含义进行详细的阐述。从哲学上看，价值观是人们在认识各种具体事物价值的基础上，形成的对事物价值的看法和根本观点。《中国高考评价体系》中将考察的素质教育的目标凝练为"核心价值、学科素养、关键能力、必备知识"，指出：核心价值是学习者应具备的政治素质、道德品质和科学思想方法的综合。

根据这样的描述，学科核心素养中的价值观除了不同学科共有的对学生的政治素质和道德品质的要求之外，还要包含不同学科独有的思想方法、从学科角度的认识出发对学科研究对象的认识方式和根本观点。比如生物学科中的"生命观念"，化学学科中的"变化观念与平衡思想"，历史学科中的"时空观念"，地理学科中的"人地协调观"，等等。

2. 必备品格。结合中国学生核心素养的要点和对各学科核心素养的解读，必备品格指的是一个人在学习知识、解决问题、个人成长中应具备的品质，比如批判质疑、勤于反思、乐学善学、责任担当等。这些品格在不同的学科核心素养中有不同的描述，比如物理学科的"科学态度与责任"，语文学科中的"思维发展与提升"，英语学科中的"思维品质"，政治学科中的"科学精神""法治意识"，等等。这些必备品格和批判性思维品质中的开放、理性、质疑、反思等有很多相似之处。

3. 关键能力。《中国高考评价体系》中指出：关键能力指的是学习者在面临与学科相关的生活实践或学习探索问题情景时，高质量的认识问题、分析问题、解决问题所具备的能力。包括知识获取能力群、实践操作能力群和思维认知能力群。该评价具体指出，思维认知能力强的学习者的特点是：①独立思考。②开放性：能从多角度观察、思考同一个问题；能灵活地、创造性地运用不同的方法、发散地、逆向地解决问题。③洞察力：能通过敏锐的洞察力，发现复杂、新颖情境中有价值的新问题。④迁移：能将所学知识迁移到新情境，解决新问题，得出新结论，并能科学地反思和验证自己的新结论，以确保新结论的可靠性。

在学科核心素养的三个方面中，必备品格和关键能力和批判性思维有很多共通的地方。尽管不同的学科核心素养的描述不同，但是其共同部分大部分是和批判性思维相关的，也就是说，在学科教学中培养学生的批判性思维是提升学科核心素养的有效手段，学科核心素养的提升也有助于实现学生发展核心素养。

批判性思维 ➡ 学科核心素养 ➡ 学生发展核心素养

图 3-1-3 学科核心素养、批判性思维、学生发展核心素养的关系

三、批判性思维在具体学科课程标准中的体现

（一）课程标准中批判性思维的体现

课程标准是学科教学的指导和依据，本节拟分析不同学科课程标准，看看不同学科课程标准中批判性思维是如何体现的。所分析的课程标准中，高中的课程标准采用的是人民教育出版社的 2017 年出版、2020 年修订的版本，义务教育阶段的课程标准依据的是 2022 年新颁布北京师范大学出版社出版的课程标准。新出版的义务教育阶段的课程标准在内容结构上和普通高中课程标准保持了一致，但是在某些词语上有一些小的区别，比如普通高中课程标准中的"学科核心素养"、"课程目标"，在义务教育阶段课程标准中分别描述为"核心素养内涵"、"目标要求"，笔者在分析中采用和课程标准一致的描述。由于水平所限，笔者对课程标准的解读很不成熟，一定存在挂一漏万的情况，请读者见谅。对课程标准的解读仅仅提供一个从批判思维角度审视课程标准的角度，希望对读者有所启示。

在课程标准中，"课程目标"是对"学科核心素养"要达到要求的整体描述，主要体现在对学科核心素养的阐释，"学业质量标准"是对学生学业成就的总体刻画，批判性思维的在这些方面有集中的体现。"课程内容"、"学业要求"、"评价建议"中也有对批判性思维的要求体现。

（二）具体学科课程标准中批判性思维的体现

1. 语文学科：

义务教育阶段——语文
1. 课程目标： 　……发展语言能力的同时，发展思维能力，…… 2. 教学建议： 　（1）培养学生的创新精神和实践能力 　（2）关于阅读教学 　……逐步培养学生探究性阅读和创造性阅读的能力，提倡多角度的、有创意的阅读，利用阅读期待、阅读反思和批判等环节，拓展思维空间，…… 3. 评价建议： 　……，重视对学生多角度、有创意阅读的评价。综合性学习的评价应着重考查学生的探究精神和创新意识……，鼓励学生运用多种方法，从不同的角度，进行多样化的探究。
批判性思维要点： 1. 开放、理性、创新： 　鼓励学生多角度阅读、对学生多角度阅读进行评价，鼓励学生多种方法、不同角度、多样化探究；培养学生的创新精神，激发想象力和创造潜能。 2. 反思、批判： 　阅读教学中，阅读反思、阅读批判。

高中语文
1. 学科核心素养：
思维发展与提升：学生在语文学习中……、辩证思维和创造思维的发展，促进深刻性、……、批判性和独创性等思维品质的提升。
2. 课程目标：
发展逻辑思维：能够辨识、分析、比较、归纳和概括基本的语言现象和文学现象，并能有理有据地表达自己的观点和阐述自己的发现；……；运用批判性思维审视语言文字作品，……
提升思维品质：自觉分析和反思自己的语文实践活动经验，……，增强思维的深刻性、敏捷性、灵活性、批判性和独创性。
引导学生学习思辨性阅读和表达，发展实证、推理、批判与发现的能力，增强思维的逻辑性和深刻性，……提高理性思维水平。
3. 课程学习要求：
……努力从不同的角度和层面进行阐发、评价和质疑，对文本作出自己的分析判断。
4. 学业质量描述：
水平3：……，能分析并解释观点和材料之间的关系；能就文本的内容和形式进行质疑，并能主动查找相关资料支持自己的观点；
水平4：能准确、清楚地分析和阐明观点与材料之间的关系，能就文本的内容或形式提出质疑，……，并能找出相关证据材料支持自己的观点，反驳或补充解释文本的观点。……在表达时，讲究逻辑，……，从多个角度、多个方面表达自己的理解和感受；
水平5：在理解语言时，能从多角度、多方面获得信息，……能清晰地解释文中事实、材料与观点、推断之间的关系，分析其推论的合理性，……，能依据多个信息来源，对文本信息、观点的真实性、可靠性做出自己的判断，并逻辑清晰地阐明自己的依据；……
批判性思维要点：
1. 质疑：就文本的内容和形式进行质疑，反驳或补充解释文本的观点；
2. 开放：多角度分析问题、能从多角度、多方面获得信息；
3. 分析：提取概括信息，分析各观点和材料之间联系、分析信息的表述逻辑。

　　2. 数学学科：

义务教育阶段——数学
1. 课程内容：
……，应当注重发展学生的……推理能力……，创新意识的培养……。学生自己发现和提出问题是创新的基础；独立思考、学会思考……；归纳概括得到猜想和规律，并加以验证，……
2. 课程目标：
初步学会从数学的角度发现问题和提出问题……获得分析问题和解决问题的一些基本方法，体验解决问题方法的多样性，发展创新意识。初步形成评价与反思的意识。养成认真勤奋、独立思考、合作交流、反思质疑等学习习惯，形成实事求是的科学态度。
批判性思维要点：
1. 推理：
从数学的角度发现问题和提出问题……获得分析问题和解决问题的方法；……推理能力的发展……
2. 质疑、反思：
养成认真勤奋、独立思考、合作交流、反思质疑等学习习惯……

高中数学
1. 核心素养： 　　逻辑推理：……逻辑推理主要表现为：……，发现问题和提出命题，探索和表述论证过程，理解命题体系，有逻辑地表达与交流。通过高中数学课程的学习，……；形成重论据、有条理、合乎逻辑的思维品质和理性精神，增强交流能力。 2. 课程目标： 　　……提高从数学角度发现和提出问题的能力、分析和解决问题的能力（简称"四能"）。……树立敢于质疑、善于思考、严谨求实的科学精神；不断提高实践能力，提升创新意识；…… 3. 学业质量水平： 　　水平 2（针对高考水平）：通过分析相关数学命题的条件与结论，探索论证的思路，选择合适的论证方法予以证明；……，论述有理有据，并能用准确的数学语言表述论证过程。 4. 教学建议： 　　帮助学生养成良好的数学学习习惯，敢于质疑、善于思考，……
批判性思维要点： 1. 推理、论证：探索和表述论证过程； 2. 分析：提高从数学角度发现和提出问题的能力、分析和解决问题的能力； 3. 理性、质疑：形成重论据、有条理、合乎逻辑的思维品质和理性精神；帮助学生养成良好的数学学习习惯，敢于质疑、善于思考；

3. 英语学科

义务教育阶段——英语
课程目标： 　　语言既是交流的工具，也是思维的工具。所以学习和使用语言的过程与发展思维能力有密切的联系。……，有助于学习者从多角度理解世界的多样性，提高分析能力与认知水平。

高中英语
1. 核心素养： 　　思维品质：思维品质指思维在逻辑性、批判性、创新性等方面所表现的能力和水平。……思维品质的发展有助于提升学生分析和解决问题的能力，使他们能够……，对事物做出正确的价值判断。 　　水平 2：……，通过比较，识别各种信息之间的主次关系；……，从中推断出它们之间形成的逻辑关系；……，解释、处理新的问题，从另一个视角认识世界；针对所获取的各种观点，提出批判性的问题，辨析、判断观点和思想的价值，并形成自己的观点。 　　水平 3：……，从多视角认识世界；针对各种观点和思想的假设前提，提出合理的质疑，通过辨析、判断其价值，作出正确的评价，以此形成自己独立的思想。 2. 学习目标： 　　思维品质：能辨析……，分析、推断……，正确评判各种思想观点，创造性地表达自己的观点，具备多元思维的意识和创新思维的能力。
批判性思维要点： 1. 分析：提升学生分析和解决问题的能力，识别各种信息之间的主次关系； 2. 质疑：针对各种观点和思想的假设前提，提出合理的质疑； 3. 开放：从多视角认识世界；具备多元思维的意；从另一个视角认识世界。

4. 物理学科：

义务教育阶段——物理

1. 课程目标：

物理课程的总目标是提高每个学生的科学素养，使学生……养成良好的思维习惯，……，能独立思考，勇于有根据地怀疑，养成尊重事实、敢于创新的科学态度和科学精神；……有初步的分析概括能力，……. 有自我反思和听取反馈意见的意识，……不迷信权威，勇于创新……

2. 学生学习评价：

……不同的角度去独立思考问题，并找到解决问题的有效方法，……；准确地用书面或口头语言表达自己的观点；具有自我反思和听取他人意见的意识……；在探究过程中有发现问题的意识并大胆质疑；……

批判性思维要点：

1. 质疑、反思：能独立思考，有根据地怀疑，在探究过程中有发现问题的意识并大胆质疑；具有自我反思和听取他人意见的意识；

2. 开放、理性：听取反馈意见的意识；能否尝试从不同的角度去独立思考问题；

3. 分析：有初步的分析概括能力；提高分析问题与解决问题的能力。

高中物理

1. 核心素养：

科学思维：……是分析综合、推理论证等方法在科学领域的具体运用；是基于事实证据和科学推理对不同观点和结论提出质疑和批判，进行检验和修正，进而提出创造性见解的能力与品格。主要包括模型建构、科学推理、科学论证、质疑创新等要素。

科学探究：是指基于观察和实验提出物理问题、形成猜想和假设、设计实验与制订方案、获取和处理信息、基于证据得出结论并作解释，以及对科学探究过程和结果进行交流、评估、反思的能力。"科学探究"主要包括问题、证据、解释、交流等要素。

2. 课程目标：

……能运用科学思维方法，从定性和定量两个方面对相关问题进行科学推理……，能运用证据对研究的问题进行描述、解释和预测；具有批判性思维的意识，能基于证据大胆质疑，从不同角度思考问题，……能准确表述、评估和反思探究过程与结果。

3. 学业质量水平：

水平 4：（高考要求）能对综合性物理问题进行分析和推理，获得结论并做出解释；能恰当使用证据证明物理结论；能对已有结论提出有依据的质疑，采用不同方式分析解决物理问题。……能分析相关事实或结论，……对科学探究过程与结果进行交流和反思。

批判性思维要点：

1. 质疑、开放、理性、反思：基于事实证据和科学推理对不同观点和结论提出质疑和批判；基于证据大胆质疑，从不同角度思考问题，采用不同方式分析解决物理问题；对科学探究过程与结果进行交流和反思。

2. 分析、推理、论证：基于证据得出结论并作解释；运用科学思维方法，从定性和定量两个方面对相关问题进行科学推理。

5. 化学学科：

义务教育阶段——化学

1. 课程性质和课程理念：

……，在实践中不断培养学生的创新意识，使其在面临和处理与化学有关的社会问题时能做出更理智、更科学的思考和判断；……培养学生的创新精神和实践能力……

2. 课程目标：

……养成勤于思考、敢于质疑、严谨求实、乐于实践、善于合作、勇于创新等科学品质。

3. 课程内容：

……具有依据已有的知识和经验对猜想或假设做初步论证的意识。……通过讨论，对所获得的事实与证据进行归纳，得出合理的结论。……进行反思，并能与他人进行交流和讨论。既敢于发表自己的观点，又善于倾听他人的意见。

批判性思维要点：

1. 质疑、开放、理性、反思：敢于质疑；既敢于发表自己的观点，又善于倾听他人的意见，对探究学习活动进行反思。

2. 推理、论证：对具有依据已有的知识和经验对猜想或假设做初步论证的意识，对所获得的事实与证据进行归纳，得出合理的结论。

高中化学

1. 学科核心素养：

证据推理与模型认知：具有证据意识，能基于证据对物质组成、结构及其变化提出可能的假设，通过分析推理加以证实或证伪；建立观点、结论和证据之间的逻辑关系。

科学探究与创新意识：认识科学探究是进行科学解释和发现、创造和应用的科学实践活动；能发现和提出有探究价值的问题；……；勤于实践，善于合作，敢于质疑，勇于创新。

2. 课程目标：

……；基于证据进行分析推理，证实或证伪假设；能解释证据与结论之间的关系，确定形成科学结论所需要的证据和寻找证据的途径；……能发现和提出有探究价值的化学问题，……能尊重事实和证据，……养成独立思考、敢于质疑和勇于创新的精神。

批判性思维要点：

1. 质疑、理性：养成独立思考、敢于质疑和勇于创新的精神；具有证据意识；能尊重事实和证据。

2. 分析、推理：能基于证据对物质组成、结构及其变化提出可能的假设；基于证据进行分析推理，证实或证伪假设。

6. 生物学科：

义务教育阶段——生物

1. 课程目标：

……养成科学思维的习惯。……形成生物学基本观点、创新意识和科学态度，……发展学生提出问题、作出假设、制订计划、实施计划、得出结论、表达和交流的科学探究能力。在科学探究中发展合作能力、实践能力和创新能力。

2. 课程内容：

科学探究……涉及提出问题、做出假设、制订计划、实施计划、得出结论、表达和交流。……，形成一定的科学探究能力和科学态度与价值观，培养创新精神。

批判性思维要点：

分析、表达：发展学生提出问题、做出假设、制订计划、实施计划、得出结论、表达和交流的科学探究能力。

高中生物

1. 核心素养：

科学思维：是指尊重事实和证据，……，运用科学的思维方法认识事物、解决实际问题的思维习惯和能力。……，能够基于生物学事实和证据运用归纳与概括、演绎与推理、模型与建模、批判性思维、创造性思维等方法，探讨、阐释生命现象及规律，审视或论证生物学社会议题。

科学探究：是指能够发现现实世界中的生物学问题，针对特定的生物学现象，进行观察、提问、实验设计、方案实施以及对结果的交流与讨论的能力。……

2. 课程目标：

学生通过本课程的学习，……；形成科学思维的习惯，能够运用已有的生物学知识、证据和逻辑对生物学议题进行思考或展开论证；……

批判性思维要点：

1. 理性：是指尊重事实和证据；基于生物学事实和证据探讨、阐释生命现象及规律，审视或论证生物学社会议题。

2. 分析、推理：能够发现现实世界中的生物学问题，针对特定的生物学现象，进行观察、提问、实验设计、方案实施；能够运用已有的生物学知识、证据和逻辑对生物学议题进行思考或展开论证；……

7. 历史学科：

义务教育阶段——历史

1. 课程目标：

初步学会从多种渠道获取历史信息，了解以历史材料为依据来解释历史的重要性；初步形成重证据的历史意识处理历史信息的能力，……，初步学会分析和解决历史问题。……，通过搜集资料、掌握证据和独立思考，初步学会对历史事物进行分析和评价，并在探究历史的过程中尝试反思历史，汲取历史的经验教训。

2. 实施建议：

……对人类历史的发展进行科学、正确的阐释，客观分析历史人物、历史事件和历史现象，对历史问题进行实事求是的解释和评述；……，鼓励学生积极思考，勇于提出质疑和说明自己的观点、看法，……

3. 学习评价：

对历史基础知识和历史学习能力的评价，既包括考查学生对有关史事、概念、观点等方面的掌握程度，又包括考查对历史问题进行判断、分析、论证和解决的水平。……，并能够对有关的历史信息进行有效的获取、处理和运用，对历史事物进行正确的分析和判断，对历史问题做出理的、客观的解释。

批判性思维要点：

1. 质疑、开放、理性：鼓励学生积极思考，勇于提出质疑和说明自己的观点、看法；多种渠道获取历史信息，了解以历史材为依据来解释历；对历史问题进行实事求是的解释和评述；对历史问题做出客观的解释。

2. 分析、论证：对历史问题进行判断、分析、论证和解决。

高中历史
1. 核心素养： 　　史料实证：是指对获取的史料进行辨析，并运用可信的史料努力重现历史真实的态度与方法。…… 　　历史解释：指以史料为依据，对历史事物进行理性分析和客观评判的态度、能力与方法。……通过对史料的搜集、整理和辨析，辩证、客观地理解历史事物…… 2. 课程目标： 　　……，能够通过对史料的辨析和对史料作者意图的认知，判断史料的真伪和价值并在此过程中增强实证意识；能够从史料中提取有效信息，作为历史叙述的可靠证据，并据此提出自己的历史认识；能够以实证精神对待历史与现实问题。……，能对各种历史解释加以辨析和价值判断；能够客观论述历史事件、历史人物和历史现象，有理有据地表达自己的看法；……
批判性思维要点： 1. 理性：对获取的史料进行辨析；以史料为依据，对历史事物进行理性分析和客观评判；能够客观论述历史事件、历史人物和历史现象。 2. 分析：能够从史料中提取有效信息；能对各种历史解释加以辨析和价值判断。

8. 地理学科：

义务教育阶段——地理
1. 课程目标 　　……，初步学会根据收集到的地理信息，通过比较、分析、归纳等思维过程，形成地理概念，……，运用以获得的地理解本概念和原理，对地理事物和现象进行分析，做出判断。具有创新意识和实践能力，善于发现地理问题，收集相关信息，运用有关知识和方法，提出解决问题的设想。运用适当的方法、方式、表达、交流学习地理的体会、想法和成果。 2. 实施建议 　　地理教学要重视培养学生的创新意识，……，培养学生独立思考的习惯，鼓励学生大胆质疑并提出自己的观点、看法…… 3. 学习评价 　　……，是否在探究过程中有发现问题的意识并能大胆质疑，……，是否善于提出自己的意见，乐于听取同伴建议，修正、发展自己的观点。
批判性思维要点： 1. 质疑、反思、理性：鼓励学生大胆质疑并提出自己的观点、看法；善于提出自己的意见，乐于听取同伴建议，修正、发展自己的观点。 2. 分析：通过比较、分析、归纳等思维过程；对地理事物和现象进行分析，做出判断。

高中地理
1. 学科核心素养： 　　综合思维：运用综合的观点认识地理环境的思维方式和能力。"综合思维"素养有助于人们从整体的角度，全面、系统、动态地分析和认识地理环境，以及它与人类活动的关系。 2. 课程目标： 　　……从综合的视角认识地理事物和现象的意识，对地理各要素之间的相互作用关系有较强的分析能力，并在一定程度上解释地理事物和现象发生、发展的过程，从而较全面地观察、分析和认识不同地方的地理环境特点，辩证地看待地理问题。

3. 与评价建议：

　　要鼓励学生独立思考和相互探讨，发现并提出问题；……在解决问题的教学过程中，教师应引导学生运用地理的思维方式，建立与"问题"相关的知识结构，并能够由表及里、层次清晰地分析问题，合理表达自己的观点。……要提倡和鼓励学生呈现开放性思维，具有创新性表现。……

批判性思维要点：

　　1. 理性、开放：从整体的角度，全面、系统、动态地分析和认识地理环境；从综合的视角认识地理事物和现象；要提倡和鼓励学生呈现开放性思维。

　　2. 分析：对地理各要素之间的相互作用关系有较强的分析能力；并能够由表及里、层次清晰地分析问题。

　　9. 政治学科：

高中政治
1. 核心素养： 　　科学精神：……培养青少年的科学精神，提高辩证思维能力，…… 2. 课程目标： 　　……能够用马克思主义基本立场、观点和方法，观察事物、分析问题、解决矛盾；……，对经济、政治、文化、社会和生态文明建设的实践，作出科学的解释、正确的判断和合理的选择；……。具备善于对话协商、沟通合作、表达诉求和解决问题的能力，勇于担当社会责任。 3. 内容结构： 　　逻辑与思维：通过科学思维的训练，引导学生掌握科学思维的基本要求，把握逻辑思维和辩证思维的方法，提高创新思维能力，……；提升自己的思维品质；
批判性思维要点： 1. 理性：提高辩证思维能力； 2. 分析、表达：能够用马克思主义基本立场、观点和方法，观察事物、分析问题、解决矛盾；具备善于对话协商、沟通合作、表达诉求和解决问题的能力，勇于担当社会责任。

第二节　通过批判性思维训练提升思维品质

一、提升思维品质的必要性

　　在实际教学中发现很多学生对学科学习的认识存在偏颇，一些学生错误地认为学科学习就是背诵和记忆，通过大量刷题就能提高考试成绩。学科学习中的确不能忽略记忆和背诵，适量的习题训练也能够帮助学生理解并巩固知识，提升能力。但是仅仅通过记忆或者重复练习，并不能形成对核心知识的真正理解。教学中经常遇到的一个事实是进入高三后，有相当一部分学生学业成绩遭遇瓶颈，尽管花大量时间背诵和刷题，成绩似乎仍然不够理想。学生的问题大致如下：①遇到新情境的问题找不到思考问题的方向，甚至读不懂题；②即便是曾经做过的习题，如果换了情境和设问方式，就突然不会做了；③一些解释说明类问题，或者论述问题不清楚如何答，或者答不到点上。

例如，学生面对生物习题中这样的问题："推测……的作用_____；解释……的原因是_____；判断的依据是_____；若检测结果为……，则_____；实验的设计方案是_____；在……方面可能的应用是_____"。常常出现了术语使用不准确以及表达混乱的情况。

实际上，学生出现这些问题，除了知识不够熟练之外，还主要有两个原因：①信息提取问题：对题目中的信息不敏感，不知道哪些信息是有效信息，无法把题目中的信息和脑海中已有的知识联系起来。②表达问题：虽然想得很明白，表达时分不清主次和重点，逻辑不清，写了一大堆也拿不到分数。

这些问题的主要根源在于学生分析问题的思维方式上，出现这样问题的学生思维停滞在较为低阶的比较、辨认、解读层次，高阶思维没有得到有效提升，缺乏对问题分析、评估、反思，导致知识不能准确、合理地迁移，因此，也影响新问题解决。

可见，仅仅靠熟记知识和大量刷题，不能根本性解决问题。要提升学生解决问题的能力，需要从问题解决方法和途径入手，把握问题本质，提升学生分析、评估和判断能力。所以在日常教学中，教师要有的放矢地引导学生进行思维方式的训练，引导学生针对要研究的问题有逻辑地思考和分析、提升学生有逻辑地分析和表述的能力，使学生能够理清逻辑、灵活思考，提升有逻辑地组织语言，意义清晰、准确地表述的能力。

良好的思维方式是可以通过训练得到培养的。在多年的教学实践中，教师尝试引导学生将思维标准权衡融入思考中进而使学生的思维品质得以提升。

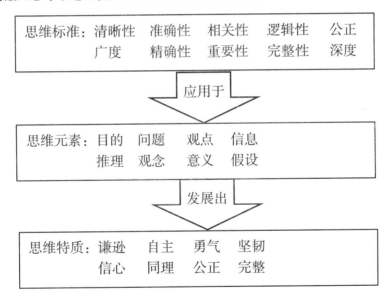

图 3-2-1 思维标准、元素、特质

二、提升思维品质的几个策略

学生的问题解决过程是一系列相互关联的思维加工活动过程，很多时候，学生的思维加工过程是不清晰的，处于无意识状态，因此，很难评估自己思维是否可靠。提升思维品质的方法之一就是让思维过程变得意识化和清晰化，辨析思维元素，明确思维标准。明确习题中问题结构，形成问题框架，可以更好避免或识别信息提取失真、题意误解、题意遗忘等思维缺陷。

策略一：加强思维元素辨析训练，提升学生分析问题的能力。

学生在解题过程中常常出现不能辨识有用信息的问题，教师往往要求学生多读题、划关键词。实际上学生也读题了，但是读题的时候不知道重点信息是什么，也没有办法画关键词，仅仅要求学生读题和画关键词没有从本质上提升分析问题的能力。学生在面对复杂问题时，对题意理解、分析、推理、运用多半是他们的一种惯性思维，与他们原有的经验有着密切关系，因此，需要在平时的教学中提升学生的思维品质，有意识培养学生识别思维元素的能力，将无意识思维的过程进行意识化练习，能够理解问题表象之下隐藏的深层信息，更好把握思维关键点和转折点。

题目是出题者思维的外在表达，包含出题者思维的基本结构，是不同思维元素的组合。所以，要想从根本上解决"读得懂"这一问题，需要提升学生的思维品质，培养学生分析问题背后的思维元素的习惯和能力。当学生能够熟练地识别思维（推理）的要素时，就能从基本成分层面更好地理解问题。

思维元素概览

思维元素特性：是以一个相互关联的、具有一定序列的集合。

具体表现为八种思维元素：产生目的、提出问题、使用信息、使用概念、做出推论、做出假设、产生结果和意义、体现一定的观念。

它们序列关系是：人们的思维有一定的目的性。我们在一定的观点下，做出假设，产生一定的意义和结果，并用一定观念、理论来解释我们的数据、事实和经验，并解决问题。

理查德·保罗《批判性思维工具》

下面以具体案例来说明如何引导学生进行思维元素的辨析。

案例 3-2-1：2016—2017 年北京市海淀区高三一模理综生物试题 29

独脚金内酯是近年新发现的一类植物激素。为了研究独脚金内酯类似物 GR24 对侧枝生长发育的影响，科研人员进行了实验。

（1）独脚金内酯是植物体内产生的，对生命活动起调节作用的_____有机物。

（2）科研人员用 GR24 处理拟南芥的野生型和突变体植株，结果如图 1。据实验结果推测，GR24 的作用是_____侧枝产生，突变体植株可能出现了独脚金内酯_____（填"合成"或"信息传递"）缺陷。

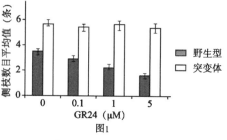

图1

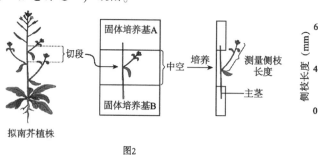

图2

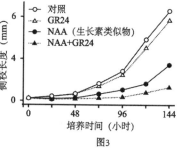

图3

（3）为了进一步研究 GR24 的作用机理，科研人员用野生型植株进行了图 2 所示实验，结果如图 3。

①进行实验处理时，NAA 应加入固体培养基_____（填"A"或"B"）中。

②据图分析，GR24 对侧枝生长_____，推测 GR24 的作用机理是_____。

（4）据图 3 的结果，科研人员提出了一个假设：在顶芽产生的生长素沿主茎极性运输时，GR24 会抑制侧芽的生长素向外运输。为验证该假设，采用与图 2 相同的切段进行实验。

①请在下表中的空白处填写相应处理内容，完成实验方案。

组别	处理			检测
实验组	在主茎上端施加 NAA	在侧芽处施加	在固体培养基中	主茎下端的放射性标记含量
对照组	_____	同上	在固体培养基中	

②请你再提出一个合理的新假设：_____。

分析本题思维元素的相关内容如下：

目的：研究独脚金内酯类似物 GR24 对侧枝生长发育的影响。

问题：为了进一步研究 GR24 的作用机理

观点：独脚金内酯是植物体内产生的，对生命活动起调节作用的_____有机物。

信息：图 1　图 3

概念：进行实验处理时，NAA 应加入固体培养基_____（填"A"或"B"）中。（生长素极性运输）

推论：据实验结果推测，GR24 的作用是_____侧枝产生；据图分析，GR24 对侧枝生长_____，推测 GR24 的作用机理是_____。

假设：突变体植株可能出现了独脚金内酯_____（填"合成"或"信息传递"）缺陷。

产生结果和意义：/

在实际教学中发现，引导学生对 8 种思维元素中的"目的"和"问题"的分析尤其重要。这是因为思考过程常常从一定的立场出发，明确"目的"和"问题"使思考具有指向性，思考更加聚焦，更容易与观点、信息、概念、假设相关联，进而使思维变得流畅、清晰。因此，关注"目的"和"问题"，有助于思维意识化，把控思维活动发展趋势，使思考紧紧围绕"关键问题"而展开。同时思维"目的"和"问题"是思考过程分析、处理信息的重要依据，它可以有效排除无关信息干扰，让有效信息发挥作用。

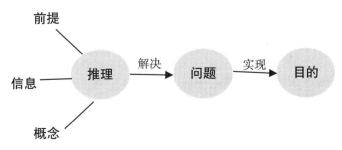

图 3-2-2　思维元素在问题解决中的关系

因此，当学生思维陷于困境时，教师要引导学生不是致力于思考结论或是可能答案是什么，而是回到思维原点，问问自己"我需要解答的问题是什么""解决问题的目的是什么"。这么做有助于走出思维困境，进而更有效地思考和解决问题。因此，在教学中教师要重视培养学生对"目的""问题"的表述，学生能够明确清晰表述"问题"和"目的"，有助于思维品质的提升。

此外，八种思维元素的"信息""概念"的清晰度和准确性直接影响推理是否正确。教学中，强调学生理解的同时，不能完全忽视核心知识的准确理解和描述，核心知识掌握是否熟练，很大程度影响思维加工是否顺利。

策略二：思维标准外化，提升推理的质量。

在完成思维元素辨析后，学生就对要分析的问题有了大致的认识，知道思维的目的是什么，聚焦了要研究的问题，了解了相关的概念，可以根据假设进行推理，以得到想要的结果。实际上，思维过程有隐含的目标，只有清楚这些隐含目标时，思维活动才会有显著的提升。比如：对目的的思考是否清晰？对问题的把握是否准确？考虑的问题和目标相关吗？是重要的问题吗？这实际上就是思维标准的问题。也就是说，思维品质的提升包括两个维度：思维元素的分析和思维标准的提升。

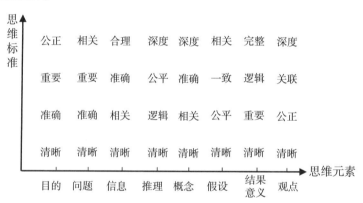

图 3-2-3　思维品质提升的维度

保罗提出最简化的思维标准如下

■ 清晰性	■ 准确性	■ 精确性
■ 相关性	■ 深度	■ 广度
■ 逻辑性	■ 重要性	■ 公正性

除了以上这些思维标准之外，还有其他的关于思维标准的描述，例如：可信性、可预测性、完整性等。考虑到中学生的思维水平和思维习惯，在和学科融合的批判性思维提升的教学实践中，我们将清晰性、相关性和逻辑性作为提升的重点。

（一）思维的清晰性

清晰性是思维的最基本标准。如果一个陈述不够清晰，我们便不能确定它的准确性和相关性。教学中经常会遇到学生来请教问题时，教师问，说说你哪里不明白？学生答：我也不知道我哪里不明白，我什么都不明白。这是教师最头痛的时候。还有很多时候学生表示自己学会了，证据是自己的笔记本，里面笔记记录得很整齐，一旦合上笔记本，就说不出来了。这些都是思维不清晰的表现。

提升思维清晰性的方法如下：

■ 详细表述（你可以详细描述你的观点/问题/结论/前提/概念吗？）

■ 举例（你可以举一个例子吗？）

■ 另一种方式表达（你可以换一种方式表达吗？比如图示等）

■ 指明具体对象（你研究的对象是什么？）

清晰性是思维品质提升的基础，也是评估一个人思维水平的重要指标。提升思维的清晰性不仅能够加深对问题的理解，有助于知识的掌握，也是批判性思维论证过程的基础。

下面以具体案例分析来阐述如何提升思维的清晰性。

案例3-2-2：2021年北京市学业水平等级性考试（化学）16题（部分）

步骤1：进行思维元素分析。见上图。

辨认思维元素的过程，也是对问题清晰认识的过程。

步骤2：对概念进行清晰描述

该案例中出现了概念"可逆反应"，其清晰的描述是"在相同条件下，既能正向进行，又能逆向进行的反应。"结合题目中的思维元素的分析，可以明确，实验 I 是证明 Ag^+ 和 Fe^{2+} 可以发生反应，实验 II 则要证明 Fe^{3+} 和 Ag 可以发生反应。

步骤3：提升推理过程的清晰性

①和②都是推理过程，需要明确推理的理由和结论。①的结论已经明确，需要提供前提即 Ag 和浓硝酸反应的现象作为证据。②的结论题目中没有明确提出，但是由步骤2可知实验 II 则要证明 Fe^{3+} 和 Ag 可以发生反应，实验 II 的前提是实验现象"固体完全溶解"，要根据现象推理出结论"Fe^{3+} 和 Ag 可以发生反应"，需要排除其他的可能性 [选用 $Fe(NO_3)_3$，Ag 可能会与 NO_3^- 发生反应]。

案例 3-2-3：学生作文"小议短视频"

当今时代，伴随手机与新媒体平台的广泛使用，"短视频"逐渐走进人们的生活。有人认为短视频利大于弊，让人更丰富地认识世界，充实人们的生活。然而另一些人认为其害处更大，拉低了人们的生活格调，挤占了生活中的空闲空间。在我看来，诚然短视频兼有利弊，但其对我们的影响积极或消极，取决于我们自身的态度。

短视频对人的影响，很大程度上依赖于人本身欣赏视频，选择视频的心态。为求学而看视频，自然会去找学习相关的内容，为娱乐时，显然就会专寻有趣的来看了。

不过，很多时候，也存在刷短视频"成瘾"的情况。本欲刷十分钟视频娱乐一下，却不知不觉过了一个小时。有研究表明，青少年在刷短视频上花的时间比他们自认为花的时间实际多了很多。人们往往沉溺于一些看起来有趣的，能立刻带来欢愉的内容，却不愿意看那些需要思考的学术性的短视频。更有甚至，由于在短视频上花费的时间过多，人们开始慢慢丧失长时间集中注意力的能力。

虽然如此，我们依然可以发挥自己的主观能动性，有效地避免沉迷与被利用的危险。粗浅划分，可以分为"时间"与"空间"两方面的措施。从时间上而言，观看短视频之前，我们可以给自己设置好观看时长，一旦到时间立刻关闭短视频。从空间上而言，我们首先需要选择对我们有益的短视频，合理利用互联网推荐的规则，为你的短视频空间创造一片净土。

清晰阐述观点：

短视频对人们各有利弊，但其对我们的影响积极或消极，取决于我们自身的态度。

用具体的例子阐述观点。

考虑相反的观点，阐述短视频带来的危害。

给出具体的措施，避免短视频"上瘾"，从短视频中获益。

案例 3-2-4：论证过程的清晰性

如果物体重则下落快，那么以铁链把一轻一重两个铁球相连。下落时因为轻球慢，拖拽重球，则两球下落速度应该慢于重球单独下落速度；又因为两球相连成为一个整体，重量大于重球，则两球下落速度应该快于重球单独下落速度。故而，物体重则下落快不成立。

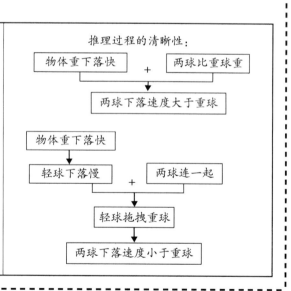

从上面案例分析可知，思维的清晰性贯穿问题分析的始终，从分辨思维元素到清晰描述每个思维元素，再到清晰明确推理过程，每一个过程都需要清晰的描述。

思维的清晰性是可以训练的。最简单的方法就是描述，在学科学习的过程中，学生除了听讲之外，更多地需要自己思考，把学习的内容自己整理出来。从这个意义上说，画思维导图、给别人讲题、互相讨论等都是提升思维清晰性的方法。

(二) 思维的相关性

一个陈述可能是清晰、准确的，但不一定与争论的问题相关。一个最常见的现象就是写作文时所谓的"跑题"，进行推理时，证据并不能推理出结论，那么这个证据就是无关的。在分析和解决问题时，聚焦于和问题相关的原理、经验、信息，可以引导人们思维在正确的轨道上，对问题进行有效的思考。

能够使思维更具相关性的问题包括：

■　为了实现目的，需要解决的问题是什么？

■　哪些信息和要解决的问题相关？

■　和解决问题相关的证据有哪些？

■　和问题相关的原理和概念是什么？

解决问题需要找到和问题相关的原因，同样的结果可能是由不同的原因造成的，强调思维的相关性就是找到和问题有关的原因和信息。

案例 3-2-5：两根蜡烛的实验

问题：将两根长度不同的蜡烛并排摆在一起并点燃，然后用容器罩住，哪一根蜡烛会熄灭呢？

分析问题：和蜡烛燃烧或者熄灭有关的因素是氧气的浓度。蜡烛燃烧消耗氧气，产生二氧化碳，同时燃烧放热，使容器内温度升高，气体上升，分子之间的距离增大，这些因素都会影响容器内氧气的浓度。

考虑相关现象 1：蜡烛燃烧产生二氧化碳，二氧化碳可以灭火，但是生活中没有看到蜡烛燃烧产生的二氧化碳把火焰"浇灭"，这表明燃烧时生成的二氧化碳并没有聚焦在火焰周围。

考虑相关现象 2：热气球可以上升到高空。这表明气体遇热会上升。

做出推理：蜡烛燃烧后产生的二氧化碳会上升，所以高处的二氧化碳浓度大，氧气的浓度小，所以长蜡烛会先熄灭。

案例 3-2-6：比较材料的保温性能

问题：李明在一所农村中学读书，学校有一只大的开水桶，冬天为了保温，在桶外裹上了一层棉被，尽管如此，早上灌的是开水，到了下午还是变得凉凉的。一天早上，李明看见张迪用铝合金饭盒装开水时，滚烫的饭盒只垫了薄薄的一层泡沫塑料就不烫手了，他突然想到，能否用泡沫塑料代替棉被给开水桶保温呢？

分析问题：实现水桶保温要考虑的相关问题是材料的导热性能，导热性能好的材料保温效果差，导热性能差的材料保温效果好。能否用泡沫塑料代替棉被给开水桶保温要比较棉被和泡沫塑料的导热性能。

考虑相关现象：滚烫的饭盒只垫了薄薄的一层泡沫塑料就不烫手了，说明泡沫塑料导热性能差。

寻找相关信息：张迪随手摸了一下热水桶上的棉被，暖乎乎的，热量通过棉被传出来了。说明棉被的导热性能可能比泡沫塑料好，那么保温性能就不如泡沫塑料。

寻找相关证据：李明告诉张迪，如果用这两种材料分别包着装有热水的烧瓶，定时测量两烧瓶中的水温，便可以得出这两种材料保温性能好坏的结论。"还可能有其他因素影响水温变化，如两个烧瓶中的水是否一样多，水温是否一样高。"张迪说。"是的，"李明强调，"还需注意放烧瓶的环境是否一样，泡沫塑料与棉被的厚度是否一样等等。"

进行实验：李明和张迪在两个烧瓶中装质量相等的水，加热到相同的温度后分别用两种保温材料包好，放在相同的环境温度下自然冷却。每隔相同的时间测量烧瓶内的温度。

实现问题解决：根据测出来的数据，得出结论，泡沫塑料的保温效果比棉被好，可以用泡沫塑料代替棉被给水桶保温。

案例 3-2-7：洗手的故事（董毓《批判性思维原理与方法》）

19 世纪中叶，在欧洲和北美的医院里，产妇的死亡率很高，主要祸害是产褥热——分娩后女性生殖器官受到感染而发生的疾病。

1864 年，维也纳医院有一个妇科临床中心，有第一门诊和第二门诊两个部门。在第一门诊是医生和医学生给产妇接生，产妇的因患产褥热死亡率有的月份可达 18%。第二门诊则由助产士给产妇接生，死亡率仅为 3%。

匈牙利医生塞梅尔魏斯是第一门诊的管理员，他花了大量的心血来排除各种原因，他几乎消除了两个门诊之间所有的不同之处，最后的唯一差别是第一门诊是医生和医学生给产妇接生，第二门诊是助产士接生。情况却没有任何改观。

后来，他的好友、同事科勒契卡教授在一次尸体解剖时意外被解剖刀割伤手指，最后出现了产褥热的病症而死亡。这件事启发了他，他想到许多医学院的学生上完尸体解剖课之后就会去给产妇检查和护理（助产士不学习尸体解剖课程）。由于不知道细菌、微生物的概念，塞梅尔魏斯便假想有一种"尸体微粒"在尸体解剖时粘在了医学生的手上，在他们给产妇接生时传染给了产妇，导致了产妇因产褥热死亡。于是，塞梅尔魏斯要求在给产妇接生之前必须用漂白水洗手，产妇的死亡率下降了 10 倍。

在这个案例中，塞梅尔魏斯找到了和产妇死亡相关的事实——医学生解剖过尸体之后给产妇接生，要求接生之前用消毒水洗手，产妇的死亡率立刻就降下来了。可见，相关性是分析问题和解决问题要考虑的主要因素。

案例 3-2-8：2021—2022 年海淀区高一化学期末考试第 16 题

CO_2 资源化利用对缓解碳减排压力具有重要意义。在二氧化碳催化加氢制甲烷的反应体系中，主要发生反应的热化学方程式为：

反应 I：$CO_2(g) + 4H_2(g) \rightleftharpoons CH_4(g) + 2H_2O(g)$ $\Delta H_1 = -164.7 \ kJ \cdot mol^{-1}$

反应 II：$CO_2(g) + H_2(g) \rightleftharpoons CO(g) + H_2O(g)$ $\Delta H_2 = +41.2 \ kJ \cdot mol^{-1}$

反应 III：$2CO(g) + 2H_2(g) \rightleftharpoons CO_2(g) + CH_4(g)$ $\Delta H_3 = -247.1 \ kJ \cdot mol^{-1}$

向恒压、密闭容器中通入 1 mol CO_2 和 4 mol H_2，平衡时体系内 CH_4、CO、CO_2 的物质的量（n）与温度（T）的变化关系如右图所示。

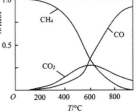

（4）结合上述反应，解释图中 CO 的物质的量随温度的变化的原因：_____。

分析问题：题目中要求解释 CO 的物质的量随温度变化的原因，首先要找到 CO 的物质的量随温度变化的趋势是什么，即找到相关的信息——"图"，还要找到和 CO 相关的反应，即反应Ⅱ和反应Ⅲ，然后利用温度对反应Ⅱ和反应Ⅲ的影响，很容易就能够找到正确的答案了。

在考试中，发现很多同学都做了类似下面的表达：

$\Delta H > 0$，T 越大，K 越大，平衡正移，CO 的物质的量随温度的增加而增加。

在这个表达中，学生完全没指出题目中和 CO 相关的具体反应，只是笼统地说了一个规律"$\Delta H > 0$，T 越大，K 越大，平衡正移"，所以得不到分。

可见思维的相关性指明了解决问题的方向，考虑相关性在解决问题过程中至关重要。

（三）思维的逻辑性

在思考过程中，我们会按照一定的顺序思考。当按照这样的顺序进行的思考能够相互支持并指向一个共同的结果时，这样的思维就是有逻辑的。逻辑思维主要是明确概念、正确判断、正确推理，思维的逻辑性也主要体现在概念、判断、推理方面。从学科学习的角度来说，我们主要讨论推理，当推理过程清晰有效，因果明确，逻辑链条完整，这样的推理就是有效的，也是有逻辑的。

举例来说：马路上开车的司机都是有驾驶证的，但是仍然会有交通事故。如果有人根据这个事实认为开车上路不需要驾驶证，那么得出这个结论是缺乏逻辑，没有道理的。鲁迅曾在《"有名无实"的反驳》中批评当时国民党军队中的一位排长，他写道：以为"不抵抗将军"下台，不抵抗就一定跟着下台了。这是不懂逻辑：将军是一个人，而不抵抗是一种主义，人可以下台，主义却可以仍旧留在台上的。

就学科学习而言，思维的逻辑性主要体现在能够基于证据进行推理，前提和结论之前要有相关性，证据对结论提供充足的支持，要能够完整地阐述推理链条，推理过程不能缺失关键环节，推理不能自相矛盾。能够使思维更有逻辑性的问题包括：

■ 得出这个结论的理由是什么？

■ 这是根据论据推断出来的吗？

■ 你是如何从证据得到这样的结论的？

■ 你这个结论的得出是严谨的吗？根据你的推理过程还有没有可能得出其他的结论？

思维的逻辑性是批判性思维推理和论证的要求，是结论可靠的必要条件。如果思维的逻辑性不足，得出的结论是不能令人信服的。要想准确鲜明地表达观点，思维必须有逻辑性。

案例 3-2-9：电解质在水溶液中的行为——NH_4Cl 溶液显什么性？

分析：这是一个电解质溶液酸碱性判断的问题，分析这个问题要考虑这几个方面：

溶液中存在的物质、溶液中存在的微粒、微粒之间的相互作用、微粒相互作用的结果，需要考虑这几个方面的逻辑关系，其逻辑关系如下：

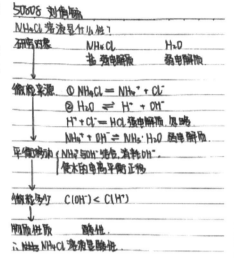

点评：该同学的推理过程从研究对象出发，找到了要分析的物质，然后从宏观角度进入微观，分析溶液中微粒的来源、存在形式、相互作用，进而找到和溶液酸碱性有关的微粒：H^+ 和 OH^-，通过比较二者浓度的大小判断溶液的性质，从微观又回到宏观。推理起点正确，过程清晰、完整，有逻辑。从这个案例也可以看出，思维的逻辑性可以帮助学生认识研究对象的性质，建立分析一类问题的思路和方法。

案例 3-2-10：普通高中政治高考样题 2

纪录片《记住乡愁》于 2015 年元旦在中央电视台首播。该片选取 100 多个传统村落，围绕中华传统美德的千百年传承，一集一村落，一村一传奇，采取纪实手法讲述一个个生动感人的故事：有坚守精忠报国、宁死不屈民族气节的，有传承诚信为本、诚实待人村风的，有秉持积善成德、助人为乐精神的，有倡导邻里和睦、守望相助的，有崇尚尊重生命、敬畏自然的……《记住乡愁》的播出引发社会强烈反响。古建筑学者将其誉为中国传统文化"立体的教科书，现成的博物馆"，历史学者认为《记住乡愁》呈现了一幅生动的乡村历史画卷，民俗学者从节目中看到了一个个非物质文化遗产的"活化石"，社会学者强调汲取传统乡村社会治理的智慧和经验……

（2）培育和践行社会主义核心价值观需要记住乡愁、传承中华传统美德。运用文化理论对此加以论述。

问题分析：这个问题中涉及四个关键词，分别是"培育和践行社会主义核心价值观""记住乡愁""传承中华传统美德""文化理论"，这四个关键词之间是有逻辑的，回答这道题，就是要把这四个词的逻辑关系呈现出来。这四个关键词的逻辑如下：

传统美德是中华传统文化的精华，乡愁是人们对中华传统文化的眷恋之情，是一种情感体验，也是当代人对传统文化的期盼，梳理了乡愁和中华传统文化的关系。

社会主义核心价值观是对中华优秀传统文化的承接，中华传统文化是根，在传统文化的基础上凝聚形成了社会主义核心价值观，即中华传统文化涵养了社会主义核心价值观，没有中华传统文化，就不会有社会主义核心价值观。

记住乡愁，传承中华传统美德为培育和践行社会主义核心价值观提供了重要的载体和丰厚的文化养料，也就是说，弘扬中华优秀传统文化，是社会主义核心价值观的源泉。

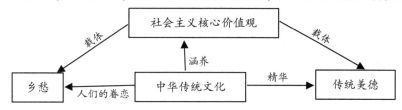

问题解决：本题的论述为，社会主义核心价值观与中华优秀传统文化相承接，中华传统美德是中华传统文化的精华，是涵养社会主义核心价值观的重要源泉。乡愁是人们对中华传统文化的眷恋之情，体现了当代人对传承中华传统美德的愿望和期盼。记住乡愁传承中华传统美德，又为培育践行社会主义核心价值观提供了重要的载体和丰厚的文化养料。

策略三：考察表达：思维元素和思维标准的综合。

思维最终指向问题的解决，问题解决的最终形式是表达。在学生的习题中，大概率是关于推理的表达，可能是一个完整的推理过程，也可能是推理的一部分，可能是前提，也可能是结论，也可能是证据。表达是思维的最后一步，是对整个思维过程进行分析和综合。

对表达的考察常常是基于思维元素和思维标准的，具体可以从以下这几个方面考察：

■　是否解决了问题？
■　是否实现了目的？
■　是否利用了全部的信息？
■　对概念的理解准确吗？
■　推理的过程是否清晰？
■　推理的逻辑是否有缺陷？

在教学中，教师如果缺乏对学生系统的思维训练方法，绝大多数学生只能通过试误的方式来改变思维方式。学生没有清晰的思维目标，只能机械地将每一节课当任务来完成，将知识是否掌握作为评判任务完成质量的最重要标准。对于学生发展来说，是否掌握了知识固然重要，更重要的是学生是否注重提高自己的思维方式。学生如果能够在学习中反复对以上问题进行反思，评估自己的思维，思维品质将会大大提升。

策略四：问题引导，让思考过程更清晰。

本书第一节阐述什么是思维时，提到所有的思维活动在本质上来说都是问题解决。问题解决是一个连续的过程，问题越复杂，思维链越长，学生在思考过程中要克服的障碍越多，思维的连续性难度越大。人们思考的特点是思维过程往往都不明确可见，只有在有人质疑自己的思维的可靠性时，需要为自己的逻辑推理进行辩护时，思维过程才会变得有意识和清晰化。如果提供思维的脚手架，帮助学生更加清晰思考，可有效帮助学生克服思维障碍，顺利解决问题。因此，可采用指导性问题促使学生对自己思维进行辩护，进而使思考更加清晰。

指导性问题：

■　这个问题是什么？
■　这个问题的情境是什么？

■ 这个问题相关的原理/概念是什么？

■ 与这个问题相关的数据是什么？

■ 得出结论的理由是什么？

以上这些指导性的问题实际上指向的是思维元素和思维标准。

表 3-2-1：指导性问题中的思维元素和思维标准

问题	思维元素	思维标准
这个问题是什么？	问题	清晰性、准确性
这个问题的情境是什么？	信息	清晰性、相关性
这个问题相关的原理/概念是什么？	概念	清晰性、准确性
与这个问题相关的数据是什么？	信息	清晰性
得出结论的理由是什么？	推理	清晰性、逻辑性

"这个问题是什么？"回答问题之前，指导学生对问题进行细致考察，要弄清楚问题究竟是什么，是否包含好几个问题，如果是包含多个问题的复杂问题，需要将不同的问题区分开，弄清楚这些不同的问题之间的关系。

案例 3-2-11：2017 年北京高考理综题第 1 题

洋葱根尖和小鼠骨髓细胞都能用于观察细胞有丝分裂，比较实验操作和结果，叙述正确的是（　　）

A. 都需要用盐酸溶液使细胞相互分离

B. 都需要用低倍镜找到分裂细胞再换高倍镜观察

C. 在有丝分裂中期都能观察到染色体数目加倍

D. 在有丝分裂末期都能观察到细胞板

答案：B

问题分析：题目看起来很简单，但仔细考察，不难发现包含若干小问题：观察对象，观察内容，观察方法及观察结果。在解答问题时，需要将若干小问题分开，加以细致分析，弄清楚它们之间关系，即不同观察对象所采取的观察方法及观察结果不同。本题观察对象是动物细胞和植物细胞，观察内容是有丝分裂，由于对象不同，有丝分裂特点不同，植物细胞有丝分裂末期有细胞板，动物细胞有丝分裂末期则无细胞结构，其次观察内容是有丝分裂，则无染色体数目加倍现象。

"这个问题的相关情境是什么？"问题通常都不是存在于真空中的。总会有一个跟这个问题相关的信息构成的背景。在解题过程中，明确相关情境，才能正确提取与其相关知识加以分析，得出科学结论。

案例 2-3-12：2020 年高考数学北京卷第 5 题

已知半径为 1 的圆经过点 $(3, 4)$，则其圆心到原点的距离的最小值为（　　）

A. 4　　　　B. 5　　　　C. 6　　　　D. 7

答案：A

　　问题分析：研究对象是一个半径为1的圆和两个点。其中点（3，4）和原点（0，0）是确定的点，圆过点（3，4）表达了点与圆之间的位置关系，因为圆的半径是1，圆的大小是不变的，但是圆的位置并没有确定下来，因为圆心是动的。也正因为如此，才有了求"圆心到原点的距离的最小值"的问题。

　　本题的相关情境就是"动"与"不动"，这二者也是理解解析几何研究对象时思维活动的特征，是对作为轨迹的曲线的认识方式。"动"是理解解析几何问题的切入点，"不动"是理解解析几何问题的落脚点，类似理解函数问题时的思维特征。要关注：谁是自变量？自变量的变化规律是什么？它如何影响因变量的变化？因此，将问题关联到相关情境中，相当于找到了问题所在的场域，在场域中，将已知条件与所学基础知识、学科思想方法结合，问题也就迎刃而解了。

　　"这个问题相关的原理是什么？"一个特定的探究问题都是在一定知识背景下提出，因此，要明晰问题的一个重要方面是弄清楚与问题相关的原理。

　　本类型的问题在课堂教学中，教师要有意识地培养学生好的思维习惯，让学生感悟到解决一个数学问题不是上来就去算、就去操作的，而是应该通过理解问题，明确研究对象是谁？每个研究对象的性质是什么？不同研究对象之间的关系是什么？这样来理解问题所进行的思维活动本质上就是对数学问题的研究对象进行研究，本题相关原理如下图所示：

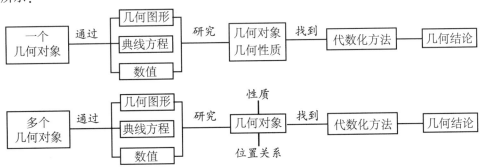

　　为了防止学生用操作替代思维活动，教师在设计问题的时候，可以把数学题目改成数学问题，以此拓展学生思维活动的空间。

　　"与这个问题相关的数据是什么？"通过理解问题的思维活动，已经知道圆心是"动"的，依据理解解析几何问题的思维特征，进一步的思维活动就是要探究"动"的圆心的轨迹了，利用几何图形承载相关数据，运用数形结合思想一目了然。因为作为动点的圆心到点（3，4）的距离始终为1，因此可得该圆的圆心轨迹为以（3，4）为圆心，1为半径的圆，连接 OB 与圆 B 交于点 A，当 A 在线段 OB 上且 $AB=1$，此时其圆心到原点的距离最小，由 $OB=5$，得 $OA=4$，即圆心到原点的距离的最小值是4。

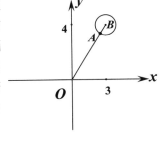

第三节　批判性思维与学科融合的途径

在本章第一节中已经提到，从课程标准和考试评价上看，不同的学科内容和活动都有涉及批判性思维的内容。但是目前课程体系是按照学习内容划分的，学生每天上不同的课，学习不同的内容。我们除了希望学科教师在自己的教学中融入批判性思维之外，还希望找到不同学科共同的部分，在这些共同的部分重点对学生的批判性思维进行培养。那么不同的学科有什么共同之处呢？

学校生活主要是两大类：一类是学业活动，比如课堂学习，包括读书、听讲和讨论、学科探究等，还有完成作业和考试；另一大类是实践活动，包括体育锻炼、学科实践活动、社会实践活动和社团活动等。

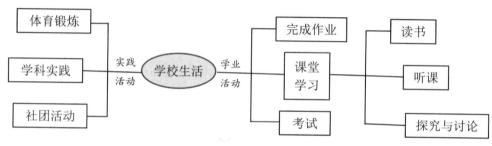

图 3-3-1　学生的学校活动构成

实际上，以上的活动其实可以划分为三个方面：一是输入类的活动，比如读书、听讲、查阅资料、理解作业和考试中的题目，我们称之为阅读类的活动；另一类是输出类的活动，比如讨论、完成作业和考试的习题、完成实验报告、写作文等，我们称之为表达和写作类的活动；还有一类是指向问题解决的综合性活动，我们称之为探究类活动。大致来说，不同的学科虽然学习内容、学习方式、思维特点都不相同，但是学科学习大致都是由这三类活动组成的，我们本节主要探讨如何通过这三种类型的活动，将学科学习和培养提升学生的批判性思维水平相融合，并尝试分析如何培养学生的创新思维。

一、批判性思维与阅读

（一）通过阅读培养批判性思维的必要性

如何在中学落实批判性思维呢？我们认为，阅读是培养批判性思维的重要途径。首先，在学科学习中，学生需要阅读的东西很多，比如教材、作业、学习材料和与学习内容有关的信息等，阅读是获取信息和知识的第一步也是极其重要的一步。其次，从考试的试题看，除了语文中有大量的阅读题，比如古诗阅读、古文阅读、记叙文阅读、说明文阅读、议论文阅读等等题型外，其他文科如英语、历史、政治等也有大量的阅读题，同时，近年来，在物理、化学、生物、数学等各类考试中也有阅读题的出现。批判性思维有助于我们更加全面、客观、多角度地对文本进行理解和分析。阅读可以跨越学科的界限培养学生的批判性思维。

（二）通过阅读活动培养批判性思维的可行性

既然阅读可以实现学科融合培养学生的批判性思维，那通过什么方法可以实现批判性阅读呢？我们认为：阅读的文本是写作者思维的表达，阅读的过程是理解和评估作者思维的过程，同时也是读者提升自己思维进行重构的过程。批判性思维是一种无论思考什么内容，思考者都能通过理解、评估、重构自己的思维来提高自己思维水平的思维模式。

1. 理解。不管什么类型的文本，阅读的首要目的是理解。余党绪老师说："无论是为了'立'，还是为了'破'，首先要尊重文本自身的要素、结构与逻辑，基于客观的文本说话，基于文本的事实说话，基于文本的逻辑说话。理解始于细读。"理解文本前首先需要引导学生进行文本细读，进入所读的文本内部，看清楚作者所构造的文本世界。那具体要理解什么？我们认为最主要的应该包括理解文本内容与文本结构。那么怎样做到理解呢？我们可以借助理解题目的隐含信息、理解作者的深层表达、理解文本关键性语句、理解文本关键性词语、转化语言等方法促进我们对于文本内容的理解；可以借助理清文本的层次脉络、把握段落间的逻辑关系、把握句子间的逻辑关系等方法来理解文本的结构。

2. 评估。在上一个阶段理解文本的时候，我们是站在作者的立场上，尽量找到作者的思维元素，以及这些元素之间的逻辑关系。在尽可能理解的基础上，我们来分析和评估文本。批判性阅读就是要拓宽学生思考的空间，使思考从一维走向多维，从浅表走向深层，从碎片化走向链条化，让他们思维的过程得以展现，寻求对文本更深层的理解。若要拓宽思维，我们就需要运用一定的方法引导学生发现疑点和矛盾，形成认知的冲突，促进学生更好地思考。我们可以在同一本书中寻找对同一问题的不同分析，也可以通过查阅文献资料等手段进行本学科或跨学科的比较分析，也可以借助"知人论世"体会文本背后作者想要表达的意思。

在教学中，教师需要运用一些策略来引导和激励学生来思考评估，比如通过设疑来激发学生的疑问，鼓励学生勇于提出自己的疑问和观点，引导教学朝不同的方向前进，在不同观点的论证与比较中去寻求最佳答案等。

3. 重构。在对文本理解和评估的基础上，可以结合自己的观点对文本进行调整或者补充，即重构。重构需要尽量全面、客观地去看问题；又因为人的认识是在不断变化的，对文本的理解随着时间、读者认识方式、读者经验的不同也有不同，我们需要用发展的眼光去看问题；同时，需要用局部和整体的观点等方式去看问题。

需要注意的是，即使我们否定了一些观点，并不意味着这些观点就没有意义和价值，"海日生残夜，江春入旧年"，合理的新观点常常蕴含在旧观点中。通过质疑探究及其评估，我们对文本有了更深入的认识，从而更好地理解了文本，或者是激发了自己的思考，进行了新的认知建构。

二、批判性思维与写作

在学科学习中，学生时时都在表达，包括回答问题、交流讨论、完成作业、进行考试等。表达的方式有书面和口头两种。在本书第五章节中谈的是书面表达，即写作。

管金麟将运用书面语言表达一定思想内涵的实践都称之为写作。也就是写作除了语文、英语学科的"个性表达"，还指其他的"表情达意、交流信息的行为"。

无论是哪种写作，都是学生思维过程的外在表现，它具有一些显著特征：目的性、创新性、综合性、实践性。在学生写作的过程中，出现了审题不清、目的不明、概念或观点不清、隐含假设不明、缺乏答题或写作思路、论证不合理、不合逻辑、条理不清、语言欠佳等问题。

面对问题，教师从语文学科写作的"个性表达"和其他各类"交流表达"两个方面入手，以批判性思维为工具，寻找解决问题的思路与方法，即进行探究。然后学生根据探究结果进行写作实践。

　　写作成果如何，要接受评估检验，理性地认识问题解决的程度，因此需要建构好的评判标准，好标准实则是批判性思维元素和标准的关联，而不同学科对批判性思维的元素有不同的定义，因而在评估时需要根据各学科具体评价标准来实施。

　　学生根据评估标准，自我省察，在老师和同学的建议下，修改自己的表达，进而思维得以发展，能力得以提升。

　　以上构成了本书第五章写作指导的四个流程，即：

图 3-3-2　写作指导的流程

　　第五章节批判性思维与写作的过程，主要从"语文学科的写作"和"其他各类型的交流表达"两大方面入手探究。

（一）语文学科的写作

　　主要以现用统编初中语文教材和拓展文本为依托，充分利用教材"读写配合、互文编写"的特点，以读导写，在批判性思维理论的指导下，探究解决问题的方法。

　　针对记叙类文本的写作，根据教材的编排，建构阅读文本和单元写作板块之间的互促互启关系，具体路径如下：

　　写景文章的写作：针对学生的主要问题"景物选取""顺序安排"，以单元文本为依托，进行二元分析，将文本解构归纳出来的写法还原为观察方法，让学生依据提供的"自然景物观察表"进行观察与写作。

　　写事文章的写作：针对学生事件选择、顺序、详略、写法、情感等复杂而综合的问题，通过本单元一件事的多个文本归纳推理得出综合解决问题的方法——一件事的写作程序，然后学生演绎创作。

　　写人文章的写作：针对学生阅读方法手到擒来、写作思维过程却模糊的问题，运用范西昂的批判性思维六大技巧分析问题关键，以文本为依托进行分析，然后作出假设，之后清晰表述探究结果，学生以此为工具，实践运用解决问题。

　　想象文章的写作：面对相当一部分同学无从下手的问题，从文体入手，在解读文本的过程中充分体会体裁特点，再通过设置具体情境，通过想象和角色代入梳理归纳想象文的思维过程，学以致用。

　　针对议论类文本的写作，学生基本未尝试过创作，本着化大为小、化难为易的原则，运用批判性思维将问题进行元素分解（将议论整文化小为段，段化小为论点、论据、论证三个要素）和组合创新（材料依托下的议论文三要素的单个问题写作的解决，之后按照论点、论据、论证分析进行写作成果最简单的组合；在段的基础上，在一个中心论点的统帅下，将三段写作成果组合，加上开头与结尾。这样就从无到有，实现了创新）。

（二）其他各类型的交流表达

　　利用思维元素与逻辑推理完善表达。针对学生表达中偷换概念、角度单一、逻辑不够严密等问题，运用批判性思维八大元素——目的、问题、信息、概念、解释和推理、推论、假设、结果和意义进行分析，再通过相应的逻辑推理来完善思维表达。表达具有目的性，表达的目的决定了表达的内容成分、表达的逻辑，甚至是表达中使用的修辞手法，同样，表达的这些方面也决定了表达的目的是否达成。表达具有对象性，对象可能是老师或者同学，就算是完成作业和进行考试，其实背后也有表达的对象。由于表达的目的和对象两个性质，所以在表达之前，在说出来或者写下来之前要根据目的和对象，选择自己表达的内容和表达的逻辑，对表达进行优化，其途径如下：

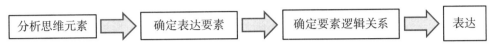

图 3-3-3　其他类型表达的途径

探究式写作：利用统计归纳与正—反—正思维完善表达。针对需要解决的开放性问题，学生从具有统计意义的量进行数据分析，比较说明后，做出假设。在观点交锋中运用正—反—正思维，加深理解，使得思考辩证、全面、严谨。

以上方法挂一漏万。在写作实践中还可以根据需要解决的具体问题，寻找恰当的批判性思维工具。在不同学科的不同写作中，有不同的训练重点。思维元素在不同学科中有不同的定义，因而即使同一个方法也可能会有不同的具体呈现，评估标准也会体现学科的各自特点。

三、批判性思维与探究

在 2020 年教育部颁布的新课标中指出，"探究性学习是指在教师的指导、组织和支持下，让学生主动参与、动手动脑、积极体验，经历科学探究的过程，以获取科学知识、领悟科学思想、学习科学方法为目的的学习方式"。新课标要求教师思考如何进行探究性教学。同时，学生思考如何通过探究性学习提升自身的知识建构能力、学以致用能力、创新能力等。

探究主要的分类有科学探究、探究式学习和探究式教学。探究指学生参与学习的过程，即"由学生去做""做中学"，让学生经历科学家研究自然界时所进行的各种活动，体会科学严谨的研究精神。

探究和实证始于问题，提出和分析问题，是认识的起点。

（一）探究需要提出问题

我们知道提出一个问题比解决一个问题更重要，所以我们首先要学会提出问题。探究的事物或好问题对于探究者来说具有新颖性、具体性、清晰性、开放性等，能够激发探究者的好奇心和探究品质。提出核心好问题的主要特征有：有意义、新颖、清晰、具体、挑战、开放合理、可完成等。

（二）探究需要分析问题

探究的形式是多元开放的，分析好问题的途径方法也是多样的。为了更加全面探索分析好问题，我们的方法策略主要有"二元问题分析法""问题矩阵法"等。其中，"二元问题分析法"，主张从问题的对象和问题的认知性质两方面共 12 个维度进行问题分析。问题的对象指的是分析问题本身，对问题对象的构成、特点、机制等方面进行分析。问题认知性质即为什么要研究这个问题，从问题的类型、背景价值等方面进行分析。"二元问题分析法"是横向纵向全面分析问题，12 个维度的各种组合会形成各种创新的问题。"问题矩阵法"是纵向思考局部相关问题。将问题标记在一个能够分清主次的问题矩阵中，确定哪些是主干问题，哪些是枝叶问题，分析确定并设计更好的探究问题。两种方法从整体到局部，从横向到纵向相互呼应分析问题。

（三）探究需要论证

探究论证的一般过程是：其一，理解主题问题，澄清核心观念和意义；其二，分析整体的论证结构，审查支持论证的理由（论据）的质量，即审查论据是否充分；其三，评价推理关系，挖掘隐含假设，深度理解推理关系的合理性；其四，如果挖掘隐含假设之后，评估推理关系不合理，就要考虑多样替代，寻求更合理的理由、论证结构和推理关系，经过综合组织判断得到合理的论证结果。这样就完成一个好论证的过程。完成论证的过程也是学生经历问题引领，任务驱动的过程。学生的学习活动中设计大、小任务，任务群完成探究。体现大概念的单元主题探究教学。探究任务要有目标性、情境性、清晰性、开放性、挑战性、评估性等，能够体现思维品质。论证过程中有体现论证方法、质疑、辩驳的鱼骨图和论证评估标准。

（四）探究需要评估

在一个问题情境中，经过批判性思维习性训练，学生慢慢具有思维谦虚和思维韧性的品质。学生能敢于质疑，提出问题，并用合理的方法理性分析问题。为了促进师生完成思维发展，师生需要采用合理的评价手段或标准来对探究问题进行合理评估。在探究活动中，教师要具有评价先行的意识，并落实好，实现教、学、评一体化。

探究的评估维度包括：布鲁姆的认知、思考能力，素养水平，思维元素和思维标准。重点突出素养水平，思维品质。根据布鲁姆的认知六大层级——记忆、理解、应用、分析、评价和创新，我们知道记忆、理解和应用是低层次的思考，分析、评价和创新是高层次的思考。学生的思考能力三个水平是：学会知道、学会做到、学会发展，完成思考能力进阶和高级思维水平的提升。

其中，好的论证评估标准有 6 个维度。具体如下：

问题：构成和背景清晰。

概念：清晰、具体。

证明：可靠、重要。

假设：深层、合理。

推理：相关、充分。

辩证：公正、全面。

（五）探究需要发展

探究的发展有两个维度：①师生明确探究问题的意义，知识结构的完善和建构，思维品质的培养和水平提升。②师生明确探究结果之后可以拓展延伸的问题。教师根据学生的最近发展区，了解学生会去哪里，展望在哪儿。批判性思维促使学生探究，提升探究能力，促进学生批判性思维习性的养成，培养良好的德育和智育。

学生通过探究完成新的认知经验积累，确定新的发展区和发展方向。探究实证过程促进学生批判性思维和创新思维等高阶思维的发展。

四、走向创新思维

（一）国家的发展需要独立思考、大胆创新的人才

习近平总书记指出，当今世界的综合国力竞争，说到底是人才的竞争。青少年担负着未来国家发展的责任，青少年决定着国家的未来。梁启超说过"少年智则国智，少年强则国强"。教育的使命是培养品德高尚，品质坚毅，能力突出，身体健康，有独立的思考能力、能够大胆创新的人才。

我们国家和社会越来越意识到了创新的重要性，习近平总书记一再指出，"出路在自主创新"、"实施创新驱动发展策略决定着中华民族的前途命运"。各级各类主管部门都在强调对创

新人才的渴求，教育界作为培养人才的主要领域，更是把创新人才的培养当作人才培养的重要方面。在《中国高考评价体系说明》提到的中国高考评价体系"一核四层四翼"中，"一核"指出"高考……引导学生培养高尚的品德，创新的思维、健康的体魄……"，"四层"关于关键能力的内涵进一步阐释为"认知能力、合作能力、创新能力、职业能力"。"四翼"关于高考的考察要求指出"从基础性、综合性、应用性、创新性"四个角度对素质教育的目的进行评价。其中，创新型的具体要求是高考强调创新意识和创新思维。

结合笔者作为一线教师的经验，笔者认为创新包括以下几个方面：创新意识、创新思维、创新能力和创新成果。这四个方面中，创新思维的培养是最关键的，有了创新思维，会慢慢提升创新能力，进而得到创新成果。

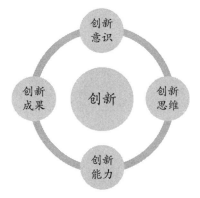

图 3-3-4　创新的组成

创新的两个案例：

> **案例 3-3-1：曹冲称象**
>
> 有人送给曹操一头大象，曹操让手下的官员称一称象有多重，可是没有那么大的秤。曹操的儿子曹冲说他可以称。他让人把象赶到船上，记录船下沉的刻度，把象赶走，往船上装石块儿，等船下沉到和大象一样的刻度时，称量石块儿的总重量，这样就知道了大象的重量。

> **案例 3-3-2：爱迪生量灯泡**
>
> 爱迪生要他的助手测量一只灯泡的容积。助手测量了灯泡的直径和高度之后开始计算。由于灯泡的形状不规则，助手在纸上写满了数据和公式，还是无法得出准确的数值。爱迪生取来一只灯泡注满水，然后把水倒进量筒，很快就算出了灯泡容积的数值。

在这两个案例中，面对一个用常规方法解决不了的问题时，曹冲和爱迪生都换了个思路，用了"发展新视角"的思想解决了问题。

（二）如何实现创新

对于这个问题，很多人都是这样想：创新从质疑开始。创新需要打破陈规，打破陈规从大胆质疑开始。敢于质疑现有的理论，才有可能发展新的理论，敢于质疑现有的方法，才会采取新的方法。

案例 3-3-3：从燃素说到拉瓦锡的燃烧学说[1]

人们很早就发现了燃烧现象，当时的化学家认为燃烧的原因是物质中含有"燃素"。燃素包含在所有的可燃物体中，燃烧过的物质燃素快速逸出，所以物质燃烧过后会变轻。有些物质含有的燃素很多，比如碳，燃烧后几乎没有什么留下来。燃素学说能够解释一部分物质燃烧的现象，但是无法解释有些物质，比如金属，燃烧后质量增加的现象。

拉瓦锡在 1777 年的一篇论文中描述了著名的实验，装置如右图所示。他在曲颈甑中加热水银，发现水银表面生成红色物质，同时空气体积缩小。同年，拉瓦锡测定了硫酸的组成，提出了新的燃烧学说。

案例评析：在燃素说盛行的时代，尽管很多化学家发现了很多燃素说不能解释的现象，但是人们只是在燃素说的基础上做了修正，比如提出了"有些物质中含有的是负燃素，所以燃烧之后质量增加。拉瓦锡结合缜密的实验和思考，提出了新的燃烧学说，使人们对燃烧现象的认识进入了新时代。

质疑是实现创新的方法。

教师要教会学生自己学会创新，首先要做的是让学生将自己的质疑勇敢地说出来，因为只有他们说出来，教师才能帮助或引导学生判断他们的质疑是否合理、能否实现创新。而让学生做到"敢说"，学生不怕"说错后感到自己很丢面子"，不担心"自己的看似不合理的质疑遭到同伴们的嘲笑"，老师该怎么做呢？如何保护学生有可能随时熄灭的"质疑"的火苗呢？学生勇敢地说出了自己的质疑，并用证据支撑了自己的论点，得到了新的物质或新观点，创新能力得到提高。有没有更多的方法指导他们创新思维的发展呢？要想"使学生保持强烈的创新欲望，形成创新的良性循环"，老师们又该如何做呢？此类问题的详解请看第七章《批判性思维与创新》。

---

〔1〕 ［英］J. R. 柏延顿，胡作玄译：《化学简史》，中国人民大学出版社 2010 年版。

第四章 批判性思维与阅读

第一节 批判性阅读的问题与分析

人们乐于接受别人接受的观点，而不是停下来思考是否有理由支持该观点。

——布鲁克·诺埃尔·摩尔

随着中考命题的变化，语文学科及其他学科阅读比重明显增加，成为考查学生学习水平的关键指标。在对目前的教学实践进行研究后，我们发现，批判性阅读存在一些问题，在此列举几个有代表性的问题并尝试进行分析。

一、批判性阅读即否定

日常生活中，很多人对"批判"有着简单化的理解，认为批判即否定。很多人感觉"批判"这个词是消极的，认为批判等于怀疑，或是攻击和摧毁，否定他人的结论和成果。在阅读教学中亦是如此，学生拿到文本，不是首先想要理解文本，而是直接否定文本，极力证明作者是错的。

面对这种情况，教师在教学中首先要做的是帮助学生澄清"批判"和"批判性阅读"的概念。美国社会学家威廉·格雷厄姆·萨姆纳在《民俗论》中谈道："批判是对已有的各种观点接受之前必须进行的审查和质疑。通过批判来了解他们是否符合事实。"批判性阅读是读者在阅读文本的基础上辨别文本中的事实与观点，理解文本意思及作者意思，通过思考对文本进行进一步的评估，最终形成读者自己的看法，是理解—评价—重构的过程。

教师需要消除学生"批判即否定"的误解，告诉学生：批判不是怀疑主义，而是合理质疑。孔子云："三人行，必有我师焉。择其善者而从之，其不善者而改之。"批判性阅读既不能盲目地全盘接受，又要虚心吸收精华，随后再"悟"出自己的思想。批判性阅读是一种在理智上主动参与和作者对话的阅读，是去理解不同立场及更多内容的过程，是能够正确地理解文本的内容、作者的思想，汲取其中"精华"的过程，是一个可以很好地认识到文本的缺点和不足等"糟粕"的过程，从而形成我们对问题独有的、较为客观、多角度的看法，增强我们对文本的理解和归属感。

当然，由于每个个体的感受能力、价值观等都存在局限，所以很难对文本做出完全公正、客观的判断。所以，我们既要允许学生带着个人的观点来大胆说出自己对文本的判断和感悟，同时，又要尽量避免学生在一知半解的基础上随意评论或判断文本的好坏，要让学生在正确评判标准之下独立进行更多的反思；我们要敢于评价文本的内容或观点，更要言之以理、言之有理、言之有据；我们要鼓励学生敢于挑战自己，让学生学会自我反思和自我批判。

二、批判性阅读不适用于中小学

有人认为，在中小学，学生年龄较小，思维水平不够，批判性思维不可教，认为到高中才让学生大量写议论文就是这个道理。以前，在应试教育体制下，各学科教学往往要求有唯一的标准答案，再加上批判性思维以前更多的是在大学进行教学和实践，因此直到现在还有人认为批判性阅读只适用于大学。其实这是一种误解。

放眼世界，我们看到早在 20 世纪 60 年代，美国大中小学都开设了批判性思维课程，他们提出不仅要使学生学会批判性思维技巧，更要把批判性思维作为影响学生人格的一个重要因素。

欧美的母语课程充分体现了对批判性思维的重视，一是课程标准明确提出批判性思维培养要求；二是课标、教材和教学中体现批判性思维知识，充分吸收和运用了研究界关于批判性思维的知识成果，如课程标准中一些关于阅读目标的表述，清楚地指出了什么是批判性思维以及怎样做；三是在教学中渗透批判性思维培养；四是批判性思维成为考试的重要内容，如美国最新的大学入学考试 SAT "学术潜能" 作文试题中，获得满分六分的标准之一是有效而富有洞察力地发展作者自己的观点，表现出杰出的批判性思维，清晰地使用恰当的事例推理以及其他证据证明自己的立场。[1]

在国外的实践中，我们可以看到批判性思维并不是到大学才进行教学。我们认为中小学可以进行批判性思维教学，只不过批判性思维的教学在小学、初中、高中、大学的形式是不同的。小学、初中、高中更多地应该强调批判性思维与课程的融合，即批判性思维的学科渗透式教学。

我们也欣喜地看到，我国各学科的课程标准中对培养学生的思维能力有了明确的要求。以语文学科为例，在《义务教育语文课程标准（2011 年版）》中，关于"总体目标与内容"明确规定：在发展语言能力的同时，发展思维能力。[2] 关于阅读教学"具体建议"明确指出：在理解课文的基础上，提倡多角度、有创意的阅读，利用阅读期待、阅读反思和批判等环节，拓展思维空间，提高阅读质量。[3]

这两年，民众对于学校开展批判性思维相关的课程呼声渐高。教育部在 2020 年 10 月 23 日《对十三届全国人大三次会议第 2825 号建议的答复》中提到："加强逻辑知识教育，对于提升思维综合素养和创新能力，推进我国基础研究水平提升和创新型国家建设具有重要意义"，并要求"加强相关课程与教材建设。加强中小学教材逻辑知识内容建设。在中小学教材尤其是统编思想政治、语文教材中充分体现逻辑知识内容，比如，统编高中思想政治教材专设'逻辑与思维'分册，帮助学生树立科学思维观念，遵循逻辑思维规则、运用辩证思维方法、提高创新思维能力。统编高中语文教材选择性必修上册编排了'逻辑的力量'单元，指导学生学习如何发现潜藏的逻辑谬误、运用有效的推理方法、采取合理的论证方法，以推进逻辑知识的普及、训练学生的逻辑思维能力"。

教育部在 2021 年 7 月 12 日《关于政协第十三届全国委员会第四次会议第 3164 号（教育类 203 号）提案答复的函》中提到："关于小学儿童的逻辑思维能力培养，主要依托有关课程，在教学活动中有重点地加以培养，注重提高学生运用概念进行判断、推理的能力，提升思

---

〔1〕 欧阳林：《批判性思维与中学语文学习》，中国人民大学出版社 2017 年版，第 8~9 页。
〔2〕《义务教育语文课程标准（2011 年版）》，北京师范大学出版社 2012 年版，第 6 页。
〔3〕《义务教育语文课程标准（2011 年版）》，北京师范大学出版社 2012 年版，第 22 页。

维品质。""将逻辑思维能力纳入中国学生发展核心素养体系，使之贯穿在各门课程教学始终。""结合数学、科学等课程，对逻辑思维培养要求做了比较系统的设计。""在教学活动中有重点地培养学生的逻辑思维能力。"目前教育部正在组织义务教育语文课程标准的修订，将思维发展与提升作为语文课程核心素养之一，要求语文课程教学注重在语言理解和运用中逐步发展学生思维的条理性、深刻性；同时设置了"思辨性阅读与表达"任务群，使学生学会"负责任、有中心、有条理、重证据地思考与表达"。

三、批判性阅读只适用于议论文文体的阅读

目前我们看到的批判性阅读的案例，几乎都是语文学科议论文文体的案例，所以给我们一种错觉：似乎批判性阅读只适用于议论文文体的阅读。事实并非如此。批判性阅读不仅适用于议论文文体的文本，同样适用于记叙文、说明文等不同散文文体的阅读。同时，批判性阅读也不仅仅适用于散文这个文学样式的阅读，对于我们四大文学样式，散文、小说、诗歌、戏剧，都是适合的。只是议论文的体例更适于进行批判性阅读；而其他的文学样式在进行批判性阅读的时候不是所有文本都适合，有较少可供借鉴的模式，这就造成了我们看到的批判性阅读除了议论文外没有或少有其他文学样式。本书中尝试列举了不同文学样式运用批判性思维的案例，同时，也就除语文学科外的学科，如数学、英语、历史、地理、政治、物理、化学、生物、音乐等学科的批判性阅读进行了探索。

四、批判性阅读经常会"被操纵"而没有质疑

刚开始进行批判性阅读时，很多学生对于所读的文本都是大力肯定，极少看出疏漏、未经证实的结论和没有正当理由的推断，也极少能从不同的角度进行质疑，正如布鲁克·诺埃尔·摩尔在《批判性思维》里说："人们乐于接受别人接受的观点，而不是停下来思考是否有理由支持该观点。"人们经常处于"被操控"的状态。这并不奇怪。

我们总是认为自己坚信的就是正确的，总以为自己不会像别人那么蠢，总认为自己能做出独立而正确的判断。事实可能恰好相反，我们经常会高估自己，可能一直被身边的人或事操控却不自知。比如：周边的环境会极大地影响你；各种大众文化，如那些大V、名人、媒体、广告等很多因素都能影响你的思考和抉择。我们总是自以为自己不会被控制，而事实是，仅仅改变词序就能影响我们的判断，仅仅改变提问的方式就能改变人的记忆细节，被长期灌输的思想也许会变成信仰……在我们日常学习中，教师直接或间接地规定讨论和作业中只能容许一种答案的出现，这恰恰违背了批判性思维的基本原则，造成了学生的被动接受而没有质疑。此外，从学生的知识积累和思维发展实际来看，刚接触一门学科，就期望他们判断出文本是否简单罗列了多个不同作者的观点，这是不现实也不公平的。学生的批判性阅读能力，取决于他们对整个学科知识体系的熟悉程度。

我们在教学中要让学生知道"尽信书不如无书"，让学生知道批判性阅读的目的之一在于学会合理质疑。学生在批判评价之前，先要掌握该学科的"规范"，不断地丰富自己的知识、不断地进行思维的训练。与此同时，我们要告诉学生批判思考的基本流程：通过调查发现证据，解释证据的意义，通过逻辑推理做出判断。

五、批判性阅读带有个人的思维固化或偏见

假如我们读到这样的内容：一个人在人行道上好好地走着，这时另一个人撞了他一下，我

们的直觉思维可能是"这人素质怎么这么差,走路怎么都不看路",我们可能会生气。

那么这个评估是唯一的正确答案吗?

我们不妨继续思考:"素质差"这个想法是真实的吗?正反证据如何?

正向证据:一个人走路不看路,还撞到了别人。

反向证据:也许他有十万火急的事,一边打电话解决问题,一边在急行,所以就没有关注到对面的行人。或者他可能是位盲人,自己看不见路。

结论:凭借走路撞人给出撞人者素质差的评价,有一定的合理性,不过过于武断,还需要更多证据来证明这个结论,比如是正常人,且撞人后不道歉等。

那么进一步思考:以后如果我遇到类似的事情该如何应对呢?

我们要多多理解,要保持平静,不要轻易下结论说别人素质差,别人可能"事出有因"。我们可以借鉴一种思维叫"合理情绪疗法",其基本理论主要是"ABC 理论":A 是指诱发性事件;B 是指个体在遇到诱发事件之后相应而生的信念,即他对这一事件的看法、解释和评价;C 是指特定情景下,个体的情绪及行为结果。通常,人们认为,人的情绪的行为反应是直接由诱发性事件 A 引起的,即 A 引起了 C。而"ABC 理论"指出,诱发性事件 A 只是引起情绪及行为反应的间接原因,而人们对诱发性事件所持的信念、看法、理解 B 才是引起人的情绪及行为反应的更直接的原因。人们的情绪及行为反应与人们对事物的想法、看法有关。合理的信念会引起人们对事物的适当的、适度的情绪反应;而不合理的信念则相反,会导致不适当的情绪和行为反应。

在批判性阅读中,我们要做的是察觉自己的思维固化或者偏见,换个角度、多个角度去思考问题。所有参与者,包括教师和学生,都要保持一颗开放的心。批判性思维关键在于能够重新审视左右其思想意识的假设。对于教师而言,这一原则尤为重要,因为教授批判性思维的最佳方式莫过于亲身示范。我们要察觉自己的思维固化和偏见,不断抛出自己的假设及相应的证据,让学生站在不同的角度指出彼此的疏忽之处,给出不同视角的解读,给学生深入思考和调查探究的机会。

生活中我们看不惯的别人,也许正是自己投射的影子。我们要觉察到自己的潜意识、思维固化和偏见。"学然后知不足""知不足,然后能自反也"。

六、批判性阅读时会结论倒推

结论,即"你的观点是什么"。结论的成立,往往和论证无法分离。在批判性阅读中,我们要记住结论是终点,要能够觉察有没有过度放大结论,甚至将结论视为"真理",然后在此基础上再去论证结论的合理性。如阅读"大泽乡起义"的相关内容,我们发现吴广去占卜吉凶,占卜的人知道他们的意图,说道:"你们的事都能成,能够建功立业。然而你们向鬼神问过吉凶了吗?"陈胜、吴广就用朱砂在一块白绸子上写了"陈胜王"三个字,塞到别人捕来的鱼肚子里。戍卒买鱼来吃,发现了鱼肚中的帛书,感到万分奇怪。陈胜又暗中派吴广到驻地附近一草木丛生的古庙里,夜里燃起篝火,模仿狐狸的声音叫喊道:"大楚兴,陈胜王。"由此可以看出,如果已经认定了一个结论,我们的论证过程就不会是推导,而是维护结论。

七、批判性阅读中的"断章取义""张冠李戴"等问题

在进行批判性阅读时,还要注意对文本阅读要准确、客观、全面,这是理解的前提。也就是说,批判性阅读要建立在能够准确理解信息的前提之上。"准确理解"如同大厦的根基,根基不牢自然就会地动山摇。在进行批判性文本阅读时,通常要注意避免以下几种常见问题:

（一）断章取义

要进行批判性阅读，首先就要考虑全篇文本的表意，不能孤立地提取其中的某段或某句的意思就进行批判性思考。否则，即使得出一定的结论，也可能是立不住的。例如，某篇文本在阐释保护北京老城的观念发生了转变，从简单的"为保护而保护"转向了综合协调的可持续保护。其中有这样一段文字："近几年，老城保护思路有了新发展，提出了可持续保护的理念。这一理念不提倡将老城变成博物馆供人参观，而强调在不破坏历史风貌的前提下改善街区人居环境，让居民们更好地生活在老城中，使老城在浓郁的生活气息中得到可持续保护。可持续保护的要点之一，是在保护街区风貌的同时重视改善公共服务设施的功能，满足居民的需要。"在这段表述中，要想准确理解"可持续保护的理念"，就要关注到"不破坏历史风貌"这个前提，在此前提之下再来改善街区人的居住环境，改善公共服务设施的功能，满足居民的需要，才是正确的理解。如果忽略掉"不破坏历史风貌"这个前提，认为"改善公共服务设施的功能，满足居民生活需要"与"保护老城的观念发生了转变"理念一致，就会断章取义，既不能准确地理解文本，也会曲解现实生活中的正确举措。

（二）张冠李戴

要进行批判性阅读，还要注意避免认错对象，弄错事实，张冠李戴。例如，这段说明性文字中提到："北京大兴国际机场航站楼共四层，首创双进双出设计，确保了旅客进出机场的效率。机场还使用了人脸识别登机、行李定位等最新科技成果，进一步保证了旅客出行的方便快捷。与首都机场 T3 航站楼相比，新机场国际中转和国内中转，分别可节省 1 小时上下和 30 分钟左右。"根据这段文字内容，如果认为"与首都机场 T3 航站楼相比，旅客在大兴国际机场国内中转大约节省 1 小时"是否正确？仔细阅读会发现，新机场国际中转可以节省 1 小时上下，而国内中转可节省 30 分钟左右。所以，前面的表述出现了张冠李戴的问题。而在阅读中，这种找不清对应关系就下结论的现象时有发生，要注意避免。

（三）偷换概念

要进行批判性阅读，还要注意不要用一个概念去代换另一个不同的概念，从而产生逻辑错误。换概念也是一种常见的诡辩手法。

庄子与惠子游于濠梁之上。庄子曰："鲦鱼出游从容，是鱼乐也。"惠子曰："子非鱼，安知鱼之乐？"庄子曰："子非我，安知我不知鱼之乐？"惠子曰："我非子，固不知子矣，子固非鱼也，子不知鱼之乐，全矣。"庄子曰："请循其本。子曰汝安知鱼乐云者，既已知吾知之而问我，我知之濠上也。"

在著名的庄子寓言"濠梁之辩"中，庄子与惠子两位辩论高手，同游于濠水的一座桥梁之上，俯看鲦鱼自由自在地游来游去，因而引起联想，展开辩论。庄子说辞"诡辩"的地方在于他偷换了概念。"安"在古汉语中，作疑问词有两个基本意思：一是"哪里"，二是"怎么"。惠子问庄子"子非鱼，安知鱼之乐？"中的"安"是"怎么"的意思，可后来被庄子说"子曰汝安知鱼乐云者"时，已经偷换成了"哪里"的意思。虽然这个寓言体现了庄子的辩论才华，但我们要知道庄子是偷换了概念。

综上所述，我们发现批判性阅读时主要存在以下几个问题和误解：认为批判性阅读即否定；认为批判性阅读只适用于大学；认为批判性阅读只适用于议论文文体的阅读；批判性阅读经常会"被操纵"而没有质疑；批判性阅读带有个人的思维固化或偏见；批判性阅读时会结论倒推；批判性文本阅读中的"断章取义""张冠李戴"等问题。为解决这些问题，我们应该建立批判性的意识和习惯，这样才能让我们更客观。我们要学会提问和质疑，将批判性思考落地。面对各种信息和知识，我们需要掌握主动权，需要更"精准"的思维方式，需要"淘金式思维"。淘金式思维就像披沙拣金一样，在信息的获取过程中，不断地进行追问与反思，通过甄别，筛选出相对真实、可信的信息，之后，再细致论证，得出自己的观点和想法。更重要的是，我们要扩展我们的知识面，提高我们的阅历、格局和眼界，这样才能更全面地看问题。知识易得，可以通过看书读报获取；格局难养，往往需要经历不同的事件，才会让一个人真正破除格局的限制，获得另一层次格局的认知。

第二节　批判性阅读的方法

> 批判性思维是一种无论思考什么内容，思考者都能通过分析、评估、重构自己的思维来提高自己思维水平的思维模式。
>
> —— ［美］理查德·保罗

在学习生活中，我们需要阅读的东西很多，但无论是专业论著、报纸杂志、书本教材，还是试题知识等，最重要的是能够准确获取信息。阅读的文本是写作者思维和情感的表达，阅读的过程是理解和评估作者思维和情感的过程，同时也是读者自己提升思维、丰富情感的过程。

在教学中，对阅读教学的探究在不断走向深入。《义务教育学业标准（2022 年版）》明确"思辨阅读与表达"的发展型学习任务群。阅读教学更加强调学生的个性化体验与解读，强调在合作中解决阅读问题，培养批判性思维能力。

"批判性思维是一种无论思考什么内容，思考者都能通过分析、评估、重构自己的思维来提高自己思维水平的思维模式。"[1] 在阅读中，学生如果能够运用批判性思维，展开质疑与探究，可以变得更加理性与开放。

如何开展批判性阅读？从理解中进行评估，在评估中走向重构，是批判性阅读的基本方法。批判性阅读方法结构图如下：

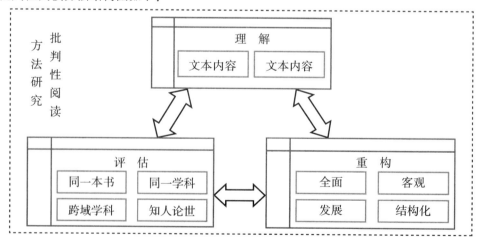

图 4-2-1　批判性阅读方法结构图

　〔1〕　［美］理查德·保罗（Richard Paul）、琳达·埃尔德（Linda Elder）著，侯玉波、姜佟琳等译：《批判性思维工具》，机械工业出版社 2013 年版。

关于文本阅读的维度，黄厚江在《文本解读的尊重与超越》一书指出适度解读的策略：一是凸显阅读主体和尊重作者的统一；二是倡导多元解读和尊重文本客体的统一；三是文本解读的教学需要和尊重学生实际的统一。杨帆在《文本解读四个维度间的逻辑关系》中提出文本解读四个维度（文本、编者、作者、读者）之间的关系，"这四者之间是一主三辅的关系，更具体地说，文本本意是解读的基础，编者立意是解读的方向，作者原意是解读的参考，读者会意是解读的补充"。

关于文本阅读，我们更聚焦于解读文本的方法，以便于展开批判性阅读，因此，我们将从"理解""评估""重构"三个维度进行批判性阅读方法的探究。

一、批判性阅读方法之"理解"

无论什么类型的文本，阅读的首要目的是理解。理解什么？怎样才能做到理解？是读者要思考的首要问题。我们认为，理解文本主要是从两个方面：文本内容和文本结构。理解文本内容指的是理解文本的主题、目的、观点、情感等；理解文本的结构指的是文本段落和段落之间的逻辑关系，同一段落内部句子和句子之间的关系等，就是所谓的脉络层次。文本的结构相当于骨架，文本的内容就是血肉，两者相辅相成。理顺了脉络有助于对内容和主题的理解，内容和主题也能帮助我们更好地理清文本的脉络，两者结合是对文本整体的理解。

案例 4-1-1：《"一墩难求"，冰墩墩为啥这么火》[田卜拉 人民日报评论 2022-2-7（部分）]

"一墩难求"，冰墩墩为啥这么火

现象 [北京冬奥会开幕前后，冰墩墩火了。]①在很多奥运特许商品店里，冰墩墩的摆件早已卖光下架。②大年初五，很多人凌晨就来到北京王府井的特许商品旗舰店门口排队等候购买手办盲盒和毛绒玩具，但仍然有人"冻成冰墩墩，也没抢到冰墩墩"。③已经抢到的人表示："有'墩'在手"真幸福。更多人感叹：实现"冰墩墩自由"太难了。

[本段首先亮明观点："冰墩墩火了"，接着①②③都是对观点的阐释："火"的具体表现有哪些]

原因 ① [一"墩"难求，正是冰雪经济火爆的生动缩影]。线上线下断货，玩偶摆件钥匙链全都买不到，商店临时限流并实行限购，无不体现出冬奥会吉祥物的超高人气。② [冰墩墩呆萌可爱的外形，酷似航天员的独特设计，本身就让人们爱不释手]。③ [而中国首次举办冬奥会作为一件极具纪念意义的大事，消费者为此争相购买收藏也属情理之中]。④ [加之"三亿人上冰雪"目标的实现，使得冰雪运动拥有更多受众，冬奥周边也获得更多青睐]。⑤ [当然，奥运会官方纪念品向来是稀缺资源，况且北京冬奥恰逢农历新年，春节假期工厂休假、供应不足的现实也客观上增加了这种稀缺性]。

[①②③④⑤都是对现象"一'墩'难求"现象背后的原因进行剖析和解释说明]

如何衡量是否理解了文本？可以从两个方面来说明：一是说出文本的内容和结构；二是对文本的内容和结构的描述要清晰、准确、具体。可以用下面的问题来衡量：

文本的主题（主要观点）是什么？能用清晰、准确、具体的语言说出来吗？

文本的结构是什么？用能结构图来呈现文本的结构吗？

如何理解文本？基于文本内容与文本结构两个大的维度，以下方法与思维路径可以帮助我们进行更深入的理解。

（一）理解文本内容

如何做到理解文本内容？根据文本类型的不同，可以采用不同的方法。如果是说理类的文本，可以借助批判性思维元素分析，找到文本中的目的、观点、假设、推理等。如果是抒情记叙类的文本，可以通过寻找描述对象、情感、线索等来理解文本。若是知识呈现类文本，首先要理解核心知识是什么？核心知识是怎样得出的，知识背景是什么？知识的描述和应用分别是什么？对于习题类文本，除了理解题目的目的、问题、信息之外，还要理解题干中的要求，比如回答问题的角度、范围等限定条件。

1. 理解题目的隐含信息。要真正理解题目，就要透过题目的表层意，挖掘深意；对题目进行质疑，结合文本深入探究；注意题目要素之间的内在逻辑关系。但要注意，不能就题目来理解题目，而是要结合语境、文本内容来理解题目，挖掘隐含信息，从而更好地读懂文本，或者更好地解题。比如我们读史铁生的《秋天的怀念》，就要关注这个题目背后蕴含的深意。"秋天的怀念"表层意义是指文本回忆的往事发生在秋天，表达作者在此季节对母亲的怀念。但理解到这里，显然是不够的，还要根据文本内容进一步加深理解："秋天"常隐喻生命的成熟、感情的沉淀，"秋天的怀念"暗示着作者经受命运残酷的打击，变得暴躁而绝望，但在母亲离世后，在秋天菊花绽放的时节，才真正体会到母爱的坚忍和伟大，悟出了生命的真正意义。如果说"怀念"直接指向母亲，那么"秋天"则蕴含着"生命"的意味。这样理解，才能更准确、深入地理解作者想要表达的主旨和情感。

读出题目中的隐含信息离不开质疑的精神，只有大胆质疑，才能开启深入的探索。比如读奥地利作家斯蒂芬·茨威格的《伟大的悲剧》。就要敢于发问：为什么"悲剧"还能称之为"伟大"？这究竟是怎样的悲剧？带着疑问去探究文本，能够推动理解的进程。文本记录斯科特在南极探险，与大自然搏斗的经历，从结果来看，虽然最终失败了，但是他的心灵经受了考验，变得无比崇高。可见，结果并不是衡量人的价值的唯一要旨，纵然失败，但于过程中所体现出的人的探索、坚毅、牺牲的精神也可称之为"伟大"。正如文本结尾处写道："一个人虽然在同不可战胜的厄运的搏斗中毁灭了自己，但他的心灵却因此变得无比高尚。所有这些在一切时代都是最伟大的悲剧。"这样的理解就充满了思辨的光芒。

隐含信息中可能还包含着隐含的逻辑关系，包括并列关系、因果关系、主次关系、总分关系等，也包括认识事物或事理的过程，如由浅入深、由具体到抽象等。比如作文题《根深叶茂》，表层含义是指根扎得深，叶子就茂盛。而根深与叶茂之间，暗含因果逻辑关系。因为根基牢固，所以枝叶得以兴旺发展。这也是我们认识事物的一般规律。正如提示语中所说："看世界，国家富强安定，人民才会幸福；观历史，传统得到尊重，文化才能繁荣；审自我，现在打好基础，未来理想始成。"所以，要理解题目中隐含的逻辑关系，并在写作中有所突出，否则就会因为理解不准确导致跑题、偏题。

2. 理解作者的深层表达。有时因为一些特殊原因，作者无法将自己想要表达的意思完全呈现于文本之中，或者采用一定的方法技巧暗含自己想表达的思想情感等。此时要想更好地理解文本之义，就要能够解析文本所使用的方法技巧，如象征、借代的运用；或解析叙述方法的转变，如倒叙、插叙、补叙等，从而理解作者想表达的真实思想情感。

高尔基的散文诗《海燕》，全篇运用了象征手法。因为海燕在暴风雨来临之前，常在海面上飞翔。因此，在俄文里"海燕"含有"暴风雨的预言者"之意。作者通过对"海燕"在暴风雨来临之际勇敢欢乐形象的描写，深刻反映了1905年俄国革命前夕急剧发展的革命形势，热情歌颂了俄国无产阶级革命先驱坚强无畏的战斗精神，号召广大劳动人民积极行动起来，迎接伟大的革命斗争。如果不能解析"海燕"背后的象征意义，就无法真正理解作者想要表达的强烈情感。

鲁迅的《故乡》在叙事时间上将过去、现在、未来交错进行，形成情节的波澜起伏，推动故事的发展。"我"冒着严寒回到了家，跟母亲聊天时谈起了闰土，这时的叙事时间是现在。现在的"我"对故乡并没有好感，在听到闰土的时候，插叙了过去"我"与闰土的美好的过往。当"我"的思绪被杨二嫂打断，又切回到现在。自然又插叙了对杨二嫂昔年卖豆腐的描写。后来"我"看到闰土，发现与他有了"厚障壁"，以及在迷茫中别离了故乡，都是按现在的顺序进行叙述。对于后辈宏儿和水生，"我"又展开对未来的想象。过去与现在不断交错，正体现出作者鲁迅复杂而矛盾的内心情感。对曾经故乡深深的眷恋，以及对现在故乡的隔阂交织在一起，作者最终只能将希望寄托于未来。

3. 理解文本关键性语句。我们在阅读文本的时候，并非只有逐字逐句阅读才能真正理解文本。往往抓住一些起关键作用的语句就能加深对文本的理解。哪些句子是关键句呢？主要是文中那些能体现作者核心观点、揭示情感、阐明概念、点明主旨、承前启后的语句。通过品味、推敲、运用这些语句，由此展开文本细读与分析，进行解题与论证，我们才能更快速、准确、深入地领悟文本义，展开思考、充分论证、展开批判性阅读。

（1）议论说理类本文中表达观点的句子（中心论点、分论点）。

案例4-1-2：2020年北京中考语文试卷议论文阅读（节选）

①庚子年伊始，新冠肺炎疫情突发。这是一场全人类与病毒的战争，中国人民经过艰苦卓绝的努力，取得抗疫阶段性成果。这一成果的取得离不开中国制度的优势和经济、科技等方面的实力，也与中国人民敢于担当的精神和服从大局的意识息息相关。

[本段由现实现象引出中心论点：抗疫取得阶段性成果与中国人民敢于担当的精神和服从大局的意识息息相关。这句话就是本文的关键性语句。]

②敢于担当的精神，在疫情期间得到了充分体现。担当意味着要有强烈的社会责任感，也意味着在关键时刻能将国家、集体的利益置于个人利益之上。疫情期间，有一张广为流传的照片戳中了人们的泪点：钟南山院士靠在车座上闭目小憩，脸上是难以掩饰的疲惫。这是因为钟老匆忙奔赴疫区，没有时间好好休息。一位84岁的老人，不亲赴抗疫一线本无可厚非，但他首先想到的是为抗疫尽自己的力量，不顾劳累与安危，毅然决然奔赴疫区。从年事已高的院士专家，到90后、00后的年轻医护人员，他们面对疫情义无反顾，坚定前行，承受难以想象的身体和心理压力，做出了巨大牺牲。他们勇敢承担起社会责任，以对人民的赤诚和对生命的敬佑，争分夺秒，连续作战，挽救了一个又一个垂危生命，为病毒肆虐的漫漫黑夜带来了光明，守护了国家和民族生生不息的希望。

[本段先亮出分论点：敢于担当的精神，在疫情期间得到了充分体现。后面围绕分论点进行举例论证。分论点就是本段的关键性语句。]

（2）抒情叙事类文本中表达情感的句子。

案例4-1-3：梁衡《沙枣》（节选）

　　记得我刚从北京来到河套时就对沙枣这种树感到奇怪。1968年冬，我大学毕业后分到内蒙古临河县，头一年在大队劳动锻炼。我们住的房子旁是一条公路，路边长着两排很密的灌木丛，也不知道叫什么名字。第二年春天，柳树开始透出了绿色，接着杨树也发出了新叶，但这两排灌木却没有一点表示。我想它大概早已干死了，也不去管它。

　　后来不知不觉中这灌木丛发绿了，叶很小，灰绿色，较厚，有刺，并不显眼，我想大概就是这么一种树吧，也并不十分注意。只是在每天上井台担水时，注意别让它的刺钩着我的袖子。

　　6月初，我们劳动回来，天气很热，大家就在门前空场上吃饭，这时隐隐约约飘来一种花香。我一下就想起香山脚下夹道的丁香，清香醉人。但我知道这里是没有丁香树的。到晚上，月照窗纸，更是香浸草屋满地霜。当时很不解其因。

　　第二天傍晚我又去担水，照旧注意别让枣刺刮着胳膊，这才发现，原来香味是从这里发出的。真想不到这么不起眼的树丛能发出这么醉人的香味。从此，我开始注意沙枣。

　　……1972年秋天，我已调到报社，到杭锦后旗的太荣大队去采访，真正见识了沙枣的壮观。这个大队紧靠乌兰布和大沙漠，为了防止风沙的侵蚀，大队专门成立了一个林业队，造林围沙。十几年来，他们沿着沙漠的边缘造起了一条二十多里长的沙枣林带，沙枣林带的后面又是柳、杨、榆等其他树的林带，再后才是果木和农田。在这里，我才第一次感觉到了沙枣的实用价值。

　　……过去我以为沙枣是灌木，在这里我才发现也有属于乔木的沙枣，它可以长得很高大。那沙海前的林带，就像巨人手挽手站成的队列，那古铜色的粗干多么像男人健康的臂膀。我采访的林业队长是一个近60岁的老人，二十多年来一直在栽树。花白的头发，脸上深而密的皱纹，古铜色的脸膛，粗大的双手，我一下就联想到他像一株成年的沙枣，年年月月在这里和风沙作战，保护着千万顷的庄稼不受风沙之害。质朴、顽强、吃苦耐劳，这些可贵的品质就通过他那双满是老茧的手在育苗时注到沙枣秧里，通过他那双深沉的眼睛在期待中注到沙枣那红色的树干上。

　　……第二年冬季，我搬到县城中学来住。这个校园其实就是一个沙枣园。一进校门，大道两旁便是一片密密的沙枣林。初夏时节，每天上下班，特别是晚饭后，黄昏时，或皓月初升的时候，那沁人的香味四处蒸起，八方袭来，飘飘漫漫，流溢不绝，让人陶醉。这时，我感到万物都融化在这清香中，充盈于宇宙间。

　　宋人咏梅有"暗香浮动月黄昏"的名句。其实，这句移来写沙枣何尝不可？这浮动着的暗香是整个初夏河套平原的标志。沙枣飘香过后，接着而来的就是八百里平原上仲夏的麦香，初秋的菜香，仲秋的玉米香和晚秋糖菜的甜香。

　　沙枣花香，香飘四季，四十多年了还一直飘在我的心里。

　　[本文作者对沙枣花香的情感变化形成了一条线索：从最初对飘来的花香不解其因，后来由沙枣的花香开始注意沙枣，再到赞赏沙枣花香，最后认识到沙枣花香是整个初夏河套平原的标志。只有抓住体现作者情感变化的句子，才能理解背后是作者对沙枣花香的无限怀念与赞美之情。]

（3）阐明概念、原理、定理的句子。

案例4-1-4：学生对"切线"的认识（作者：高磊）

（1）圆的切线：①经过半径的非圆心一端，并且垂直于这条半径的直线，就是这个圆的一条切线；②直线和圆只有一个公共点，则此直线成为圆的切线；③直线方程与圆的方程构成的二元二次方程组只有一组解，则此直线方程表示的直线就称为圆的切线。

（2）圆锥曲线中主要研究椭圆的切线：椭圆与圆锥，曲线的位置关系中的一种，可由圆的切线迁移过来，即：①椭圆是"扁圆"。椭圆的切线概念：①圆的切线的第一个认识中，无法迁移到椭圆；②直线与椭圆只有一个公共点，则此直线成为椭圆的切线；③直线方程与椭圆的方程构成的二元二次方程组只有一组解，则此直线方程表示的直线就称为椭圆的切线。

学生基于对圆和椭圆的切线的这一概念的认识，得到结论：曲线与直线只有一个公共点，而且曲线都在切线同一侧。

例题：已知函数 $f(x) = x^3$，求曲线在（1，1）处切线方程。

分析：要求直线方程，需要知道直线的斜率。如何求直线斜率呢？

那么可以让学生思考，切线是否存在？如果存在，画出他认为的切线。

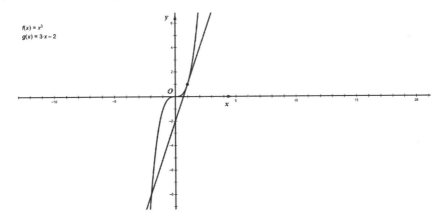

这与学生对切线的已有认知"曲线与直线只有一个公共点，而且曲线都在切线同一侧"产生矛盾。即：曲线与直线有两个公共点；曲线不都在切线同一侧，在局部，也就是在（1，1）附近的区域，曲线都在切线同一侧。在这一矛盾中，我们再来带领学生理解切线的概念。

回归导数的概念：

1. 什么是函数平均变化率：　　　　　2. 什么是导数（函数瞬时变化率）：

3. 函数平均变化率几何意义是什么？　4. 函数瞬时变化率几何意义是什么？

切线：一般地，设 S 是平面上的一条曲线，A 是曲线 S 上的一个定点，B 是曲线 S 上 A 附近的点，则称直线 AB 为曲线 S 的割线，如果 B 无限接近于 A 时，割线 AB 无限接近于通过 A 的一条直线 l，则称直线 l 为曲线 S 在点 A 处的切线。

依照切线的定义可知，如果将函数 $y = f(x)$ 的图像看成曲线（称为曲线 $y = f(x)$，下同），而且曲线在点 $A(x_0, f(x_0))$ 处的切线为 l，则 Δx 很小时，$B(x_0 + \Delta x, f(x_0 + \Delta x))$ 是 A 附近的一点，割线 AB 的斜率是 $\dfrac{\Delta f}{\Delta x} = \dfrac{f(x_0 + \Delta x) - f(x_0)}{\Delta x}$

则当 Δx 无限接近于 0 时，割线的斜率将无限趋近于切线 l 的斜率。

这就是说，$f(x_0)$ 就是曲线 $y = f(x)$ 在点 $(x_0, f(x_0))$ 处（也称在 $x = x_0$ 处）的切线的斜率。让学生思考：以前学习过哪些曲线的切线？此处切线的定义与以前学过的切线的定义有什么不同？二者有怎样的联系？能否相互解释？

再来解决例题：已知函数 $f(x) = x^3$，求曲线在 $(1, 1)$ 处切线方程。

运用切线的概念可知，曲线在点 $(1, 1)$ 处的切线斜率为函数在 $x = 1$ 处的导数值，即 $k = f'(1) = 3$。解：$f'(x) = 3x^2$，当 $x = 1$ 时，$f'(1) = 3 \times 1^2 = 3$，根据切线的概念可知 $k = f'(1) = 3$，所以曲线在 $(1, 1)$ 处切线方程为 $y - 1 = 3(x - 1)$，即：$y = 3x - 2$。

案例 4-1-5（作者：谭师）

例题一：从"手工工场的出现""人文主义""发现新大陆"等关键信息中，可以确定研究的主题是：

A. 资本主义制度的确立　　　　　　　B. 文艺复兴

C. 文明的传播与发展　　　　　　　　D. 资本主义时代的曙光

例题二：下图为九年级世界历史教材某单元目录。该单元的主题是

> 第 18 课君主立宪制的英国
> 第 19 课美国的独立战争
> 第 20 课法国大革命和拿破仑帝国

A. 封建时代的欧洲国家　　　　　　　B. 资本主义的萌芽

C. 资本主义制度的初步确立　　　　　D. 国际共产主义运动的兴起

概念的清晰是学生正确做题的关键，这两道题中有"资本主义制度的萌芽""资本主义时代的曙光""资本主义制度的初步确立"这些选项。相关知识点来自部编版历史九年级上册第五单元和第六单元，考察的目的是学生真正理解"萌芽"和"确立"所对应的时间线索和基本史实。"萌芽"和"曙光"均是指资本主义制度还未确立前。而资本主义制度的确立则指资产阶级通过革命或战争方式正式建立资本主义制度，如英国资产阶级革命、美国独立战争和法国大革命等。但在实际做题中，学生对此概念较为模糊，容易错选。如例题一：题干中出现"新大陆""人文主义"的关键词，可知考察的是文艺复兴和新航路开辟，所对应的知识点应是 D 选项——资本主义时代的曙光。例题二：考察了英法美资产阶级革命，所对应的知识点选项应是 C 选项——资本主义制度的初步确立。因此，学生正确理解概念不论是在知识理解还是运用中都有着重要作用。

（4）体现文本结构功能的句子。为了更好地表情达意，作者往往会精心布局文本结构，我们可以通过句子在文本中的位置，来判断其重要性，通过分析这些句子来理解作者的写作意图、中心思想等。这样的语句一般包括：总起句、过渡句、总结句等。在阅读时，要重点理解这些句子。

案例 4-1-6

老师安妮·莎莉文来到我家的这一天，是我一生中最重要的一天……回想此前和此后截然不同的生活，我不能不感慨万分。

——《再塑生命的人》

这是海伦·凯勒在《再塑生命的人》中开篇就写到的句子。作者之所以这样写是因为莎莉文老师用自己的爱与智慧改变了作者的命运，字里行间流露出她对沙莉文老师的敬爱与感激之情，因而，这句话在开篇就奠定了文本的感情基调。这样的句子就是总起句，通常具有统领全文，点明题旨，奠定文本感情基调的作用。

孔乙己是这样的使人快活，可是没有他，别人也便这么过。

——《孔乙己》

这是鲁迅先生在《孔乙己》里写到的一句话。这句话看上去并无特别深意，但是从文本结构来看，《孔乙己》是一篇小说，要求情节上要"起承转合"，鲁迅只用这样一个过渡句就圆满完成了"转"，既突出孔乙己社会地位的卑微，是生活在社会底层的"多余人"，也是别人眼中的"笑料"，又反映出人们的无情与冷漠，暗含作者对封建社会"吃人"本质的冷峻思考。这样的句子就是过渡句，通常出现在文中段落的末尾或段落开头，有时也独立成一段，起到承上启下的作用。

此后，我生命中有很多时刻，面对一个遥不可及的目标，或者一个令人畏惧的情境，当我感到惊慌失措时，我都能够轻松应对——因为我回想起了很久以前悬崖上的那一课……这个时候，再回头看，就会对自己走过的这段漫漫长路感到惊讶和骄傲。

——《走一步，再走一步》

《走一步，再走一步》讲述小亨特体弱怯懦，一次他跟随伙伴攀登悬崖，由于害怕，上不去下不来，最后通过父亲的鼓励他终于得以脱险的故事。结尾部分用这样几句话"以小见大"，点明主旨，升华主题：当遇到困难或险境时，我们要学会把大目标分解或无数小目标，一步步来做，就能取得最终的成功。这就是文本的总结句，用来收束全文、点明主旨的句子。抓住这些句子，就能更好地理解作者想要表达的思想感情。

（5）理解题目中的核心观点

案例 4-1-7：2022 年初三上学期政治期末试题

【宪法宣传】

在很多人眼里，宪法很"高冷"，其实不然，"她"每时每刻都在你我身边默默守护，指引着我们一生的航向。下面是同学们做的宪法宣传海报。

"宪"给你一生的守护

第三十三条	第四十六条	第四十二条	第四十四条
凡具有中华人民共和国国籍的人都是中国公民。国家尊重和保障人权。	中华人民共和国公民有受教育的权利和义务。	中华人民共和国公民有劳动的权利和义务。	退休人员的生活受到国家和社会的保障。

（2）结合所学知识，谈谈你对"'宪'给你一生的守护"的理解。（6分）

政治这道试题聚焦学科主干知识，考查学生对核心观点的理解与运用，运用主题化形式，突出学科综合性，引导学生从学科体系把握学科内容，贯彻思想性、人文性、实践性和综合性的课程要求。理解核心观点，重要的是要读懂材料的中心意思，理解材料所反映内容的理论依据、原因、重要性等。如宪法是国家的根本法，是党的主张和人民意志的统一，是治国安邦的总章程。宪法规定了公民享有的基本权利（如受教育权、劳动权等），确认并保障公民基本权利的实现，是我国宪法的核心价值。宪法与我们每个人息息相关，我们的一生都离不开宪法的保护，从"出生"到"退休"，宪法都在保护我们。只有这样，才是理解了核心观点的要义。

4. 理解文本关键性词语。要准确理解文意，还要抓住文中具有表现力、暗含作者情感信息的词语。抓住关键词语，如同掌握了开启理解文本的"钥匙"，能够顺利解密作者的思想与情感。在进行批判性阅读时，需要关注哪些关键词语呢？

（1）有感情色彩的词语。语言中有不少带有或褒或贬感情色彩的词语，还有大量不带褒贬色彩的中性词。比如伟大、温柔、慈爱、纯真、奋不顾身、大公无私、见义勇为……这些词都是褒义词，表达的是赞赏、喜爱、尊敬等的感情色彩；愚蠢、卑鄙、丑陋、狭隘、贪生怕死、损人利己、见利忘义……这些词都是贬义词，表达的是贬斥、憎恨、蔑视等感情色彩；大、小，高、低，远、近，粗、细，发动、参观、挖掘、结果……这些词没有明显的情感倾向，是中性词。有感情色彩的词语往往反映了人们对人或事的爱憎感情和褒贬评价。如果我们能够仔细品味，就能准确地领悟到文本义、作者情。

案例 4-1-8：

一个人能力有大小，但只要有这点精神，就是一个高尚的人，一个纯粹的人，一个有道德的人，一个脱离了低级趣味的人，一个有益于人民的人。在这就是我们用以反对狭隘民族主义和狭隘爱国主义的国际主义。

——《纪念白求恩》

在这段话中，"高尚""纯粹"等词充满了作者毛泽东对白求恩大夫的赞美、喜爱、肯定的情感；而"狭隘"一词充满贬抑、厌恶、否定的情感。抓住这些词语，就能理解作者对白求恩优秀品德和高贵品质的颂扬，对狭隘民族主义和狭隘爱国主义、国际主义的批判。

东京也无非是这样。上野的樱花烂熳的时节，望去确也像绯红的轻云，但花下也缺不了成群结队的"清国留学生"的速成班，头顶上盘着大辫子，顶得学生制帽的顶上高高耸起，形成一座富士山。也有解散辫子，盘得平的，除下帽来，油光可鉴，宛如小姑娘的发髻一般，还要将脖子扭几扭。实在标致极了。

——《藤野先生》

在《藤野先生》中，鲁迅说那些"清国留学生""实在标致极了"。这是一种赞美吗？并非如此。"标致"一词多用来形容女子相貌、姿态美丽。作者却用它来形容那些"头顶上盘着大辫子""油光可鉴，宛如小姑娘的发髻一般"的清国留学生，有浓重的讽刺意味，体现了鲁迅对不学无术、庸俗腐朽的清国留学生的憎恶、失望与不满。"标致"一词是运用了反语，正话反说或反话正说，比直白的表达语气更为强烈，情感更为充沛，是一种带有强烈感情色彩的修辞。往往含有否定、讽刺以及嘲弄的意思，所以遇到反语时，我们一定要读出"言外之意、弦外之音"才能领悟作者真正想表达的意思。

（2）有明确指向性的词语。在文本中，有些词语具有明确的指向性，或指向说明对象，或指向能力要点，或指向思维角度……抓住这些词，对明确思考方向、理解文本主旨至关重要。

案例 4-1-9

2021 年 10 月 12 日，在云南昆明举行的联合国《生物多样性公约》缔约方大会第十五次会议上，习近平总书记发表讲话，同时特别讲到了红遍全球的云南大象的故事，他欣慰地说："云南大象的北上及返回之旅，让我们看到了中国保护野生动物的成果。"

在这群大象一路"象"北又"象"南的途中，为缓解"人象冲突"，政府部门采取了为大象建"食堂"、为村民修建防象围栏、开展监测预警等措施，同时沿途村民听从指挥，合理安排劳作和出行时间，避免和大象正面接触。中国这次科学有序引导象群南返，确保人象平安、人象和谐，为全球野生动物保护展示了"中国样本"。

我国科学引导象群为全球野生动保护展示了"中国样本"，这给我们带来哪些启示。

这是政治学科常见的启示类型试题。在题干中，"政府部门""沿途村民""我们"这些词都具有明确的指向性。"人与自然和谐共生"是这道题的题眼，要围绕这个主题，从多个角度展开思考。有的学生侧重于答生态文明建设，未考虑到政府的宗旨和公民环保意识问题，就是没有关注到"政府部门""沿途村民"这两个关键词的指向性，因而泛泛而谈，造成对象模糊。"我们"不一定是指青少年自己，所以要从多个角度、多个主体思考，关注材料与语境。

（3）充当特殊成分的词语。什么是特殊成分？这里主要是指用在动词或形容词前面，起修饰、限制作用的成分。比如"他热情地招待了我们"，"热情"是形容词，用来修饰动词

"招待"，表明了招待时的情感态度。再比如"他大摇大摆地走过来"，"大摇大摆"用来修饰动词"走"，表明走路时的姿态。通过分析这些修饰、限制成分，我们更清楚地明白了作者表达的感情倾向。

在阅读中，充当修饰、限制的成分多为副词。副词一般用在动词或形容词前面，表示程度、范围、时间、频率或语气等。常用的副词有：很、更、最、都、非常、曾经、忽然、终于、大概等。

> **案例 4-1-10**
>
> 也许是因为拔何首乌毁了泥墙罢，也许是因为将砖头抛到间壁的梁家去了罢，也许是因为站在石井栏上跳了下来罢……都无从知道。
>
> ——《从百草园到三味书屋》
>
> 鲁迅先生特别善于运用副词，来表达自己的情感。在《从百草园到三味书屋》中，当小鲁迅将要离开百草园，去三味书屋读书的时候，作者连着用了三个"也许"，这是从儿童的心理出发，进行的种种推测，既表现出对于自己被大人送去书塾这件事感到困惑不解，也表现了对百草园的依依不舍之情。当不识字的长妈妈给鲁迅买来了他期盼已久的《山海经》，鲁迅对长妈妈的感激之情溢于言表。所以，鲁迅会说她确有伟大的神力，这一个"确"字背后饱含惊喜之后的崇敬，于是谋害隐鼠的怨恨，从此完全消失。"完全"更加强调这种感激、崇敬之情的彻底。抓住这些词来理解文本，相当于抓住了作者情感的密码，能够理解作者的深意。

5. 转化语言，促进理解。每一门学科都有自己的学科语言，有时学会语言的转化，也是达成理解的有效途径。比如数学语言是文字语言、图形语言、符号语言之间的相互转化，文字语言和图形语言都具有表意明确的特点，但符号语言往往内涵丰富，具有一定的抽象性。在阅读中，语意转换频繁，要求灵活，就给数学阅读带来一定难度。阅读过程就是一个转化的过程，或把抽象内容转化为具体内容，或把符号语言或图形语言表述的关系转化为文字语言的形式，或把文字语言表述的关系转化为符号或图形语言，或用自己的语言来理解定义或定理等。

> **案例 4-1-11：（作者：刘晓君）**
>
> 若区间 $[a, b]$ 满足：①函数 $f(x)$ 在 $[a, b]$ 上有定义且单调，②函数 $f(x)$ 在 $[a, b]$ 上的值域也为 $[a, b]$，则称区间 $[a, b]$ 为函数 $f(x)$ 的共鸣区间。
>
> （1）写出函数 $f(x) = x^3$ 的一个共鸣区间：_____；
>
> （2）若函数 $f(x) = 2\sqrt{x+1} - k$ 存在共鸣区间，写出一个满足题意的实数 k 的值：_____。

我们如果可以将函数 $f(x)$ 的定义域、值域均为 $[a, b]$ 转化为 $\begin{cases} f(a) = a \\ f(b) = b \end{cases}$。再结合函数 $f(x)$ 在 $[a, b]$ 上单调，就可以挖掘到该函数最本质的特征：函数 $f(x)$ 在 $[a, b]$ 上单调递增，且 $\begin{cases} f(a) = a \\ f(b) = b \end{cases}$。再结合 $f(x) = x^3$ 与 $y = x$ 图像（图1），可以得到函数 $f(x) = x^3$ 的一个共鸣区间为 $[-1, 1]$ 或 $[-1, 0]$ 或 $[0, 1]$。

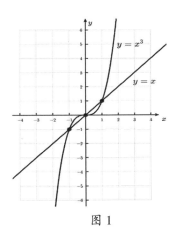

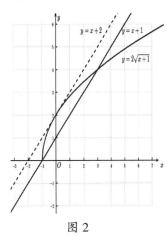

图 1　　　　　　　　　　　图 2

在第（1）问的基础上，我们进一步转化条件，函数 $f(x) = 2\sqrt{x + 1} - k$ 存在共鸣区间，设为 $[a, b]$，我们可以得到 $\begin{cases} f(a) = a \\ f(b) = b \end{cases}$，进而可以转化为方程 $f(x) = x$ 至少有 2 解，即方程 $2\sqrt{x + 1} - k = x$ 至少有 2 解，又即方程 $2\sqrt{x + 1} = x + k$ 至少有 2 解。

我们利用函数零点、方程解和图像交点的关系，将方程解的个数问题转化为图像交点的个数问题，即最终转化为 $\begin{cases} y = 2\sqrt{x + 1} \\ y = x + k \end{cases}$ 图像至少有 2 个交点（图2），结论为 $k \in [1, 2)$ 均可。

在教学实践中发现，数学成绩不理想的学生数学语言发展水平普遍较低，数学阅读理解能力弱，理解问题往往不知道从哪里切入或者不知道如何对条件进行可操作的等价转化。因此，丰富数学语言，学会语言间的相互转化，是提高数学理解水平的重要方法。

（二）理解文本结构

文本结构指的是文本的脉络，包括段落和段落之间的逻辑关系，同一段落内部句子和句子之间的关系等。古人云"善弈者谋势"，指的是下棋要把控全局。读文本亦然，善读者谋篇。只有把握住文本整体结构，理清段落间、句子间的关系，才能更好地理解文本。

1. 理清文本的层次脉络。阅读文本，要有全局观，就是要整体把握住文本的行文思路，脉络层次。《义务教育语文课程标准（2022 版）》指出："在通读课文的基础上，理清思路，理解、分析主要内容，体味和推敲重要词句在语言环境中的意义和作用。对课文内容和表达有自己的心得，能提出自己的看法，并能与他人合作，共同探讨、分析、解决疑难问题。"由此可见，我们阅读和理解文本，应该梳理行文思路，从文本结构入手理解文本。

案例 4-1-12：议论说理类文本

①在绵延五千年的历史长河中，中华民族始终不乏英雄的身影。何为英雄？英雄，就是当人民、国家处于危险之时，不惧艰险，挺身而出，解黎民于倒悬，救国家于危难，即使付出生命也在所不惜的杰出之人。[什么是英雄，解释概念]

②誓要"精忠报国"的宋朝名将岳飞，为抵御外侮，满怀一腔热血，义无反顾奔赴沙场。"许身国威壮河山"的两弹元勋邓稼先，在一次核试验发生事故时，明知会有遭受核辐射的危险，但为了取回破碎的部件，了解事故的原因，他坚决地说："我进去吧。"为了民族和国家的利益，用生命担当使命，这正是英雄们所具有的一种高尚的品质。[英雄的高尚品质之一]

③面对危险，把生的希望留给他人，这是英雄不同于凡人的又一可贵之处。2018 年 10 月 11 日，在云南省麻栗坡县的老山雷场扫雷行动中，面对复杂雷场中的不明爆炸物，杜富国对战友说了句"你退后，让我来"。在突遇爆炸时，他本能地一挡，两三米外的战友得救了，他却从此失去了双手和双眼。在危险时刻第一个冲上前去，用自己的牺牲换取他人的平安和幸福，这种舍己为人的气概正是英雄们身上所具有的伟大气质。[英雄的高尚品质之二]

④正由于英雄具有这些崇高的品质，其对社会发展所起的作用是不可估量的。对个人而言，英雄为我们树立起精神的标杆，影响着一个人的人生观和价值观的形成。对国家而言，英雄是国家的符号，每个国家都需要有引以为豪的英雄。英雄们身上所具有的光辉品质，正是构筑民族精神最重要的元素之一。可以说，正是千千万万的英雄，才使得我们的国家和民族于危亡中现生机，由积贫积弱走向繁荣昌盛。[英雄对社会发展的作用]

⑤因为英雄具有崇高的品质和巨大的价值，所以，全社会都要崇尚英雄。郁达夫在纪念鲁迅大会上说过，一个没有英雄的民族是不幸的，一个有英雄却不知敬重爱惜的民族则是不可救药的。尊崇英雄，是对历史的尊重，是对正义的维护，是对信仰的坚定，是对未来的守望。让我们把学习英雄作为一种时代的追求，让崇尚英雄蔚然成风。[全社会应该怎样对待英雄]

这篇议论文遵循"是什么——为什么——怎么做"的思路展开论证，围绕着"什么是英雄——为什么要崇敬英雄——怎样崇敬英雄"的思路层层推进，将论证推向深入。

案例 4-1-13：抒情叙事类文本（作者：刘媛媛）

萧红的《回忆鲁迅先生》以女性特有的细腻感觉，捕捉鲁迅先生日常生活中的一些琐事烘托出一个真实、有人情味、生活化的鲁迅形象。文本看似由诸多没有严密逻辑关联的片段连缀而成，但如果把这些事件进行分类，比如按照鲁迅与亲朋、鲁迅与工作、鲁迅与自己等分类，就会发现文本呈现出"串珠式"的事件组织形式，由萧红对鲁迅严谨、刻苦、坚忍等美好品格的赞颂为线贯穿，体现出"形散而神不散"的特点。孙绍振曾指出，鲁迅自己也有类似"琐记"的文本，如《病中琐记》，文本"形散"的表象下，隐藏着一条统一的精神线索，那就是鲁迅的精神气质和凝注于作品中的情感。这也是散文常常呈现出的结构特色。

2. 把握段落间的逻辑关系。文本段落是由句子或句群组成，用来体现作者的思路发展或文本层次。段落之间的关系往往包含总分关系、并列关系、因果关系、承接关系、转折关系等。只有把握住段落之间的逻辑关系，才能有助于理解文本的行文思路。

案例 4-1-14：部编版七年级上册《秦统一中国》（作者：谭师）

确立中央集权制度

①秦实现统一后，原来各自为政的政治形态已不能适应新的社会发展。为加强对全国的统治，秦朝创立了大一统的中央集权制度。

②国家的最高统治者称为皇帝，拥有至高无上的权威，总揽全国的一切军政大权。嬴政自称"始皇帝"，史称"秦始皇"。皇帝之下，设有中央政权机构，由丞相、太尉、御史大夫统领，分别掌管行政、军事和监察事务，最后的决断权由皇帝掌控。

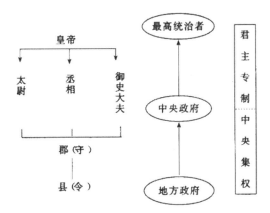

③在地方上，秦朝进一步废除西周以来实行的分封制，建立由中央直接管辖的郡县制。全国分为36郡，后增至40多郡，郡的行政长官称郡守；在郡下设县，县的长官称县令或县长。郡县的长官都由朝廷直接任免。县以下又设乡、亭、里等基层社会组织。这样，皇帝和朝廷就牢牢地控制了全国各地的权力，并把政治、法律、军事、土地及赋役等制度推向全国。郡县制的实行，开创了此后我国历代王朝地方行政的基本模式。政、军事和监察事务，最后的决断权由皇帝掌控。

"确立中央集权制度"这一概念是本课的重点和难点，课本通过三段一图清楚地阐述了建立中央集权制度和建立的原因和内容。第①段介绍了为什么会产生中央集权制度：一是原来战国时期各国各自为政的政治形态已不能适应新的社会发展；二是秦朝建立后要巩固统治。第②③段分别从中央和地方的角度介绍了中央集权制度是什么，并通过图例梳理了皇帝、中央与地方之间的关系。可以看出，文中的②③段都是对中央集权制度具体内容的介绍，是并列关系，并与第①段构成总分关系。如此一来，学生通过阅读此小节的三段内容，对于"中央集权制度"的概念也就更加清晰明了了。

---

3. 把握句子间的逻辑关系。句子之间的逻辑关系与段落间的逻辑关系相似，通常也包括总分关系、并列关系、因果关系、承接关系、转折关系等。把握住句子之间的逻辑关系，有助于理解段落层次。

案例4-1-15：2022年初三上学期语文期末试题

①鲁迅先生一生致力于救国救民，时刻关注国家和民族的前途和命运，承担起"启蒙"与"救亡"的历史责任。②他坚持真理，追求光明，同敌人进行坚决的斗争。他深知革命事业不可能一帆风顺，但"即使艰难，也还要做；愈艰难，就愈要做"。③"横眉冷对千夫指，俯首甘为孺子牛"是他一生最生动的写照。④他始终与人民站在一起，与人民血脉相连，为人民大众呼告呐喊。⑤他说："无穷的远方，无数的人们，都与我有关。"⑥他关注"不幸的人们"，对他们给予极大的同情；他关心青年，特别重视发现和培养青年作家的，常以自己的言行鼓舞青年，"愿中国青年都摆脱冷气，只是向上走。"⑦鲁迅先生深沉的爱国情怀、敢于斗争的战斗品格、坚定的人民立场，是新时代弘扬民族精神、凝聚中华民族伟大复兴力量的宝贵财富。

在这段话中，第①~⑥句与第⑦句之间是分总关系，第⑦句作为本段的总结句，涵盖了前面第①~⑥句的内容。第①句照应了总结句中"深沉的爱国情怀"，第②句照应了总结句中"敢于斗争的战斗品格"，第③④⑤⑥照应了总结句中"坚定的人民立场"，因此前面的分句与总结句从内容上也是一一对应的，逻辑严密。

案例4-1-16：2022年初三上学期历史期末试题

材料二：①平遥古城是中国境内保存最为完整的一座古代县城，是明清时期中国古代城市的杰出范例。②平遥古城突出中心，强化中轴，面南为尊，严格遵循古代"左祖右社、左文右武、文武相遥、上下有序"的城市建筑规则，凸显以"礼"为本的文化思想，建筑布局处处体现出传统的天人合一思想；③自唐宋以来，平遥城道教昌盛，佛寺和道观在平遥城的分布独具特色；④平遥是晋商的发祥地之一，在清代中晚期城里就有数不胜数的票号、钱庄、布庄、绸缎店、典当铺、杂货店……其布局特点、建筑设计、功能分配等都闪现着山西商业文化的影子。

——摘编自程林盛《平遥古城的民族文化内涵》

根据材料二，概括平遥古城建筑所体现出的多元文化。分析平遥古城成为明清时期建筑杰出范例的经济原因。

有时，可以借助标点符号来理清句间关系。如何理解这段文字，完成题目的要求呢？首先，要想概括平遥古城建筑所体现出的多元文化，就要理清这一段中句子之间的层次。第①句是全段的总起句，后面的内容用分号可以分出三个并列的层次，②③④依次介绍：平遥古城建筑体现出的以"礼"为本的文化思想和传统的天人合一的思想，宗教文化特色，商业文化浓厚。这样梳理，文段的思路就非常清晰，脉络分明，答题点也明确了。

在理解阶段，我们要使用宽容原则，以最大容忍限度理解作者所写的内容、所体现的立场和思想。为了更好地理解内容，我们最好能够做笔记，并进行批注：标出自己理解和不理解的地方；画线标上重要的概念、语词和句子；标出重要的论点、论据、例子、解释和说明；标出能想到的假设、观念和偏见。

二、批判性阅读方法之"评估"

如果是一般意义上的阅读，理解了文本内容和文本结构，我们基本上就完成了阅读过程。

但如果我们要进行批判性阅读，就要继续进行细致的分析和反思，完成对文本的评估和重构过程。在评估时，不同学科可以有不同的方法，以下提供几种方法供大家借鉴。

（一）在同一本书中寻找对同一问题的不同分析

在一本书中，我们尝试从不同的角度寻找证据分析同一个问题，或者评价同一个人物，这样会让我们对问题和人物的理解更加深刻，这一方法可以用到整本书阅读中。

以《西游记》为例，我们运用"精读与跳读相结合"的方法，精读《西游记》中有关孙悟空的相关情节，并就能够体现孙悟空特点的情节进行批注后，我们了解了孙悟空的特点，初步完成了文本内容的理解。在此基础上，我们要进行评估。评估的第一步是确定研究的专题。

如何确定研究专题呢？在阅读中，我们要根据阅读过程及教材中给定的学习主题确定研究专题。《西游记》一书中，教材给定的学习主题是"精读与跳读相结合"，该主题是读书方法的指导，是该书的学习重点。我们小的研究专题首先要围绕教材中给定的学习主题进行，在此基础上，可以进行其他主题的拓展延伸。《西游记》除了进行"精读与跳读相结合"的专题研究外，我们确定的另一个研究专题是"孙悟空到底是不是一位英雄"。

确定研究专题后，我们开始进行细致的评估：学生首先自主选择了正方和反方，正方观点是"孙悟空是一位英雄"，反方观点是"孙悟空不是一位英雄"。之后，两方队员从文本出发分别从正反两个方面列举了非常多的理由和相应的例子来支撑各自的观点。

1. 支持"孙悟空是英雄"的观点和例证如下：

（1）孙悟空出身不凡——它是一只天产石猴。

（2）孙悟空本领强大——它拥有七十二般变化，火眼金睛，金箍棒大小如意变化，一个筋斗云十万八千里。

（3）孙悟空有反抗精神——它大闹蟠桃盛宴，偷吃太上老君的金丹，大闹灵霄宝殿，要三界共主玉皇大帝让位，扬言"皇帝轮流做，明年到我家"。

（4）孙悟空善于学习，有远见——它悟到生命有限，于是找菩提老祖拜师学艺，学习长生不老之术。

（5）孙悟空忠心耿耿，有情有义——在"三打白骨精"这个情节中，为了打死妖怪，保护师傅，他宁愿被师傅责备，被师傅念他难以忍受的紧箍咒，也对师傅不离不弃；最后被赶走时，绕着师傅转圈磕头拜别师傅才回花果山；后来，听到师傅被黄袍怪变成老虎，毫不犹豫地赶回来救师傅。

（6）孙悟空勇敢，除恶务尽——在西天取经的路上，他勇敢地降妖除魔，宁可被念紧箍咒也要把妖怪赶尽杀绝。

（7）孙悟空机智，善借外力——在"三借芭蕉扇"这个情节中，他先变飞虫飞到铁扇公主肚子里，后又变成牛魔王的样子得到芭蕉扇；遇到困难时，当个人力量不及时，经常去向各路神君寻求帮助。

2. 支持"孙悟空不是英雄"的观点和例证如下：

（1）孙悟空其貌不扬。《西游记》第二十一回关于孙悟空写道："身躯猥鄙，面容羸瘦，不满四尺。"[1]

（2）孙悟空无慈悲之心。红孩儿变成一个小孩，要孙悟空驮。分明一个只有三四斤重的小孩，孙悟空依然说："行此险峻山场，空身也难走，却教老孙驮人。这厮莫说他是妖怪，就

---

〔1〕　吴承恩：《西游记（上）》，人民教育出版社2017年版，第147页。

是好人，他没了父母，不知将他驮与何人，倒不如掼杀他罢。"[1]

（3）孙悟空生性残暴，胡乱杀生，野性难驯。孙悟空说："老孙在水帘洞里做妖魔时，若想人肉吃，便是这等：或变金银，或变庄台，或变醉人，或变女色。有那等痴心的，爱上我，我就迷他到洞里，尽意随心，或蒸或煮受用；吃不了，还要晒干了防天阴哩！"[2] 在"三打白骨精"被赶走回到花果山之后，明知杀生会被"念咒"，但还是"作起这大风，将那碎石，乘风乱飞乱舞，可怜把那些千余人马，一个个：石打乌头粉碎，沙飞海马俱伤。人参官桂岭前忙，血染朱砂地上"[3]，杀死千余个以捕杀动物为业的凡人。在狮驼岭的狮驼洞，孙悟空堵住洞口，一路打进去，一夜之间将一万多小妖怪尽数灭了。

（4）孙悟空为了取胜不择手段。他钻过铁扇公主的肚子，钻过白毛老鼠精的肚子，也钻过青狮精的肚子；百般变化，偷了金角大王和银角大王的宝贝、偷了金毛犼的宝贝，甚至还靠变化骗了黄袍怪的内丹…… 在去西天路上斩妖除魔的过程中，孙悟空大部分时候是请帮手，或是用阴招，只有极少数情况下才是靠光明正大的打斗打赢妖怪的，比如在斗青牛精时，想去抓人家的"家属四邻"，用这些人威胁青牛精。

（5）孙悟空自私，没有规矩，监守自盗，肆意妄为。孙悟空得到了金箍棒之后，又强行让龙王献出了铠甲等；紧接着"死后"的孙悟空到了地府，强销生死簿。当得知弼马温是很小的官之后，就直接造反；在做了"齐天大圣"后，第二次到天庭，看守蟠桃园，监守自盗，把大的蟠桃吃了个一干二净，后来只因没有被邀请赴宴，直接破坏了蟠桃宴。之后，孙悟空又偷了太上老君炼制的九转金丹。

（6）孙悟空看人下菜。西天取经一路上遇到了很多妖怪，其中一些下凡来的妖怪，离开主人身边，野性难驯，祸害百姓，吃人心、杀人、吃童男童女等，但是他们大多数没死，只是被主人领回去教训了一顿，而孙悟空却并不阻拦其被主人领走，甚至还索要好处。不杀生的小妖却有真真切切被孙悟空打死的，只因为他们是野生的，没有后台，比如黄狮精，不吃唐僧肉，甚至花钱去买肉吃，不祸害百姓，最后却落得个死无全尸的下场。

正反两方队员按观点完成了提取信息、概括信息后，学生通过辩论会的形式对专题研究的成果进行展现。在辩论会上，双方就对方观点及材料的细节进行了精彩的质疑和分析，比如有队员质疑：支持"孙悟空是英雄"的第五条内容，孙悟空"听到师傅被黄袍怪变成老虎，毫不犹豫地赶回来救师傅"与书中情节不符，因为孙悟空是被"激将法"激回来救师傅的。再比如有队员提出，"孙悟空不是英雄"的第三条内容中提到孙悟空"在'三打白骨精'被赶走回到花果山之后，明知杀生会被'念咒'"，这处是有问题的，因为此时孙悟空已经被赶回了花果山，唐僧不会知道他杀生，也就不会念咒。

这样，同学们以同一本书为基础，通过提取信息和分析概括，对"孙悟空是不是英雄"这个研究专题进行了细致的评估，对孙悟空这个人物的理解更加丰富，对于这个研究专题的理解更加全面，为下面的重构奠定了坚实的基础。

（二）对研究专题进行本学科或跨学科的比较分析，完成评估过程

以说明文《送你一束转基因花》为例。"转基因"这项技术的研究、应用本身就是一个颇具争议的话题，因此，在设计时，教师首先明确了教学设计的理念——批判性思维和跨学科教

---

[1] 吴承恩：《西游记（上）》，人民教育出版社 2017 年版，第 294 页。
[2] 吴承恩：《西游记（上）》，人民教育出版社 2017 年版，第 197 页。
[3] 吴承恩：《西游记（上）》，人民教育出版社 2017 年版，第 200 页。

学。在设计理念的基础上，进行了整体的思路设计：在语文课上以生物学科的转基因相关资料为载体，学生通过语文的分析手段，达到教育提升的目的。

为此，教师进行了如下的操作：首先学生需要深度了解转基因技术，因此，教师与生物老师协商，生物老师带领学生在生物课上学习一些有关转基因的概念，转基因的技术实现手段，以及转基因在植物、动物、生态方面的运用及主要的优点和弊端；之后，结合《送你一束转基因花》的课文内容，教师和学生一起排练短剧，展示转基因这种新型生物技术在改变传统花卉性状方面具有的三方面的独特优势——特别色彩、特别新奇、特别长寿，通过情境表演的方式加深对书中内容的理解。深入的理解是评估的基础。之后，我们开始评估。

我们确定的研究专题是"我们该如何看待转基因技术"，为了更好地解决这个问题，我们先从课本中提取信息，由此知道转基因技术有很多优点，比如在改变传统花卉性状方面具有三方面的独特优势——特别色彩、特别新奇、特别长寿。之后，抓住文本中的句子"由于花卉的价值主要在于它的观赏价值，所以转基因花卉的商业化应用和推广不会像转基因的粮食作物、果实植物等那么困难"，提出疑问：转基因的粮食作物、果实植物等在应用和推广中会遇到什么样的困难？为了进行深入思考，教师让学生查阅各国有关转基因粮食作物、果实植物的资料，这样可以为学生进行深度思考、完成研究专题提供一些支架。

学生通过查阅资料获得了有关美国、意大利、法国、肯尼亚政府或领导人关于转基因农作物的一些信息：转基因搞得最早，技术最为先进的美国，虽然种植转基因作物，但小麦这个主粮是严守不搞转基因的红线的。美国种植的非主粮转基因作物主要用于出口、工业燃料和动物饲料。"2013年7月，意大利政府签署行政令，禁止种植转基因玉米，意大利专家认为转基因农作物破坏生态环境和生物多样性，而这两点正是意大利农业赖以生存的基础。""2013年8月2日，法国总统声明，将继续强化法国抵制和禁止商业化种植转基因玉米的法规措施。""肯尼亚总统表示：肯尼亚人宁可饿死，也不吃转基因食物！"

在以上资料支架的基础上，学生通过归纳概括，得出结论：以上国家对转基因应用到农作物采取了十分谨慎的态度。这样，通过细读文本、查阅资料、归纳概括、课堂讨论分享，对"我们该如何看待转基因技术"这个研究专题有了更为深入的评估。这就超越了学生原来对转基因技术的认知，有助于实现接下来的重构。

（三）"知人论世"，体会情感

要体会文本背后作者想要表达的意思，我们还要"知人论世"，即全面了解作者所处的时代，作者的个人经历、写作背景及写作意图等，从而真正理解作者投注在作品中的真实情感与真切思考。

比如杜甫的古诗《石壕吏》教学，学生会产生疑问：在整个官吏"夜捉人"的事件中，为什么杜甫一直保持沉默？他为什么没有出面制止？他内心究竟是怎样想的？这些问题很难在《石壕吏》中找到线索和依据，我们又不能盲目推测。此时，我们可以采用"知人论世"的方法来解决疑问。我们不妨来读一读杜甫的"三吏"，看看杜甫究竟是在怎样的境遇之下写出《石壕吏》的。三首诗的内容采用一览表的形式进行对比，内容如下：

对比	《新安吏》	《潼关吏》	《石壕吏》
作者与"吏"的对话	借问新安吏："县小更无丁？"府帖昨夜下，次选中男行。中男绝短小，何以守王城？	借问潼关吏，修关还备胡。要我下马行，为我指山隅。	吏呼一何怒。（并无对话）

对比	《新安吏》	《潼关吏》	《石壕吏》
征兵方式	客行新安道，喧呼闻点兵。	士卒何草草，筑城潼关道。（士兵劳役艰辛）	暮投石壕村，有吏夜捉人。（形势恶劣）急应河阳役，犹得备晨炊。（范围扩大）
百姓反应	莫自使眼枯，收汝泪纵横。眼枯即见骨，天地终无情！	哀哉桃林战，百万化为鱼。（战争残酷性）	老翁逾墙走，老妇出门看。
情感表达	白水暮东流，青山犹哭声。掘壕不到水，牧马役亦轻。况乃王师顺，抚养甚分明。送行勿泣血，仆射如父兄。（同情、安慰）	哀哉桃林战，百万化为鱼。请嘱防关将，慎勿学哥舒。（劝慰、劝告）	天明登前途，独与老翁别。（沉默无言）

从这个表格可以看出，在杜甫写《新安吏》时，有大段杜甫与官吏之间的对话，官吏在白天以"点兵"的方式进行征兵，场面十分"喧闹"。面对百姓的"泪纵横"，杜甫一直在安慰百姓，说兵役并没有那么繁重，去了也会得到"如父兄"一般的待遇。可见，此时的杜甫还是对朝廷征兵一事抱有乐观的态度，对百姓也想尽办法进行安抚。到《潼关吏》的时候，也有杜甫与官吏的对话，但明显看出伴随着劳役愈加艰辛，他逐渐看到了战争残酷的一面，开始劝告官吏，不要重蹈历史覆辙。到《石壕吏》时，官吏开始"夜捉人"，可见战争形势已经非常严峻。面对"愤怒"的官吏，面对老妇都被征走，杜甫内心已经开始感觉到沉重的悲哀。虽然这场战役对国家而言，是打败叛军的正义之战，但是看到国家的危难压在一个无缚鸡之力的老妇身上，此时的杜甫已经沉痛到无话可说，所以只能保持沉默。至此，这个问题已经迎刃而解，杜甫为百姓忧虑的内心世界也已经展开。

陈贻焮在《杜甫评传》中写道："乾元二年这一年，对杜甫的一生来说，是很重要的一年……就在这一年，诗人经过了多时的反省和探索，终于从思想感情上完成了日渐远离皇帝而走向人民的痛苦的过渡，谱写出反映人民苦难生活的新篇章，为他前期已取得的辉煌诗歌创作成就，增添了新的耀眼的光彩；同时也清醒了头脑，破除了对朝廷的幻想，坚定了去志……从此便走上了后期'漂泊西南'的坎坷的人生道路。"可见，杜甫写《石壕吏》的这一年，正是面临了思想和文风上的巨大转变，开始关心百姓疾苦，穷年忧黎元，这也奠定了他成为"现实主义"诗人的基础。

在评估的过程中，如果是评估概念的掌握情况，我们可以尝试从记忆、理解、掌握、应用等认知水平进行。同时，我们也可以尝试用写批注的方式帮助我们评估：写下自己的观点；写下对作者所写内容的精彩或者不足之处的评论；借助提问完成评估。我们可以向一切方面提问，比如：概念界定是否清晰？文本的论点是否明确？理由是否真实？推理是否合理，是否符合逻辑？证据是否令人信服？是否有假设？假设是否合理？观点与论据是否一致？是否存在着不同的观念和偏见？论述是否充分？表达是否清楚和有条理……倾听、质疑、交流、分享，这些方式可以帮助我们更好地进行评估。

三、批判性阅读方法之"重构"

在理解文本内容和文本结构，了解文本意、作者意之后，我们对文本进行评估。到此，批判性阅读并没有结束，我们还要实现超越，要对问题形成自己的看法，对观点进行重构，重构的过程可以是"我认同其中的某一观点"，也可以对问题或观点有一个综合的评价。重构是读者自己读出的"读者意"，虽然结论有时可能看似很短，但却是重要的，是我们理解、评估的目的所在，它可以提升我们的思维水平，或者完善我们的认知结构。这个过程也可以包括用一定的形式输出自己的观点。在重构时，我们要遵循以下原则：

（一）重构需要尽量全面

以《西游记》"孙悟空到底是不是英雄"为例。教师首先带领学生"理解"，让学生提取信息，理解"作者意"，明确作者讲了什么内容，为什么这么讲，怎么讲的。之后细致地进行评估，对"孙悟空到底是不是一位英雄"这个研究专题分为正反两方进行辩论，双方列出支撑自己观点的例子。在此基础上，学生读出了"读者意"。从深入理解到进一步评估，并最终完成"重构"。重构力求准确、完整，最后学生得出了以下尽量全面、多角度的结论：

1. 孙悟空是不是英雄要看对"英雄"这个概念的界定。

2. 我们不能以貌取人，不能觉得孙悟空长得不好看就不是英雄。

3. 我们要用发展和成长的眼光看孙悟空：最开始的时候孙悟空胡乱杀生，但后来却越来越有慈悲之心，"取经"就是一个不断"修心修行"的过程。

4. 英雄并不是没有缺点的，世界上原本也没有完美的英雄，要结合具体情境，进行全面分析而不能断章取义、胡乱得出结论。

（二）重构需要尽量客观

我们要不断觉知自己的站位，尽量忽略自我对结论的影响。如《三国演义》作者罗贯中有明显的"尊刘贬曹"的思想倾向，所以我们看到，在罗贯中的笔下：蜀国刘备因是汉氏后裔，是"封建正统"，所以他是"仁"的代表；军师诸葛亮是"智"的化身；大将关羽、张飞等人是"义"的展现，他们为恢复汉家的一统天下而不懈奋斗，这些在书中都予以热情歌颂。而曹操则是"奸雄"的典型：不忠于刘氏王朝，常常屠戮百姓，摧残人才，虽有非凡胆略和智谋，但展现了多于史实的恶德劣行。因此，我们在读书时，要察觉作者和自己的站位，这样才能得出尽量客观的评价。

（三）重构需要用发展的眼光去看问题

随着科学的不断发展与进步，我们也不断更新着我们的认识，重构我们的知识体系。比如"地心说"和"日心说"这两个关于天体运动的相对立的学说。简单地说，"地心说"认为地球为宇宙的中心，"日心说"认为太阳为宇宙的中心。"地心说"是长期盛行于古代欧洲的宇宙学说。由欧多克斯提出，后经亚里士多德、托勒密进一步发展。哥白尼提出的"日心说"，有力地打破了长期以来居于宗教统治地位的"地心说"，虽然一开始提出的时候，受到了很多人的质疑，甚至布鲁诺为此献身殉道。直至随着科学的发展，开普勒以椭圆轨道取代圆形轨道修正了"日心说"之后，"日心说"在与"地心说"的竞争中才取得了真正的胜利，实现了天文学的根本变革。但"地心说"作为世界上第一个行星体系模型也是有它的历史功绩的，它着眼于探索和揭示行星的运动规律，标志着人类对宇宙认识的一大进步，还运用数学计算行星的运行，在一定程度上正确地预测了天象，因而在生产实践中也起过一定的作用。因此，我们要站在历史的角度，用发展的眼光看待类似"地心说"和"日心说"这样的问题。

（四）重构需要构建结构化的体系

局部和整体就是结构化体系的一种。以莎士比亚的经典戏剧《威尼斯商人》为例，在教学活动中教师设计了"辩论会"的活动任务。让学生自主选择观点，在文本中找到推理的依据，进而展开辩论。在任务驱动下，学生开始重读课文，寻找证据，通过分析评估来证明自己的观点。学生再次进入到主动阅读的状态，并展开精彩的辩论。辩论中正方主要观点：夏洛克是资本主义原始积累时期高利贷者，他复仇心重、唯利是图、冷酷狡诈，非要置安东尼奥于死地，而安东尼奥代表早期商业资产阶级形象，他慷慨助人、重情重义，面对死的威胁，他具有古罗马英雄那样临危不惧、视死如归的气概。辩论中反方主要观点：从文中人物对夏洛克的称呼，可以看出地位的不平等。比如公爵称他"恶汉、那犹太人"，巴萨尼奥称他"冷酷无情的家伙、这恶魔、这个犹太人"，安东尼奥称他"豺狼、这犹太人"，葛莱西安诺称他"狠心的犹太人、刻毒的心肠、万恶不赦的狗、你这东西、一头豺狼、恶狗、你这异教徒"……可见，夏洛克受到的是一种民族仇视和宗教迫害。而且，文中多次提到，"按照威尼斯的法律"，夏洛克应该受到惩罚。这就是犹太人遭受的不平等待遇，值得同情。双方的辩论你来我往，针锋相对，但辩论的视野却越来越狭窄。此时，我们要明确：批判性思维并非仅仅是一种否定性思维，它具有创造性和建设性。因而，当辩论进入"白热化"时，教师引导同学们关注：课本中是《威尼斯商人》的节选，读书时，要把节选内容放到整本书的视野范围来考察，放到作者写作的大背景之下来考察。要注意整体与局部之间的逻辑关系，才能得出更具有建设性的结论。于是，通过对作品主题和创作背景的进一步探究，学生逐渐发现：《威尼斯商人》是莎士比亚早期喜剧向悲剧创作过渡的重要作品。既有喜剧的气氛，又有悲剧的思想，但从整部戏剧结局来看，更具有喜剧特质。因为安东尼奥是人文主义的代表，体现莎士比亚对人文主义的肯定。从这个角度看，人文主义的胜利凝聚喜剧色彩。用局部和整体的观点去看问题，重构"夏洛克是否值得同情"就迎刃而解了。

总之，重构需要尽量全面地去看问题，需要尽量客观地去看问题，需要用发展的眼光去看问题，需要用局部和整体的观点去看问题。

第三节　批判性阅读的实践

实践是检验真理的唯一标准。

——毛泽东

一、自然科学类阅读

以前，我们对自然科学类文本的批判性阅读重视不够，近来的各种考试中，我们看到不管是数学、物理还是化学等考试中，都出现过大量的文本阅读后解决问题的题型。自然科学类文本的批判性阅读也越来越重要。以数学为例，数学与人类生活和社会发展紧密关联，既是运算和推理的工具又是表达和交流的语言。数学阅读影响着人们日常数字化生活信息的获取和处理。数学阅读影响着学生数学问题的理解和数学语言交流表达水平。

批判性阅读是促进数学阅读的有效途径和方法。批判性阅读有两大目的和阶段。第一阶段是理解地读，目的是读懂。读懂才能举一反三，才能发现问题，才能变通和发展。对于数学概念而言就是理解概念内涵，公式算理和定理本质等。第二阶段是批判地读，目的是评判，找出论证，进行质疑、评价和发展。对于数学概念阅读而言是通过概念的外延进行质疑、论证促进对概念内涵的深入理解，促进新知融入旧知，发展建构新的认知体系。

教师借助于批判性阅读方法和策略让学生完成对关键词、知识结构、本质内涵的理解；结合核心素养的评价水平和认知水平进行评估；引导学生完成从旧知向新知进行知识、思想、方法和能力方面的重构。教师引领学生完成理解、评估、重构三个认知过程的学习，注重学生数学阅读习惯培养，提高学生数学阅读理解能力。下面就以批判性阅读数学概念为例进行说明。

案例4-3-1：用批判性思维阅读数学概念的方法与策略（作者：王肖华）

概念是数学知识的基础，知识脉络生长的种子。由概念会衍生出一系列数学的定理、法则和公式等，也会影响学生的推理和判断。学生准确理解概念能促进学生不断提高自身的阅读理解能力和分析、解决问题的能力，对学生的数学学习至关重要。

用批判性思维进行数学概念的学习过程中，学生经历着理解、评估、重构的认知过程。下面我们重点说明用批判性思维工具进行数学概念学习的一般步骤和评价水平。同时，以具体的"对数的概念"为例说明如何运用理解、评估、重构学习这个高中非常重要的概念。

一、批判性阅读数学概念的步骤和评价水平

数学中有许多概念，让学生正确地掌握概念，要指明应该怎样学习数学概念，应达到什么程度？数学概念是反映数学对象本质属性的思维形式。

一个数学概念需要记住名称、符号，理解本质属性，抓住适用范围，掌握并应用概念准确进行判断和灵活地应用。对于阅读数学概念的具体步骤如下：

步骤1：阅读概念，记住名称或符号。——记忆

步骤2：读懂关键词特征，理解内涵。——理解

步骤3：抓住概念适用范围，举出正反实例，理解内涵和外延。——深度理解

步骤4：进行概念练习，准确地判断和灵活地应用。——掌握应用

数学概念阅读的三大环节是理解、评估和重构。首先，要理解概念的关键词特征和适用范围。其次，在评估概念时要从记忆、理解、掌握、应用等认知水平进行。最后，完成理解和评估之后就是对概念相关知识的重构。新的活动经验对于学习者的认知体系和思维水平而言都是新的，促进学习者知识重新建构和思维能力提升。

数学概念阅读认知结构图如下：

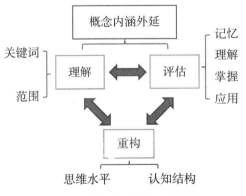

图1　数学概念阅读认知结构图

二、"理解—评估—重构"批判性阅读"对数的概念"

"对数"这个概念学生从没有接触过，是一个新的数学事物。学生认为对数符号是陌生的，应用也复杂，很难理解。学生进行对数的运算时，运算法则总是记不住，不会用，为什么呢？原因主要是学生对于对数的概念理解不透彻。

（一）理解

首先，通过活动让学生学会从特殊到一般的数学抽象思维习惯，数学抽象出对数的概念。从学生熟悉的指数方程的解来展示对数，体现了对数引入的必要性和数学意义。

步骤1：阅读概念，记住指数式和对数式的符号及名称。

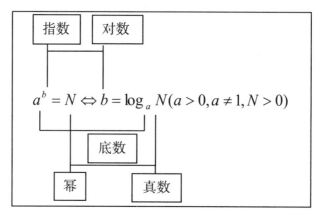

图2 对数的概念——指数式与对数式关系

对数的概念：若关于 b 的方程 $a^b = N(a > 0,\ a \neq 1,\ N > 0)$ 有解，则引入一种新的符号来表示方程的解 b，那就是对数，记为 $b = \log_a N$，读作"以 a 为底 N 的对数"，其中 a 叫做对数的底数，N 叫做对数的真数。

步骤2：读懂关键词特征，理解内涵。

读懂关键词：对数概念中包含3个部分，$\log$，a，N 三者缺一不可，$\log$ 符号来源于英文单词 logarithm（对数），对数 b 是实数的一种新的表示形式。

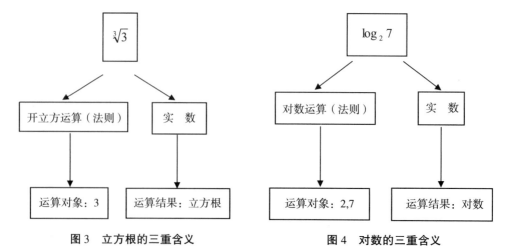

图3 立方根的三重含义　　　　**图4 对数的三重含义**

类比学生已有的学习经验，立方根的双重含义，理解符号 $\log_2 7$ 也有双重含义：既是一种数学运算，又是实数的一种表示形式。从数学运算法则角度来看是对数运算（包括运算对象 2，7；运算法则 log，运算结果 $\log_2 7$）；从运算结果来看是一个实数的精确值的表示形式。

本质内涵：对数是实数的一种新的表达形式，也是一种新运算。指数式和对数式之间是相互转化，辩证统一的关系。将新知与旧知进行关联，类比迁移，充分体现读懂理解是重构的前提，理解、重构是一个有机整体。

（二）评估

评估概念时要从记忆、理解、掌握、应用等认知水平进行。

1. 通过拓展阅读数学史记忆和理解对数的概念

董毓教授在《批判性思维十讲——从探究实证到开放创造》中提到批判性阅读的目标就是"知其然"，而且"知其所以然"。不仅让学生通过数学阅读读懂理解概念、公式、图表等，还要让学生明白为什么是这样，理解知识生成的来龙去脉。

《普通高中数学课程标准》中《对数及其运算》教学目标之一：通过阅读材料，了解对数的发现历史及对简化运算的作用。例如，对数是将数轴进行强力的缩放，再大的数字都经不起对数缩放，如果我选用 10 为底的话，一亿这么大的数字，在对数数轴上也不过是 8。这对于天文学里的天文数字简直是强有力的武器。要是不进行缩放的话，地球和太阳是不可能同框的。天文学家欣喜若狂："对数让计算时间缩短从而延长天文学家的寿命"。伽利略也说过："给我时间，空间和对数，我可以创造出一个宇宙。"

所以，课下让学生阅读数学史的资料，开阔视野，逐步认识数学的科学价值、应用价值和文化价值。课内学生交流分享对数产生的根源和作用，加深对知识的理解和记忆，培养学生的理性思维。培养学生慢慢形成批判性思维习惯，知其然更需要知其所以然。同时，通过对数学史方面的数学文化知识学习，学生寻求数学进步的历史轨迹。学生对数学创新原动力有了更深刻的认识，不断具备锲而不舍钻研精神和求真良好科学态度。

2. 通过质疑、辩驳、求证理解和掌握对数的概念

前面完成了概念学习的步骤 1 和 2，下面我们来看步骤 3 和 4。通过步骤 3 和 4 能够思辨深入理解对数抽象符号，理解和掌握对数的概念。

步骤 3：抓住概念适用范围，举出正反实例，理解内涵和外延。——深度理解（水平三）

步骤 4：进行概念练习，准确地判断和灵活地应用。——掌握应用（水平四）

完成步骤 3 和 4 的抓手策略之一就是积累和利用错题资源。教师和学生通过错题，分析错因，反思错情。师生之间进行质疑、辩驳、求证，加深对概念本质内涵和外延的深入理解。

下面先看学生的一个典型错例。

问题①：8 如何用以 2 为底的对数符号表示？

问题②：以 2 为底 8 的对数如何用对数符号表示？

质疑：这两个问题表示的数学含义相同还是不同？

辩驳求证：不同。

问题①中的8是对数运算结果，名称是"对数"，2是对数运算对象之一，名称是"底数"，所以用对数符号表示为 $8 = \log_2 2^8$。

问题②中的2和8是对数运算对象，名称分别是"底数"和"真数"，所以用对数符号表示为 $\log_2 8 = 3$，对数运算结果是3。

本质内涵：对于上面两个问题学生的理解发生混淆，对于数学的自然语言与符号语言之间的相互翻译转化及对数的概念理解不深入，本质是对数运算的运算对象和运算结果分不清楚。从学习新运算的四个维度来加深理解一种新运算，运算本质是一种二元映射。

（三）重构

通过对数概念的自然语言和符号语言的相互翻译转化，解决学生理解对数的抽象符号"log"这个瓶颈问题。这些都为学生重构发展对数的运算性质、对数函数的认识和理解奠定基础。

师生倾听、质疑、交流、分享，完成评估和重构。

1. 从运算、函数、方程多角度完成评估和重构

下面，再看一个典型错例。

问题③：当学生问到问题 $2^b = 4$，$b = ?$ 时，

质疑：学生回答2，或者 ± 2。

辩驳求证：学生对于 $b^2 = 4$，$b = ?$ 开平方运算与 $2^b = 4$，$b = ?$ 对数运算两者混淆。

本质原因：对数运算和开方运算的运算对象和运算法则不清楚，混淆在一起。

评估重构：准确、灵活地应用对数的概念分析、解决问题。

运算、函数、方程多角度开放认识了问题③。

角度一：从运算角度分析，运算对象和运算法则区分开两种运算；

角度二：从函数角度分析，二次函数 $y = b^2$（图6）和指数函数 $y = 2^b$（图7）函数值求自变量的值；

角度三：从函数与方程相互转化角度分析，转化成求两个函数图象交点横坐标，二次函数 $y = b^2$（图6）和指数函数 $y = 2^b$（图7）分别与 $y = 4$ 图象交点个数，交点横坐标值，深刻理解两种运算对象和法则的不同。

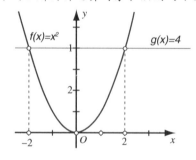

图6 二次函数 $y = x^2$ 图像

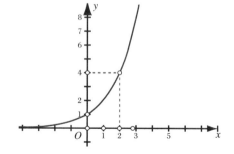

图7 指数函数 $y = 2^x$ 图像

学生在相互质疑、辩驳求证过程中，从运算、函数、方程多角度开放认识了问题③，进行了知识的重新关联建构，完善了知识体系，数学阅读促进了学生数形结合、转化化归思想的发展，分析解决问题综合能力的提升。

2. 发展重构新的认知体系

（1）实数运算的四个维度

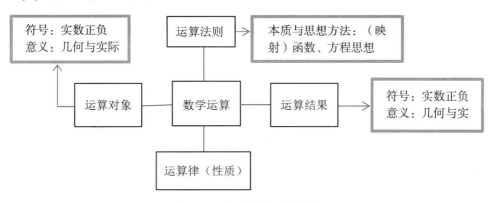

图 8 实数运算的四个维度

（2）对数是一个数

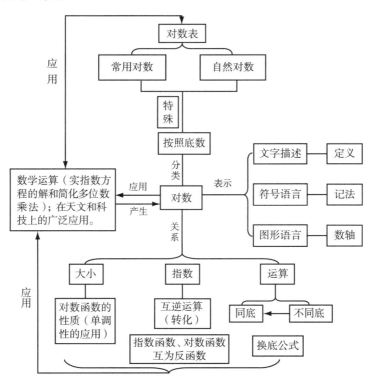

图 9 对数是一个数的结构图

结合新的经验和旧的知识结构，开放思考指数和对数运算什么关系？

思考探究类比指数运算，根据指、对关系思考对数有哪些运算？运算法则是什么？

（3）对数是一种运算

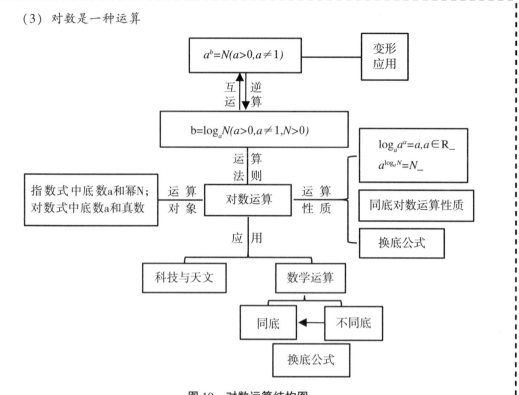

图 10 对数运算结构图

　　批判性阅读和思维习惯使得教师根据学生已有的指数运算和指数函数的图像和性质，引导学生自我探究发现对数概念的生成过程，慢慢地把学生带入对数的世界。教师和学生一起把对数知识的本质内涵和外延研究透彻，这对于后面的对数运算性质、对数函数、指数函数与对数函数之间的关系等知识的学习起到事半功倍的作用和效果。教师给学生留的对数数学史的课外阅读研究，对学生的课上知识是一个非常重要的补充，引导学生学会自主学习，开阔视野。

　　通过批判性阅读"正反正"论证，对数概念的理解是整体判断，更加深入全面。质疑、评估、论证、发展有助于把对数概念相关知识顺其自然地结构化、系统化，完成理解、评估、重构三大过程。

二、社会科学类阅读案例

　　阅读，作为一种意义的解读和阐释活动，从本质上说，是要从文章外部表现世界的"物质符号"中解读其精神内核，即以作品为媒介，理解、体验、感悟作品中流露出的思想和情感，这是阅读主体对阅读对象即文本的再创造。阅读创造是认识上质的飞跃，是不断想象的心理反映和批判性思维的反映，是高水平的心理素质的综合表现，也是读书的基本方法。

　　批判性阅读在社会科学类文本阅读中使用非常广泛。而运用理解-评估-重构这样的模式进行不同的社会科学类文本阅读既有共同点，又有自己的学科特色。为了更清晰地展现这种方法在不同社会科学类文本阅读中的运用，在此，选取了语文学科和历史学科各一个案例。值得注意的是，语文学科选取的案例不是我们常见的议论文阅读的批判性阅读，而是外国诗歌的阅读。

案例4-3-3：理解—评估—重构批判性阅读方法的运用——以诗歌《未选择的路》为例（作者：王天红）

（一）理解

未选择的路

【美国】弗罗斯特

黄色的树林里分出两条路，
可惜我不能同时去涉足，
我在那路口久久伫立，
我向着一条路极目望去，
直到它消失在丛林深处。

但我却选了另外一条路，
它荒草萋萋，十分幽寂，
显得更诱人、更美丽；
虽然在这条小路上，
很少留下旅人的足迹。

那天清晨落叶满地，
两条路都未经脚印污染。
啊，留下一条路等改日再见！
但我知道路径延绵无尽头，
恐怕我难以再回返。

也许多少年后在某个地方，
我将轻声叹息把往事回顾：
一片树林里分出两条路——
而我选择了人迹更少的一条，
从此决定了我一生的道路。

首先，在学生朗读上面的诗歌后，教师要求学生用自己的话补充概括四小节每一小节诗歌的内容：

第一小节 择前：思
第二小节 择中：异
第三小节 择后：怅
第四小节 经年：叹

之后，出示别林斯基的话，"没有感情，就没有诗人，也没有诗歌"。教师请学生选择自己喜欢的句子或小节，分析这句或者这节写的内容、表达的情感，再说说要怎么读后，尝试读出学生对诗歌的理解。这里的理解就是抓住关键性语句，尤其是能够表达作者情感的语句，来感受诗歌背后的情感表达。

以下结构供同学发言参考：

我喜欢第_____小节或第_____小节第_____到第_____句，其中，_____等词写出了_____景物的_____特点，表达了作者_____的感情，我要_____读，我的朗读如下……

我选第_____小节或第_____小节第_____到第_____句，通过_____等词句，我读出了_____情感，我要_____读，我的朗读如下……

温馨提示：

①怎样读可以从停顿、连接、重音、语气语调、情感基调等方面考虑；

②重音：可以用延长声音、提高音量、重读字词、一字一顿等方式来体现；

③语气语调：轻重缓急。

范例：我喜欢第2小节第3句，通过"更诱人，更美丽"等词语，我读出了第二条路景物的特点，也知道了诗人选择第二条路的原因，他没有随大流，放弃了相对轻松的坦途，无所畏惧、坚定地选择了更富有挑战的道路，这里情感是延续的，我要拉长声调、两个词连读且重读，我的朗读如下……

从同学们的分析中，我们感受到诗人最开始选择的慎重，对未选择的路有好奇、有遗憾，但却无悔曾经的选择。带着理解，配乐朗读：老师读第一段，之后男生齐读第二段，女生齐读第三段，最后所有人齐读最后一段。用心去感受老师的语速，感受音乐的旋律，感受诗歌的情感。

朗读是加深理解的一种方式，只有真正理解了才能更好地朗读，两者相互促进。这一部分用一个主问题带动学生对诗歌内容的理解，之后用朗读的方式表达学生对诗歌内容的理解，学生读法可以不同，但要学会"读之有理"，用恰当的方式表达自己对诗歌的理解，体会选择的慎重、选完的惆怅，一别经年后仍然有着的对另一条路的怀念，但同时更有对当年所选道路的坚定和不悔。以读促理解，以读现理解。根据理解的不同，选择不同的节奏、停连、重音等来朗读，这也是批判性阅读的一种呈现方式。

之后，教师追加提问：诗中的"路"除了指自然之路外，还有什么深刻的含义？这是一种怎样的表现手法？学生思考并明确：诗中的"路"除了指自然之路外还指人生之路，这种手法叫象征手法。在理解内容、熟悉内容的基础上，学生进一步明确本诗象征的写法以及本文中"路"的象征意义。这就对应了前面"理解"部分所提到的，读出文本象征意，读懂作者深层表达。

（二）评估

首先，教师引导学生借助背景进行评估，出示关于弗罗斯特的介绍：弗罗斯特（1874—1963），美国诗人。少年时随母亲从美国迁居新英格兰地区。中学毕业后，在哈佛大学学习两年。这前后曾做过纺织工人、教员，经营过农场，并开始写诗。在诗人38岁时，他辞掉了赖以生存的教师职业，卖掉了祖父传下来的农场，放弃了在美国的安稳生活，与妻子去伦敦的一个乡村茅屋居住，专心从事诗歌创作。他对自己说："穷就穷吧，写诗吧。"

由此可见，弗罗斯特在自己的生活中就是选择了"人迹罕至"的第二条路。

之后，教师提问：诗人为何在现实生活中选择了一条"荒草萋萋，十分幽寂"，"人迹更少的一条""道路"？学生思考后的回答可能呈现出多元的理解：明确"这条路荒草萋萋，十分幽寂"，显得"更诱人，更美丽"，原因可能在于：

其一，因为"人迹更少"，需要人们去开拓，从而拓展成为一条大道。正如鲁迅先生所说："世上本没路，走的人多了，便成了路。"

其二，也可能是作者不断找寻自己，发现写作是自己的兴趣所在；

其三，也可能是诗人发现诗可以让更多人看见，可以影响更多的人，可以引发别人的思考，更好地实现自己的人生价值，也正因如此，这条道路更具有魅力。

南宋严羽在《沧浪诗话》云："诗者，吟咏性情也。"在诗中，我们看到了诗人开拓进取、遵循自己兴趣、努力实现自我价值的人生态度，带给我们思考和启示。

这一环节，联系作者的生平，明晰作者如诗中一样，在现实生活中也选择了一条"人迹罕至"的路，并通过探究为何选择这样一条路，体会作者开拓进取、遵循兴趣、努力实现自我价值的人生态度。

之后，教师引导学生关注诗歌题目，思考：诗人虽然写了自己所选择的路，但重点都放在未选择的路上。诗题也表明了这一点。既然是选择，为什么重点又写未选择呢？从中你又能悟到怎样的哲理？学生在思考、回答后明确：

没有得到的总是最好的，而未选择的路总是让人惦念的。诗人念念不忘的是那一条未选择的路，而不是已经选择的路，这也正是人生的真实写照，为诗歌增添了遗憾美，也是诗歌的新意所在。

同时，他遗憾不能两条路都走，好奇未选择道路，这里，我们看到了诗人对事物的好奇心以及喜欢探索的人生态度。作者的遗憾更多是因为探索之无限与生命之有限的矛盾，启示我们努力实现自我价值。

通过思考诗歌题目，让学生理解本诗是人生的真实写照，写未选择的路为诗歌增添了遗憾美，也写出了新意，同时分析遗憾是因为探索之无限而生命之有限的矛盾，启示我们努力自我实现，从而更全面、深入、多角度地思考、评估哲思，也更有现实意义。

（三）重构

在理解和评估的基础上，教师引导学生超越文本进行探究：人生处处面临选择，选择真的很重要，我们面临过什么选择？面临选择时我们应该采取什么样的态度？有哪些方法在我们选择时帮我们更好地做决策？已经做完的选择，我们应该用什么样的心态来面对？学生在探究后对自己的思想进行重构，获得了多种方法有助于人生的选择。

在选择的态度方面：一般在同一时间我们只能选择一条路，因此我们选择要慎重，尤其是面临重大问题时。

在选择的方法方面：我们可以根据兴趣、特长、国家和社会需要等方面进行选择，在鱼与熊掌不可兼得时要根据利益大小（国家利益、社会利益、集体利益、个人利益综合考虑）进行选择。

在选择之后：对于方向不正确的道路，我们要学会及时止损，选择另一条方向正确的道路；对于方向正确的道路，选择了就是最好的，坚持走下去，无怨无悔，不忘初心。

学生通过回顾自己曾经面临的选择，在探究中总结我们面临选择时可以借鉴的一些态度、方法，通过多角度的分析，让学生学会慎重选择，并在选择中树立责任担当意识，不忘初心，勇往直前！

案例4-3-3：批判阅读　揭示本质——以统编版历史教科书《中国历史》八年级上册第23课《内战爆发》为例（作者：吴艳）

在历史教学的过程中，批判性思维发挥着重大的作用，甚至决定着历史课堂的质量。将批判性思维引入历史教学中，要求我们在历史教学中，对已知的史实或史论进行主动地思考和追问，通过质疑和求证，再得出论断。这一过程最本质的特征是追求客观真实，坚持存疑精神，做到论从史出。本文就《中国历史》八年级上册第23课《内战爆发》这一课的重点突破，浅析如何引导学生运用批判性思维对历史材料进行阅读，从而透过现象认识本质，了解历史，感悟历史。

对于这一课，课标的要求是知道重庆谈判，理解中国共产党为争取和平民主作出的努力，认识国民党实行独裁、发动内战的本质。重庆谈判是本课需要突破的重点。我们要通过大量的史料分析与评估国内外各方在抗日战争胜利后的态度和行为，从而明确重庆谈判的真实目的及"双十协定"的积极意义与局限性。

（一）理解

出示四则材料，让学生分析概括国内各阶层对抗日战争胜利的态度。

材料一　中国的老百姓，足足有三十多年没有享受过和平的日子，一面受敌人的侵略，一面不断内战……我们对于战后和平的期望，就像饥饿的人等饭吃那样的急迫……我们反对内战，不管用什么法律来解释，我们还是要反对，如果内战，全中国人民都要遭受无穷的损害……

——1945年8月《新华日报》一封读者来信

材料二　民主统一，和平建国。

——1945.8.15中国民主政治同盟《在抗战胜利声中的紧急呼吁》

以纯洁平民的协力，不右倾，不左祖，替中国建立起来一个政治上和平奋斗的典型。

——黄炎培·中国民主建国会《成立宣言》

材料三　战后，（中国）需要在广泛民主的基础上，召开国民代表大会，成立包括更广大范围的各党各派和无党无派代表人物在内的联合政府性质的民主的正式的政府……

——毛泽东1945年4月中共七大《论联合政府》

材料四　倭寇投降，世界永久和平局面，可期实现，举凡国际国内各种重要问题，亟待解决，特请先生克日惠临陪都，共同商讨，事关国家大计，幸勿吝驾，临电不胜迫切悬盼之至。

——1945年8月14日蒋介石第一次致电毛泽东，《重庆谈判资料》

……大战方告终结，内争不容再有。深望足下体念国家之安危，悯怀人民之疾苦，共同戮力，从事建设。如何以建国之功收抗战之果，甚有赖于先生之惠然一行，共定大计，则受益拜惠，岂仅个人而已哉！特再驰电奉邀，务恳惠诺为感。

——1945年8月20日蒋介石第二次致电毛泽东，《重庆谈判资料》

惟目前各种重要问题，均待与先生面商，时机迫切，仍盼先生能与恩来先生惠然偕临，则重要问题，方得迅速解决，国家前途实利赖之。兹已准备飞机迎迓，特再驰电速驾！

——1945年8月23日蒋介石第三次致电毛泽东，《重庆谈判资料》

要概括国内各阶层对抗日战争胜利的态度，就要抓住关键词语和句子来理解材料。读第一则材料，学生从"对于战后和平的期望，就像饥饿的人等饭吃那样的急迫"这句话就可以理解当时老百姓的心愿和呼声，即迫切要求和平。第二则材料体现了国内民主党派的态度，日本宣布无条件投降的当天就"紧急呼吁"，"紧急"一词能读出和平建国要求的迫切。第三则材料从"广泛""更广大范围"很容易能领会中国共产党为争取和平民主而努力，真正代表了广大人民的根本利益。第四则材料展示了国民党方面三次电邀中共进行谈判的史实。三次电邀的时间，仅短短3天，可以感受到国民党方面与中共接洽的态度之积极，心情之迫切。从三次电邀的内容上来看，学生可以找出关键语句："和平局面，可期实现""亟待解决""不胜迫切悬盼之至"，概括出国民党方面想要实现战后和平局面的意愿强烈；"内争不容再有"，希望中共"体念国家之安危，悯怀人民之疾苦""以建国之功收抗战之果"，言辞恳切，站在国家和人民安危的高度，寄望与中共共同努力，和平建国；"已准备飞机迎迓"，体现国民党方面为了和平的大局，除了言语上的表达，更是付诸了行动，由此更能感受到其力图和平的诚意。

（二）评估

中国党史专家章百家先生认为1945年是一个很关键的时刻，几乎是唯一有可能走上和平建国道路的一个机会。事实如何呢？当时的中国走上和平建国道路了吗？

下面让学生分组合作，学生自己查阅资料，找到了"1945～1946年大事年表"来研究国内外各方的行为，评估国民党态度的真实性。

1945～1946年大事年表

时间	事件
1945.4.23～6.14	中共七大
1945.5.5	国民党六大决心反共到底
1945.5.8	欧洲反法西斯战争胜利结束
1945.7.16	蒋军大举进攻苏皖解放区
1945.8.6	美国向日本广岛投下原子弹
1945.8.8	苏联对日本宣战
1945.8.9	美国在日本长崎投下原子弹 苏联百万大军进攻东北日军 毛泽东发表《对日寇的最后一战》演讲
1945.8.10	美国参谋长联席会议指示驻华美军司令魏德迈，将美军控制的地区和受降的日本军队只转交给国民党
1945.8.11	八路军发动对日军的全面大反攻
1945.8.14	蒋介石第一次电邀毛泽东
1945.8.15	日本宣布无条件投降 中国民主政治同盟发表《在抗战胜利声中的紧急呼吁》号召和平建国
1945.8.17	美国总统杜鲁门发出关于日军受降的第一号命令，声称所有在中国（东北除外）的日本海陆空军，只能向国民党政府及其军队投降

续表

时间	事件
1945. 8. 20	蒋介石第二次电邀毛泽东
1945. 8. 23	蒋介石第三次电邀毛泽东
1945. 8. 27	美国空运国民党军队抢占城市
1945. 8. 28	毛泽东赴重庆谈判
1945. 8. 29	何应钦密令各战区重新印发蒋介石在 1933 年"围剿"红军期间所编《剿匪手本》
1945. 9. 2	日本签署无条件投降书
1945. 9. 5 ~ 10. 15	美国空军运送国民党三个军抢占南京、上海、北平、天津
1945. 9. 20	蒋介石密电各战区司令官，若共产党军令政令统一原则不屈服，则以土匪清剿之
1945. 10. 10	国共签署《双十协定》
1945. 10. 24	国共两军邯郸激战
1945. 11. 9	蒋介石策划半年内打败八路军
1945. 11. 19	重庆各界代表组成反内战联合会，号召全国人民动员起来，用一切办法制止内战
1945. 12. 1	昆明发生"一二一"惨案
1945. 12. 16	中共派代表赴重庆参加政协会议 中国民主建国会在重庆成立
1945. 12. 19	中共政协代表团向国民党政府提出立即无条件停战的建议
1945. 12. 20	马歇尔来华以"调解国共军事冲突"为名帮助蒋介石加紧部署内战
1945. 12. 30	中国民主促进会成立
1946. 1 月 ~ 6 月	国民党军队对解放区的大小进攻达 4300 多次，侵占解放区城市 40 座，村镇 2500 多处
1946. 6. 23	南京发生"下关惨案" 我国反内战运动走向高潮
1946. 6. 26	蒋介石大举进攻中原解放区，内战正式爆发

学生可以就 1945~1946 年大事年表进行专题研究。通过研究，学生可以找到证据去求证各方的态度，比如：各民主党派成立、呼吁和平建国，各界组成反内战联合会，号召全国人民动员起来，用一切办法制止内战等。从这些方面我们了解了人民群众渴望和平的真切，感知了民主党派和平建国的呼声。毛泽东赴重庆谈判，中共派代表赴重庆参加政协会议等方面看到并理解中国共产党为争取和平民主而作出的努力。对于国民党方面，从抗战胜利前夕国民党六大已将反共作为了既定战略，到美国帮助国民党运动军队，积极备战，再到重庆谈判前后国民党制造的惨案以及对解放区的军事行动，学生可以分

析概括蒋介石三次电邀的真实目的——为内战争取时间以及获得政治舆论主动，从而揭示重庆谈判的阴谋——"假和平，真内战"。这样我们从不同的角度看待问题，就可以更好地了解事实的真相。

（三）重构

通过理解分析材料、提炼观点以及从材料中求证，学生在史料论证的过程中，运用了批判性阅读方法，学生了解了重庆谈判"假和平，真内战"的本质；理解了重庆谈判的结果"双十协定"的局限性。局限性在于：双方在解放区民主政权和人民军队合法地位的问题上没有达成协议，没有解决多少实质性问题，以至和平建国无法实现。与此同时，学生在求证的过程中，可以通过毛泽东等中国共产党人去重庆赴"鸿门宴"，感知他们身系天下安危，对民族大任义无反顾的英勇担当精神，这样学生就能够更加全面、客观地去看待"重庆谈判"这个问题。

三、艺术与哲学类阅读

批判性阅读方法是否可以进行艺术与哲学类的阅读也许是很多艺术哲学类的老师们比较关注的问题。在此，我们以艺术类音乐学科为例为大家展现如何在初中音乐欣赏课中进行批判性阅读。

初中音乐课要求之一是学生要学会赏析民歌，从教材提供的内容可以看出涵盖的范围很广，欣赏水平要求较高。但在实际的教学中，教师发现，学生能实实在在听懂并真正感兴趣的音乐作品甚少。教师期望可以通过批判性阅读教会学生听懂作品。艺术作品的批判性思维阅读主要从"理解—评估—重构"几个方面来鉴赏艺术作品，从而提升学生观察、诠释和探究的能力。

音乐课的教学过程主要分为听、唱、分析和创作几个部分，其中听唱属于观察理解的内容；分析属于评估的内容；诠释和创作属于重构的内容。

案例4-3-4：理解—评估—重构的阅读方法在音乐课中的运用——以《茉莉花》教学为例（作者：石静）

（一）理解

要想理解一首歌曲的音乐风格，就要在理解音乐要素的基础上进行比照。在理解江苏民歌《茉莉花》时，要明确民歌的方言性是最鲜明的特征，所以学生可以在初听阶段，结合方言特征进行大胆猜想判断。然后，学生要准确地视唱；能够听辨四二拍节奏；模唱、背唱和记写重点乐句；说出旋律中的小三度音程；识别并说出徵调式。在音乐课中，理解已经不局限于"看"，而拓展到"听""唱"，但对重点乐句的理解非常重要。要从旋律、节拍节奏等音乐要素的角度对重点乐句进行解析，达成更深入地理解。

范例：江苏民歌《茉莉花》的音乐要素解析

旋律	级进、波浪式起伏
节拍	四四拍
节奏	四十六、切分
调式	五声调式
歌词	吴语

音乐要素是音乐作品呈现的表象特色，它能够反映出作品的内在特点——音乐风格。通过将歌曲的音乐要素特点与风格特点进行比照：级进和波浪起伏的旋律对应着婉转，四四拍抒情性很强，四十六节奏和切分节奏既有密集感又有律动感，五声调式是中国传统的民间调式，具有中国风格。歌词用吴侬软语呈现出江南人细腻的性格特点。于是得出结论，这首歌曲具有婉转细腻的风格特点。

（二）评估

这首民歌的五声音阶曲调具有鲜明的民族特色，它又具有流畅的旋律和包含着周期性反复的匀称结构；江浙地区的版本是单乐段的分节歌，音乐结构较均衡，但又有自己的特点，此外句尾运用切分节奏，给人以轻盈活泼的感觉；《茉莉花》旋律优美、清丽、婉转，波动流畅，感情细腻，乐声委婉中带着刚劲，细腻中含着激情，飘动中蕴含坚定。歌中抒写了自然界的景物，表现出一种淳朴优美的感情，将茉莉花开时节，满园飘香，美丽的少女们热爱生活、热爱大自然、爱花、惜花、怜花、欲采又舍不得采的美好心愿，表达得淋漓尽致。这首民歌旋律优美平和，符合中国人"以柔克刚"的个性。江苏民歌《茉莉花》由于其旋律优美、深受当地人民喜爱。后来，这首歌曲流传到了我国北方。

河北民歌《茉莉花》是河北南皮的民间小调，是与江浙地区《茉莉花》同名、同题，因在异地流传而发生变异的一首曲目。这些同名、同题，因在异地流传而发生变异的流传基本上分两种情形：一种是以原词原曲在异地传唱的"同体流传"，另一种是以同名但词曲皆有变化的面貌传唱的"变体流传"。歌曲中出现了滑音、波音和装饰音等，体现出了河北方言和戏曲中的"小拐弯"。

课上我们对比了河北民歌《茉莉花》和江苏民歌《茉莉花》，探究的话题是："南北方《茉莉花》音乐风格有何不同?"

首先，我们通过学唱体验、感受方言等方式，让学生体会方言对民歌地域性的重要影响；其次，让学生以小组为单位，就两首歌曲的旋律、节奏、速度、歌词、调式等诸多音乐要素进行细致的分析；而后，请小组代表上台发言并记录在板书上；进而总结出下面音乐特点的差异：

音乐要素	江苏民歌《茉莉花》	河北民歌《茉莉花》
旋律	级进、波浪式起伏	跳进、装饰音多
节拍	四四拍	四二拍
节奏	紧密（四十六）	规整（八分音符）、附点节奏
速度	中速	快速
歌词	一字多音	有衬词

由于音乐要素和音乐风格是形式与内容的关系。于是，我引导学生依据已总结出来的音乐要素特点探究其音乐风格。我告诉学生："有的民歌婉转细腻，有的则高亢豪爽，这些都是音乐的风格，请问大家觉得南北方《茉莉花》哪个婉转细腻？哪个高亢豪爽呢?"学生经过讨论后，学生们发言道："南方《茉莉花》婉转细腻，因为它的旋律波浪式起伏而且级进；北方《茉莉花》热烈豪爽，因为它的音调高亢、速度较快而且采用了四二拍。"于是我评价道："同学们很好地把音乐要素与音乐风格结合了起来!"

（三）重构

基于前一环节的分析，课堂上同学们提出了进一步的质疑："音乐风格与地域文化之间有何关系呢?"

为了解决这一问题，我们采用了小组探究的方式，请学生分两组，各自陈述自己的观点并进行正反论证。教师则充当了"脚手架"的作用，为学生形成自己的观点保驾护航。

双方的论证

话题	论证内容	反驳	回应	评价（结论）
南北茉莉花的差异与地域文化有无关系	气候	属于气象范畴	南方湿润多雨则旋律多婉转细腻；北方干旱多风则旋律高亢爽朗	民歌的音乐风格与地域文化关系密切
	地形	属于地理范畴	南方小桥流水；北方高山峻岭	
	方言	属于语言范畴	南方人讲话是"吴侬软语"；北方人则"粗喉咙大嗓门"	
	性格	属于人文范畴	南方人多温柔细致；北方人多豪爽大气	

接着，我们进一步思考：为什么地域特点与音乐风格有关联呢？同学说："与方言有关！因为他们唱歌和说话差不多。南方人说话是'吴侬软语'所以风格比较细腻；北方人讲话是高腔大嗓门，所以风格比较热烈。"我继续引导设问："除了方言，还有哪些因素会影响民歌的风格呢？"同学们展开了小组探究。

最后，我引导学生将本组的探究结果进行展示和交流。同学们谈到：南方的地貌是小桥流水，北方是高山峻岭；南方的气候湿润多雨，北方的气候干旱多风；南方人的性格比较含蓄婉转，北方人性格豪爽大气等等。通过这些学生对话，学生们发现民歌的地域特点果然和地域文化有着千丝万缕的联系。同时，学生在对他人的观点进行评价和反驳的同时，结合自己的理解做了深度的思考。

第五章　批判性思维与写作

第一节　写作问题和好文章标准

一、写作的问题

管金麟在其《文章写作原理》中写道："凡是为着一定目的，运用书面语言表达一定思想内涵的实践，都可以称为写作。"这个定义一下子拓宽了人们对于写作的认识，也就是说写作包括"语文课程意义写作"之外的其他"表情达意、交流信息的行为"。

本章节谈及的写作以语文学科的写作（个性表达）为主，还包括其他各学科各类型的交流表达。

就中学领域而言，在语文学科里，中高考写作占比近半；此外，在各学科中，用于表情达意、交流信息的非"个性表达"的写作比比皆是（包括语文、英语学科"写作板块"之外的其他信息交流与表达）。写作的重要性不言自明。

写作活动具有如下一些显著特征：目的性、创新性、综合性、实践性。

在写作中，常出现的问题是：审题不清，目的不明，概念或观点不清，隐含假设不明，缺乏答题或写作思路，论证不合理，不合逻辑，条理不清，语言欠佳……

表 5-1-1　批判性写作的问题

批判性写作的问题		
分类		问题
语文课程意义写作——个性表达	记叙类文章写作	审题不清 目的不明 概念或观点不清 隐含假设不明 缺乏答题或写作思路 论证不合理 不合逻辑 条理不清 语言欠佳 ……
语文课程意义写作——个性表达	说明类文章写作（本书不涉及）	审题不清 目的不明 概念或观点不清 隐含假设不明 缺乏答题或写作思路 论证不合理 不合逻辑 条理不清 语言欠佳 ……
语文课程意义写作——个性表达	议论类文章写作	审题不清 目的不明 概念或观点不清 隐含假设不明 缺乏答题或写作思路 论证不合理 不合逻辑 条理不清 语言欠佳 ……
其他"表情达意、交流信息的行为"——综合训练	各学科表达与交流：语文、数学、英语、物理、化学、生物、历史、地理、政治、音乐等	审题不清 目的不明 概念或观点不清 隐含假设不明 缺乏答题或写作思路 论证不合理 不合逻辑 条理不清 语言欠佳 ……

二、好文章的标准

那什么样的文章是好文章呢？

语文学科的写作主要以中高考记叙文和议论文的一类文为标准，再根据每次写作的训练目标增减条目。

记叙类写作好文章的标准：符合题意，内容具体，中心明确；想象丰富合理；条理清楚，结构合理；语言通顺流畅。

议论类写作好文章的标准：符合题意，论点明确；论据充实，论证合理；语言通顺流畅，表达得体；结构严谨，层次分明。

其他各学科（含语文）各类型的交流表达：符合题意，叙述简明；观点正确且明确，论证清楚；思路清晰，语言顺畅。

这三类写作的评价标准，体现了批判性思维元素，符合批判性思维的评估标准或者思维标准。

批判性思维的基本功能之一就是评估自己和他人思维的能力。评估需要对思维进行剖析，对思维的质量水平进行检验。理查德·保罗和琳达·埃尔德所著的《批判性思维工具》一书，明确了思维的要素"目的、悬而未决的问题、信息、概念、假设、解释和推理、观点、结果和意义"，根据"清晰度、准确性、精确度、相关性、深度、广度、逻辑性、重要性、公正性、完整性"的标准来完成对思维评估的任务。思维活动都是有目的性的。思维过程中有隐含的目标（思维标准），只有当人们清楚这些隐含的目标时，思维活动才能获得显著的提升。

表 5-1-2　好文章的标准

分类		写作评价标准	批判性思维元素	批判性思维标准
语文课程意义写作——个性表达	记叙类文章写作	符合题意，内容具体，中心明确；想象丰富合理；条理清楚，结构合理；语言通顺流畅。	目的 悬而未决的问题 信息 概念 假设 解释和推理 观点 结果和意义	清晰性 准确性 精确性 相关性 深度 广度 逻辑性 重要性 公正性 完整性
	议论类文章写作	符合题意，论点明确；论据充实，论证合理；语言通顺流畅，表达得体；结构严谨，层次分明。		
其他"表情达意、交流信息的行为"——综合训练	各学科表达与交流：语文、数学、英语、物理、化学、生物、历史、地理、政治等	符合题意；观点正确且明确；论证清楚；思路清晰；语言简明顺畅。	使用时伴随对普遍思考标准的敏感度[1] 清晰性 准确性 深度 广度 重要性 公正性 → 精确性 → → → 相关性	

〔1〕[美] 理查德·保罗（Richard Paul）、琳达·埃尔德（Linda Elder）著，侯玉波、姜佟琳等译：《批判性思维工具》，机械工业出版社 2013 年版，第 80 页。

好文章的标准是批判性思维元素和思维标准的关联融合，因为思维要素、思维标准、好文章的标准项目较多，又数目不一致，内容复杂，所以通过复杂的长句表达好文章标准与思维元素和思维标准的融合关联。

表5-1-3　好文章的标准与批判性思维要素和标准的关联

好文章的标准				
分类		写作评价标准	批判性思维元素	批判性思维标准	写作评价标准（长句表达）

好文章的标准				
语文课程意义写作——个性表达	记叙类文章写作	符合题意，内容具体，中心明确；想象丰富合理；条理清楚，结构合理；语言通顺流畅。	目的 悬而未决的问题 信息 概念 假设 解释和推理 观点 结果和意义	清晰性 准确性 精确性 相关性 深度 广度 逻辑性 重要性 公正性 完整性	当你进行个性表达与交流写作时，须是在设置了具体"情境"的"题意"下，试图达成某种"解决问题、表现情感、表达观点的目的"，并在此过程中运用一些"想象、条理、论点、论据、论证、结构等概念知识"。你关注于特定的"问题或论点"，运用"题干提供的、写作需要的材料如数据、事实、经验等信息"，基于"隐含前提之假设"，得出"自己的观点等结论"，这些结论都具有产生特定的"问题的解决、思维和写作能力的提升等结果和意义"。
	议论类文章写作	符合题意，论点明确；论据充实，论证合理；语言通顺流畅，表达得体；结构严谨，层次分明。	每当你在进行思考时，都是从一定的立场出发试图达成某种"目的"，并在此过程中运用一些"概念知识"。你关注于特定的"问题或论点"，运用"信息"，基于"假设"，得出"结论"，这些结论都具有产生特定的"结果和意义"。或每当你在进行思考时，这一过程都发生在一定的情境中，你根据一些"理由或信息（以及假设）"会得出一些"推论（包括关于事物的含义或结果）"，运用一些"概念"知识用以解答"理论问题"（或解决"现实问题"），推论的过程从一定的立场出发指向特定的"目的"。[1]	当你进行个性表达与交流写作时，你的表达是否"清晰——内容具体、描述详细、含义明确"，是否"准确——观点信息等真实、正确"，是否"精确——达到必要的详细程度"，是否"相关——与手头问题相连"，是否"有深度——包含复杂性、难度和多样相互关联"，是否"有广度——包含多重观点"，是否符合"逻辑——组合后有意义、最初观点与最后论述符合、有据可循、没有矛盾"，是否"重要——聚焦于最重要的问题、中心观点"，是否"公正——合理的，非自私或片面的"，是否"完整——观点、内容、思路等齐全"。	
其他"表情达意、交流信息的行为"——综合训练	各学科表达与交流	符合题意；观点正确且明确；论证清楚，思路清晰；语言简明顺畅。			

斯蒂芬·D. 布鲁克菲尔德在其《批判性思维教与学：帮助学生质疑假设的方法和工具》一书前言中说："不同学科对批判性思维的要素有不同的定义。"[2] 所以我们需要注意的是，同一思维要素在不同学科中定义不同，评价时以各学科的思维定义为标准。

---

〔1〕[美]理查德·保罗（Richard Paul）、琳达·埃尔德（Linda Elder）著，侯玉波、姜佟琳等译：《批判性思维工具》，机械工业出版社2013年版，第80页。

〔2〕[美]Stephen D. Brookfield 著，钮跃增译，谷振诣校：《批判性思维教与学：帮助学生质疑假设的方法和工具》，中国人民大学出版社2017年版，前言第2页。

为了解决写作中的问题，达到以上写作的标准，教师采用了如下方法或措施：首先从问题出发，基于学情，了解学生在各类写作中的真实困难或写作障碍；师生共同探究，以文本为例，提炼相关的写作知识和程序方法，学生按要求写作；按照各类文体或交流表达的评价标准对学生的作品进行评估，肯定或指出不足，并给出建设性的建议；学生按照标准省察，根据教师或者同伴建议进行修改，获得发展。在发展中，依然有待提升的空间，或者需要解决的问题，或者产生新问题，再次以问题为起点，不断循环上升。

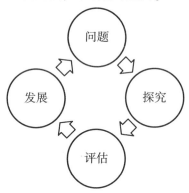

图 5-1-1　"写作指导"思维示意图

就"探究"而言，教师以所学文本为示例，根据学情和需要进行多维解构，然后就目标提取归纳知识与方法，在此基础上，学生在运用中可以根据自己的个性特点和需要不断丰富与变形创造。

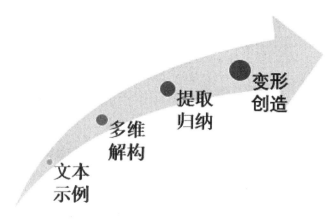

图 5-1-2　"探究"思维示意图

批判性思维是理性认知和决策的精髓，其进程是探究和实证。探究实证的思维过程既可以用来分析评估他人的论证，也可以用来构造我们自己的论证。探究实证从理解和分析"问题"开始；在全面收集各方信息的基础上，可以构造自己的观点和论证；之后根据"全身检测"的要求，进行评估；最后得出一个实际、辩证和综合的好论证，求得发展。

在实际的课堂指导中，赫尔巴特将其分为如下几个部分：准备，准备就是提出问题，或者是问题、一个迷惑现象的出现；演示，观察、调查事实、解决和弄清楚问题；比较和概括，形成合理的假设和猜想；在新的实际的案例中应用，来检验推理。

在指导学生写作的过程中，教师就是在上述批判性思维的指导下按照赫尔巴特的教学要点进行实践的。

第二节　批判性写作的过程

一、语文学科的写作

作为"个性表达"的写作在中高考试卷中占比近半，教学中"阅读"课时占比80%，"个性表达"写作课时却只占比10%左右，写作的占分比与其所能分配到的课时比严重失衡。所以我们要借助教材编排特点，打通读写，充分发挥教材的阅读板块的价值。

现用统编初中语文教材在编写上除了写作专题设计之外，还读写配合：写作专题提供写作思路和方法，以本单元或之前学过的文章为实例进行方法的例析，并配合以片段、整文的写作实践；阅读板块其实可以当做是具体实例的完整展示，包括写作方法、写作成果的具体呈现。读写以互文的形式互相配合，读写结合，读写互促，经济俭省，能帮助我们提高教学效率。

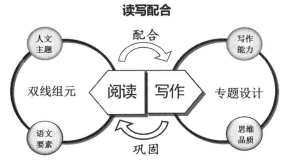

图 5-2-1　读写配合

以下是统编初中语文教材七至九年级"写作专题"安排：

表 5-2-1　七至九年级"写作专题"安排表

	第一单元	第二单元	第三单元	第四单元	第五单元	第六单元
七上	热爱写作	学会记事	写人要抓住特点	思路要清晰	如何突出中心	发挥联想和想象
七下	写出人物的精神	学习抒情	抓住细节	怎样选材	文从字顺	语言简明
八上	怎样写消息	学写人物小传	学习描写景物	语言要连贯	说明事物要抓住特征	表达要得体
八下	学习仿写	说明的顺序	学写读后感	撰写演讲词	学写游记	学写故事
九上	学写小诗	表达观点要清楚	议论要言之有据	学习缩写	论证要合理	学习改写
九下	学习扩写	审题立意	布局谋篇	修改润色	/	有创意地表达

批判性的思维首先是理性的思维。面对教材，我们不能只见树木不见森林。七年级写作涉及记叙类文本的"写实文"和"想象文"，写实文又涉及写景、叙事、写人三类。思路清晰、中心突出、抒情、细节、选材、语言等训练点可在有侧重的基础上，进行训练。八年级写作涉及新闻、人物传记、描写景物、仿写、读后感、演讲词、游记、故事，主要是实用性文体的写作，尤其涉及说明文文体的写作训练。九年级写作涉及小诗、缩写、改写、扩写，尤其涉及议

论文文体的写作训练。当然还有与各类写作文本都有关的审题立意、布局谋篇、修改润色、创意表达。三个年级根据学生的年龄特点，安排不同的写作专题，记叙类、说明类、议论类有序进行。在不同类文体专题上，贯穿改编型写作，针对其某些写作要素再安排专题指导，通过由面到点、点面结合，整体到局部，帮学生建构写作知识，通过实践培养和提高写作能力。

在这么多的写作训练中，教师主要从记叙类（写实文、想象文）、议论类两类写作入手，谈谈自己利用批判性思维教学的具体做法。

（一）记叙类文章的写作

统编七上语文教材在写作上侧重于记叙类的文本。

第一单元写作专题为"热爱生活 热爱写作"，阅读板块编排了人文主题为"四季美景"的写景现代文《春》《济南的冬天》《雨的四季》和融情于景、借景抒情的四首诗歌《观沧海》《闻王昌龄左迁龙标遥有此寄》《次北固山下》《天净沙·秋思》，所以配合第一单元阅读，我们将第一单元的写作文本确定为"写实文——写景"。

第二单元写作专题为"学会记事"，阅读板块编排了人文主题为"至爱亲情"的写事为主的现代文《秋天的怀念》《散步》《散文诗二首》之《金色花》和《荷叶·母亲》《世说新语》二则之《咏雪》和《陈太丘与友期行》，所以配合第二单元阅读，我们将第二单元的写作文本确定为"写实文——写事"。

第三单元写作专题为"写人要抓住特点"，阅读板块编排了人文主题为"学习生活"的叙事写人的现代文《从百草园到三味书屋》《再塑生命的人》和先秦文言文《〈论语〉十二章》，所以配合第三单元阅读，又与第一、二单元写作训练形成差别，我们将第三单元的写作文本确定为"写实文——写人"。

第六单元写作专题为"发挥联想和想象"，阅读板块编排了人文主题为"想象之翼"的童话《皇帝的新装》、现代诗歌《天上的街市》、神话《女娲造人》、《寓言四则》，所以配合第六单元阅读，我们将第六单元的写作文本确定为"想象文"。

配合这几类记叙文本写作，将写作元素"思路清晰""突出中心""学习抒情""抓住细节""选材""文从字顺""语言简明"融入其中，每次在整体写作的基础上，侧重突出一个写作元素，并通过评价达到训练的目的。

下面就写实类记叙文（"写景""叙事""写人"）及想象类记叙文探讨教师利用批判性思维教学的做法。

1. 写景文章的写作。

（1）问题。"探究，始于问题。提出和分析问题，是认识的起点。好的起点，引导好的认知。"[1]"问题，很多时候指存在一种未知、不确定的状态，包括对现象及其原因和机制的未知，对思想或行为的目的、理由、后果的不理解等。"[2]

七上第一单元的人文主题为"四季美景"，根据本单元的整体教学设计，学习完单元课文后，要完成核心作业——写景片段：以"校园一隅"为题，写一篇不少于300字的写景片段，并抒发情感。所以在进入现代文学习之前，展示学校校园四角图片，向学生了解学情：假如自己要写《校园一隅》的话，你的写作障碍点是什么？

面对问题，思考之后的学生头脑风暴，畅所欲言。教师将学生的问题即障碍点梳理归类，

---

〔1〕 董毓：《批判性思维十讲：从探究实证到开放创造》，上海教育出版社2013年版，第26页。

〔2〕 董毓：《批判性思维十讲：从探究实证到开放创造》，上海教育出版社2013年版，第26~27页。

发现问题围绕四个方面展开：描写对象的选择、描写顺序的安排、作者情感的抒发、描写方法的运用。

在应对复杂问题时，一个解决思维难题的有用工具是：确定问题的优先顺序。在以上几个问题中，景物选取、顺序安排二者有关联，是学生面临的首要而最主要的问题，其具体表现为：

首要问题	具体表现	问题分析	
景物选取	凑不够字，不知道写什么；没有好的景物；景物过于单调。	缘于学生缺少观察，对于单个景物不会分解，多个景物没有分别。	缺少全面探索问题的方法：二元分析法。
顺序安排	无从下手。	缘于学生对过去所学写景文章思路缺少梳理总结，以及对平时自己扫视或凝视景物顺序的忽略。	缺少归纳思维。

带着以上问题，和学生一起踏上我们的探究之旅，希望在对同类阅读文本赏析的基础上，提炼写作方法，还原写作过程，给写作以借鉴。

（2）探究。七上第一单元，由现代文和诗歌组成，为了给写作做铺垫，教师先将本单元的第4课《古代诗歌四首》前置，品析鉴赏完了诗歌，学生积累或熟习了借景抒情的写作手法，用相同的写作技巧将诗歌与现代文阅读打通。并以《观沧海》为例，以读导写，针对学生的问题提炼出了写景抒情片段或整文的写作方法或途径，包括：结构思路、景物选取、顺序安排、使得语言生动的描写方法，以及围绕着中心即"情感"或"道理"的抒发方式。下面以景物选取、顺序安排为例谈谈运用批判性思维"二元分析法"对学生的指导。二元分析既可以用来分析问题，也可以用来分析对象，现在从"对象"维度分析《观沧海》描写对象沧海及描写顺序。

对象"沧海"	"对象维度"的二元分析	"景物选取"写作启示
1.1 内在构成要素及其关系	观"沧海"之"沧海"，是更大范围的写作对象，它由"水澹澹"的沧海和山岛组成，山岛又由树木、百草构成。	写作时，要善于从不同角度对写作对象进行分析。通过对事物要素的分解、关系的分析、不同环境下事物的情形、事物的发展变化等，丰富学生的思维，做到下笔有物。
1.2 特征和不同状态下属性	水"澹澹"，山岛"竦峙"；秋风中"洪波涌起"，波澜壮阔；沧海辽阔，日月星辰若出其中；充满生机：丛生，百草丰茂；有海水的动和山岛的静。	比如写丝瓜藤墙，丝瓜藤由什么形状的藤与叶子、什么颜色什么味道的花、什么大小什么触感的瓜、什么形状什么嫩度的瓜蔓儿等组成，根、藤、叶、花之间是什么关系，瓜的发展变化。除了丝瓜这个主要景物，此墙还间杂着南瓜、葡萄、月季、狗尾巴草等景物，它们又是什么样子……
1.3 原因和机制	因登高碣石山，而能望远，能望阔大之沧海。因萧瑟秋风，而洪波涌起。因海的阔大，远望日月星辰仿佛在其中运行、孕育而生。	
1.4 存在、运行方式和规律	触景生情，作者心胸亦为之开阔，抱负宏大。	再如爬山虎壁，此景物确实"单调"，只有爬山虎，除了像丝瓜藤一样由各部分组成，我们还可以把它放到不同的情境下，如阳光下、微风中、细雨里，早上、正午、傍晚时分……
1.5 和各类外部因素的相互作用	萧瑟的秋风和涌起的洪波，共同体现了大自然的宏伟壮阔，也让作者的心灵激荡。	
1.6 时间性和演化过程等	在不同时间海水的特点不同：无风时静，有风时动。	

观沧海	"对象"描写顺序	描写顺序	"顺序安排"写作启示
东临碣石，以观沧海。	观海地点和目的	定点观察，俯视	有东西可写了，又涉及怎么写的问题，一个是先写什么后写什么即顺序安排的问题，从阅读中提炼可得；写景物要由主要到次要，可以按照事物的发展变化来写，如丝瓜从根到蔓到花到瓜，即二元分析里的事物如何运行；还可以由整体到局部、由远及近、由上到下等。
水何澹澹，山岛竦峙。	总写大海景象 总写山岛景象	总体描绘：符合整体到局部的思维	
树木丛生，百草丰茂。	特写山岛之景 突出欣欣向荣景象	由主要到次要，由高到低，静态	
秋风萧瑟，洪波涌起。	特写海面之景 突出惊涛拍岸景象	仔细观察局部，写水之形态变为动态	
日月之行，若出其中；星汉灿烂，若出其里。	想象之景 突出大海吞吐日月、包蕴万千的景象	想象，由实到虚，景中寓情	
幸甚至哉，歌以咏志。	附文（却与全诗内容完美贴合）	（由景到情）	

　　《观沧海》给我们提供了写景抒情散文的对象分析、顺序安排等方法。但毕竟诗歌内容有限，体裁不同，所以我们还需要通过互文法去现代散文中"深入感受，继续总结提炼，汲取营养"。

课文示例	分析	归纳：将写法还原为观察方法	"顺序安排"写作启示
《春》"春花图"	按照由高到低的空间顺序，写了树上的花、花下的蜜蜂与蝴蝶、遍地的野花。	要按顺序观察，还要考虑观察的方位、角度	"写作顺序"往往是"观察顺序"，观察又涉及观察对象的不同维度，涉及二元分析法里不同情境、不同时间、不同观察角度下事物的特征、属性等。按照一定的顺序将观察到的景物写下来，如通过不同的感官描写，即视觉、听觉、触觉、嗅觉等，能达到使事物鲜活的效果，当然加上修辞手法的运用，更会妙笔生花。
《春》"春花图"	从视觉、嗅觉、听觉的角度描绘了春花的颜色、味道和蜂蝶的声音及花的繁盛。	要综合运用多感官观察。	
《春》"春花图"	由花的甜味联想到满树的果实，突出了花香的迷人。	观察时要运用联想想象。	
《济南的冬天》	由阳光下的山，到下雪后的山，再到雪后远观城外远山；写出了不同情境下济南冬天山的美。	要抓住不同时间、不同气候、不同地域等条件下的景物特征。	
《雨的四季》	用相同的景物体现不同季节的不同特点。	注意大自然的变化。	

　　将以上"景物选取"和"顺序安排"的思维元素提炼组合，再加上思维目的——抒情说理，提供自然景物观察表[1]，帮助学生开阔思路。

〔1〕 国家中小学课程资源：《热爱生活 热爱写作（第一课时）》，邱巍，北京市中关村中学。

自然景物观察表					
观察对象					
观察时间			气候条件		
所处位置			周边环境		
观察要点	角度	整体	局部	联想想象	内心感受
	形状				
	颜色				
	声音				
	味道				
	质地				
	动态				
其　　他					

观察完后，学生结合观察记录，完成师生共同梳理总结的写作提纲，并进行《校园一隅》的片段写作。

（3）评估。在前期的指导下，学生克服了写景文写作的恐惧与无措心理，大部分同学下笔有言，甚至300字左右的要求被有些同学突破到了600字以上，效果甚是可喜。

学生创作出了作品，作品的质量如何，这涉及对作品的评估，要评估就得有标准。这个标准要包含写景文的必备要素，如景物的选取、顺序的安排、手法的运用、表达的情感或者突显的道理，当然作为个性化表达的写作，还要关注学生语言、思路的清晰等方面。下面是写景文的评价量表：

写景抒情文的评价量表[1]	
等级	描　　述
一类文	通过典型景物的选取、合理写作顺序的安排、多种修辞手法的运用，生动传神地描绘出景物画面，表现景物特点，表达自己的深情。在选材、语言和立意等方面有突出的亮点。
二类文	选取恰当的景物，写作顺序清晰，画面描写手法比较丰富，景物特点比较突出，自然表达自己的感情。
三类文	选取比较恰当的景物，安排比较合理的写作顺序，画面描写比较单薄，景物特征不够鲜明，情感抒发不太自然。
四类文	缺乏画面描写，景物描述不能体现季节特征，文章思路混乱，抒发感情生硬，字数不够，没能完成。

这是学生的一篇写景抒情的习作：

---

〔1〕邱晓云：《语文教学通讯·初中》，语文报社2021年版，第16页。

校园一隅

初一 3 班　徐诺

在美丽的十九中，在学校的操场里，在操场的北边，有一面丝瓜墙。

早晨太阳刚刚升起，丝瓜仿佛也睁开了眼。懒洋洋地打个哈欠，在阳光的照耀下，丝瓜也像穿上了金色的衣裳，黄色的花，绿色的叶。一靠近丝瓜，一股清香扑面而来，偶尔一阵风吹过，绿色的叶子就在微风中轻轻地摇曳着。那丝瓜的枝也随之晃动起来，几片小叶撑不住，飘了下来，更给丝瓜墙增添了美景。

在北京下雨很普遍，可在雨中的丝瓜墙却不简单。点点滴滴的雨打在丝瓜上，雨珠欢快地在丝瓜上跳着、闹着，一不小心就从丝瓜上滑下去了。嘿！没掉地上！竟是又滑到了下面的叶子上。雨，还在淅淅沥沥地下，而繁茂的丝瓜墙让每个小雨珠都快乐地玩了起来。等雨过天晴的时候，那些雨珠才手拉着手，恋恋不舍地与丝瓜、小花、叶子告别，"再见了，我下次还来看你们呀！"然后跳下丝瓜，朝着大部队—— 一滩雨水飞去了。

阳光明媚，是个好天气，丝瓜花开的开，丝瓜老的老。正午的阳光似乎格外热烈，丝瓜们也有点蔫了。从远处望去，一片一片绿油油的，那些丝瓜花正在变成新的丝瓜呢！丝瓜叶也变多了，你不让我、我不让你，互相拥挤在网上，小花也不甘示弱，打打闹闹的。于是丝瓜墙开始一天天丰满了起来……

这就是那可爱生机的丝瓜墙，她有早晨的清香摇曳、雨时的顽皮爽滑、正午的丰盈热闹。无论微风、无论细雨、无论晴光，总是那么美不胜收！我爱你，操场里那面别致的丝瓜墙！

本文写了不同情境下——阳光下与细雨中、不同时间——早晨、雨后、雨过天晴丝瓜墙的样子，展现了不同特点——色泽艳丽、清香扑鼻、随风摇曳、雨中摇荡、生机勃勃等，书面语与口语的结合，长句与短句的交错，叠词的运用，名句的化用，拟人赋予景物独特的人格魅力，这些使得文章那么生动具体，清新明丽。结尾总结全文，画龙点睛。

当然，一种能力的习得，不是一次就能完成的功果，能力总是在"学习——实践——修正——习得"的循环中螺旋上升。根据评价量表对学生的作品进行评估，发现出现了如下主要问题：景物描写不具体，景情、景理关系不相应，写作顺序混乱，语言不生动，抒情不自然。学生学会了观察景物，将观察结果按一定顺序排列问题不大，最大的问题是景物描写不具体深入，即不够清晰（内容不具体、描述不详细），不够精确（未达到必要的详细程度），缺少深度（未包含多样相互关联），不够重要（聚焦于最重要的问题、中心情感）。如下片段：

校园一隅 （一稿节选）

初一 2 班　陈一菲

黄色的花朵努力绽放，这个时节像人一生中最美好的年华，用尽了所有的生命力，只为展现最美好的一面，为什么要这么努力呀？因为它们是为了向人们展现自己的美，也为了在最美的年华不留遗憾。

对象"丝瓜墙"	"对象维度"的二元分析（一稿节选）	问题
1.1 内在构成要素及其关系		描写角度单一，丝瓜花绽放后的形态，不同时间、不同情境中的样子，如何能如此盛放等未深入具体描绘。
1.2 特征和不同状态下属性	颜色：黄色；充满生机：努力绽放	
1.3 原因和机制		
1.4 存在、运行方式和规律		
1.5 和各类外部因素的相互作用	以花喻人	
1.6 时间性和演化过程等		

（4）发展。让学生根据标准自我评估，并根据评估从景物选择、写作顺序、画面描写（侧重修辞的运用）、情感抒发等，重点选择一到两个角度进行个人作文的认真修改。最重要的是拓宽思路，二元分析法能帮助学生打开思维，使思维走向清晰、精确、深度、重要。

下面片段是陈一菲同学在老师指导下的上述对应片段的修改稿：

校园一隅（四稿节选）

初一2班　陈一菲

远远望去，墙上满是绿色的藤蔓，上面点缀着黄色的花，如同绿色的地毯上画着一朵黄色的小花，像极了一幅世界名画。大小的花瓣随风飘动散发出淡淡的香味，穿着一袭鹅黄的长裙挽着绿绸翩翩起舞，身形曼妙，让人如痴如醉。它们是明黄色的，它们还是明亮的、高贵的、清纯的、温暖的。它们像清晨的小太阳一样温暖得让人想去靠近，又像一双双小手轻轻地招揽着人们前来观看自己，它们努力地让自己的鹅黄色花瓣舒展开来，展现出它们最美的一面，如此只为在最美的年华不留遗憾。秋天啊！明丽的生机中绽放努力的曼妙姿态，尽显努力的美好！

对象"丝瓜墙"	修改后（四稿节选）	评价
1.1 内在构成要素及其关系	丝瓜墙由藤蔓、黄花组成	这篇修改稿与原稿比，有了较大进步：中心集中，鲜明突出，关注了重点——秋努力中尽显的美好。
1.2 特征和不同状态下属性	数量：多 颜色：绿色、黄色 充满生机：努力绽放；明亮美丽	对于花的描写角度变得丰富多样，写出了花在不同情境下（藤蔓背景、微风中、阳光下）的状态，及其不同特点（数量多、色彩艳丽、生机勃勃等）。
1.3 原因和机制	因多而绿意葱茏、黄花满墙 因生机而显努力姿态	顺序安排有主有次、由静到动，结构上由分到总，水到渠成。
1.4 存在、运行方式和规律	触景生情，油然而生喜爱之情	
1.5 和各类外部因素的相互作用	以花喻人	视觉、嗅觉感官的运用，拟人、比喻的修辞使得文章具体生动，有一定的感染力。
1.6 时间性和演化过程等	微风中清香扑鼻、花朵摇曳 阳光下的绽放	

在评估的基础上，学生继续在老师的指导下开展小组活动，从"对象"维度运用二元分析法展开研讨与评价，开拓思维。不同组间成员（老师确定互评小组和互评成员）对照"写景抒情文的评价量表"，从景物选择、写作顺序、画面描写（侧重修辞的运用）、情感抒发等角度，用一句话评价对方突出亮点或者不足。评价的过程是对标准的熟悉、内化、运用，即对写景写作要素、个性表达的再次深入理解与感悟，以同伴的作品为镜子，人之不足提示自己规避同类问题，人之优长提示自己学习提升。在评价中介入多样思考，可以帮助学生理解、运用，丰富知识，提升写作能力和思维水平。

除了师评、自评、互评外，还通过班级展览，美篇宣传，给学生更多鼓励，增强学生自信和写作的兴趣。

2. 叙事文章的写作。

（1）问题。"要解决问题，还须作系统的周密的调查工作和研究工作，这就是分析的过程。提出问题即矛盾的所在。"

七上第二单元的人文主题为"至爱亲情"，根据本单元的整体教学设计，学习完单元课文后，要完成核心作业——写事记叙文，题目为本单元写作板块"学会记事"之"写作实践"的第二题：

以《那一次、我真_____》为题，先将题目补充完整，然后写一篇以记事为主的作文。不少于600字。

提示：

1. 这是半命题作文，可以补充一个表示情感或心理活动的词语，如"快乐""开心""感动""后悔""失落"等。题目中的"真"，表明这件事带给你的情感冲击是很强烈的，让你印象深刻，甚至刻骨铭心。

2. 要注意有重点地展开叙述，突出事件中触动你情感的部分。

3. 选材范围：上初中以来表现亲情的事件。

面对写作命题，教师再次调查了解学情，确定探究起点。调查分为"已会或已知"和"困难或障碍"两部分。

就"已会或已知"，了解到：学生经过小学的学习，已经奠定的写事作文的基础是能通过交代事件要素将事情记清楚。

到了新阶段，对学生的要求提高，学生面临的写作"困难或障碍"较多。将学生的问题即障碍点梳理归类，发现问题围绕五个方面展开：事件的选择、叙事的顺序、事件的详略、事件的具体生动、情感的抒发。

学生问题	具体表现	问题分析	相关思维元素	解决办法
事件的选择	如何凑字数；不知写什么事好。	缘于学生缺少观察，即缺少一双发现生活美的眼睛，无事可写；或者涉及选材的问题。	信息	从问题出发，在具体的情境中，运用归纳思维，对文本个例写法进行归纳概括。根据学生问题涉及的思维要素，用一个长句表述：根据题意，为了抒发某种情感，选择一个或多个事件，基于假设，按照一定的顺序解释与推理，得出结论，并进行表述。为了达到这个目的，提炼出的知识和方法也应形成一定的程序，具有包容性、逻辑性、清晰性、准确性、重要性。具备这些特点的方法教师称之为"一件事的写作程序"。
叙事的顺序	不知道用什么顺序写作，顺序错乱。	缘于学生对过去所学写事文章顺序或思路缺少梳理总结，以及缺少对写作顺序知识的了解和理解。	解释与推理	
事件的详略	不知道怎么安排详略。	缘于学生对材料和中心的关系不够明确，或未加考虑，没有中心意识。	目的、信息	
事件的具体生动	怎么把事写具体；描写不够生动；写事不知该不该有矛盾；在有限时间之内写多了如何控制。	缘于缺少观察，缺少对事件的分析；不知如何将事写活，不知如何综合运用手法，以致文章干瘪、不生动。	信息	
情感的抒发	不知如何点题、如何抒发情感；主旨易无中生有；主题浅显。	缘于没有中心意识；缺少对所学文本的总结和提炼，没有学以致用；缺少对因果关系的深入挖掘，不能上位归纳、由表及里、由浅到深等。	目的	

（2）探究。统编七上第二单元，由现代文和文言文组成，编者精心安排了古今中外、不

同写法、不同角度（不同视角）、一件事和多件事素材的一组文章。

在帮助学生解决问题的时候，本着从整体安排到局部细微的原则，所以先帮助学生提炼一件事的写作程序，这样既可以帮助学生解决思路、顺序安排、突出中心甚至材料选择的问题，还可以帮助学生解决一部分内容具体生动的问题。

所采用的方法为批判性思维的归纳推理。归纳推理，是从个别的、过去的例子，推论到普遍的、包括未来的论断。归纳，是发现新知识的方法。[1]

具体个例	一般规律	特点	提示
《咏雪》 谢太傅寒雪日内集，与儿女讲论文义。 俄而雪骤，公欣然曰："白雪纷纷何所似？" 兄子胡儿曰："撒盐空中差可拟。" 兄女曰："未若柳絮因风起。" 公大笑乐。 即公大兄无奕女，左将军王凝之妻也。	概括核心事件，简练。 开篇交代记叙要素：时间、地点、人物、事件，开篇扣题，总领全篇叙事简洁。 中间交代原因：俄而雪骤——写景。 人物触景生事：写人物言行——问。 中间交代经过：儿女两答。 中间交代结果：大笑乐。 结尾补充说明：侧面衬托，体现作者态度。委婉含蓄，耐人寻味。	解析后，文章叙事清楚，六要素齐全，一件事叙事文的写作程序一目了然。 本文特点是没有叙事矛盾，气氛温馨和谐，文化味儿浓厚。	在平时的学习中，要学会不断归纳，不断发现，丰富模型，并根据需要和自己的特点对此模型"添加、删减、变形"，如：在本模型尾添加景物描写，达到以景结情，含蓄无限，耐人寻味的效果。 当学生写有关他人的文章，除了写自己的心理便于侧面描写外，写他人的心理因难以洞见就可以删除对他人的心理描写。 景物描写在模型里是在第二段开头，当然也可以放在文章任何一部分适合的地方，这是对模型的变形。
《陈太丘与友期行》 陈太丘与友期行，期日中，过中不至，太丘舍去，去后乃至。 元方时年七岁，门外戏。客问元方："尊君在不？"答曰："待君久不至，已去。" 友人便怒："非人哉！与人期行，相委而去。"元方曰："君与家君期日中。日中不至，则是无信；对子骂父，则是无礼。" 友人惭，下车引之，元方入门不顾。	开篇交代故事的起因，也是故事的开端——蕴含矛盾：人物、时间、引发辩论的事件。 中间交代故事的经过1，也是故事的发展——矛盾产生，先交代相关背景：元方年龄、地点、活动； 再写客主的言行——一问一答。 中间交代故事的经过2，也是故事的高潮——矛盾激化，写元方斥责无理之客。 结尾交代故事的结果，也是故事的结局——矛盾解决。	本文的特点是矛盾尖锐，人物之间针锋相对，尺幅波澜。 文似看山，不平喜人，吸引人。	

[1] 董毓：《批判性思维十讲：从探究实证到开放创造》上海教育出版社 2013 年版，第 119 页。

具体个例	一般规律	特点	提示
《散步》（文本略）	将莫怀戚的散文《散步》的第四、第五段合并后，内容上交代了事件的时间与原因——景物描写，还有一家人散步的动作语言与神态——人物言行（还可以拓展出内心活动）。 将课文的第二、三段合并，这部分介绍了我母亲不愿出来的原委、我的感受，是本文的第一个矛盾，矛盾产生并解决。	其他内容则是完美综合了《咏雪》和《陈太丘与友期行》两文的写作程序。	
三文综合归纳概括	在理清文章的写作思路后，结合前两文的结构思路及第一单元写景文的写法，综合提炼出一件事写作程序的模型： **开头**：叙事/抒情/描写（使用对比、对偶、排比等修辞）+开篇扣题+总领全篇，引出下文 **主体**：环境描写（自然和社会环境或背景）+人物状态（外在表现与内在心理） 矛盾产生（事情的起因） 矛盾激化（事情的经过） 化解矛盾（事情的结果） **结尾**：总结全文+点明中心+升华/深化中心，首尾圆合	综合三文特点	
说明	为了便于对个别文本梳理归纳，也为了达到一件事写作程序的包容性与结构的清晰性，便于学生对归纳后的程序进行操作，在归纳的过程中对原文本的段落划分有拆分与合并。		

一件事写作的程序模型，使学生"有法可依"。学生对于阅读的鉴赏知识是很熟知的，但实践迁移写作的能力是欠缺的。这里面的原因比较复杂，而批判性思维能帮助我们发现并解决问题。批判性思维是理性、创造性的思维，能帮助我们发现程序性的写作方法。

接下来学生就运用师生共同归纳提炼的模型根据所给题目进行叙事文的写作。

（3）评估。记事能力是最基本的写作能力。学会记事，首先要求记事清楚分明，一般要写出事件的起因、经过、结果，经过是记叙的主要内容，要重点写，要写详细些。记事是为了传达情感、分享体验，因此记事要有中心，写得真切感人。要感人，首先在选材上要写自己的亲身经历，切忌无病呻吟，还要通过感人的细节、贴切的语词、饱满情感的抒发来收到感人的效果。

在前期的指导下，学生在写事文章上有了一定的进步。也创作出了作品，作品的质量如何，同样需要对作品进行评估，要评估就得有标准。这个标准要包含写事记叙文的必备要素，如事件或场景的选取、要素的交代、顺序的安排、详略的安排、细节和语词的运用、表达的情感。下面是写事记叙文的评价量表：

写事记叙文的评价量表[1]	
等级	描述
一类文	能通过具体生动的事件或场景表现中心，叙述清晰有条理，详略安排得当；能巧妙运用细节描写和特殊语词，恰切表达自己的真挚情感。

---

〔1〕 向东佳：《语文教学通讯·初中》，语文报社 2021 年版，第 22 页。

二类文	能够选择恰当的事件或场景，叙述完整，详略安排合理；能有意识地运用细节描写和特殊语词，准确地表达自己的真挚情感。
三类文	能够选择具体的事件或场景，叙述比较完整，有详有略；能运用细节描写和特殊语词，表达自己的情感。
四类文	不能选择具体的事件或场景，叙述不完整，没有详略安排，没有运用细节描写，情感表达不明确。

这是一篇事件有波折的文章：

那一次，我真快乐

初一 2 班　张枫烁

快乐，相信每个人都感受过，而我体验过一次不同的快乐。

那是一年秋天，正好家里要来客人，我和妈妈一起去市场采办食材。在去市场的路上，我想这次肯定要做许多我爱吃的……

才刚刚看见市场的大门，里面的叫卖声就此起彼伏地传了出来，"大葱一捆35，螃蟹一只38，不好吃包换！"听着叫卖声，我们来到了卖蔬菜和水果的铺子中。放眼望去，红的像初升的太阳，绿的像荷叶，白菜、苹果、柿子，一大片一大片满是的。我随着妈妈走到一家卖梨的铺子前，问："梨怎么卖？""十块钱三斤，不讲价。"一位叔叔答应道，"您看，这梨都这两天刚摘的，甜里带酸，你要多少？"我仔细地看了看，这些小梨并没有什么独特之处，但我知道，它们虽然外观不好，但吃起来如蜜一样，有的还带少许的酸味。"来三斤。""您拿着。"叔叔边说边称了几个饱满新鲜的梨递给了我。妈妈拿出手机说："微信付行吗？""可以。"于是我们继续去采购其他食材去了。有通红的柿子，绿油油的小白菜，长而紫的广茄，如武士一般张牙舞爪的螃蟹……

"儿子，好像刚才那笔钱没转过去。"妈妈突然说。"怎么回事儿啊？"我问。"不知道。"妈妈说，"趁现在还没走远，赶紧把钱送过去。"妈妈着急地在包里找了很久才拿出十元钱来，交给了我。

我急忙向刚才买梨的铺子跑去，边跑边想：市场太大了，我肯定找不到那儿，要不我在附近转两圈再回去，就说送到了，反正妈妈和卖梨的人也不熟。想到这里，我的脚步慢了下来，周围突然也变得异常安静，蔬菜和水果仿佛也失去了活力。"不行，那位叔叔多辛苦啊，摆一天摊也赚不了多少钱。虽然十元钱数小，但也是他的一份血汗钱，不能因为我的一时举动而失去。"想到这里，我加紧了步子，凭着刚才的记忆向来时的方向跑去，一路上，热闹的叫卖声又重新响起，螃蟹们仿佛又有了新的活力，最终在我的坚持下，找到了买梨时的铺子，把珍贵的十元钱还给了叔叔。

快乐不仅仅是开心的事，也可以在不好的事中通过努力挽回的过程中找到快乐。

本文采用了与模型一致的总分总的结构思路，开篇"快乐"扣题，结尾"快乐不仅仅是开心的事，也可以在不好的事中通过努力挽回找到快乐"点明中心，中间按照时间顺序，写出了自己随妈妈去买食材，微信付钱结果未成功，自己去给钱内心的矛盾纠结，最终还钱成功。思路清晰，条理清楚。主题明确且新颖，通过场景或所见到的物的细节描写、前后对比、心理活动突出了中心，详略得当。本文还有一个特点是景物/社会环境描写多次出现，这是受《秋天的怀念》的启示：人景物交叠出现，风姿摇曳。

当然，记事能力也需要反复地学习、训练。根据评价量表对学生的作品进行评估，发现出现了如下主要问题：事件不真实，价值观有问题，重点不突出，主题不明确、不深刻，细节不充分，抒情不饱满等其他问题。

在老师评估即评价的基础上，加强对学生的面批面改，通过面对面交流，了解学生的思维过程，帮助其明确问题出现的原因，并让学生根据"写事记叙文的评价量表"自己省察并提出修改建议，老师分析优劣得失，最终确定修改方案。

（4）发展。学生根据自我评估和修改建议，从事件或场景的选取、要素的交代、顺序的安排、详略的安排、细节和语词的运用、表达的情感等，重点选择一到两个角度进行个人作文的认真修改。

下面是初一2班白允麒同学的习作原稿：

那一次，我真后悔
初一2班　白允麒

那天，我坐车回到家，写完作业后，我本想休息一会儿，但我的母亲来了。

她慢慢踱过来，让我下去锻炼。我透过窗子看了眼外面，是阴沉、压抑的夜。我又看了一眼她，眼睛里闪烁着奇异的光——我在抉择。最终，我下定了主意。我瘫在床上，口中念叨着："不去，不去。"父亲见此情形，就走过来，寄希望于用蛮力把我生拉硬拽下床。我在床上扭来扭去，乱吵乱叫，活像一只巨大的软体动物。希望让他知难而退。

父母见硬的不行，于是只好来软的。母亲温情无限地对我说："白啊，既然你不愿意下去，那在家里练也行。"我竟不知道为什么，却依然赖在床上，不愿动弹。

父亲见如此局面，气不打一处来，把我翻过来，踹了我一脚，我被他这么一踹，竟更加不知廉耻为何物，竟跳起来，与他缠斗在了一起。后来还是母亲把我们分开的。

我瘫坐在床上，一边哭，一边猛地把手边的东西摔向四周的墙壁。父母立在一旁，相对无言。后来默默地出去了。

哭了许久，我才停下。我默默坐在床边，屋子里空无一人，我默默地，默默地，心里边满是后悔。

后来这一天终究是没有锻炼，也没有责骂，只是吃过饭后就各自睡觉了。

有一天，那个"我"长大了，再回顾这件事。会想起他的父母，想起当初那个<u>不懂事</u>的自己。

本文从整体看，思路清晰，画面感很强。以时间为序，写出了自己真实的生活经历，很鲜活；主题明确：不懂事。书面语（母亲、踱、温情无限）、口语（不去，不去）、大词小用（局面）、化用（秋天的怀念）绝妙交织。但是主题表达欠佳。结尾为评估之三类文"表达自己的情感"即"立意浅显"或者"抒情不饱满"。白允麒同学针对问题，根据自己的叙述、描写和对事件中人物行为的分析，依据模型提供的方法，做了如下修改：

冷静后，我在想，一向深爱我的父母未必看不到我的疲惫。妈妈的温柔一如既往，也尽量照顾我的情绪，却有着自己不愿放弃的坚持，那就是锻炼。爸爸的"排山倒海"未尝不是一种爱，有对自己的随意放弃、有对自己的不争上游、还有对自己长久的身体健康的担忧。想起老师课上说的那句话："父母之爱子，则为之计深远。"大概说的就是这种情形吧，不因溺爱而放弃，不因溺爱而破坏好不容易形成的习惯。

那一次，我后悔了。

修改之后的结尾，详细地分析了父母的所作所为，点出了自己后悔的具体原因，主题明确而深刻，感情抒发饱满。

归纳思维是指在研究一般性问题之前，先研究几个简单的、个别的、特殊的情况，从而归纳出一般性的规律和性质的思维方法。在理性思维的带动下，读写结合，教师将阅读鉴赏提炼的知识还原转化成写作知识与程序性的方法，并不断迁移运用，在反复练习中提升学生的记事写作能力与思维水平。

3. 写人文章的写作。

（1）问题。"常常问题是提出了，但还不能解决，就是因为还没有暴露事物的内部联系。"

人要成长、工作要改善、技能和思维要提升，都必须要有问题意识，要善于发现问题。好的问题引导好的认知。学生自我提出问题，是一种自知之明，是学生提升的起点，是学生针对自身现有水平而发出的需求信号。学生的问题和需求是老师进行教学设计的着手点，是设计的基础与前提，是提升的契机。

七上第三单元的人文主题为"学习生活"，根据本单元的整体教学设计，学习完单元课文后，要完成核心作业——《猜猜他是谁》的写人作文，具体题目如下：

上了初中，我们结识了许多新同学。我们目睹他们的容颜，倾听他们的话语，看着他们的动作……渐渐地，我们开始关注他们待人接物的方式，关注他们对待生活的态度。一个个立体的人物就这样活跃在我们中间，成为我们生活中一道独特的风景。

请你从班上选择你熟悉的一个同学，综合运用多种描写方法，抓住他鲜明的特点，写出他的"好看的外貌""有趣的灵魂"，希望大家看到你的文字，就能猜到他是谁。

写作要求：以"猜猜他是谁"为题目，完成一篇不少于600字的写人记叙文。

面对写作命题，教师通过调查了解到：学生经过小学和初中前阶段的学习，已经知晓诸多写人文章需要用到的写作技巧，如对人物进行语言、动作、心理、神态、外貌等描写，要进行细节描写，要运用修辞手法，可以写景烘托人。

到了新阶段，学生的思维与之前比要成熟，思考问题也比较深入，虽然有的时候逻辑性不是很强。现将学生的"问题即障碍"梳理归类，发现问题围绕六个方面展开：人物的选择、人物的特点、人物的鲜活、深入与新颖、篇章与结构、语言的表达。

范西昂按照技能的分类列出了批判性思维的六大类技能：阐释、分析、推理、评估、解说和自律。下表是一个简明的说明（改编自 Facione，1990）[1]：

技能	说明	举例
阐释	理解和阐述观念、表达的意义	辨认问题、目的、主题、观点；阐明、分类，概括文本的含义
分析	辨别观念、表达中各要素及其（推理）关系	辨认、分析观念、论证；识别相似性差异性；发现假设
推理	寻求证据，推理，猜测，预测，整合	寻求、质疑证据，推论结论，预测后果，构造假说，考虑多种可能性
评估	评价数据、观念的可信性和推理的逻辑强弱	评估信息可信性；判别论证相关性、确定性；比较各种观点的优劣
解说	全面清晰地说明推理及其结果	表述结果；展示论证；说明和辩护其过程
自律	元认知：自我检查、自我修正	检测、分析、评估和修正自己的认知活动

---

〔1〕　董毓：《批判性思维十讲：从探究实证到开放创造》，上海教育出版社2013年版，第10~11页。

批判性思维具有明显的阶段区别，在实践中，我们可以将以上批判性思维的六大技能进行调整，为自我发明、创建论证、解决问题所用，也可以进行自我评估，修正认知活动，求得发展。

下面通过此作文题的指导写作，谈谈以上六大技巧的运用。

技能	说明	举例	写作指导
阐释	理解和阐述观念、表达意义	辨认问题、目的、主题、观点；阐明、分类，概括文本的含义	写作目的：通过此次作文训练，能根据题意和设定的具体情境，进行个性表达，并构建写人记叙文的策略方法。 学生问题：人物的选择、人物的特点、人物的鲜活、深入与新颖、篇章与结构、语言的表达。（具体分析如下表）

学生问题	具体表现	问题分析	
人物的选择	写谁好——这么多人，该写谁呢，是不是写谁都挺好呢。	缘于学生缺少观察，对身边同学缺少了解。	
人物的特点	写什么——不知道写什么特点，不知道用什么事表达特点。	缘于人物特点众多，写作者不知如何取舍。	
人物的鲜活	怎么写——外貌描写后可否举一个事来突出特点；人物特点不饱满。	缘于缺乏中心意识，以及对写人文章在操作时缺乏明晰的写作思路。	原因：对所学文本缺少分析、归纳与反思；对身边的同学缺少观察。 现在对学生写作问题的分析已经运用了范西昂批判性思维六大类技能的"阐释"技能。 批判性思维的其他五大类技能：分析、推理、评估、解说和自律，可以帮助我们继续解决写作问题。
深入与新颖	主题上——如何突出中心，如何使外貌突出中心，详略如何处理。	写人文的中心与人物特点密切相关，此问缘于对突出中心的方式方法不明了，或者在操作时缺乏中心意识，抑或知识迁移的准确与熟练不够。	
篇章与结构	如何把题目写新颖，开头怎么写；结尾怎么写；事件过渡不好。	缘于对之前梳理总结的方法缺乏有意识地运用，并且自己也疏于归纳。	
语言的表达	怎么把文章写美，修辞俗套怎么办，写法迁移生硬怎么办。	缘于对手法综合运用的驾驭能力不足，或者缺乏积累以及灵活变通，思之不熟匆然下笔。	

针对学生的真问题，教师充分地利用教材和给学生的阅读拓展材料，在整体视域下，课内与课外打通，利用名家名篇和学生习作引路，还原写作过程，提炼归纳写人记叙文的写作方法。

（2）探究。七上第三单元写作专题为"写人要抓住特点"，阅读板块编排了人文主题为"学习生活"的叙事写人的《从百草园到三味书屋》及其他两篇文章。教师把目光聚焦在鲁迅的出自《朝花夕拾》散文集的名篇《从百草园到三味书屋》（节选第10～23段）及阅读拓展材料上，通过深入理解提炼写作方法。

技能	说明	举例	写作指导：分析、推理与解说
分析	辨别观念、表达中各要素及其（推理）关系	辨认、分析观念、论证；识别相似性、差异性；发现假设	1. 立意先行：《朝花夕拾》是鲁迅因支持学生运动和对政府正义斗争，遭到当局通缉流离中所作，当时心境"离奇"又"芜杂"，借题发挥，并给人生以慰藉，于是就形成了《朝花夕拾》的主题"温馨的回忆与理性的审视"。 2. 选定人物：围绕"温馨的回忆"这一部分主题，在全书中选取了多个典型事件或人物，如在《从百草园到三味书屋》中选取了"我"在三味书屋的学习生活情景。这个场景涉及寿镜吾先生这个人，而且是作者熟悉了解的人。提醒学生，作文"写熟不写生"，了解这个人，才能写出这个人的特点。那么就得反思，自己非常熟悉的人有谁，这些人中哪些特点鲜明，哪些平平无奇，对人物进行删择，留下自己熟悉的且特点鲜明的人物，这样既能准确描绘人物，也能写出真情实感，突出中心。 3. 明确特点：有了人物，学生首先想到的就是语动心神外等的描写，实践中学生也是这么做的，这样做也许会产生无指向、中心不明、混乱、多中心等后果。正确的做法依然是特点先行。这个过程还原的是"写人要写出人物的特点"即人物特点的确定。如《从百草园到三味书屋》（节选第10~23段）作者主要写了寿镜吾"方正、质朴、博学"的特点。 4. 特点择选：明确了写人要先确定特点，就要梳理头脑中这个人的众多特点，这么多特点要有取舍，不能哪个都想写，结果哪个都没写好。那么，在众多特点中，应该选择哪一点来写呢？原则是：选择鲜明突出的特点，不鲜明突出的果断舍弃。如果能做到"人无我有，人有我优"就不错了，如果能达到"人人心中有，个个笔下无"就更棒了。注意提示学生特点不能太多，最多三个，能围绕一个特点写深写透写活是我们的目标。 5. 删择事件：有了人物特点，学生念念不忘的是语动心神外，如《从百草园到三味书屋》（节选第10~23段）中的四处语言、一处动作、三处"我"的心理、三处神态、一处外貌。但是将这些描写放在一起，并不能组成一篇文从字顺的文章。怎么办呢？学生自然而然就想到了把这些放在一件事或多件事件中。明确了要通过事件来写人，就要梳理头脑中与这个人、与这个人的特点相关的事件，然后进行删择，留下最能突出人物特点的典型事件。如《从百草园到三味书屋》（节选第10~23段）中，为了突出人物特点，作者写了四个典型事件："问怪哉虫""习字对课""后园寻趣后的处罚""师生读书"。让学生结合具体内容说说这些事件分别凸显了人物什么特点，意在强化事件为刻画、突出人物特点而服务的意识。事件可以是一件，也可以是多件。 6. 综合手法：为了把人物写活，把文章写美，要综合运用多种写法。"综合运用多种写法"有两层意思，一是多种写法，包括正侧结合，正面描写里的语动心神外。综合运用，指的是还原现实的本真与风姿，几种写法要交织起来写，如写人物心理的时候，除了直接展现，还可以通过外显的语言、动作、神态来表现，也可以通过景物来烘托。如"铁如意，指挥倜傥，一坐皆惊呢；金叵罗，颠倒淋漓噫，千杯未醉嗬……""我疑心这是极好的文章，因

技能	说明	举例	写作指导：分析、推理与解说
			为读到这里，他总是微笑起来，而且将头仰起，摇着，向后拗过去，拗过去。"此句将侧面烘托的"我"的心理描写与寿镜吾先生的正面的语言、神态与动作的细节描写相结合，突出了人物读书时的投入，显示了人物学识的渊博，以及我的向往之情。 另外注意学生在对人物语言进行描写的时候，往往很单一，总是谁谁谁说的单调情形。人物的提示语有提示在前、在中、在后三种情形，人物说话时的声音有大有小、有粗有细，大小粗细都是为了突出人物的特点。 对于人物的动作描写，要善于刻画"慢镜头"，如苏舒阳《我的老师》一文中"写板书"事件，通过动作的分解，"慢镜头"的展现，写出了老师写粉笔的艰难，突显了人物对工作的认真。 对于如何把文章写美，除了综合运用以上方法外，还要注意修辞手法和特殊语辞的运用。 关于突出中心，既可以通过开门见山、卒章显志来达到，也可以通过详略安排、细节描写来达到。在此不再赘述。
推理	寻求证据，推理，猜测，预测，整合	寻求、质疑证据，推论结论，预测后果，构造假说，考虑多种可能性	根据以上分析，归纳推理写人文章的思维过程与写作方法示意图： 文本示例 → 立意先行 → 选定人物 → 人物特点 → 特点择选 → 删择事件 → 综合手法
解说	全面清晰地说明推理及其结果	表述结果；展示论证；说明和辩护其过程	写人文章的思维过程：本着"立意先行"的原则，"选定"写作"人物"，"明确"人物"特点"，在众多"特点"中"择选"，围绕人物特点"删择事件"，并"综合运用多种写法"。 之后考虑通过首尾、详略、细节突出中心，修辞手法写活写美，语言和动作等描写的注意事项或者写作方法。

批判性思维因其理性而具体，帮助我们分解、分析，并发现其演化过程，这样事物的内部联系就暴露了，内部联系暴露了，提出的问题离解决就不远了。

（3）评估。写人，要写出人物的特点。写自己熟悉之人的鲜明突出的特点，将人物置于典型事件之中，综合运用多种人物描写方法，正侧结合，详略得当，突出细节，指向明确，突出主题，针对《猜猜他是谁》这个题目，还要注意其隐含前提。

经过指导，学生在写人文章上亦有了一定的进步。下面是写人记叙文的评价标准，这个标准包含写人记叙文的必备要素，如：前提是否有人物的个性特点，个性特点是否立体、鲜明，事件是否典型具体，有没有综合运用多种手法，有没有注意隐含前提。

写人记叙文的评价量表	
等级	描述
一类文	能选择典型事件，立体、鲜明地突出人物的个性特点；叙述清晰有条理，详略安排得当；能综合运用多种人物描写方法，能巧妙运用细节描写和特殊语词及修辞。能注意题目的隐含前提。在选材、语言和立意等方面有突出的亮点。
二类文	能选择恰当事件，鲜明地突出人物的个性特点；叙述完整，详略安排合理；能有意识地运用多种人物描写方法。能注意题目的隐含前提。
三类文	能选择具体事件，写出人物的特点；叙述比较完整，有详有略；能运用描写方法写人物。能注意题目的隐含前提。
四类文	叙事不具体，人物特点模糊；叙述不完整，没有详略安排；对人物的描写不足。未能注意题目的隐含前提。

这是一篇多件事塑造人物、修辞手法比较突出的学生习作：

猜猜他是谁

初一 2 班 王泽瑄

秋风带着一抹红色离开，寒冬趁虚而入，松柏仍留着他的青绿。走进教学楼，在大家都开怀大笑时，那人也在笑，却很安静。来到操场，他只静静地做着自己的事，把事做好。

那人是我的同学，他的瞳孔就像一片星系，墨色的眼不时闪出一阵光芒。他的鼻子像山丘，山脊挺立着，眉毛的颜色像一杯浓咖啡，耳朵像一座雷达，将书本中的知识不断地汲取。他脸上总是带着一抹微笑，嘴角微微咧着，但转头又埋头苦写了。

说到作文，大家提起它哀鸿遍野，苦思冥想，而他伏在桌面，眼睛微眯，手中的笔像手臂一样灵活，旋转的弧线如同明月，能把笔舞得密不透风。思索着，灵感如同江南的雨，潺潺流出，又如泉涌般勃发，笔尖如剑锋，悄无声息划过纸面，一笔一划向锋芒露出的攻击，宛如游龙。他伏在桌面上，好似生怕别人注意到他。

体育课上，他对于投篮训练一丝不苟，他笑着拿着球跑来对我说："嘿，看我一个三分球。"便随即跳起投出，我们都盯着，时间像被卷进旋涡，"砰!"谁知那球连篮筐、篮网、篮板都没碰到，我们猛然一怔，随即捧腹大笑。他嘿嘿一笑，挠着头走了过来，站在一旁微眯着眼。这时他就像一名猎人，掌握周围的风吹草动，希望对猎物给予致命一击。这时，他微曲的膝盖猛然伸直，手臂如同弹簧，将球投出一个完美弧线，进入了篮筐。

他总是静静地把事做好，少说话多做事，这是我们应学的品质。

技能	说明	举例	实践示例评估
评估	评价数据、观念的可信性和推理的逻辑强弱	评估信息可信性；判别论证相关性、确定性；比较各种观点的优劣	本文开门见山、卒章显志，"静静地把事做好，少说话多做事"，中心明确突出。采用总分总的结构思路，主体部分由表及里——外貌到学习，由静到动——作文课到体育课，层次清楚，逻辑分明。作文课的思如泉涌、体育课的三分投篮，神态、动作、语言及他人反映写人手法的综合运用，一个爱笑的静静把事做好的形象跃然纸上，外貌描写处的比喻修辞表现了人物对知识的疯狂汲取，作文事例处的比喻写出了灵感喷涌，三分投篮处的比喻写出了人物准确投篮的优美身姿。文章思路清晰，鲜活灵动。

根据评价量表对学生的作品进行评估，发现出现了如下主要问题：记事而非写人文章；人物无特点或特点太多，事件不具体、不典型，主次不分；选材俗烂；写别人缺陷；没有注意隐含前提。

这是一篇存在诸多问题的学生习作：

猜猜他是谁（初稿）

初一2班　魏辰好

她善良友好，头发永远用一根白色的带子扎成一束漂亮的马尾，显得干净利落。她个子虽然不高，但喜欢活跃在运动场上，为大家充当先锋。她的眼睛很大，亮得出奇，眼睛一转就能突出她头脑的灵活，身姿的矫健。她是体育老师的得力助手。我认为她很负责，认真对待每一件到她手里的差事。

她是一个严谨的人，她会仔细检查自己的作业，在上课时不会与同学谈论无关的事。她虽然有时很严肃，但她更多时候乐观自信，她绝不会放弃帮助同学，哪怕是一个微不足道的小忙。她和同学在一起时很会很幽默，常常可以把人逗笑，使人感到心情爽朗舒畅。

上次运动会，她就报名跑了800米。她很擅长跑步，也会去安慰身边失意的同学。她在我跑步赛跑前，甚至冲到跑道的草坪上大声地呐喊，加油的手臂随着身体在头上摇动，双眼紧盯着我的身影。她在我赛完后，拍着我的肩膀安慰我，"没事，虽然这次落榜了，但她们跑得真的很快，而且你也不是很擅长长跑嘛！"在她跑步时，她昂起头，眼睛里满是自信的神色，拔腿如疾风一般向前冲去。很快，她便跑到终点，戛然止步，把手里的接力棒递给下一个人，然后她回到坐垫上，继续看起书来。

她也懂得如何分配时间，她总会合理利用碎片时间来完成自己的学业。当然，她也会在午休时间好好养精蓄锐，为下午的课程做好准备。她姓张，却一点也不张扬，总是静静地坐在位子上看书写作业，如果有同学向她请教，她一定会耐心地讲解，引导同学一点点地推出答案。当同学得到帮助并向她道谢时，她会一边微笑着一边细声应答："不客气，不客气，能帮到你我很高兴。"班里的人都很喜欢她。

她善良无畏，在运动场上劈风斩浪，在学习上也积极帮助同学，猜猜她是谁？

技能	说明	举例	实践示例初稿评估
评估	评价数据、观念的可信性和推理的逻辑强弱	评估信息可信性；判别论证相关性、确定性；比较各种观点的优劣	本文人物特点很多，中心散乱，前面已进行了说明，不再赘述。第一段的外貌描写突出的是人物的干练利落，身体灵活，与本段的认真负责没有关系。第二段写了她检查自己作业的严谨、对朋友的帮助、逗人发笑的幽默，事件不具体。第三段写了她擅长跑步和会安慰人，事件比较具体，综合运用了动作、神态、语言手法。第四段写了她能合理分配时间，为人不张扬，帮助人时耐心。除了第三个事件还算具体一点外，其余两件事依然是高度概述。最后一段有总结全文的意识，但是总结不全面。

（4）发展。学生根据标准再次自我评估，在老师的指导下根据评估从人物特点确定、事件的选择、详略的安排、多种人物描写方法的综合运用、细节和语词的运用等方面，在关照全篇的情况下，根据写作专题"写人要抓住特点"的知识，重读、修改（删除不能表现人物特点的事件和描写，增加能突出人物特点的事件和细节）自己的作文《猜猜他是谁》。通过修改能够更加突出所写人物的特点。部分同学可以选择帮忙修改例文中特点很多、中心散乱的文章。

下面这篇作文，是魏辰好同学在老师指导后的修改稿：

猜猜她是谁

初一2班 魏辰好

在我们班上，有一位女同学，头发永远用一根粉色的带子扎成一束漂亮的马尾，跑起来，像一只粉色的蝴蝶在脑后飘扬，显得灵动而又干净利落；眼睛很大，亮得出奇，眼珠一转，便有无数个新奇的想法从脑子里蹦出来。

她善良友好，乐于助人，无论从精神上还是学习上。记得学校运动会期间，"不自量力"的我报名参加了八百米，在赛跑过程中却因为紧张和体力原因大幅落后，就在我几乎绝望时，她跑到赛道旁边的草地上，拼命冲我挥手大喊"加油"，脑后的"蝴蝶"随着她挥舞的双手上下跳动着。我的心瞬间安定了，努力超过了前面一名同学，冲过了终点。而她早已经跑到我身边，扶着我安慰道："那几个都是平时经常练习跑步的，你能取得这个成绩，已经极其不容易了，下次肯定会更好的，加油！我看好你。"看到她的笑容，我又高兴又感动。

而在学习上，作为"学霸"的她，更是同学们咨询各类难题的"首选对象"。每当有同学向她请教，她不会简单粗暴地直接告诉答案，而是会耐心地讲解，引导同学一点点地自己推出答案。当同学得到帮助并向她道谢时，她会一边微笑着一边细声应答："不客气，不客气，能帮到你我很高兴。"

别看她平时文静，但一旦到了运动场上，却仿佛换了一个人。她不但是体育老师的得力助手，更是身体力行的体育健将。在四百米接力赛上，她拿起第一棒，昂起头，眼睛里满是自信的神色，腿如疾风一般向前冲去。很快，她便跑到终点，戛然止步，稳稳地把手里的接力棒递给了下一个人。看到她的样子，我的脑子里忽然蹦出了一个以前一直不太理解的成语"静若处子、动若脱兔"，这就是她的最好写照。

她另一个令人羡慕的优点是幽默，经常妙语如珠，一件普通的事情，到了她的嘴里，就成了绝佳的"段子"，逗得旁边的同学捧腹大笑。

这就是她，不仅是学霸、体育健将且乐于助人，像这样的"三好同学"，谁不喜欢呢？大家猜猜她是谁？

技能	说明	举例	实践示例修改稿评估
评估	评价数据、观念的可信性和推理的逻辑强弱	评估信息可信性；判别论证相关性、确定性；比较各种观点的优劣	修改文将之前众多的人物特点删择，留下了"善良友好，乐于助人""体育健将""幽默"三个特点，每段一个核心内容，特点鲜明突出。第一段删掉了她认真负责的内容，于是人物的外貌单独成段后，就成了对人物的静态介绍，后面三个段落，是通过事件让人物动态展现，内容层次分明。第三个特点幽默，内容不饱满，估计作者想的是详略安排，而详略安排之略的作用之一是对详的内容的巩固强化。建议具体展开。增加人物讲"段子"时的特色语言、相伴随的动作和神态。

在老师的指导下，作者本人首先对特点进行了删择，特点明确，思路明晰，与之前比，事件具体，虽然还有提升空间，但是也看到了作者的努力与进步。

每个学生都应该对自己的写作成果，根据下表进行认真的自我检查与自我修正。

技能	说明	举例	实践检测，修正认知
自律	元认知：自我检查、自我修正	检测、分析、评估和修正自己的认知活动	围绕评价量表对自己的表述结果即作文进行省察：是否选择了典型事件？是否立体、鲜明地突出人物的个性特点？叙述是否清晰有条理？详略是否得当？是否能综合运用了多种人物描写方法？是否巧妙运用细节描写和特殊语词及修辞？是否注意了题目的隐含前提？在选材、语言和立意等方面是否有突出的亮点？ 检测后，修正自己的表述结果，即习作的原稿和修改稿。

批判性思维具有自律性，反思使学生的神思清明，写作的目的和指向性增强。外貌描写，典型事件的选择，事件中综合运用的各种写人手法，细节以及修辞和特殊语辞的运用，都在为或努力为突出人物特点而服务。

学生的进步是教师继续探究的巨大动力，在批判性思维的指引与实践中，教师以自己的蜕变带动学生的发展。

4. 想象文章的写作。

（1）问题。"创造始于问题，有了问题才会思考，有了思考，才有解决问题的方法，才有找到独立思路的可能。"

七上第六单元的人文主题为"想象之翼"，根据本单元的整体教学设计，学习完单元课文后，要完成单元核心作业——想象文的四种训练方式：

《皇帝的新装》：续写。

《天上的街市》：小诗创写。

《女娲补天》：现代文《女娲补天》的内容改写。

或者《风俗通》内容不同于《女娲补天》的文言扩写。

《皇帝的新装》续写具体题目如下：发挥联想和想象，为本单元课文《皇帝的新装》续写一个故事。不少于600字。

这三个题目涉及续写、创写、改写、扩写，这四种训练方式虽然不同，但都涉及联想和想象，对不同于写实文的写作，学生在想象文写作方面的学情是什么呢？

教师调查了解到：学生经过小学的学习，对想象文阅读有一定的了解，如想象文具有虚构性，想象文要表达现实主题，多运用夸张、拟人等手法。但是对于想象文创作有较大障碍。教师将学生的问题即障碍点梳理归类如下：

学生问题	具体表现	问题分析	
故事构思	没写过想象文不知从何下手；压根儿想不出写什么；写作程式老套、俗烂；故事是否要像小说一样一波三折；开头和结尾怎么写。	缘于学生对于想象文写作的思维程式一无所知，或者仅仅根据所见进行模仿创作，或者缺乏归纳总结。	原因：缺少思维的具体性和归纳推理。学生的问题复杂繁多，解决问题时首先要抓住主要问题，如写想象文不知从何下手，缺少写作路径。依据一定的主题构造故事是主要的，没有写作经历的学生如何
创作意图	如何表达情感；主题如何突出；主题没有记叙文深刻。	缘于学生虽有中心，但是突出中心的写作方法不明确；或者因缺少输入、文本细读等思想、见地、意识不够深刻。	

续表

学生问题	具体表现	问题分析	
材料选择	有主题后无素材写；选材老套。	缘于学生缺少对生活的观察；或者应对不灵活（某主题好，但自己没有材料表现就应果断放弃，另选有材料的主题）。	迈过第一步呢？批判性思维的具体性和归纳推理能帮助我们解决这个问题。
联想想象	过度离谱；想象不符合所写时代实际。	缘于学生对所写的时代的历史、文化、科技等缺少了解；或者对其发展缺少合理预测与想象。	
语言表达	无法清晰表达出事物特征；在想象场景中不知如何描写、叙事。	缘于学生对事物特点缺乏了解，而不了解缘于缺少观察或有目的性的观察；或者描写能力欠佳，或者故事构思不明。	
说明	学生自以为存在的障碍是障碍，学生没有认识到的困难依然是困难，比如对"写作要求"的忽视，就上面几个题目而言，对于要改写什么，扩写什么，没有认真审读题目，理解题意，导致写作出现重大问题，即审题不够细致。		

要解决问题，需要在批判性思维的指导下，对师生共有的阅读文本深入思考与探究。阅读文本既是鉴赏资料，也是提炼文体特点、写作方法的重要资源。阅读文本既是他人鉴赏的资料，也是作者通过一系列的思维活动而创作出的成果，所以通过联想与想象，还原写作过程，给学生写作以启示与借鉴，非常重要。

（2）探究。七上第六单元，是一组想象文，故事生动有趣，背后蕴含哲理，或者通过虚构的人物、情节反映社会现实。编选意图为：一方面教学生换一种方式看世界，一方面也是对学生联想和想象、创造思维的训练。本单元是学生上初中后第一次系统学习想象类文章的阅读与写作，教学思路为：以读导写，尝试想象文的创作。

在以上三个题目、四种训练方式——续写、创写、改写、扩写中，教师以童话《皇帝的新装》的续写为例，谈谈运用批判性思维指导学生写作的具体做法。

杜威在《我们如何思维》中说："没有一个精神正常的人能够一开始就从宏观根本处思考河流。"[1]这是说人的思维发展是从具体开始的。抽象逻辑思维在很大程度上仍与感性经验相联系，具有很大的具体形象性。董毓在《批判性思维十讲》中说："思考的具体性，是实证的本质。"[2] 具体首先指目的、问题、信息、概念、假设、解释推理、观点、结果和意义等的具体；还指要"根据语境理解与判断，具体思考，就是要回到事实的原初关系中"[3]

以童话的概念为工具解读完《皇帝的新装》后，学生深入理解了童话的内涵："童话，一种文学体裁，它的特点是通过丰富的想象甚至夸张来塑造人物形象，反映现实生活，潜移默化地对儿童进行思想启蒙教育。"并在理解的基础上为写作做铺垫。

解读鉴赏完文本后，回应学生初次创作想象文面临的最大问题——无从下手。《皇帝的新装》是作者的创作成果，作者安徒生从构思到成文，经历了一个什么样的思维过程呢？课堂上

---

〔1〕 ［美］杜威著，伍中友译：《我们如何思维》，新华出版社 2010 年版，第 173 页。
〔2〕 董毓：《批判性思维十讲：从探究实证到开放创造》，上海教育出版社 2013 年版，第 73 页。
〔3〕 董毓：《批判性思维十讲：从探究实证到开放创造》，上海教育出版社，2013 年版，第 74 页。

我带着学生以联想和想象的方式还原推求安徒生写此童话的过程，为学生写作提供借鉴。

学生问题	回归具体情境，角色转换想象安徒生创作过程	归纳概括想象文构思写作的程序
首要问题：无从下手	（1）我所生活时代的现实生活——此时是1837年，我的国家丹麦成了英国的附庸国，我国人民身受本国封建阶级和英国资产阶级的双重剥削，过着饥寒交迫的贫困生活，而封建统治阶级则穷奢极欲，挥霍无度。这让我很恼怒与愤懑！	（1）写作背景：立足现实生活，观察、回顾现实某一生活现象。
	（2）我以笔为文确立的写作主题——面对这样的社会现实，我创作了《卖火柴的小女孩》反映百姓过着饥寒交迫的贫困生活，当然作为童话，我还告诉孩子们"无论生活多么黑暗，我们始终要保有一丝光"；我还想以一篇新的文章来揭露封建统治阶级，我确立的主题是：揭露封建统治阶级的穷奢极欲、挥霍无度，贵族、宫廷的丑恶行径，人性的撒谎、欺骗、虚荣、自私等，以及当时整个社会的病状。当然如果创作童话的话，我还要告诉孩子们"无论整个社会多么黑暗，我们都要保持自己的童真"。	（2）表达主题：据此生活现象，确立自己想要表达的主题。
	（3）我根据主题选材，确立主要情节——西班牙民间有一则故事，很适合我这个主题，为了更深刻地反映社会现实，我要对故事里新装的特性部分里的"任何私生子都看不见这衣服"进行改编，变为"任何不称职的或者愚蠢得不可救药的人，都看不见这衣服"。现在我确定的主要故事是：一个爱新装的皇帝大庭广众之下裸奔游行。具体的情节为：爱新装、织新装、看新装、展新装、揭新装。	（3）确立情节：对生活现象进行提炼，确立主要故事情节、重点描写的场景、人物形象及特点。
	（4）我的想象支点或创作手法——我将继续以我最擅长的文体童话及童话最突出的写作手法想象和夸张进行创作，我打算对这些细节进行想象和夸张：皇帝的癖好、新装特性、受骗范围、皇帝的虚荣愚蠢。	（4）想象支点：材料中能突出人物形象、反映现实生活的能想象或夸张的点。
	（5）我想采取的叙述角度——人的视角，全知全能的第三人称视角。	（5）叙述角度：人的视角，或者物的视角。
	（6）我这篇文章的构思方式——回溯过去，某部分以"很多年以前"开头。	（6）构思方式：回溯过去、立足现在、展望未来，三种中选择适合的一种。
	（7）我把文章写活的方法即语言表达——对人物的语动心神外的正面描写和他人反映的侧面描写，细节描写。	（7）语言表达：正侧结合、细节描写、修辞手法、特殊语辞的使用。
说明	还原推求安徒生写《皇帝的新装》童话的过程，采用的代入情境法，让学生从作者的角度进行体验，创作的体验感强烈。这就是批判性思维具体的力量。	归纳之后，运用演绎思维，举了"无良父母以孩子为工具蹭车挣钱""扶者被诬"的示例，让学生体验并熟悉写作程序。

如果学生要进行创写，如七上六单元写作专题"发挥联想和想象"的"写作实践三"《十年后的我》，以上七点写作程序可以为学生的写作提供支架或者思维路径。

在《皇帝的新装》学完后，学生要完成续写写作，可以从以上第二点（改变主题）或者第三点（不改变主题）开始构思创作。

想象文的思维路径有了，但是如何续写，学生又面临了新的难题。续写的方法是什么？有什么限定与要求？在《杞人忧天》提炼寓意将文本放归《列子·天瑞》大语境的时候，其实就涉及了续写的方法。因此，续写的指导依然依托《杞人忧天》文本。续写同样遵循"立意先行"和"在具体语境中理解与判断"的原则，因此指导学生的时候先给出寓意，再给出续写文字，然后让学生归纳提炼续写方法。

在设置的具体情境中，学生通过归纳提炼续写方法，创造写作支架。

阅读思维与写作思维是两种不同的思维路径，会阅读不见得会写作，所以老师要改变学生读了某一类文体作品即会写作某一类文体作品的固有观念，要设身处地，换位思考，基于学情，设置具体情境，引导和帮助学生构建新的写作知识和程序。

（3）评估。黑格尔说："最杰出的艺术本领就是想象。"想象力概括着世界上的一切并推动着进步，想象是知识进化的源泉。因而培养学生的想象力非常重要。但是想象不等于胡思乱想，寂然凝虑、悄然动容之间思接千载、视通万里，要合情合理，逻辑清晰。想象文虽然是虚构的，但是要立足现实，有现实意义。

在前期的指导下，学生掌握了想象文写作的程序方法，联想和想象的实质与特点，以及在创作的过程中应该注意的事项，明白了想象文写"活"应与写实文一样注意表现技巧和特殊语辞的运用。根据老师给的作文题目，学生们也创作出了作品，我同样根据想象文的要求与特点研制了评价标准，对学生的作品进行评估，以明确写作的得与失，明确现有的优势水平和下一步发展的起点。这个标准要包含想象文的必备要素，如立足现实的中心思想，承载中心的故事，联想和想象的要求，以及所有文类都应注意的语言表达，毕竟"言之无文，行而不远"。下面是想象记叙文的评价量表：

想象记叙文的评价量表	
等级	描　述
一类文	故事情节合情合理，逻辑清晰，联想和想象自然恰切并有新意，中心明确且有深刻的现实意义，语言表达生动传神。
二类文	故事情节合情合理，逻辑清晰，联想和想象自然恰切，中心明确且有现实意义，语言表达生动传神。
三类文	故事情节虽有牵强处，但基本合理，基本符合逻辑，有主旨但不明确或现实意义不强，语言表达流畅但不够生动。
四类文	故事情节过于牵强，联想和想象脱离了事物的特点或生活的逻辑，或者故事只是再现，缺乏联想和想象，主旨不明且不具备现实意义，语言生涩。

这是《皇帝的新装》续写的一篇学生习作：

皇帝的新装

初一 2 班　艾露恩

皇帝继续游行下去，并没有在意小孩儿说的话。小小的脸上仍挂着一对稍微翘起的睫毛和卷曲的胡须，显得十分"标志"，加上那爆炸款式的胡子和欧洲法官似的卷发，把那洗得白净的脸遮得严实。

当这隆重的游行举办完成后，皇帝小心翼翼地把衣服脱下来，放在衣柜的中间，虽然他并不能看到这衣服上的污点，他瘫坐下来，把他信任的老大臣叫来："你看我现在身上穿着衣服了吗？"

"穿着呢，我的陛下，真是太美了。"皇帝满意地笑了笑，让他的大臣退下去了。但他的心里却有些不大自然，他想："明明我已经脱下衣服了，为什么大臣却说能看见衣服呢？"

于是皇帝找来小孩儿和骗子，皇帝对小孩儿说："你为什么说我并没有穿什么衣服？"小孩儿笑嘻嘻地说："我的陛下，您穿着衣服去阳光底下照一照，看看有没有影子？"于是皇帝穿上衣服，走到被阳光照得刺眼的水泥地上，只见地上什么都没有，除了皇帝的影子，就是那白灿灿的地面。两个骗子吓了一跳，于是转了转眼珠，双手不停地搓捏着那细细的胡须，然后悠然自得地说："其实衣服还有个神奇的地方：任何不称职或无可救药的人都看不到衣服的影子。"皇帝本来有勇气说自己并没有穿着什么衣服。可听到两个骗子的话，又让他闭了口，他心想："我怎么会不称职呢？可我确实没有看到影子啊！"小孩儿不紧不慢地对两个骗子说："你们两个人中的一个人，穿着皇帝的衣服，让狗熊舔袖子上的地方，如果皮肤是湿的，那我说的是真的，如果皮肤是干的，那你们说的是真的。"

两个骗子无可奈何，战战兢兢地拿着皇帝的衣服一点一点地穿在自己身上，狗熊舔了一口，只见骗子的手臂被狗熊舌头上的倒刺刮得皮开肉绽，皇帝恍然大悟，为之前的愚蠢感到惭愧。

最终皇帝惩罚了两个骗子，奖励了小孩儿，并把新装一事告知人民，并仔细管理国事，使国家繁荣了起来。人们不由称赞起来："真是一个称职的国王啊！"

本文改变了主题，引入了第三者，续写了小孩与骗子的对决，想象合情合理，皇帝最终恍然大悟，仔细管理国事，国家繁荣，人物特点的转变有足够的铺垫，转变合理，不突兀。在语言表达上，第一段对人物进行了外貌描写，突出了人物的虚荣、爱炫耀的特点；第三段的语言和心理描写突出了人物狡猾的特点；第四段骗子的外貌、神态和语言，写出了骗子的狡猾与骗术高明，以及被揭穿骗局后的恐惧。文章想象新奇，语言生动，人物特点鲜明。

在初次想象文写作训练中，根据评价量表对学生的作品进行评估，发现主要问题如下：缺乏想象；前后不一致，自相矛盾；想象不合情理，不合逻辑；想象情节没有最近相关，语言不生动；加入新的想象元素，前后不和谐。下面是一篇"想象不合情理，不合逻辑"的文章：

皇帝的新装
初一 3 班 张博文

游行大典举行完毕，皇帝回到寝室，眼神充满迷茫，心想："难道老百姓说的是真的？那我在他们心中不就变成了愚蠢的人？不，不行，我一定要阻止这种谎言，禁止让更多人知道这件事。"

皇帝把头伸出窗外，只见街道上的人们正两个一堆、三个一簇地围在一起讨论着什么，又时不时地往皇帝寝室偷偷看上两眼。胆大的人直接用手指着皇宫的方向，嘴里都要骂起来了，还有一些人手舞足蹈地讲着刚才那个小孩子说的天真的话。

两个骗子就混在人群中，向城门的方向挤了过去。他们都换了一身平民的衣服，装模作样地，急急地向城门口跑去，就像卖东西的小贩，被老虎追时那狼狈的样子。出了城门，一路向西走去。

这时，老百姓都看到了皇帝在窗口四处张望，一个个拿起旁边摆着的水果，脚边的石子、篮子里的鸡蛋，向皇宫的墙壁上乱扔，嘴里大声说着要换皇帝。

皇帝十分害怕，不知如何是好时，心中蹦出了一个逃命的念头：到夜里，我赶快逃走吧，要是再在这里待下去，肯定死路一条，皇帝我也做不成了，还是快走吧，一秒都不敢待了。

到了夜里，皇帝落荒而逃。

第二天群臣见没了皇帝，一大群一大群的老百姓又来接二连三地骚扰皇宫，使得众臣不得安宁，各个归正，从此，这里再也没出现过不正经的人、荒唐的事。大城市也改名为"诚实之城"。

技能	说明	举例	实践示例评估	问题
评估	评价数据、观念的可信性和推理的逻辑强弱	评估信息可信性；判别论证相关性、确定性；比较各种观点的优劣	此文写百姓指着皇宫的方向骂皇帝，向皇宫的墙上乱扔水果、石子、鸡蛋，要换皇帝，皇帝害怕地逃跑了，第二天百姓接二连三扰皇宫，众臣各个归正，从此，此城也成了"诚实之城"。这些想象不合情理，忽视了皇帝掌握着最高权力的事实，以及统治者不会轻易甘心地退出历史舞台的心理和人性的复杂，人不是只靠一次威胁就能全部改变人性的丑陋。当有大胆百姓骂皇帝的时候，狡猾虚荣的皇帝按照正常逻辑应该是派兵镇压而不是逃走，所以想象不符合发展的规律，即不合逻辑。	在思考时，没有回到事实的原初关系中，没有在故事当时的时代背景下，根据当时的人物地位、关系、问题、条件等来思考。

（4）发展。学生根据想象文的评价量表自我评估，并根据评估从是否审清楚了写作要求，是否具有想象力、联想与想象是否合情合理，是否符合逻辑，前后是否矛盾，有无现实意义，表达是否生动几个方面，重点选择一到两个角度进行个人作文的认真修改。

下面这篇习作是张博文同学对照评价量表自我省察后完成的修改稿：

皇帝的新装

初一3班　张博文

游行大典举行完毕，皇帝回到寝室，眼神迷茫，心想："难道老百姓说的是真的？那我在他们心中不就变成了愚蠢的人？不，绝对不行，我一定要阻止这种谎言，禁止让更多人知道这件事。"

皇帝悄悄把头伸出窗外，只见街道上的人们正两个一堆、三个一簇地围在一起讨论着什么，又时不时地往皇帝寝室偷偷看上两眼。看来几乎所有百姓都在心中都赞同了这个小孩的看法，皇帝认为。还有一些人手舞足蹈地讲着刚才那个小孩子说的天真的话。

"不行，我要把两个骗子叫来问个清楚。"皇帝想。谁知，就在刚才那两个骗子已经混在人群中，向城门的方向挤了过去。他们都换了一身平民的衣服，装模作样地，急急地向城门口跑去，就像卖东西的小贩，被老虎追时那狼狈的样子。出了城门，一路向西走去。

得知两个骗子畏罪潜逃，皇帝十分恼怒。"现在事实就摆在面前，有口也难辨了，真是'赔了夫人又折兵'。"不过他又想："老百姓现在肯定慢慢地不信任我了，但我要稳住人心，同时用武力镇压，把这次的事情压制下去。"

皇帝传令让掌管军队的大臣派一百人，持枪装弹的在大街小巷巡视，找几个议论最起劲的，杀头示众来警告人民。至于那个传谣的小孩，先不杀他性命，把他一家关到监狱里，每天戴着手铐和脚镣，在街上"游行"。

皇帝的震怒让文武大臣不敢不从，一个个都安排去了。大约一个月后，事情果然被压了下去。老百姓上街再也不敢提起这事，渐渐地就都淡忘了。这时，不知是谁从西边的城池中带来一个消息：邻国的王子也要上街游行了……

这篇修改稿主题未变，续写了皇帝关注到百姓起劲的议论，骗子逃走后更加恼怒的他派兵镇压百姓，说真话小孩的父母也受孩子牵连银铛入狱、大街游行。改写稿与原稿，在情节的设置上进步很大，想象比较合情理，人物形象突出，更反映了当时社会黑暗的现实。第二段老百姓悄声议论的细节很传神。

学生从想象文创作的无从下手，到老师课堂上引导，提炼总结写作程序与方法，了解想象文的不同训练类型并实践操练，出现问题之后对症下药，进行修改，最终发展提升，这是一个思维与实践的复杂过程。教师在具体情境中指导，师生一起在具体情境中提炼归纳，教师给出具体事例实践运用；再设置具体的写作情境，学生出现问题后，老师根据具体的情境提出修改建议，学生针对具体问题反思，再回顾并运用具体的写作方法进行修改，修改完后还要不断省察反思，螺旋提升写作能力和思维水平。

（二）议论类文章的写作

1. 问题。"一篇文章或一篇演说，如果是重要的带指导性质的，总得要提出一个什么问题，接着加以分析，然后综合起来，指明问题的性质，给以解决的办法。"

毛主席此说正合议论文的三要素：论点、论据、论证。

逆风而行，是"明知山有虎，偏向虎山行"的勇敢果决，也是不盲目跟风、有独立见解的清醒睿智，还是面对权威敢于质疑求真的赤诚无畏……这些文字，唤起了你什么难忘的回忆？引发了你怎样的思考？激发了你哪些想象？请以"逆风而行"为题，写一篇文章。不限文体（诗歌除外）。

这是 2020 年 11 月北京市海淀区初三期中考试的作文题，考试后，教师就此次作文的文体选择情况通过问卷星小程序在年级做了一个问卷调查，收集有效答卷 207 份，74.4% 的同学选了记叙文文体，5.8% 的同学选了议论文文体，8.21% 的同学选了想象文，11.59% 的同学认为自己写的文章既像记叙文又像议论文。

教师将学生选择议论文文体的情况进行了梳理归类，发现存在如下三种情形：绝大多数同学不敢尝试写议论文；或者考虑过写议论文，但不太会写。极少部分同学（近 6%，36 人）选择写议论文的是因为写记叙文存在障碍或写得不好，只有个别（4 个）同学认为自己擅长写议论文。

针对以上问题，我们的策略是逐个击破问题元素，再组合创新，解决问题。在具体操作上化大为小、化难为易、从段入手，选择合适的议论文阅读材料，以读导写，提炼写作方法，再由小到大，组合变换，攻克写作难题，给学生以支架，提升思维和写作水平。

2. 探究。统编初中语文教材，在九上第二单元、第三单元、第五单元安排了"表达观点要清楚""议论要言之有据""论证要合理"的写作专题。到了初三，学生的思维水平提升，进行初浅议论文的写作自然就被提上了日程。

统编初中语文教材里的 23 篇议论文，要么是文言文，现代文中要么文体不典范，要么是难度较大的关系型议论文、驳论文、文艺性议论文，要么篇章结构不是特别简单明了、学生易于模仿的应试议论文。因而在以读导写的导读材料上，就得选适合于初浅议论文写作的材料，在组材成篇上也得精心设计，适合学生的学情。

论点、论据、论证是学生们熟知的议论文的三要素，但是要在论点的统帅下，运用论据证明论点，对学生来讲，每一步都不是一件容易的事。学生要知道论点如何拟，论据如何选，论据如何证明论点等。要知道议论文最简单的段落与篇章结构，并在此基础上的缀段成篇与变形。

批判性思维通过问题元素分解、组合来解决问题，或者创新。[1]

初中初浅议论文写作		
学生问题	问题元素分解	组合创新
不会写议论文 不敢尝试	论点（和分论点的拟制）	三要素问题逐个击破后，将三要素组合成段，将小段落缀段成大篇章。
	论据（积累、选择与叙述）	
	论证（严密的说理）	

3 岁的小孩：我最喜欢我的奶奶。（论点）因为她从来不打我。（论据）所以我最喜欢她。（结论）

"说理"是人的本能。如上三岁小孩的话，有论点，有事实论据，有论证即用论据证明论点的过程。在此基础上，让初三的学生写一段如此结构样式的有理有据有分析过程的议论文，应该是我们解决难题的突破口。

要学习"如何用事实论据写议论文段"，教师将段落分解，化大为小，给学生出示了以下三个片段，让学生练习从片段中提炼观点，将此片段压缩凝练为可以证明此观点的论据，然后通过论证分析建立论点与论据的关系。片段练习如下：

【练习一】

樊锦诗，敦煌研究院名誉院长。1963 年，北大毕业后的樊锦诗，把大半辈子的光阴都奉献给了大漠上的敦煌石窟。人们亲切地喊她"敦煌的女儿"。

为了敦煌，樊锦诗和丈夫两地分居长达 19 年，两个儿子出生后都没有得到很好的照料，但她却视敦煌石窟的安危如生命，扎根大漠，潜心石窟考古研究和创新管理，完成了敦煌莫高窟的分期断代、构建"数字敦煌"等重要文物研究和保护工程。她还推动立法和制定莫高窟总体保护规划，按百年大计千年大计来规范敦煌保护。

2019 年，她被授予"文物保护杰出贡献者"国家荣誉称号勋章和"最美奋斗者"称号。81 岁的樊锦诗一直还在为敦煌忙碌着……

【练习二】

世界著名指挥家小泽征尔在一次大赛中，根据评委会交给他的一张乐谱指挥演奏。但发现有不和谐的地方，于是他指挥乐队停下来重新演奏，但仍觉得不自然。这时候，在场的作曲家和评委会权威人士都郑重声明：乐谱没有问题，是小泽征尔的感觉出了错误。小泽征尔十分难堪，但他考虑再三，坚持自己的判断是正确的，于是大吼一声："不！一定是乐谱错了！"他的喊声一落，评为立即站起来热烈鼓掌，祝贺他大赛夺魁。原来这是评委们精心设计的圈套。

【练习三】

孔子有个学生叫曾子。有一次，曾子的妻子要上街，儿子哭闹着要跟着去，妻子就哄他说："你在家等我，回来给你杀猪炖肉吃。"

妻子回来，见曾子正磨刀霍霍准备杀猪，赶忙阻拦说："你怎么真的要杀猪给他吃？我原是哄他的。"曾子认真地说："和孩子是不可说着玩的。小孩子不懂事，凡事跟着父母学，听父母的教导。现在你哄骗他，就是教孩子骗人啊。"于是曾子把猪杀了。

---

〔1〕 董毓：《批判性思维十讲：从探究实证到开放创造》，上海教育出版社 2013 年版，第 210 页。

问题元素分解	实践示例
论点（和分论点的拟制）	①这个事例能证明的论点是：_____（不超过30字）。
论据（积累、选择与叙述）	②把上面的事例根据论点压缩成80字左右的事实论据：_____。
论证（严密的说理）	③论证分析（50~80字）：_____。

（1）给所给材料提取观点。议论性文章是以议论为主要表达方式，围绕一个话题，表达自己观点和主张的文章。要学写一般规范的议论文，首先要学会确立自己的观点，然后用简洁明确的语言表达自己的观点。

第一问这道题解决的是观点的确立。学生能从所给的材料中提取观点，是议论文写作的第一步。

对于记叙类的文段，可以通过关键词句、由果推因、上位概括等多种方法提炼观点。如由果推因：主要人物+主要事件+主要结果，根据主要结果推断原因。论点可以从"为什么"和"怎么做"两个角度拟制。

根据以上方法提炼概括【练习一】观点：樊锦诗扎根大漠几十年潜心考古研究和创新管理，81岁仍忙碌不辍完成了敦煌莫高窟重要文物研究和保护工程，推动立法和制定莫高窟总体保护规划，并被授予国家荣誉称号勋章和最美奋斗者称号。由果推因：樊锦诗为什么能取得"完成敦煌莫高窟重要文物研究和保护工程、推动立法和制定莫高窟总体保护规划"等成就，因为她：无私奉献、坚持不懈、心中有大爱……，将答案从原因或怎么做的角度按照陈述句表述为观点，可以有如下这些：

我们要学习为心中大爱而无私奉献的精神。

我们要无私奉献。

我们要坚持不懈。

我们要为保护文物（传统文化的保护与传承）而无私奉献/坚持不懈地奋斗。

用同样的方法可以得出【练习二】【练习三】的观点。

（2）围绕观点概括叙事材料。想要证明观点需要有材料做支撑。论据是用来证明论点的材料，是论点赖以生存的根据。论据可以分为事实论据与道理论据。学习初浅的议论文，先从学习运用事实论据开始。

第二问这道题解决的就是议论文中事实论据的运用。议论文以议论为主要的表达方式，议论文的事实论据采用的表达方式是叙述，归纳论据要点的方法是：××人+怎么做（与论点密切相关的方面）+结果，即"人+事+果"，如【练习二】事实论据的要点概括：小泽征尔在一次比赛中面对权威仍然坚持认为乐谱错，最终大赛夺魁。

（3）围绕观点对材料进行论证分析。一篇议论文除了观点正确，论据可靠恰切，还需要论证得周密严谨，才能增强论证的说服力。论证得周密严谨一是学会对材料进行分析，深入阐述观点，二是学会构思篇与段的论证思路。

第三问这道题解决的是学会分析材料的方法，深入阐述观点，让论证逻辑周密严谨。

学生对如何扣着材料进行论证分析，不知如何下手，因而课堂上着重就分析方法进行引导。老师出示自己的下水文，然后让学生从中提炼概括常用的分析方法，并给予学生概念，以便学生更好地理解和迁移运用。

示例1：我们要学习为心中大爱而无私奉献的精神。

论证分析：樊锦诗为了保护文物牺牲了小我，成就了大我。她的无私奉献，潜心研究不辍，敦煌石窟保护才能在研究、管理、规范等方面取得长足发展，我们的传统文化才得以更好地传承，同时也在自己的人生上留下了浓墨重彩的一笔。作为新时代的接班人，我们也要学习她的这种为了心中大爱无私奉献的精神，为祖国的建设贡献自己的一份力量，绽放精彩人生。

本段分析了樊锦诗的心有大爱、无私奉献对敦煌石窟保护、传统文化传承、自己人生精彩的意义，因而师生提炼此分析法为"意义分析法"。所谓"意义分析法"，即在举出实例之后，能够围绕论点，由小见大，在对具体事实的分析中提炼出事件或行为的意义、作用，或揭示出事件或行为的影响、危害，从而达到证明论点的目的。提示：分析群例要先围绕论点明确各个事例的共同意义。

老师以同样的思维帮助学生归纳总结对材料进行论证分析的"探因分析法"和"假设分析法"。

现在学生将从材料中提出的观点，围绕观点概括叙事的材料，围绕观点对材料进行的论证分析，组合拼装后，就得到了一段包括论点、论据、论证分析的议论文段，具体如下：

【练习一】		
论点	我们要学习为心中大爱而无私奉献的精神。	
论据	樊锦诗为了保护敦煌石窟，扎根大漠，潜心研究，创新管理。她与丈夫长期两地分居，顾不上年幼的孩子，把大半辈子的光阴都奉献给大漠，终取得敦煌保护的辉煌成就，至今仍奉献不辍。	去掉表格，将论点、论据、论证分析对应的三部分文字组合拼装即可。如下【练习二】与【练习三】。
论证分析	樊锦诗为了保护文物牺牲了小我，成就了大我。正因为她的无私奉献，潜心研究不辍，推进立法，才能完成敦煌石窟的分期断代、构建"数字敦煌"等重要文物研究和保护工程，以及千年大计的规范保护。同时也在自己的人生上留下了浓墨重彩的一笔。作为新时代的接班人，我们也要学习她的这种为了心中大爱而无私奉献的精神，为祖国的建设贡献自己的一份力量，绽放精彩人生。	

【练习二】

自信，可以使人走向成功。世界著名指挥家小泽征尔在一次大赛中，认为乐谱有问题，在权威们再三表示乐谱没错的情况下，小泽征尔坚持自己的判断，最终没有陷入评委们精心设计的圈套，一举夺魁。小泽征尔的成功源于他坚持了自己的判断，这种坚持是难能可贵的。是他的自信使他能够不受他人意见的影响和环境的左右，坚持自己认为正确的判断，从而夺魁。看来，自信，可以使人走向成功。

【练习三】

做人要言而有信。曾子的妻子答应给儿子杀猪实则是为了哄儿子听话而开的玩笑，而曾子却认真对待，认为做父母的不可以哄骗孩子，最终把猪杀掉了。诚信是人的根本，诚信才是对别人的尊重，同时也会让别人尊重自己。不仅作为父母要对儿女守诚信，任何一个人，说话言行都要恪守信用。如果曾子没有对儿子守诚信，而是与他的妻子一样哄骗孩子，那么不仅是他，连同他的儿女都会成为一个不守诚信的人，也就没有了大名鼎鼎的言而有信的曾子了。

现在学会了一个议论段，在此基础上我们可以通过组合创造，缀段成篇。如以上三个议论段就可以统领在"逆风而行"这个题目下。那一篇议论文最基本的结构样式是什么呢？为了给学生提供样例，我以典范议论文《谈骨气》为例，经过删改变形之后给学生以示范引导。具体不再赘述。

按照以上范文的结构思路，以2020年11月海淀初三期中考试"逆风而行"为题，将樊锦诗、小泽征尔、曾子及其妻子的三个议论文段缀段成篇。当然，因为分论点的要求，以及不同话题的限定，所以每个原语段的分论点会做句式上的修改，内容分析会做调整，如果是同话题的话就简单许多。然后再加上开头与结尾，例文如下：

逆风而行

古往今来，在人类的历史中，总有一些人，他们与权威逆行、与谎言逆行、与逸乐逆行，终成就自我，匡正儿孙，造福社会。我们要有逆风而行的精神。

逆风而行，就是面对权威时的自信，自信可以使人走向成功。世界著名指挥家小泽征尔在一次大赛中，认为乐谱有问题，在权威们再三表示乐谱没错的情况下，小泽征尔坚持自己的判断，最终没有陷入评委们精心设计的圈套，一举夺魁。小泽征尔的成功源于他逆风而行，坚持了自己的判断，这种坚持是难能可贵的。是他的自信使他能够不受他人意见的影响和环境的左右，坚持自己认为正确的判断，从而夺魁。看来，面对权威敢于质疑的自信，可以使人走向成功。

逆风而行，就是面对谎言不以为意时的诚信，诚信是立人之本。曾子的妻子答应给儿子杀猪实则是为了哄儿子听话而开的玩笑，而曾子却认真对待，认为做父母的不可以哄骗孩子，最终把猪杀掉了。诚信是人的根本，诚信才是对别人的尊重，同时也会让别人尊重自己。不仅作为父母要对儿女守诚信，任何一个人，说话言行都要恪守信用。如果曾子没有对儿子守诚信，而是与他的妻子一样哄骗孩子且不以为意，那么不仅是他，连同他的儿女都会成为一个不守诚信的人，也就没有了大名鼎鼎的言而有信的曾子了。

逆风而行，要学习为心中大爱而无私奉献的精神，利国亦绽放精彩人生。樊锦诗为了保护敦煌石窟，扎根大漠，潜心研究，创新管理。她与丈夫长期两地分居，顾不上年幼的孩子，把大半辈子的光阴都奉献给大漠，终取得敦煌保护的辉煌成就，至今仍奉献不辍。樊锦诗为了保护文物牺牲了小我，放弃个人及小家庭的逸乐，成就了大我。正因为她的逆风而行之无私奉献，潜心研究不辍，推进立法，才能完成敦煌石窟的分期断代、构建"数字敦煌"等重要文物研究和保护工程，以及千年大计的规范保护。同时也在自己的人生上留下了浓墨重彩的一笔。作为新时代的接班人，我们也要学习她的这种为了心中大爱无私奉献的精神，为祖国的建设贡献自己的一份力量，绽放精彩人生。

逆风而行是对一个人意志品行的考验，花朵怒放，结出成功之果的绚丽，需要我们自信、诚信、无私奉献。逆风而行，是我们必须要有的精神，时代在变，潮流在变，而永远不变的是逆风而行的心。

在片段和整文引导的基础上，为了加强训练，让学生修改樊锦诗、小泽征尔、曾子及其妻子的三个议论文段。

批判性思维的二元分析法告诉我们事物是多维组成的。通过由整到零分解，再由零到整组合。学生学会了段的写作后，同理扩充，将段看做是一个元素，通过元素组合，缀段成篇，组合创新。

毛主席说："一篇文章或一篇演说，如果是重要的带指导性质的，总得要提出一个什么问题，接着加以分析，然后综合起来，指明问题的性质，给以解决的办法。"这段话，其实也告诉了我们说理的思路与方法。对于综合性的事物要善于分解，对于构成事物的具体元素，又要善于组合，是为创新。

3. 评估。议论文要说理，说理是人的本能。议论文的理是什么，用什么说理，如何说理，对于初浅议论文的写作要求是达到理正且明，论据与理一致，运用一定的论证方法和思路来说理。

在前期的指导下，学生敢于尝试议论文写作，迈出了可贵的一步。学生创作出了议论文段，并根据老师提供的自己或同伴的作品进行了缀段成篇的组合创作。下面是议论文的评估标准，这个标准要包含议论文的三要素和文章整体的写作思路。

<table>
<tr><th colspan="2">议论文的评价量表</th></tr>
<tr><th>等级</th><th>描　述</th></tr>
<tr><td>一类文</td><td>观点正确鲜明，力求新颖深刻；论据与观点一致，可靠恰切，典型、有代表性，力求丰富多元；论证周密严谨，论证方法恰当丰富。整体思路清晰。</td></tr>
<tr><td>二类文</td><td>观点正确鲜明；论据与观点一致，可靠恰切；论证周密严谨，论证方法恰当。整体思路比较清晰。</td></tr>
<tr><td>三类文</td><td>观点正确；论据与观点比较一致；论证比较严谨，论证方法恰当。整体思路尚清晰。</td></tr>
<tr><td>四类文</td><td>观点不够正确；论据与观点不一致；论证不严谨，论证方法单一。整体思路不清晰。</td></tr>
</table>

这是同学们根据提供的材料按照要求提炼观点、叙述论据、分析论证后形成的议论文段的修改稿。

【练习三】探因分析法

对待孩子也要言而有信。曾子的妻子要上街，为哄孩子不跟着她去，她就承诺孩子回来杀猪给孩子炖肉吃，曾子听说后，为了在孩子面前信守诺言，不顾妻子的劝阻，真的把猪杀了给孩子炖肉吃。在曾子看来，对孩子说话谨慎、守信用是很重要的，因为孩子年幼，对事情不具有足够的辨别能力，而他们人生中第一个老师就是父母，父母是孩子的榜样，他们的行为影响着孩子，所以与孩子说话更要考虑再三，更要做到诚信。这就是曾子教育孩子的原则，曾子不愧为大教育家孔子的弟子。

在论点、论据、论证写作和修改的过程中，学生都出现了问题。在论证分析方面的问题是：人生观堪忧。言过其实。分析有的没有扣着论点展开；对材料进行了添加，无中生有；意义有问题。空喊口号。重复啰嗦。字数过少，分析不具体、深入。

以上论证分析出现的问题，我们可以总括为论证"不合理"，分析"不充分、不严谨"。前两类问题是意识与见地的问题，第三类问题是没有深入理解分析是搭建论点与论据的桥梁，论据不是不证自明，分析使得论据的说服力增强，因而分析必须基于论点，同时紧扣论点展开。后三类问题是没有理解老师引导提炼的三种分析方法，只做到形式而没有内容，即不知如何分析。

4. 发展。学生根据议论文的评价量表自我评估，并根据评估从论点是否正确鲜明、论据是否与观点一致且可靠恰切、论证是否周密严谨、论证方法是否恰当丰富、整体思路是否清晰几个方面，重点选择一到两个角度进行个人议论文段的认真修改。

为了帮助学生深入理解，教师对之前引导的三个示例重新进行细微分析，帮助学生明确三类分析法的具体途径为：多果分析；由小到大、由浅入深、由近及远等。之后从不同分析法入手，给学生搭建句式，帮助学生成长，以【练习二】"由小到大"的意义分析法为例，具体如下（横线上为学生修改示例）：

观点：坚持自己的观点能使人成功。

论据：世界著名指挥家小泽征尔在一次大赛中，认为乐谱不和谐，但评委却一再强调没有问题。在关键时刻，他坚持自己的观点，最终夺魁。

分析：我们要坚持自己的观点，小泽征尔正是在关键时刻的坚持自我，才能跳出评委们精心设计的圈套，并一举夺魁。坚持自我也有助于他今后人生的不断突破，成长为更好的自己，并最终成为世界级的著名指挥家。可见，坚持自己的观点能使人成功。（意义分析法：由小及大）

学生的议论文写作经历了不敢尝试，或者想尝试但不太会写，到能提炼观点、叙述论据、分析论证，再到能完成以事实论据为主的议论文段，并缀段成篇。这整个过程是在批判性思维的元素分解、组合创新指引下，实现了从无到有质的突破，写作与思维能力的大幅提升。

二、其他各类型的交流表达：

表达是思维的外在表现。思维无处不在。很多时候，思维过程是无意识的，我们根本就没有察觉我们自己在思考。有时候，我们会面对一个复杂的局面，需要理清头绪，或者需要做出一个重要的决定，或者要解决一个复杂的问题，我们会认真地思考，这时候，我们才意识到自己在思考。实际上，不管是否意识到自己在思考，思维过程都是存在的。我们的一些决定、选择、行动，甚至说的话，某一个表情、手势，都是思维的外在表现。

如果你是一个中学生，在学校学习和日常生活中，你还需要经常做一些口头和书面的表达，比如：回答问题、完成作业、进行考试、写文章、做总结等等。你可能有这样的困惑：

觉得自己想得很明白，说（或者写）的时候不清楚；

为了说（或者写）清楚，越说越多，最后把自己绕进去了；

自己觉得自己说（或者写）得很清楚，别人（听的人）认为没有说清楚；

有的人能用简单的几句话就把一件事说得非常清楚，我却做不到；

老师说我写作文"跑题""没有感情""抓不住重点""不生动"；

考试的时候，我写了很多，却没有得分；

……

相信很多同学或多或少都曾经产生过上述的困惑，现在就让我们一起试着分析产生困惑的原因，一起寻找提升和改变的方法。

（一）利用思维元素与因果推理完善表达

思维就是思考的过程，不管是简单的思考过程，还是如"观察现象——提出问题——设计实验——收集证据——分析推理——交流讨论——得出结论"这样复杂探究的思考过程，其都有一些共同的组成部分，如：思维有目的性、思维有推理过程、思维得到一个结论（或者做一个决定）等。

理查德·保罗在其《批判性思维工具》一书中提到了构成思维的八种元素，具体如下：

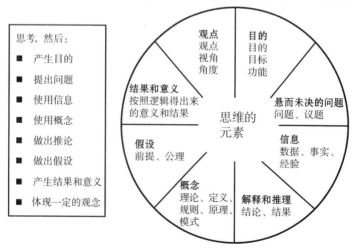

图 5-2-1　思维的八种元素

保罗还指出，思维的这八种元素不是彼此独立存在，而是相互关联的。下面我们试着从思维的构成要素分析并完善我们的思维过程，从而提升我们的表达水平。

根据客观事物之间都具有普遍的和必然的因果联系的规律性，通过揭示原因来推论结果，或者根据结果推论原因，就是因果推理。因果关系是事物之间非常重要的一种常见关系。发现因果关系，处于人类认识和合理行动的需求的首要位置。

下面以化学学科小作文案例来分析思维元素和因果推理在交流表达中的运用。

案例 5-2-1："NH$_4$Cl 水溶液为什么显酸性？"（作者：娄福艳）

1. 问题

在高二化学学习《物质在水溶液中的行为》这一章时，很多学生不能建立起酸碱盐在水溶液中行为的整体认识，不能建立宏观和微观之间的联系，从微观角度解释物质的宏观现象没有整体的思路，加上这一章的研究对象有很多，涉及很多酸碱盐，还会出现陌生的物质，学生觉得这一章很难。为了改变这种现象，教学中教师选择典型物质，让学生用小作文的形式写出分析过程，以建立认识和分析水溶液问题的整体思路。以"NH$_4$Cl 水溶液为什么显酸性？"为题目时，一种典型的学生的表达过程，具体如下：

> **NH$_4$Cl水溶液为什么显酸性？**
>
> NH$_4$Cl水溶液由NH$_4$Cl和水混合而成，其中含有离子NH$_4$+、Cl-、H+、OH-，NH$_4$+和Cl-由NH$_4$Cl完全电离而来，H+和OH-由水部分电离而来。NH$_4$+和OH-可以结合为NH$_3$·H$_2$O为弱电解质，所以二者发生反应，使得OH-浓度降低，水的电离平衡由于产物OH-的减少，于是平衡正移产生出更多的OH-与H+，每当有新的OH-产生出来就会被NH$_4$+结合掉，久之，OH-与H+浓度差明显，H+浓度大于OH-，溶液显酸性。

2. 探究

以上的小作文是学生对典型化学问题"NH$_4$Cl 水溶液为什么显酸性？"思维过程的外在表现，尽管该同学在表达中有一些不太合理的地方，这个表达过程仍然体现了思维的要素，分析如下：

思维要素	例子
目的	以典型物质 NH$_4$Cl 溶液微粒，建立形成分析思路。
问题	NH$_4$Cl 水溶液为什么显酸性？
信息	1. NH$_4$Cl 水溶液由 NH$_4$Cl 和水混合而成。 2. NH$_4^+$ 和 Cl$^-$ 由 NH$_4$Cl 完全电离而来。 3. H$^+$ 和 OH$^-$ 由水部分电离而来。 4. NH$_4^+$ 和 OH$^-$ 可以结合为 NH$_3$·H$_2$O 为弱电解质。
概念	H$^+$ 浓度大于 OH$^-$，溶液显酸性。
解释和推理	NH$_4^+$ 和 OH$^-$ 可以结合为 NH$_3$·H$_2$O，共为弱电解质——所以二者发生反应——使得 OH$^-$ 浓度降低——水的电离平衡由于产物 OH$^-$ 的减少，于是平衡正移产生出更多的 OH$^-$ 与 H$^+$——每当有新的 OH$^-$ 产生出来就会被 NH$_4^+$ 结合掉——久之，OH$^-$ 与 H$^+$ 浓度差明显——H$^+$ 浓度大于 OH$^-$，溶液显酸性。

续表

思维要素	例子
推论	NH_4Cl 水溶液显酸性。
假设	1. 两种微粒能结合成弱电解质时，会发生结合。 2. 在水的电离平衡中，OH^- 减少，平衡正移，产生出更多的 H^+ 和 OH^-。
结果和意义	可以根据分析"NH_4Cl 水溶液显酸性"的思路分析所有盐溶液的性质。

3. 评估和分析

在水溶液学习中，分析 NH_4Cl 溶液显酸性相对比较简单，以上学生的表达很完整，八个思维构成要素很全面。但是结合化学小作文的目的——通过对 NH_4Cl 溶液的分析建立起盐溶液性质的分析思路，解释和推理这个思维要素应该是这个问题的核心。

以上的推理过程中，逻辑还比较严密，为了更好地突出水溶液中微粒的相互作用，使推理过程更加清晰，需要进一步明确推理中前提、结论以及隐含前提。

标准化的推理过程如下：

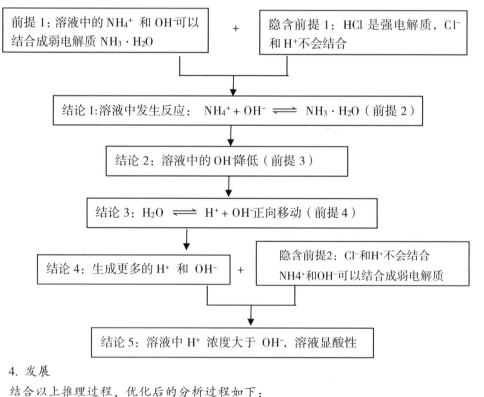

4. 发展

结合以上推理过程，优化后的分析过程如下：

NH₄Cl 水溶液为什么显酸性？（优化后）

NH_4Cl 水溶液由溶质 NH_4Cl 和溶剂水混合而成，NH_4Cl 是强电解质，完全电离出 NH_4^+ 和 Cl^-，水是弱电解质，存在电离平衡。电离出 H^+ 和 OH^-，溶液中存在的微粒是 NH_4^+、Cl^-、H^+、OH^- 和 H_2O。

由于溶液中的 NH_4^+ 和 OH^- 可以结合成弱电解质 $NH_3 \cdot H_2O$，所以二者发生反应（因为 HCl 是强电解质，Cl^- 和 H^+ 不会结合）。这个反应使得溶液中的 OH^- 浓度降低，进而导致水的电离平衡正向移动，产生出更多的 OH^- 与 H^+（产生出来的 OH^- 继续与 NH_4^+ 结合成 $NH_3 \cdot H_2O$，H^+ 不会和 Cl^- 结合），所以溶液中的 H^+ 浓度大于 OH^-，溶液显酸性。

我们把 NH_4^+ 结合水中的 OH^- 生成弱电解质，从而促进水的电离平衡，使溶液显酸性的过程称为水解，用方程式表示为：$NH_4^+ + H_2O \rightleftharpoons NH_3 \cdot H_2O + H^+$

也即是说，NH_4Cl 水溶液中，存在 NH_4^+ 水解，水解生成了 H^+，溶液显酸性。

（二）探究式写作：利用统计归纳与正—反—正思维完善表达

统计归纳法是根据某类对象的样本具有某属性推出某类对象的全体都具有某种属性的推理方法。所谓样本就是从总体中抽取出来的那一部分对象。使用这种方法时，首先要选好样本，处理好样本的代表性与样本数量之间的关系。样本的数量越大，样本的代表性就越大。

正—反—正思维："正"指的是对自己观点的正面论证；"反"是表述反对方的立场和根据，实现辩证性；[1]"正"其实是综合，指根据找到和评估的正反观念和证据，决定是坚持或修正原来的正方观点，还是采取反方观点，还是构造第三观点等。[2] 正—反—正思维，能帮助我们达到思考的辩证性、全面性，处于理性和智慧的核心。

下面以数学学科探究式写作案例来分析统计归纳与正—反—正思维在交流表达中的运用。

案例 5-2-2：用统计和概率语言描述表达问题（作者：王肖华）

1. 问题

问题情境：为了评估 A、B 两家快递公司的服务质量，从两家公司的客户中各随机抽取 100 名客户作为样本，进行服务质量满意度调查，将 A、B 两家公司的调查得分分别绘制成频率分布表和频率分布直方图。规定 60 分以下为对该公司服务质量不满意。

分组	频数	频率
$[50, 60)$	2	0.02
$[60, 70)$	30	0.3
$[70, 80)$	40	0.4
$[80, 90)$	25	0.25
$[90, 100]$	3	0.03
合计	100	1

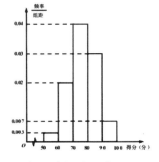

根据样本数据，试对两个公司的服务质量进行评价，并阐述理由。

〔1〕　董毓：《批判性思维十讲：从探究实证到开放创造》，上海教育出版社 2013 年版，第 216 页。

〔2〕　董毓：《批判性思维十讲：从探究实证到开放创造》，上海教育出版社 2013 年版，第 237 页。

2. 探究

这是一个开放性的问题，学生可以对具有统计意义的量进行数据分析，比较说明后，得到合理的断言。例如，学生可以从满意率、不满意率、众数、平均数、期望、方差等角度进行分析论证。

学生1：由样本数据可以估计客户对 A 公司的服务质量不满意的频率比对 B 公司服务质量不满意的频率小，由此推断 A 公司的服务质量比 B 公司的服务质量好。

学生2：提出质疑。因为现在生活标准提升了，服务质量也应该提升，所以 A 公司与 B 公司 70 分以上的频率比较更合理。

由样本数据可以估计 A 公司的服务质量得 70 分（或 80 分）以上的频率比 B 公司得 70 分（或 80 分）以上的频率小，由此推断 A 公司的服务质量比 B 公司的服务质量差。

学生2认为自己的标准更合理。

学生3：由样本数据可以估计 A 公司的服务质量得分的众数与 B 公司服务质量得分的众数相同，由此推断 A 公司的服务质量与 B 公司的服务质量相同。

学生4觉得统计里面能够量化服务质量的还有平均数。

学生4：由样本数据可以估计 A 公司的服务质量得分的平均分比 B 公司服务质量得分的平均分低，由此推断 A 公司的服务质量比 B 公司的服务质量差。

学生5认为平均数体现了服务质量的平均水平，但是最好选择平均水平高，同时方差小、服务质量高且稳定的。所以学生5把方差作为标准。

学生5：由样本数据可以估计 A 公司的服务质量得分的方差比 B 公司服务质量得分的方差小，由此推断 A 公司的服务质量比 B 公司的服务质量好。

学生在开放的环境中，对一个开放的问题进行探究、论证，把所学的知识进行了灵活地调用。在质疑交流中对统计相关的一些数字特征的统计意义进行理解和应用。做到理性思考问题，严谨论证。充分体现批判性思维习性：理性、质疑、公正、开放、求真等。

3. 评估

针对上面学生的质疑论证表达，给予学生积极的评价。评价学生语言表达的标准如下：

统计的数字特征	统计意义	比较结论	思维标准
满意率	体现所占百分比	A 公司满意率高	整体性 清晰性 严谨性 逻辑性 公正性 关联性
众数	出现次数最多的	A、B 众数相同	
平均数（期望）	体现平均水平	B 平均数高	
方差	体现稳定性	A 的方差小	
其他合理标准	例如以高于 70 分以上为标准	B 好	

只要体现了上面至少一种统计数字特征，并且用专业的数学用语进行数据分析，有理有据地进行推理，得到断言的都是好的评价。充分体现了思维标准和思维元素，例如：整体性、清晰性、严谨性、逻辑性、公正性和关联性。借助于批判性思维工具阅读图表信息，批判地进行写作，表达观点。

这个问题体现了数学数据分析核心素养的评价水平一和二。

4. 发展

学生可以提跟这个情境相关的很多问题。

评价水平一：能够在熟悉的情境中了解随机现象及简单的统计或概率问题。

能够结合熟悉的实例，能够用统计和概率的语言表达简单的随机现象。在交流的过程中，能够用统计图表和简单概率模型解释熟悉的随机现象。

评价水平二：能够在关联情境中，识别随机现象，知道随机现象与随机变量之间的关联，发现并提出统计或概率问题。

能够针对具体问题，选择离散型随机变量或连续型随机变量刻画随机现象，理解抽样方法的统计意义，能够运用适当的统计或概率模型解决问题。

数据分析核心素养评价水平特征	发展问题
水平一：熟悉情境 用统计和概率的语言表达简单的随机现象； 能够用统计图表和简单概率模型解释熟悉的随机现象。	（Ⅰ）求样本中对 B 公司的服务质量不满意的客户人数； （Ⅱ）现从样本对 A、B 两个公司服务质量不满意的客户中，随机抽取 2 名进行走访，求这两名客户都来自于 B 公司的概率.
水平二：关联情境 知道随机现象与随机变量之间的关联； 选择离散型随机变量或连续型随机变量刻画随机现象，能够运用适当的统计或概率模型解决问题。	（Ⅲ）现从样本对 A、B 两个公司服务质量不满意的客户中，随机抽取 2 名进行走访。记 X 是抽取的 2 名客户中，来自于 B 公司的人数。求随机变量 X 的分布列及数学期望。

这些问题将统计与概率联系在一起，是一个有机的整体。落实了数据分析核心素养的同时，提高了学生的数学阅读和表达能力。

本节就语文学科的写作与其他各类交流表达进行了探索研究。面对学生的真问题，教师运用批判性思维工具，在不同领域有意识地进行实践，具体为：写景文——二元分析法，写事文——归纳推理法，写人文——批判性思维的六大类技能分析法，想象文——具体情境设置法，议论文——元素分解、组合创新法，各类交流表达——思维元素分析与因果推理法、统计归纳与正—反—正思维。所有以上方法在写作的实践中都需要归纳与演绎推理，都需要评估省察。

需要说明的是以上各种批判性思维工具在各类写作中都可以运用。在写作时，本着经济高效的原则，采用了互文的写作方法。当然，老师们在实践中还可以继续探索适合的写作思维工具，不断创造发展。

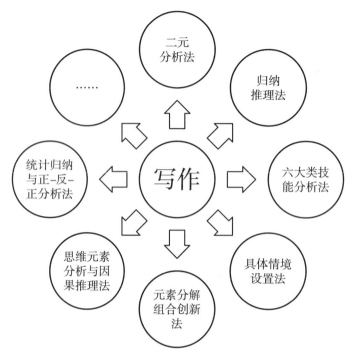

图 5-2-2　写作中运用到的批判性思维工具

　　批判性思维工具使教师的认识更加清明，将教师原先的形而下的教学经验提升为理论指导下的自觉运用。教师理念的转变和专业素养的提升带来的是课堂的变化，继而是课堂主体学生思维水平和写作能力的提升。最重要的是，在课堂浸润、耳濡目染中，学生形成并能运用批判性思维。批判性思维又成为学生形成学科核心素养和适应社会的综合能力的方式手段和重要途径。可见批判性思维写作的重要，它不仅能解决师生当下教与学的问题，更是教师发展专业彰显自我价值、学生终生发展的重要工具。

　　问题都可以用批判性思维解决，探究使我们形成了更好的认识，评估对创造的成果进行衡量，评价自省改进中求得了更好的发展。

第三节　批判性写作的实践

　　无论是个性表达的语文和英语写作（作文），还是各学科各种类型的交流表达，经由批判性思维原理的指导，在理性探究和实证后，表达逐步趋于合理、完善。下面语文、英语、化学、道德与法治的写作与交流的实践案例，分别从批判性思维的六大技能分析、思维元素分析、二元分析、归纳分析等角度进行探究，所运用的批判性思维原理虽有不同，但有其共性的地方：都是从问题出发，运用批判性思维工具指导分析，评估省察，最终学生的思维能力与水平得到发展。

一、语文学科的写作实践

　　语文教学表层和载体是语言，深层和内核是思维塑造与培养，高中语文教学尤其侧重理性思维能力的培养。在高中议论文写作中，提高学生的批判性思维及写作能力，就是在批判性思维原理的指导下，引导学生能有理有据地表达自己的观点和阐述自己的发现，准确生动有逻辑地表达自己的认识。

案例 5-3-1：聚焦关键概念指导作文诊断并修改（作者：窦爽）

以往教师的议论文写作教学更多地着眼于结构安排、素材积累、论据表述、分析表述、语言锤炼、审题破题等环节，这些宏观层面的把握确实是非常必要的，但是实践中会有泛泛而谈隔靴搔痒之感。在学习了批判性思维理论之后，教师开始更加关注微观层面的思维塑造。概念是思维活动的起点，是思维活动的基本单位，用概念这个抓手可以引领学生具体深入地思考问题。

【作文题目】

"《三国演义》中的刘备是英雄吗？"

刘备没有自己的根据地，没有像样的成功，却受到很多人的礼遇。比如，被吕布打败，他投靠曹操，曹操让他做豫州牧，表他为左将军，"出则同舆，坐则同席"。被曹操打败，他投靠袁绍，袁绍出城二百里相迎，父子"倾心敬重"。他们都认为刘备是英雄。

【学生习作片段】

刘备惜才如命，曾三顾茅庐去请卧龙诸葛亮。若想成为英雄，必须要有良好的助力，他得到了诸葛亮，就已经成了半个英雄。由此可见，他是懂得这一点的。……刘备对自己的兄弟、手下，都十分讲义气。他手下人个个忠心耿耿，都全力辅佐刘备。这正是他的手下很少出现叛乱的原因。人都是有感情的，在那样一个战火纷飞的年代，一个讲情义的统领必将受到许多人的拥护和爱戴。成为一个英雄有许多方面的因素，最重要的一点就是拉拢人心，只要有了自己的支持者，自己的势力，就可以成就一番大业，成为一名英雄。

这是一节议论文段落修改课。课题是《说清为什么》，训练方向是因果分析，目标之一是引导学生诊断自己作文的问题。众所周知，反复修改不断回视和反思自己的文字，这是写作水平提高的不二法门，但是学生在作文修改中遇到的第一个拦路虎就是不会对自己的作文进行诊断，不知道自己作文的问题在哪里。这时，可以把概念这个工具给学生，分析概念阐释是否旁移，是否清晰、准确、全面、深入。比如这个片段的问题是：作者把观点中的概念"是"偷换成了"成为"，整段在论述刘备为什么可以成为英雄，而不是刘备为什么是英雄，在分析刘备成功在以真情待人才，获得人才助力从而建功立业。没有着力在刘备和英雄之间建立逻辑联系。请看学生的修改稿：

【学生修改稿】

刘备具有强大的个人魅力，礼贤下士，知人善用。《三国志》中，陈寿评价其有高祖之风。刘备识人用人，可以说是顶尖的。他仅从一面，便识出关张二人可万人敌，与之结拜为兄弟。他敢用无功名无声望的诸葛亮，让一个初出茅庐的人做自己的军师。他看出马谡不可担当大任，死前嘱咐孔明，后来果真应验。刘备在早期十分狼狈，屡次逃难。但却吸引了一个又一个武将、谋士聚集在身边，不忍离弃，真是非常人之魅力啊！

在这个片段中，学生能够围绕"英雄"的内涵"本领、才华、勇武过人之人"阐释，指出刘备在识人用人方面有过人之处，但是，对英雄的内涵阐释比较简单单一，英雄这个关键词强调阐释不够。请看教师下水范例：

【教师下水片段】

对待人才的态度说明刘备有英雄的格局、英雄的识见、英雄的能力。视兄弟如手足，视妻子如衣服，为爱将而摔爱子，这是因为胸中有国与家的权衡，鄙弃求田问舍的田舍翁，此为英雄的格局，反例请看袁绍。张飞是屠夫，关羽是逃犯，三言两语之下，刘备就能看出二人是了不起的英雄。此为英雄的巨眼，反例请看袁术。桃园结义的誓词竟是"上报国家，下安黎庶"！这绝对让"成瓮的喝酒、大块儿吃肉"的梁山好汉愧然！刘备固然智不及诸葛，勇不及关张赵马，但他能让这些人各安其位，团结一心。此为英雄驭人识人之能力。

这一段从胸怀格局、见识和能力多角度分析刘备的英雄特质，就更有说服力一些。然后引导学生全面梳理《三国演义》中刘备的生平细节，通过质疑，对英雄的认识会进一步深入，这里涉及英雄的品格、英雄的弱点、英雄的权变、英雄的类型等。通过这一节作文修改课，聚焦"英雄"这一概念，不断反思修改，在这个思考问题的过程中，学生不仅对英雄概念的理解不断丰富，全面、准确、清晰、深入了，而且学生也练习了运用概念这个工具对自己的作文进行诊断修改的路径。

案例 5-3-2：运用思维要素知识拆分核心话题（作者：窦爽）

学生思维贫弱的表现之一就是思考问题角度单一，不会多角度看问题不会细致剖析，表现在议论文写作上，学生习作往往单薄肤浅。在学习批判性思维的过程中，接触了思维元素的知识。根据批判性思维原理：思维的要素也称为思维的成分或思维的基本结构；这些基本要素的组合塑造了推理过程，同时也为思维的动作提供了整体性逻辑；思维元素或者叫思维的成分，优秀的思考者常常分解、剖析事情；无意识思维的意识化练习有助于我们更好地理解思维表面之下隐含的深层信息。（理查德·保罗《批判性思维工具》）教师开始思考在作文讲评课上可不可以把作文的核心话题拆分成不同的元素，引导学生讨论剖析，达成对问题的透彻理解呢？

这是教师常态作文课的一个环节：

【作文题目】

你关注过校园中的励志标语吗？有的是这样的：为天地立心，为生民立命，为往圣继绝学，为万世开太平。读书为了国家。也有的是这样的：辛苦三年，幸福一生。不苦不累，高三无味；不拼不搏，等于白活。还有这样的：多考一分，干掉千人。考过高富帅，战胜官二代！你对此有怎样的感受和思考？请结合材料内容，自拟题目，写一篇不少于700字的议论文。

【围绕校园励志标语进行的拆分思考】

（1）问题：理想的校园标语应该是什么样的？这是我们最终要解决的问题。

（2）概念澄清：解决这个问题的起点，我们必须要做概念的澄清工作。这个概念在这个语境下有特定的内涵，它使用的范围是中学，或者说是高中，激励的对象是人生观价值观逐步清晰定型阶段的高中生。励志，"奋发志气，把精力集中在某一方面"，即奋发精神，努力求实。但其实背后隐含不同境界层次志向的确立——为一己还是为公众，为了个体的自我完善还是财务权利的追求等等。

（3）背景：应试教育愈演愈烈之下品德教育缺失，竞争加剧、阶层分化的硝烟弥漫校园，庸俗成功学对拼搏意义的矮化、短视化、功利化等等。

（4）立场：理想的校园标语应指向教育的普世价值，能具体地指引和规范学生的行为。

（5）正例剖析：例如第一则标语这样境界高远的指引对高中生成长的意义价值。

（6）反例剖析：例如第二、三则标语的片面性、问题根源在哪里，对高中生成长的弊端和危害是什么。

（7）联例剖析：让学生观察我校的校园标语，出示几则美国教室的校园标语供学生对比剖析——探究其背后的文化观念，进而塑造具有不同精神风貌的个体。

经过这样的分解之后，学生的思考是充分的，另外学生思考的路径也是符合思维规律的。"批判性思维能让写作教育破除那种动作分解观，用整体思维去贯通连续写作的过程，避免把文章分解开来讲。因为一个人的自然写作过程，就是把评论文本当作整体看待的，不会对动作进行分解，不会离开整体的思维去孤立考虑标题。思维贯通，在整体中讲结构、标题，标题和结构的关系，从角度到标题，标题跟结尾的关系。写作教育传授的不是一个个知识点，不是动作分解的套路，而是用思维勾连起来的，能创造新知识的网络。"这种拆分，不是这段话中批评的那种孤立的拆分。这样的拆分，每一个具体的问题指向的都是对这个问题的整合理解。

二、英语学科的写作实践

英语写作教学是初高中阶段英语教育的重要环节，考查学生对英语语言的综合运用能力。新课标对写作的教学目的的描述为"让学生表述与表达事实、观点、情感、想象力，交流信息，培养规范的写作习惯"。因此，写作是一个多角度的复杂的思维过程，而培养学生的思维品质也正是英语学科核心素养之一。批判性思维，作为一种辩证的思维方式，有助于提升学生的英语写作。教师在英语写作教学中尝试把对评判性思维的培养渗透到课堂实践中。

案例 5-3-3：批判性思维在英语写作中的应用（作者：罗慧慧）

1. 问题

提出写作任务：

人教新目标英语七年级上 Unit 9 "My favorite subject is Science" 单元内容与学生的日常活动学习有关，围绕"谈论自己所喜欢的学科"这一话题，本单元的语言目标是：询问最喜爱的科目；谈论为什么喜欢某门科目；用形容词描述科目的特点；描述各科目的时间安排。结合单元目标，本单元学生需要完成的目标写作任务为 2018 年海淀区期末七上英语写作 2：

跨过小学的门槛，迈进初中的大门，你已经度过了初中的第一个学期。请你以"我最喜欢的科目"为题，介绍你在学校学习的科目，你最喜欢的学科以及原因。

提示词语：science, interesting, like . . . best

提示问题：

❖ What subjects do you have at school?

❖ What's your favorite subject?

❖ Why do you like it?

2. 探究

（1）学生存在的困难

从写作中的三个提示问题来看，初一年级的孩子可能在描述喜欢学科的原因上的语言单一，可能仅仅局限于学科本身，那么写作的范围和文章的内容就很局限了。为解决这个问题，教师运用批判性思维中二元分析法尝试读写结合，以读促写。

对象 What's your favorite subject? ❖ Why do you like it?	"对象维度"的二元分析	写作启示
1.1 内在构成要素及其关系	"喜欢""科目""原因"	写作时，要善于从不同角度对写作对象进行分析。通过对事物要素的分解、关系的分析、不同环境下事物的情形、事物的发展变化等，丰富学生的思维。
1.2 特征和不同状态下属性	不同科目呈现的不同特点，理科科目的逻辑性，文科科目的趣味性等。	
1.3 原因和机制	因为学习者的自身爱好或者学习者自身的学习优势，比如说学习英语很容易等。	
1.5 和各类外部因素的相互作用	学习者在周围环境的影响和帮助下喜欢某一学科，比如说因为喜欢老师而喜欢某一学科。	
1.6 时间性和演化过程等	从长远发展来看，现在学习某一学科对将来能够产生影响。	

根据上文中的二元分析法，教师指导学生以精读方式分析课本的一段对话。阅读文本后回答问题。

What are Bob's favorite subjects?

Why does he like them?

文本内容如下：

Frank：Hi, Bob. How's your day?

Bob：It's OK. I like Monday because I have P. E. and history. They're my favorite subjects.

Frank：Who's your P. E. teacher?

Bob：Mr. Hu. He always plays games with us.

Frank：That's great! But why do you like history? It's boring.

Bob：Oh, I think history is interesting. What's your favorite day?

Frank：Friday.

Bob：Why?

Frank：Because the next day is Saturday!

Bob：Haha! That's for sure. I like Friday, too.

经过对文本的分析，学生总结出 Bob 喜欢体育和历史的原因是源于喜欢老师和学科本身。

1.2 特征和不同状态下的属性	I think history is interesting.
1.5 和各类外部因素的相互作用	He always plays games with us.

（2）头脑风暴，分类加工

分析文本后，教师再次启发学生从二元分析法的角度思考还有没有其他喜欢某一学科的原因。有学生指出还可以从自身的角度去思考等。基于此，教师选取有代表性的学科角度、教师角度、学生角度列在黑板上，请学生思考可用的形容词或者句式并进行分类整理。

About the subject: interesting, fun, relaxing, cool

- It's adj to do sth
- It's interesting to listen to stories in history class.
- It's fun to sing songs in music class.
- It's relaxing to play basketball in P. E class.

About the teacher: friendly, easy-going, kind, professional, always plays games with us, encourages us

not only... but also

The teacher is not only friendly but also warm-hearted.

About myself: be interested in sth; be good at doing sth; want to be a ... in the future

- I am interested in singing so I like music class.
- I am good at speaking English so I Iike English.
- I want to be a doctor so I like biology.

3. 评估

以近几年中考以及区统考文段表达评分标准为参考对学生的习作进行评估：

文段表达评分标准	
第一档：8~10分	完全符合题目要求，观点正确，要点齐全。句式多样，词汇丰富。语言准确，语意连贯，表达清楚，具有逻辑性。
第二档：6~7分	基本符合题目要求，观点正确，要点齐全。语法结构和词汇基本满足文章需要。语言基本通顺，语意基本连贯，表达基本清楚。虽然有少量语言错误，但不影响整体理解。
第三档：3~5分	部分内容符合题目要求，要点不齐全。语法结构和词汇错误较多，语言不通顺，表达不够清楚，影响整体理解。
第四档：0~2分	与题目有关内容不多，只是简单拼凑提示词语，所写内容难以理解。

例文一：

My favorite subject

I am a middle school student now. I have many different subjects at school such as Chinese, English, math and so on. They are not only important but also useful.

Of all these subjects, I like English best. I like it for the following reasons. First, I think English is so much fun and can be used widely in the future. What's more, I am interested in it and I can do well in it, too. Besides, our English teacher is helpful and patient.

All in all, although my favorite subject is English, I will try my best to put my heart to learn all the subjects I have.

从二元分析法和中考评分标准的角度看，这是一篇优秀例文。

1.1 内在构成要素及其关系	"喜欢""科目""原因"，该文要点齐全。
1.2 特征和不同状态下属性	不同科目呈现的不同特点，理科科目的逻辑性，文科科目的趣味性等。First, I think English is so much fun.
1.3 原因和机制	因为学习者的自身爱好或者学习者自身的学习优势，比如说学习英语很容易等。I am interested in it and I can do well in it, too.
1.5 和各类外部因素的相互作用	学习者在周围环境的影响和帮助下喜欢某一学科，比如说因为喜欢老师而喜欢某一学科。Besides, our English teacher is helpful and patient.
1.6 时间性和演化过程等	从长远发展来看，现在学习某一学科对将来能够产生影响。(English) can be used widely in the future.

从评分标准上看，一、二档文的共同要求为观点正确，要点齐全，差异体现在一档文要求"句式多样，词汇丰富"且"具有逻辑性"。本文从不同的角度谈论了喜爱某一学科的原因，且原因之间有连接词进行联系，逻辑性强。

例文二：

My favorite subject

In Grade 7, I have Chinese, math, English, P. E, and so on. My favorite subject is history. Let me tell you something about it.

As for why I like it best, the first reason is that our history teacher is kind and professional. The second reason is that history is useful.

All in all, I love history best, but I will put my heart into every subject and make them all my favorite.

从二元分析和中考评分标准的角度看本文：

1.1 内在构成要素及其关系	"喜欢""科目""原因"，该文要点齐全。
1.2 特征和不同状态下属性	不同科目呈现的不同特点，理科科目的逻辑性，文科科目的趣味性等。History is useful.
1.5 和各类外部因素的相互作用	学习者在周围环境的影响和帮助下喜欢某一学科，比如说因为喜欢老师而喜欢某一学科。Our history teacher is kind and professional.

优点：

● 要点齐全，回答了文章提出的三个问题。但是开头直接回答了第一个问题，显得过于突然，加个引入会更好。

● 观点积极向上，在结尾处表达了学科均衡发展的理念。

- 运用了 As for, The second 等连接词体现了文章的逻辑性。

缺点：

- 原因中句式的表达单一，均是 be+形容词的结构。
- 原因方面也可以加入自己的方面。

4. 发展

根据提出的意见，学生进行了 2 次创造如下：

My favorite subject

As I step into my middle school life, I meet great teachers and classmates. （加入引入）I also have wonderful classes. I have Chinese, math, English P. E, and so on. All of them are amazing, but my favorite is history. Let me tell you something about it.

As for why I like it best, the first reason is that our history teacher is kind and professional. She always tells us stories and makes the lesson fun. （细节描写，丰富了句式）The second reason is that history is useful. Getting to know the events of our ancestors could tell us what is good and what is not. （细节描写，丰富了句式）It prevents us from making mistakes. （细节描写，丰富了句式）I love history so much that I want to be a history teacher in the furure. （加入自身原因）

All in all, I love history best, but I will put my heart into every subject and make them all my favorite.

二元分析法分析如下：

1.1 内在构成要素及其关系	"喜欢""科目""原因"，该文要点齐全。
1.2 特征和不同状态下属性	不同科目呈现的不同特点，理科科目的逻辑性，文科科目的趣味性等。The second reason is that history is useful.
1.3 原因和机制	因为学习者的自身爱好或者学习者自身的学习优势，比如说学习英语很容易等。 I love history so much that I want to be a history teacher in the furure.
1.5 和各类外部因素的相互作用	学习者在周围环境的影响和帮助下喜欢某一学科，比如说因为喜欢老师而喜欢某一学科。 The first reason is that our history teacher is kind and professional. She always tells us stories and makes the lesson fun.
1.6 时间性和演化过程等	从长远发展来看，现在学习某一学科对将来能够产生影响。 Getting to know the events of our ancestors could tell us what is good and what is not. （细节描写，丰富了句式）It prevents us from making mistakes.

在英语写作中渗透批判性思维有利于学生对现有知识的巩固，提升学生对现有信息的整理、分析能力，提高学生的逻辑思维能力，变被动思考为主动思考，日积月累下来，学生的思维品质能够得到有效的提升。

三、各学科的交流表达

表达是思维的外在表现。思维过程包括分析、综合、比较、抽象、概括判断和推理等基本过程。

批判性思维由三个紧密联系、互相影响的阶段组成：分析思维方式阶段、评估思维方式阶段和提高思维方式阶段。

批判性思维能帮助我们分析和完善思维过程，其原理能帮助我们解决问题和完善表达。

（一）语文交流表达实践

案例5-3-4：真实情境中运用批判性思维六大技能分析与表达（作者：邢香英）

在语文学科中，除了"写作"板块的个性表达，其余"基础运用""古诗文阅读""名著阅读""现代文阅读"四大板块的交流表达更是繁多。在写作的过程中，出现了许多问题，批判性思维可以帮助我们分析问题，解决问题，发展提升。

范西昂按照技能的分类列出了批判性思维的六大类技能：阐释、分析、推理、评估、解说和自律。

下面以2022年1月海淀区初一第一学期期末参考样题的议论文阅读题为例，谈谈以上六大技巧的运用。

阅读下面的议论性文字，完成21~22题。（共7分）

袁隆平先生去世，举世皆悲，山河失色。人们以不同的方式纪念这位在农粮科技进步、国家粮食安全、世界粮食发展等领域做出杰出贡献的科学家。作为一个对饥馑年代有深刻记忆的60后，我对袁老的辞世尤为悲恸。于这哀悼中，我又有了一份追忆、一些思考。除了世人皆知的科技贡献，他还给这个世界留下了什么精神遗产呢？

对于科研工作者而言，袁老的遗产是一种敢于挑战权威、反复实践的求真精神。从1961年发现"天然杂交稻株"而提出杂交水稻课题起，袁老就顶着某些权威学者嘲笑他"对遗传学的无知"的压力，选种、试验、失败，再选种、再播种、再观察……袁老坚信实践能发现真理，也能验证真理。他一生专注于田畴，反复试验求证，拼尽毕生精力用农业科技战胜饥饿。【甲】

时下不少年轻人口中流行"躺平"，让人看到的是面对挑战的止步和逃避，是注重个人舒适、缺乏社会责任感的消极无为。与其指责批评他们，不如给他们找到可以引领青春世界、照亮未来人生的灯。人生是需要梦想的，但梦想的实现，是需要精神照亮、勖励而行的。袁老有两个梦，一是"禾下乘凉梦"，二是"杂交水稻覆盖天下梦"。从青年时期起他就下定决心"解决粮食增产问题，不让老百姓挨饿"，他心存稻粱梦，却"不为稻粱谋"，而"为天下计"。我想，袁老一生的追求，本身就是最好的精神引领。他淡泊名利却心系天下，对于广大青年而言不就是最好的人生之灯吗？【乙】

（取材于李安《袁隆平的精神遗产》）

22. 下面这段对袁隆平精神价值的评论性语句，你认为放入文中【甲】【乙】两处，哪一处更恰当？请简要说明理由。（3分）

袁老尊重权威，但不迷信权威的每一个观点，他是真理的忠实追随者。半个多世纪以来，他挽起裤管，行走于阡陌稻田，坚持杂交水稻研究，直至生命的最后时刻。他的境界堪称当代科研工作者的一面镜子，照照镜子，我们可以时时鞭策自己，正视不足，改正不足。

（1）问题

技能	说明	举例	实践中的问题
阐释	理解和阐述观念、表达的意义	辨认问题、目的、主题、观点；阐明、分类，概括文本的含义	此题干给出了一段链接材料，题干问此材料放入【甲】【乙】哪一处恰当，并说明理由。 这个问题考查的是链接材料与原文【甲】【乙】两处的相关性及如何相关。既如此，此类链接材料题的答案就涉及材料内容及特点，原文【甲】【乙】两处的内容及特点，以及如何相关的分析，并给出明确结论。总结答题思路为：有材料、有原文、有分析、有总结。

（2）探究

技能	说明	举例	实践中的分析、推理与解说
分析	辨别观念、表达中各要素及其（推理）关系	辨认、分析观念、论证；识别相似性差异性；发现假设	题干明确了材料的性质特点"袁隆平精神价值的评论性语句"。结合材料具体内容概括为：对袁老尊重权威而不迷信权威、坚持实践研究的精神进行评价，以及他的伟大精神的意义。 【甲】处所在段落首先提出了"袁老的遗产是一种敢于挑战权威、反复实践的求真精神"的观点，接着举了袁老顶着某些权威的嘲笑而反复试验求证的事例，然后进行了"袁老坚信实践能发现真理，也能验证真理"的论述。 【乙】处分析思路相同，略。
推理	寻求证据，推理，猜测，预测，整合	寻求、质疑证据，推论结论，预测后果，构造假说，考虑多种可能性	将题干信息与原文【甲】处所在段落链接，比较分析与概括，链接材料若放在段中【甲】处，从议论文段的结构思路上来讲，是对原文事例的分析，对观点的照应，并以伟大精神的意义做结。【甲】段前文内容和链接材料内容组合，形成了如下议论文段的结构：观点、事例、分析、意义。 【乙】处分析思路相同，略。
解说	全面清晰地说明推理及其结果	表述结果；展示论证；说明和辩护其过程	答案示例：应放在甲处。这段话主要是对袁老尊重权威而不迷信权威、坚持实践研究的精神进行评价，是对原文概述袁老顶着某些权威的嘲笑而反复试验求证的事例进行的分析论证。 （或从以下两个角度解释也可。角度1：能够论证甲处所在段落的观点——袁老的遗产是一种敢于挑战权威、反复实践的求真精神。角度2：与原文甲处所在段落中"袁老坚信实践能发现真理，也能验证真理"的论述相呼应） （3分。选择1分，材料内容1分，与原文段落的联系1分。言之成理即可）

（3）评估

技能	说明	举例	实践示例评估	
评估	评价数据、观念的可信性和推理的逻辑强弱	评估信息可信性；判别论证相关性、确定性；比较各种观点的优劣	学生1：我认为放在乙处最合适。因为这段话中提到了迷信权威，这是第二自然段的一点核心，而且最后对他的精神做到了总结，并点明了道理，升华主题，点明中心，所以我认为放到乙处最合适。（0.5分）	评估：判断失误，链接材料与【乙】处所在内容不相关。
			学生2：我认为放入文中甲处更恰当。因为这段写的就是袁老尊重权威，但是他追求的是真理的内容，所以放入甲处更恰当。（1.5分）	评估：链接材料内容不完整，缺少【甲】段内容概括，缺少二者的相关性的具体分析。
			学生3：放到甲处更恰当。因为甲处那一段讲的是袁老不断实验，坚持着对于杂交水稻的研究。而材料的主要内容也是这样的，与甲处相符，所以应当放甲处。（1.5分）	评估：【甲】段事例内容概括不完整，缺少链接材料内容概括。
			学生4：我认为可以放在甲处。前文中提到袁老挑战权威，而本材料首句提到袁老尊重权威，正好可以将两种观点相补充。而且本段评论性话语正好可以用作来结束一部分，可以总结本层观点，与下文格式相同。（2分）	评估：链接材料和【甲】段内容概括皆不完整。

（4）发展

技能	说明	举例	实践检测，修正认知
自律	元认知：自我检查、自我修正	检测、分析、评估和修正自己的认知活动	对自己的表述结果进行省察：是否与题干问题相关？若相关，表达是否清晰（具体明确），是否准确（内容概括正确）？是否精确（必要的详细程度）？是否有深度（多样性关联）？是否重要（聚焦于最重要的问题）？ 检测后，修正自己的表述结果。

（二）化学交流表达实践

1. 问题

各学科的教学和评价要以核心素养为本，教学中要发展并提升学生的学科核心素养，学业水平考试的目的是评价学生学科核心素养的发展状况和学业质量标准的达成程度。因此，在各学科的考试中越来越以真实情境为测试载体和以实际问题为测试任务，学科知识作为解决问题的工具。同时，也越来越重视学生归纳和论证能力的考查，解释说明类型的问题越来越多。

真实情境中的实际问题解决的一般思维过程如下：

阅读材料明确问题 $\Longrightarrow$ 实际问题转化成学科问题 $\Longrightarrow$ 调用学科知识分析推理 $\Longrightarrow$ 规范表达

真实的情境会涉及没有学习过的素材或者知识，实际问题往往也比较复杂，涉及学科知识的综合，学生的感觉常常是"读了也不知道懂没懂，写了也不知道对没对"。

下面以 2021 年海淀区高一化学期末调研题 16-（4）为例说明。

学生的表现和思维分析如下：

学生表现	思维水平分析
（4）因为 $H>0$，所以随温度升高 K 升高，使反应平衡正向移动，CO 的物质的量增加。	学生表现 1：思维不具体。 这位学生没有准确指出研究对象——化学反应，只是笼统地说了 $\Delta H>0$。不能明确指出研究对象，是学生思维不够具体的表现。
（4）根据热化学方程式 $CH_4（g）+H_2O（g）\rightleftharpoons CO（g）+3H_2（g）$　$\triangle H>0$ 可知当温度升高时，反应平衡正移，所以 CO 物质的量升高。	学生表现 2：思维不全面。 该学生准确指出了研究对象，能够有逻辑进行分析，但是考虑了反应Ⅱ，忽略了反应Ⅲ，是思维不全面的表现。
（4）温度较低时，进行反应Ⅰ—Ⅲ，有少量 CO 生成。随温度升高，反应速率加快，反应Ⅱ和 $CH_4（g）+H_2O（g）\rightleftharpoons CO（g）+3H_2（g）$ 程度越来越高，平衡正移，CO 越来越多。	学生表现 3：思维相关性不够。 出现的这个反应不是体系中发生的，和这个反应无关。
（4）平衡随温度升高而向吸热方向移动，反应Ⅲ中 $\triangle H_1<0$　CO 作为反应物量增加；反应物Ⅱ中 $\triangle H>0$，CO 作为生成物，量增加。	学生表现 4：思维不清晰 描述混乱，很多信息放在一起说，没有推理关系。

2. 结合思维元素成分分析和完善表达

实际上，在考试中出现的真实的情境并不完全是真实的，是考虑到学生实际情况的经过简单加工的，可以认为是出题者对这个问题思考之后的表达，仍然包含思维的几个元素。思维的几个元素之间是有联系的，学生如果能够明确元素是什么，明确元素之间的关系，不仅能够加深理解，也能让推理和表达更加准确。

也就是说，从批判性思维角度，解决真实情境中的解释说明类问题的思维过程如下：

■分析材料，明确思维元素

■找到思维元素的关系

■分析推理，进行解释

■清晰准确表达

分析材料，明确思维元素

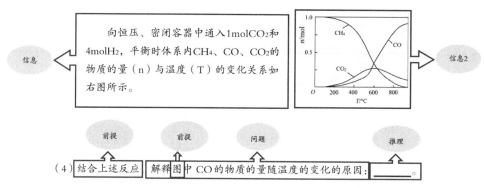

16. 我国力争于2030年前做到碳达峰，2060年前实现碳中和。CO_2资源化利用对缓解碳减排压力具有重要意义。在二氧化碳催化加氢制甲烷的反应体系中，主要发生反应的热化学方程式为：

信息1

反应Ⅰ：$CO_2(g)+4H_2(g)CH_4(g)+2H_2O(g)$ $\quad \Delta H_1=-164.7kJ \cdot mol^{-1}$

反应Ⅱ：$CO_2(g)+H_2(g)CO(g)+H_2O(g)$ $\quad \Delta H_2=+41.2kJ \cdot mol^{-1}$

反应Ⅲ：$2CO(g)+2H_2(g)CO_2(g)+CH_4(g)$ $\quad \Delta H_3=-247.1kJ \cdot mol^{-1}$

信息

向恒压、密闭容器中通入$1molCO_2$和$4molH_2$，平衡时体系内CH_4、CO、CO_2的物质的量（n）与温度（T）的变化关系如右图所示。

信息2

（4）结合上述反应解释图中 CO 的物质的量随温度的变化的原因：_____。

前提　前提　问题　推理

寻找思维元素的关系

思维成分相互关系可描述如下：

根据问题，选择的信息 1 和信息 2，信息 1 中涉及可逆反应，温度对反应速率和平衡都有影响，但是信息中未明确提出时间，确定解释问题的角度是温度对平衡移动的影响。

- 目的决定提出的问题
- 提出的问题决定搜集信息内容
- 提取的信息影响解释问题的角度
- 解释问题的角度决定抽象概括信息的方式
- 概括信息的方式影响确立的假设
- 确立的假设影响思维的潜在意义

(理查德·保罗)《批判性思维工具》

分析推理，进行解释

推理是根据一个或者一些陈述（前提）得出另一个陈述的思维过程，推理最终指向问题解决。推理过程如下：

明确问题：CO 的物质的量随温度升高而增多

推理要素：温度、CO 的物质的量

推理路径：起点、终点、角度

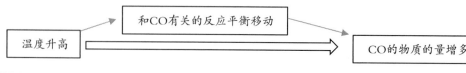

清晰准确表达

明确研究对象：反应Ⅱ、反应Ⅲ

进行描述：

概念

反应Ⅱ的 $\Delta H>0$，温度升高，平衡正移，CO的物质的量增多；

反应Ⅲ的 $\Delta H<0$，温度升高，平衡逆移，CO的物质的量增多。

（三）道德与法治交流表达实践

案例 5-3-6：真实情境中运用归纳推理完善表达——以文化类非选择题为例（作者：孟文娟）

道德与法治课程承载了道德教育、法治教育的重要使命，是一门"以初中学生生活为基础、以引导和促进初中学生思想品德发展为根本目的的综合性课程"[1]。其中"以初中学生生活为基础"要求教学资源要贴近学生生活，联系初中生的实际生活经验，尽量满足初中生对各种生活的关切。"坚持正确价值观念的引导与学生独立思考、积极实践相统一"则表明，除了价值观的引领之外，道德与法治课还离不开思维能力的训练，批判性思维的目的就是更好地培养学生的发散性思维，从而提升学生的实践参与能力，实现政治认同。

1. 问题

以 2022 年初三第一学期海淀区学业水平测试第 21 题为例：

21.（6分）2021 年 6 月，中央网信办主办的中国正能量 2021"五个一百"网络精品征集评选展播活动正式启动。本届活动以"奋斗的人民 奋进的中国"为主题，面向广大网民征集作品，以下是三幅候选作品。

《长大后，换我护国平安》

小时候总盼望着自己长大，成为顶天立地的大英雄。可是大英雄究竟是什么样子呢？直到那一天，奔涌的洪水里，那个迷彩的身影，一点点向我靠近。

《风雪中的雕塑》

大连持续降雪。大连海洋大学师生志愿者，给封闭在宿舍楼的学生们运送防疫物资。他们顶风冒雪艰难前行的场景，被学生们定格下来。

《红色剪纸映初心》

在校园里，通过一把剪刀、一张红纸、一双巧手，用传统剪纸艺术的形式讲述了红色故事、描绘了美好生活。

请选出你最喜欢的一幅作品，并结合所学知识说明理由。

---

〔1〕 李庆艳：《批判性思维特质研究综述》，载《成都教育学院学报》2006 年，第 20 卷。

在文化类非选择题的作答过程当中，学生常见的问题有：

问题	具体表现	问题分析
审题不清晰	没有对题目设问或材料做出清晰判断、选择与分析	缺少全面探究问题的方法
思路不清晰	逻辑混乱，缺少层次	缺少发散性思维
表述不规范	学科观点描述不精准，出现口语化表述	基础知识零散，缺乏整合的能力
主旨不明确	材料没有读懂，找不到重点	

2. 探究

课文示例	分析	归纳推理	启示
文化交流年活动、《汉语桥》	中华文化越来越多地走向世界，思考你如何看待这一现象，以及我们肩负着怎样的使命	1. 认真审题：明确题目设问中的问题要点。 2. 针对设问进行题型判断：这里的题型包括两个方面，一个是从做题的类型角度出发，本题属于看法类；一个是从知识的角度出发，本题属于文化类。 3. 结合题目材料进行多角度分析，学会归纳整理，提炼核心观点，如传承和弘扬中华优秀传统文化，坚定文化自信等。 4. 题目主旨的升华：根据具体的题目情境及问题考虑是否需要回答我们应该怎么做，本题应当抓住"文化交流"这一主旨，理清答题逻辑，回答我们青少年应该怎么做。	①背景：现实生活，文化交流年等活动契合当前社会热点问题。 ②主题：要明确。联系基于文化交流背景下的相关情境。 ③涉及的主要学科观点：九上第三单元的相关主干知识。 ④思考可以从哪些角度进行分析（至少两个角度）。 ⑤呈现出来的内容要有逻辑，前后衔接紧密。 语句通顺、突出主旨。

文化类非选择题答题思路：

（1）认真审题：明确题目设问中的问题要点及分值。

（2）针对设问进行题型判断：这里的题型包括两个方面，一个是从做题的类型角度出发，一个是从知识的角度出发，理清楚该题型所对应的答题思路和逻辑，要注意其与原始问题之间的内在联系。

（3）结合题目材料进行多角度分析：考虑是否还有其他角度，是否仅仅局限于文化类核心知识，还可以和哪些知识相联系？学会归纳整理，提炼核心观点。

（4）题目主旨的升华：根据具体的题目情境及问题考虑是否需要回答我们应该怎么做，理清答题逻辑。

3. 评估

此题属于文化类非选择题的典型例题，需要运用批判性思维将每个要素结构化，然后进行作答，此题的逻辑层次：选择喜欢的作品+从材料主旨分析理由（多角度）+我们应该怎么做。具体的解题思路：（1）先做出选择；（2）概括材料关键信息，结合所学知识，多角度综合分析；（3）启示我们应该怎么做（升华）。大部分同学能够按照做题思路多角度作答，个别同学仍然存在逻辑不清晰等问题。

等级评价表如下：

等级评价表	
等级水平	等级描述
水平 4	逻辑结构清晰，能够正确作出选择，能够概括解释作品内容，并至少从两个角度说明推荐作品理由，观点清晰，学科观点使用精准。
水平 3	逻辑结构基本清晰，能够正确作出选择，能够简单概况解释作品内容，并至少从一个角度说明推荐作品理由，观点清晰，学科观点使用精准。
水平 2	逻辑结构不清晰，学科观点使用不够精准。
水平 1	没有应答，或应答内容与试题无关。

优秀答案示例如下：

21.《长大后，换我护国平安》，作品中军人抗洪救民，彰显以爱国主义为核心的民族精神，在国家有难时挺身而出、前仆后继，在他人生命、财产遇到危险时扶危济困；他们履行维护国家安全的义务；他们践行爱国、敬业的社会主义核心价值观和弘扬中华传统美德；他们实干兴邦，将个人梦与中国梦相结合，为人民、为社会奉献，实现自己的人生价值。作品体现军人奋斗精神，更激励当代中国青少年为中国梦奋斗，弘扬民族精神和时代精神，坚持党的领导，坚定"四个自信"，放飞梦想，努力学习，为国奉献，实现人生价值，履行法定义务。

该答案结构完整，逻辑清晰，能够正确作出选择，能够概括解释作品中的内容，并从四个角度说明了推荐作品的理由，观点清晰且学科观点使用精准，主旨明确，符合水平 4 的标准。

问题答案示例如下：

21. 我最喜欢《红色剪纸映初心》。因为剪纸是中华优秀传统文化的一部分，在校园中的剪纸活动能弘扬中华文化，增强同学们的文化认同与文化自信；其内容的红色故事也能宣传革命文化与奋斗奋进的民族精神，表现人民对美好生活的向往，促使党全心全意为人民服务，满足人民的需求利益。

该问题答案当中存在以下问题：

（1）逻辑结构不清晰，缺少了"我们应该怎么做"这层升华的意思，答题逻辑的结构化欠缺。

（2）学科观点使用不够精准，不同角度的结构化运用得不恰当，本题是文化类题目，可从社会主义核心价值观、民族精神（抗疫精神、奋斗精神等）、传统美德（无私奉献、扶危济困等）、个人命运与国家命运相结合、维护国家安全和利益、承担社会责任等角度进行作答，如果从政治层面作答，则偏离了题目要求。问题答案当中的"党全心全意为人民服务"等内容是从政治层面作答的，学科观点运用不正确。

4. 发展

根据等级评价表，提出修改建议如下：

（1）将"民族精神"后面的逗号改成句号，将"表现人民对美好生活的向往，促使党全心全意为人民服务，满足人民的需求利益"这句话去掉。

（2）最后加一句升华的话，能够体现逻辑机构的完整性，符合答题逻辑的结构化。

修改后的答案如下：

21. 我最喜欢《红色剪纸映初心》。因为剪纸是中华优秀传统文化的一部分，在校园中的剪纸活动能弘扬中华文化，增强同学们的文化认同与文化自信；其内容的红色故事也能宣传革命文化与奋斗奋进的民族精神，有利于践行爱国的社会主义核心价值观。我们要弘扬中华优秀传统文化，继承革命文化，弘扬民族精神，践行社会主义核心价值观。

修改后的答案归纳出了文化类非选择题的答题要点，逻辑清晰，结构完整，且核心观点精准，作答时主旨明确，充分运用了批判性思维。

针对文化类非选择题，要引导学生对题目材料进行分析梳理，总结归纳出答题要点，增强学生的推理、论证、研判能力，培养学生的批判性思维，使学生熟练掌握答题思路，形成政治认同。具体可以通过以下方式引导学生运用批判性思维来答题：

（1）教师在备课时要切实找准中华优秀传统文化与所授内容之间的内在联系，在平时上课时，教师要引导学生敢于质疑，创设开放式课堂情境，坚持问题导向，通过问题驱动、小组合作探究等方式，加强对学生批判性思维的培养。

（2）通过角色扮演，"小小新闻评论员"等方式，引导学生课前自己搜集相关资料，对文化类社会热点事件进行分析，培养学生的批判性思维，使初中学生既要善于倾听针对同一社会热点事件的不同观点和声音，也要学会运用批判性思维来对相关事件进行理解、判断与分析，对相关材料事实和理由进行分析，并注意其与材料主旨问题之间的内在联系，注意从不同的角度进行分析，并且引导学生根据具体的题目情境及问题考虑对社会热点事件反映出来的主旨的升华，训练学生答题的逻辑及归纳总结的方法。

综上所述，在初中道德与法治课堂教学中，教师需要培养学生的批判性思维，突出学生的主体地位、激发学生的学习兴趣、端正学生的学习态度，培养学生的思辨能力，使学生逐渐学会运用归纳法来解答非选择题。在实际教学过程中，教师应善于运用社会热点事件相关案例和结合实际创设课堂情境，以此来更好地达到学生批判性思维的培养效果。

第六章　批判性思维与探究

探究的定义是："探究是多层面的活动，包括观察；提出问题；通过浏览书籍和其他信息资源发现什么是已经知道的结论，制定调查研究计划；根据实验证据对已有的结论作出评价；用工具收集、分析、解释数据；提出解答，解释和预测；以及交流结果。探究要求确定假设，进行批判的和逻辑的思考，并且考虑其他可以替代的解释。"

——美国国家科学教育标准

第一节　探究的问题与分析

董毓说："探究和实证，始于问题。提出和分析问题，是认识的起点。好的起点引起好的认知。"

21 世纪的学生是在"信息爆炸"的时代里生活并长大的，各种信息真假难辨，学生需要具有批判理性的思维习惯。21 世纪的学生是在享用各种"即时通信"云服务、使用各种数据"存储记忆"软件、生活越来越智能的高科技时代里生活并长大的。当今社会的科技创新是第一生产力，学生需要批判性思维、探究能力和创新能力。

未来竞争激烈的职场要求就职者具备批判性思维、有效沟通和独立工作的能力。企业不关心你知道些什么，而是关心你如何用你知道的做些什么，能创造什么。这些都要求教师思考如何帮助学生慢慢学会主动学习、独立学习，为将来踏入社会做好充分的准备。学生需要探究意识和能力，需要创新意识和能力，需要学会学以致用，以备未来成为优秀的探究者和创新者。

一、探究性学习和探究性教学

2020 年教育部颁布新课程标准，其中指出，"探究性学习是指在教师的指导、组织和支持下，让学生主动参与、动手动脑、积极体验，经历科学探究的过程，以获取科学知识、领悟科学思想、学习科学方法为目的的学习方式。"新课标要求教师思考如何进行探究性教学。同时，学生思考如何通过探究性学习提升自身的知识建构能力、学以致用能力、创新能力等。

1. 探究分类。在不同的学科领域中，探究的本质虽然都是寻找问题的答案，但由于学科性质的差异，寻找答案的过程、行为或方法则呈现出不同的特点。1996 年，美国《国家科学教育标准》将探究分为三大类：第一，科学探究指科学家采用多样化方式研究自然界并根据研究所得提出解释的过程；第二，探究式学习指学生参与学习的过程，即"由学生去做"，而不是"为学生去做"；第三，探究式教学指学生在发展知识、了解科学理念、领会科学家是如何研究自然界时所进行的各种活动。

2. 探究式学习或称探究性学习、研究性学习，是指从学科领域或现实生活中选择和确立主题，在教学中创设类似于学术研究的情境，学生通过独立自主地发现问题、实验、操作、调查、收集与处理信息、表达与交流等探索活动，获得知识，培养能力，发展情感与态度，特别是发展探索精神与创新能力。它倡导学生的主动参与。探究性学习是一种积极的学习过程，主要指的是学生在学习中自己探索问题的学习方式。

3. 探究性教学又称做中学、发现法、研究法，是指学生在学习概念和原理时，教师只是给他们一些事例和问题情境，让学生自己通过阅读、观察、实验、思考、讨论、听讲等途径去主动探究，自行发现并掌握相应的原理和结论的一种方法。它的指导思想是在教师的指导下，以学生为主体，让学生自觉地、主动地探索，掌握认识和解决问题的方法和步骤，研究客观事物的属性，发现事物发展的起因和事物内部的联系，从中找出规律，形成概念，建立自己的认知模型和学习方法架构。可见，在探究性教学的过程中，学生的主体地位、主动能力都得到了加强。

在探索性教学中，教师由原来的"机械交付系统"转化成"智能交互媒介"，即活动设计、指导、激励、促进和鼓励学生学习技能，促进学生主动有效学习基础知识，提高自主学习能力，使他们逐步成为具有理想的批判性思维和创新精神的终身学习者。

4. 探究性教学特征。根据对探究式教学的内涵可以总结出探究式教学的五大特征：

（1）参与主体的自主性。自主性促进学生自主研究、分析和解决问题，有助于激发创新潜能与培养自我创造力。

（2）教学方式的问题性。探究式学习是围绕一定的问题展开的，问题可以激发学生的好奇心和探索欲望。

（3）教师参与的辅助性。探究式教学强调"以学生为中心"，而教师在必要时应给予鼓励和指导，辅助学生顺利探究。

（4）探究过程的开放性。探究式教学有着丰富的类型，如小组讨论、案例教学等，教师可以根据学科特点选择合适的教学方式，也可以多种方式综合使用。

（5）探究结果的求真性。探究过程可以通过查阅资料、做实验、与专家面对面交流、了解历史文化背景和现实生活等途径进行紧密联系，使学生学会寻真求实。

二、探究性教学中的问题

教师教学设计中缺少探究活动或落实不够。由于教师在日常教学过程中教学时间紧张，所以教学设计里面涉及的学生探究活动不多。随着课改的不断进行，教师的观念在不断转化，有些教师注重探究活动的设计，但是不知道如何落实到位。

学生探究问题意识淡薄，探究能力欠缺。日常教学中，教师偏重于对知识的传授，忽略培养学生如何发现、提出、分析、解决问题的能力。这样导致很多学生探究问题的意识淡薄，进而导致对问题的探究能力欠缺，思维惰性非常强。学生只学会等待，没有主动提出问题的意识和习惯，在学习过程中只是等着老师提出思考问题进行思考回答。

学生的实践能力和意识欠缺。部分学校和教师在这个教育改革浪潮中教育理念没有转化，教学实践还是处于 20 世纪的教学模式，完全没有与 21 世纪对人才的需求进行接轨。学生的实践能力和意识欠缺，不会在不熟悉的新情境中应用所学知识发现、提出、分析和解决问题。学生不会学以致用的原因主要有：生活常识经验不足，理解很多问题有困难；没有观察探索世界的意识和习惯，探究和创新能力严重不足。

三、探究始于好问题

探究和实证始于问题，提出和分析问题，是认识的起点。

好的探究问题需要研究，研究后才能知道答案；知道答案有助于我们的认识或行动。

好问题的分类有哪些？好问题的标准是什么？这些都是需要我们思考理清的问题。

探究好问题包含三大环节：问题提出、问题分析、问题评价。

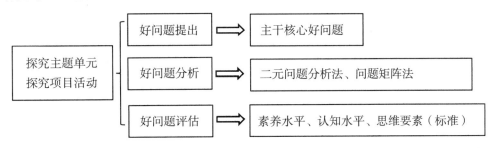

图 6-1-1　探究好问题的三大环节

（一）好问题提出

我们知道提出一个问题比解决一个问题更重要，所以我们首先要学会提出问题。问题都有哪些类型呢？

1. 问题的类型。[1]问题基本属性有对事实、事物、机制、原因的未知、不确定，不能解决、争议等状态。所以问题的分类主要有：

（1）事实问题："地球温室效应是什么？"

（2）因果机制问题："如何""为何"的问题，它们是探索现象的条件、机制、原因和进展方式。例如："温室效应的起因是什么？"

（3）关系性问题：比较不同事物、成果，将不同因素联系起来发现作用机制。例如："温室效应当高层建筑有什么关系？"

（4）假想性问题：常常导致新颖的思考。例如："如果人不用吃饭，生活将出现什么变化？"

（5）描述性问题：对客观事实和原因的探索。例如："三峡大坝是否导致长江中下游的干旱？"

（6）价值性问题：包含主观价值判断的问题。它不是纯粹主观爱好、个人观点的问题（这样就没有研究价值），而是依然可以基于客观事实和价值标准而进行合理讨论的问题。例如："我们应该取消死刑吗？"

2. 好问题的标准。提出的问题不一定都是好问题，明确好问题的标准是分析、解决和评估好问题的前提。好问题首先要有价值有意义；其次，要能吸引我们的好奇心让我们想去探究；同时，要具体明确、表达清晰、聚焦好研究；最后，它可以在开放合理的情境中促进我们的认识和行动，使我们最终完成好问题的探究。探究好问题的标准主要有：

（1）有意义：好问题应该是对人有意义的，不是纯粹出于主观兴趣。

（2）新颖性：有新意，能够激发好奇心，让人们有探究欲望，能够促进探究。

（3）挑战性：不是简单的事实性"是"或"不是"的问题，有探究空间，有挑战性，麻雀虽小五脏俱全。

（4）具体性：不要太大（太多中心点，会产生变量多或者造成空洞），从而无法研究，好问题应该焦点具体且只有一个。

（5）清晰性：明确了问题的焦点和目标，没有模糊、歧义性，对探究的目标、范围、对象

---

〔1〕　董毓：《批判性思维十讲》，上海教育出版社 2019 年版，第 28~29 页。

具有指示性、界定性。

（6）开放合理：可以有不同观点，可以获取客观证据并理性论证。

（7）可以完成：在合适的时间、允许的能力和可借助的资源范围内完成。

3. 好问题的提出。教师应该给学生创造一个非常好的探究生态环境，使得学生成为探究共同体中的一员。探究的事物或好问题如果对于探究者来说具有新颖性、具体性、清晰性、开放性等，能够激发探究者的好奇心和培养探究品质。教师首先要做一位会提出好问题的设计者，给学生做好示范，并能够激发学生提出好问题。根据好问题的标准，下面我们来看一个例子。

案例 6-1-1：《探究解三角形的劣构型问题》好问题设计的不同比较

一稿	二稿	好问题标准
问题1： 同学们想一想能否增加一条或两条线使给定已知三边和三角的三角形中三角形个数不是一个，而是多个？想一想这条线如何添加？	问题1： 同学们想一想在给定三角形 ABC（已知三边一角）还能获取哪些信息？ 	具体、清晰、开放
问题2： 如果添加线不是特殊线，要解三角形问题则需要知道什么条件？	问题2： 已知点在直线 AB 上移动时，如果取得点 P 不是特殊点，添加线段 CP 不是特殊线，要解三角形问题则需要知道什么条件？	可操作、清晰、开放
问题3： 同学们想一想你曾经做过的题，能否添加两条线使研究图形变成平面四边形（里面含有三角形）呢？	问题3： （1）同学们想一想如果动点 P 不在直线 AB 上移动，你能生成哪些几何图形呢？ （2）动笔画一画，看一看能提出哪些可以探究解决的问题？	挑战、开放、新颖

问题1：一稿教师相当于给学生下达了指令，让学生一步一步去操作完成添加中线、高线、三等分点对应的线段，构成 1 个大三角形和 2 个小三角形的图形生成和提出解三角形的问题。教师问题给得太明确，指向性很强，开放性不够，思维含量不够。而二稿教师给出了问题："在给定三角形 ABC（已知三边一角）还能获取哪些信息？"学生对于这个具体、清晰、开放的问题回答空间很大，自主性充分发挥出来。学生在课堂上获取的信息非常多元开放，有"三角形内角，三角形的面积，由面积会想到高线，及其他特殊的线——内角平分线、中线，外角平分线、三等分点对应的线段等"。此外，学生们根据同学提出的诸多问题又提出了一些相关联的问题。例如，三角形的重心（中线的交点）、内心（内角平分线的交点）、垂心（高线的交点）、旁心（外角平分线的交点），外接圆的直径、内切圆的半径等问题。这样学生们自主调用所学的知识提出了好问题，同时完成了知识的关联系统建构。基础薄弱的学生感觉自己能参与到问题研讨中，这对于他们来说尤其是一种激励。

问题2：两稿不同点在于一稿添加的特殊线可以是三角形任意一条边上的，而二稿把非特殊的线更加聚焦在已知点 P 在直线 AB 上移动时的情况。这样的问题便于操作、清晰、开放，学生深入思考透彻在一条边所在直线的情况即可，其他边上的情况雷同。对添加非特殊线后的平面图形，学生根据方程的思想，进行已知某个三角形的角、边或者边角关系式来分类讨论，求解相关解三角形问题。最终转化成三角形的边角关系这个根源问题：若已知 AAA，AAS，SAS，SSS，解唯一；如果已知 SSA，解不唯一，有一解、二解或无解情况。

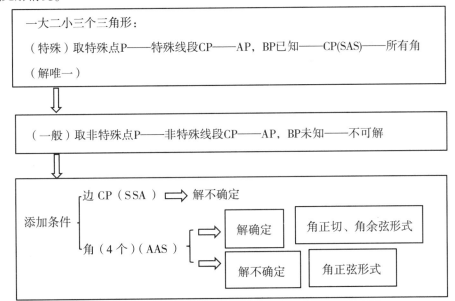

问题3：一稿问题语言依然带有指令性，学生的思维被局限于完成平面四边形中的解三角形问题。二稿教师希望学生能够从动点 P 在直线 AB 上动，开放思考动点 P 在直线 AB 外一点运动——可以在平面 ABC 内运动，也可以在平面 ABC 外运动，构建平面四边形、空间四边形中的解三角形问题。研究问题的核心方法已经在问题2中完成，希望学生对图形的建构更加具有发展性和开放性。教师的挑战好问题设计引发学生提出的好问题丰富多彩，传承与创新得到充分体现。例如，点 P 在平面中的位置与原来三角形形成对称、旋转、位似等关系；动点 P 的动点轨迹有一定运动规律，带动平面四边形图形及三角形的变化，解析几何的味道都浓厚了；动点 P 的运动与加速度、圆周运动等物理情境结合，跨学科的创新也到了充分体现。随着建构图形载体和情境越来越丰富，学生的认知结构体系在求同存异中传承、发展并创新。学生的探究能力、解决问题的能力、创新意识和思维品质都得到很大提升。

　　通过上面的例子，我们会思考"教师的教学设计要如何激发学生提出好问题？"

　　首先，教师要整体把握教学内容，对教学内容有广度和深度地理解，进而才能够提出好问题。其次，学生经过教师长期熏陶，同伴互助相互促进中认识问题角度和结构发生变化，促进学生学会提出好问题。经研究表明，学生能够提出好问题的确会对学生的成绩产生影响，从而为自己的学习承担更多的责任。最终，师生好问题的提出对学生的思维品质和综合能力也有很大提升。所以，教师要时刻学为人师，行为世范，师生共建好问题场。

（二）好问题分析

批判性思维是理性地探究和实证过程。探究和实证始于问题，分析问题是明确问题和解决问题的必要途径。提出好问题之后，如何全面深入地分析好问题呢？探究的形式是多元开放的，分析好问题的途径方法也是多样的。为了更加全面探索分析好问题，我们的方法策略主要有："二元问题分析法"和"问题矩阵法"等。

1. 二元问题分析法。[1] 董毓教授的《批判性思维十讲》一书中提出了"二元问题分析法"，主张从问题的对象和问题的认知性质两方面共 12 维度进行问题分析。问题的对象指的是分析问题本身，对问题对象的构成、特点、机制等方面进行分析。问题认知性质是对为什么要研究这个问题，从问题的类型、背景价值等方面进行分析。以下是书中关于问题分析两个维度的进一步说明：

表 6-1-1　二元问题分析法的 12 个维度

1. 问题的对象	2. 问题的认知性质
1.1 问题对象内在构成要素及其关系 1.2 特征和不同状态下属性 1.3 原因和机制 1.4 存在、运行方式和规律 1.5 和各类外部因素的相互作用 1.6 时间性和演化过程	2.1 问题的概念、表达、形式和类型 2.2 问题的来源、背景、假设 2.3 问题的演化和时间性质 2.4 问题类型需要的信息和推理 2.5 问题涉及的不同观点和论证 2.6 问题的价值因素

> **案例 6-1-2：应用"二元问题分析法"分析化学学科问题（作者：娄福艳）**
>
> 高中化学中有很多核心知识也是以问题的方式呈现的，能不能将"二元问题分析法"应用于教学，通过对问题的分析帮助教师设计教学方案、组织教学活动呢？二元问题分析法应用于教学能不能解决目前教学中存在的问题呢？能不能起到更好的作用呢？下面通过一个案例来阐述这个问题。
>
> 学生理解电离的过程，通常是从离子角度认识物质。实际上在教学过程中教师会发现学生存在很多困惑：①为什么一上来要做导电性实验？②导电性实验中接通电源之后小灯泡才亮，为什么电离的条件不是"通电"？③同样都是电解质，为什么有的导电有的不导电？到底电解质溶液能不能导电？在教师的引导和反复练习之后，学生接受了电离的概念，但是看待电解质水溶液时，仍然不能自主从离子角度认识。学生习惯于先写物质的化学式，然后再拆成离子的形式，这对后续学生学习离子反应造成了很大的困扰。
>
> （1）聚焦探究问题——"为什么 NaCl 溶液能够导电？"
>
> 要解决学生问题，深入理解"电离"本质，关键是深入理解 NaCl 的导电性实验。教师选取"为什么 NaCl 溶液能够导电？"这个问题，尝试利用"二元问题分析法"进行分析。

---

〔1〕　董毓：《批判性思维十讲》，上海教育出版社 2019 年版，第 30 页。

问题的对象：NaCl 溶液、导电	问题的认知：通过 NaCl 溶液导电的分析，理解"电离"的本质。
1.1 问题对象内在构成要素及其关系 NaCl 溶液有哪些成分？（宏观、微观） NaCl 溶液中，溶质和溶剂之间有没有相互作用？ 相互作用的结果是什么？	2.1 问题的概念、表达、形式和类型 这是一个因果推理解释类型问题，探究 NaCl 溶液导电的因果机制链条。
1.2 特征和不同状态下属性 NaCl 溶液有什么性质？ NaCl 在其他状态（固体、熔融状态）时也会有同样的性质吗？ NaCl 溶液在外界条件改变时（如浓度、温度），性质（如导电性）会发生变化吗？	2.2 问题的来源、背景、假设 研究 NaCl 溶液导电性，学生的已有基础是什么？ 学生对 NaCl 溶液中微粒的存在形态认识清楚吗
1.3 原因和机制 导电的机理是什么？ NaCl 溶液能导电的原因是什么？ NaCl 溶液导电和金属导体导线有何不同？	2.3 问题的演化和时间性质 为什么一开始就讨论 NaCl 溶液的导电性问题？ 关于"电离"以前的教材是这么处理的吗？
1.4 存在、运行方式和规律 NaCl 在水溶液以什么形式存在？ 微粒之间是如何运动和相互作用的？	2.4 问题类型需要的信息和推理 关于这个实验，学生可能不清楚的问题是什么？还需要提供什么信息？ 根据"NaCl 溶液导电"推理"电解质电离"的推理路径是什么？
1.5 和各类外部因素的相互作用 NaCl 溶液和其他物质混合会有什么反应？ 改变温度、浓度等外界条件对溶液的性质有什么影响？ 外界条件（温度、浓度等）对溶液中微粒的运动和相互作用有何影响？	2.5 问题涉及的不同观点和论证 NaCl 溶液导电，除了电离之外，还有其他的解释吗？ 除了水分子之外，还有其他因素可以让 NaCl 发生电离吗？
1.6 时间性和演化过程 NaCl 溶液接通电源一段时间之后会发生什么反应？	2.6 问题的价值因素 "NaCl 溶液为什么能够导电"这一问题对认识电解质在水溶液中行为的价值是什么？ 对"NaCl 水溶液为什么能导电"推理过程对培养成"证据推理与模型认知"核心素养的作用是什么？

（2）二元问题分析法与学科问题融合分析的思考

二元问题分析法不仅全面系统地分析问题，还能预测后续的学习内容。在《基于学生核心素养的化学学科能力研究》[1]一书中针对水溶液（电解质溶液）主题的认识模型中，对溶液主题的认识角度包括：宏观现象、微粒数量、微粒种类、相互作用、物质组成。下面依据学科认识角度对二元分析法中问题对象角度的问题进行分析：

学科认识角度	学科认识角度之外的问题：
宏观现象（物质性质） NaCl 溶液有什么性质？ 微粒数量： 微粒种类 NaCl 溶液有哪些成分？（宏观、微观） NaCl 在水溶液以什么形式存在？ 相互作用 NaCl 溶液中，溶质和溶剂之间有没有相互作用？ 相互作用的结果是什么？ 微粒之间是如何运动和相互作用的？	导电机制： 导电的机理是什么？ NaCl 溶液能导电的原因是什么？ NaCl 溶液导电和金属导体导线有何不同？ 外界条件对体系的影响： NaCl 溶液在外界条件改变时（如浓度、温度），性质（如导电性）会发生变化吗？ NaCl 溶液和其他物质混合会有什么反应？ 改变温度、浓度等外界条件对溶液的性质有什么影响？ 外界条件（温度、浓度等）对溶液中微粒的运动和相互作用有何影响？
物质组成 NaCl 溶液有哪些成分？（宏观、微观）	不同状态的比较： NaCl 在其他状态（固体、熔融状态）时也会有同样的性质吗？ 时间维度的变化： NaCl 溶液接通电源一段时间之后会发生什么反应？

从上表分析可以看出，基于二元问题分析法提出的问题除了能够涵盖化学学科对该部分内容的认识角度之外，还有一些新的发展点：①导电机制——可以解决学生的疑惑；②外界条件对体系的影响——这个角度是后续学习水溶液中存在平衡的重要方面；③时间维度的变化——这是后续学习水溶液中电化学的分析角度。二元问题分析法不仅能够解决当前问题，还能为后续学习的角度进行预测。不仅如此，还能对相关的模块（电化学）产生关联。

所以二元问题分析法实际上是全面深入分析问题的"地图"，能够给出思考问题的角度，对问题分析更加全面。如果没有这个"地图"，教师仅凭经验进行分析，很难这样全面系统。

2. 问题矩阵法。进行完二元问题分析法后，我们会对问题有一个宏观、全面、系统地认识。接下来我们在进行具体某一主题或某一单元内容的学习过程中，在给定的学习情境下，会提出很多相关问题。

问题矩阵法，就是把教师提出、学生自主提出、师生共同协商提出或者家长、朋友、同事等提出的各种问题，标记在一个能够分清主次的问题矩阵中。标记下问题后，师生能够依据矩阵中的主干问题来分析确定并设计更好的探究问题。

---

[1] 王磊等：《基于学生核心素养的化学学科能力研究》，北京师范大学出版社 2018 年版，第 262 页。

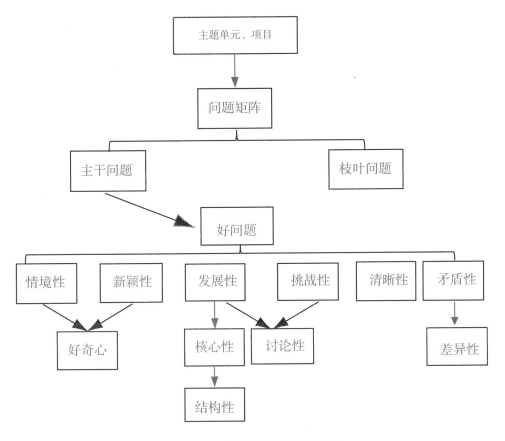

图 6-1-2　问题矩阵法分析好问题

在问题矩阵中，好问题在给定的情境下吸引学生的好奇心。好问题具有清晰性和发展性，是核心问题，具有逻辑性和结构性、具有复杂性和挑战性，是学生可以开放研讨的问题。好问题与学生的认知有冲突矛盾，会让学生感到差异性，吸引学生好奇心从而进行深入思考。

教师通过问题矩阵，能够更加清晰教学中的核心主干问题，进行好问题的设计。学生通过问题矩阵，能够非常清晰地明确学习过程中核心主干问题是什么？而不是课堂上淹没在老师给出的一系列主干和枝叶问题中，分不清主次。

好的探究问题有构成，有层次，有子问题。通过问题矩阵分析出问题的构成和子问题才能了解本质、焦点、范围等。了解哪个问题是有价值的问题，哪个是核心关键的问题，这个过程也是分析问题的过程，是批判性思维能力的首要问题。

案例 6-1-3：《向量数量积的概念》的问题矩阵法分析问题（作者：王肖华）

问题情境：在物理课中，力与在力的方向上移动的距离的乘积称为力对物体所做的功。如果作用在小车上的力 F 的大小为 $|\vec{F}|\ N$，小车在水平面上的位移 s 的大小为 $|s|\ m$，力的方向与小车位移的方向所成夹角为 θ。

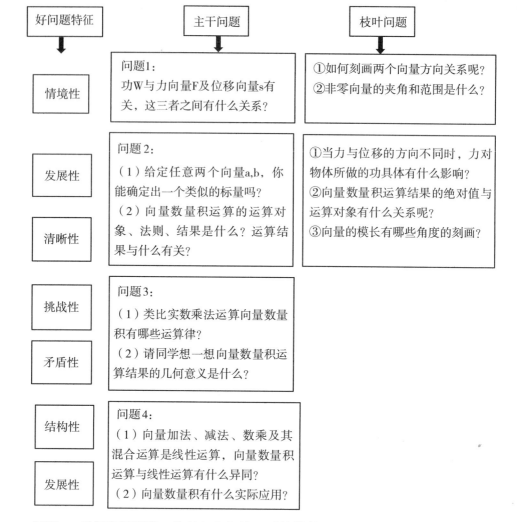

问题 1：根据实际情境，物理上力向量 F 对物体做功 W 与位移向量 s 的关系，可知力向量和位移向量经过一定的运算得到一个功的标量。

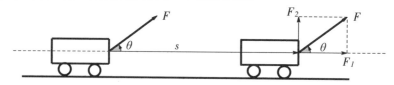

问题 2：给定任意两个非零向量 a，b，能确定出一个类似的标量，这定义了向量的一种新运算，称为向量的数量积。充分体现了问题由特殊到一般，具有清晰和发展性。物理做功体现了数学建模，一般的数学建模是拿来一个现成的数学理论的，而这里的数学建模又是比较难的，是重新创造一个新的概念，一种新的数学运算来描述物理上做功问题，比一般的数学建模要难得多。在这里我们可以根据学情来思考不同探究活动形式。

　　问题3：如果学情是物理功的概念和关系式高中物理课已经讲过，带领学生回顾功公式的由来进行向量正交分解（如上图6-1-5所示），给出投影向量概念，为向量数量积运算几何意义探究做好铺垫。给出向量数量积定义同时，思考如果力的方向斜向上或斜向下与位移夹角相同，力对物体做功一样吗？引导学生思考向量夹角概念、功的概念和向量数量积的概念并准确应用。

　　例如：求向量的数量积。

　　（1）$b \cdot a$；　　　　（2）$c \cdot a$；　　　　（3）$d \cdot a$；　　　　（4）$e \cdot a$。

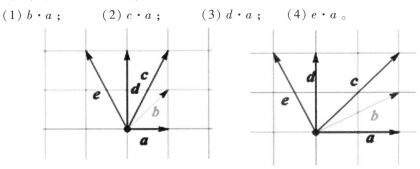

　　方法一：向量数量积的定义直接求解；

　　方法二：对向量b，c，d，e进行正交分解，探究向量数量积的几何意义求解。

　　完成求解问题的过程学生会类比实数乘法运算思考并探究两个问题：如果给定向量a，b，c，满足$a \cdot b = a \cdot c$，是否一定能推出$b = c$？表达式$|b| \cos <a, b>$，几何意义是什么？

　　类比实数乘法运算律——交换律、结合律、分配律等思考向量数量积运算律，发现结合律有差异性，出现认知冲突。

　　同时，根据等式的性质，实数运算满足$ab = ac(a \neq 0) \Leftrightarrow b = c.$

　　而向量数量积根据运算法则不满足这个等式性质。

　　问题4：教师心中要对教学内容有宏观整体的把握，确定主题后研究问题的思维方式和知识生成的脉络要清晰，传递给学生。教师引导学生学会根据已有的知识经验学会学以致用，在新情境下主动学习新知识，学会思考建构知识网络，建立新的学习经验，学会主动发展。

　　学习向量的关系时，师生心中要清晰两个向量的关系有位置关系和运算关系。位置关系有定性的共线与不共线，定量关系是用两向量夹角来刻画，这样三角函数知识得到关联和应用。运算关系有已经学习过的线性运算，自然猜想是否会有非线性运算？如何定义？学习向量数量积运算的必要性就是顺其自然。学生积累了学习向量数量积非线性运算自然会猜想是否还有别的非线性运算？平面向量的关系与空间向量的关系是否有关联和不同？这样学生自主发展能力得到充分的体现。

　　同时，学生学会学习向量运算四个维度（对象、法则、结果、运算律）的已有经验为后面探究学习向量新运算发展高阶思维，学会做到和学会发展做好充分的准备。学生的认知结构从知识和能力双螺旋上升逐渐形成一个有机整体。

　　两个向量的关系结构图具体如下：

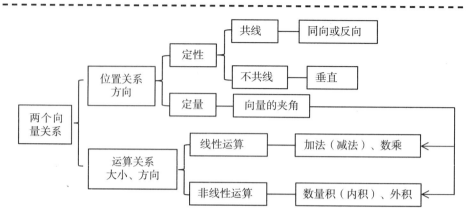

教师心中要有问题矩阵，会分析好问题，做一位批判的谦虚思维者和勤奋的思维训练者。教师如何设计活动，让学生主动参与学会通过观察、猜想，提出好问题，交流分析好问题？

案例6-1-4：学生游戏中用问题矩阵法分析有挑战性的问题（作者：王肖华、赖燕）

学生在学习过程中，会提出发展、复杂、有趣、有挑战的问题，并放在问题矩阵中。学生在探究解决这些问题过程中，会进行对比、关联、设想可能的结果。好问题一般源于对数据和信息的分析。学生通过对获取数据分析发现差异性，这些差异性被发展心理学家称为"不一致"，会让学生体验到冲突。学生探究过程像玩游戏一样，充满魅力、神奇和成就感，充分体现了爱因斯坦曾经说过的"游戏和思想的组合"。下面就是游戏与思想组合过程就是分析问题过程，也是好问题聚焦过程。

环节一：问题情境 提出好问题

教的活动1	学的活动1

教的活动1
环节一：探索实验 观察猜想
实验要求：改变拉胚机的旋转速度，观察容器中凹陷的水面出现的各种情况，记录数据，并提出猜想问题。

学的活动1

容器中初始水面高度 h			
次数	转速	液面高度差	沿壁面升高值
1	低		
2	中		
3	高		
其他实验现象和出现的原因			
形状猜想论证依据			

环节二：分享交流　分析好问题

教的活动 2	学的活动 2
（1）学生做实验时，观察并记录在实验中出现的各种现象大胆猜想并论证，例如：猜想并论证凹陷曲面形状。 （2）直观感知曲面有哪些几何性质？ （3）如何将问题简单化，利用所学物理知识（向心力的来源）分析实验结果，尝试建立数学模型？	学生提出了很多猜想问题，并进行讨论。例如： （1）相同转速，水面高度 h 与时间 t 的关系； （2）旋涡高度和水的质量（体积）的关系 （相同转速下，控制变量法） （3）旋涡侧面轨迹是什么图形？ （4）转速与高度差的关系？ （5）水形成的曲线坡度与转速之间的关系？ （6）凹陷曲面与杯壁围成的空间体积与水量和速度关系？ （7）若已知旋涡形状，求旋涡体积或水的体积？ （8）学生猜想凹陷的曲面是圆锥、球、椭球、抛物曲面、圆台等。 （9）拉胚机使得旋转的水呈波浪形变化，波动的振幅大小与转速是什么关系？ （10）豆浆机为什么要有最低水位线？ （11）如果容器足够大，最高水位与最低水位差是否是常数？

由于凹陷的曲面是旋转形成的，所以几何体是旋转体。通过上面的问题矩阵，我们和学生一起讨论之后发现核心主干问题、枝叶问题是：

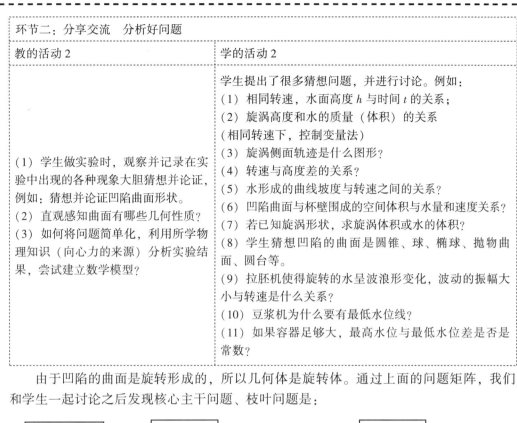

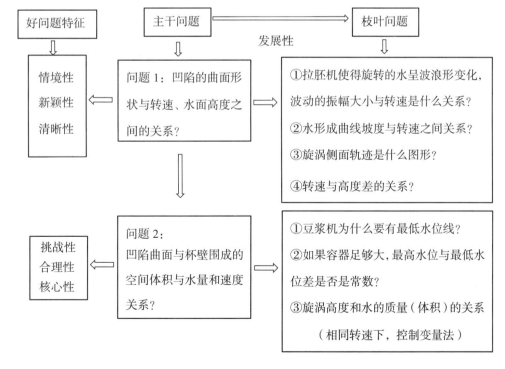

通过这样的实践活动环节，教师更加清晰明确教学中的核心问题，同时还能帮助学生学会如何提出更深刻、更合理的问题。同时，学生感受到提出的好问题是集体努力的结果，是大家在活动中讨论的集体智慧结晶，学会倾听，学会分享，学会表达，共同进步。

（三）好问题评价

在一个问题情境中，经过批判性思维习性训练，学生慢慢具有思维谦虚和思维韧性的品质。学生能敢于质疑提出问题，并用合理的方法理性分析问题。为了促进师生完成思维发展，师生需要采用合理的评价手段或标准来对探究问题进行合理评价。在探究活动中，教师要具有评价先行的意识，并落实好，实现教、学、评一体化。那么如何评价问题呢？

1. 布鲁姆的认知、思考和能力层级。根据布鲁姆的认知六大层级：记忆、理解、应用、分析、评价和创新，我们知道记忆、理解和应用是低层次的思考，分析、评价和创新是高层次的思考。

在日常教学过程中，我们需要让学生实现对知识能够记忆和理解两个环节，学生能力达到学会知道。学生实现对知识会应用和分析两个环节，学生能力达到学会做到。学生实现能够对问题进行评价和创新，学生能力达到学会发展。我们的目标就是发展学生的高阶思维，让学生成为一个具有真正批判性思维的理性思考者。布鲁姆认知六大层级对应的问题关键词和问题形式见后面附件，教师可以带领学生完成这样的探究活动设计和评价。

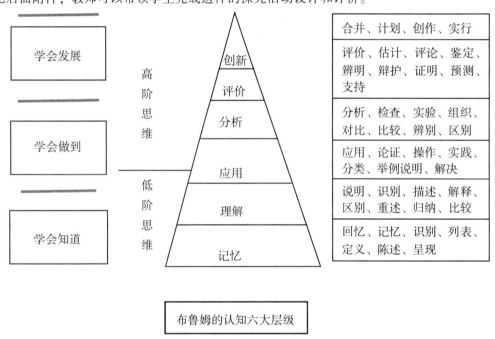

图6-1-3 布鲁姆的认知、思考和能力层级

2. 认知层级与素养评价水平。在中国高考评价体系指导下，学科课程标准中"四层"考查内容及其关系是：必备知识、关键能力、学科素养和核心价值。我们日常教学中必须要以学科素养为导向确定必备知识和关键能力，学科素养的问题情境必须选择能够体现核心价值引领作用的问题情境。这些问题情境帮助学生学会提出问题、质疑思考交流分析问题、论证评估或创新解决问题。实现布鲁姆认知水平的低层次思考（记忆、理解、应用）到高层次思考（分析、评价、创新），实现学生学会知道、学会做到、学会发展。

　　例如，《普通高中数学课程标准》（2020 年版）中提到了数学有六大核心素养：数学运算、逻辑推理、直观想象、数学建模等核心素养及评价水平。

　　为了实现课程标准的素养落地，教师需要认真研读素养不同评价水平对应的知识内容、解决问题方法和布鲁姆的认知层级，具体如下：

表 6-1-2　认知层级与素养评价水平对应表

层级	知识内容	解决问题	认知特征	素养水平
了解 A	初步认识：知道是什么？	识别、直接应用	被动：记忆、模仿	水平一
理解 B	理性认识：知道逻辑关系	解释、变形转化、推断、解决简单问题	主动：辨析、联系	水平二
掌握 C	深刻理性认识：知道推导过程、会证明	分析、论证、研究、形成技能解决有关问题	主动：思考、创新	水平二或三
灵活 D	结构化认识：系统把握知识联系	系统化内在联系，关联，分析解决综合问题	主动：评价、创新	水平三或四

表 6-1-3　数学直观想象核心素养评价水平

直观想象	水平一	水平二	水平三
情境	熟悉	关联	综合
对象	简单实物和图形	构建几何图形	综合利用几何图形
关系	描述 图形与图形位置关系 图形与数量度量关系	发现 图形与图形位置关系 图形与数量度量关系	形成 理论体系的直观模型
作用	直观认识数学问题 描述表达数学问题 启迪解决问题思路 利用图形直观进行交流体会数形结合	提出数学问题 探索图形的运动规律 探索解决问题思路 掌握研究关系基本方法 形成数形结合的思想 解决实际问题或数学问题	提出数学问题 理解数学各分支之间的联系 反映数学问题本质形成解决问题思路

　　通过大问题、子问题、问题群，问题引领，任务驱动，引领学生探究平面和空间几何图形的建构，解三角形，建构知识网络。这样根据直观想象素养水平划分，设计不同层级的问题，完成探究，提升学生的直观想象等核心素养。

案例6-1-5:《探究解三角形中的劣构型问题》(作者:王肖华)

探究内容结构图:

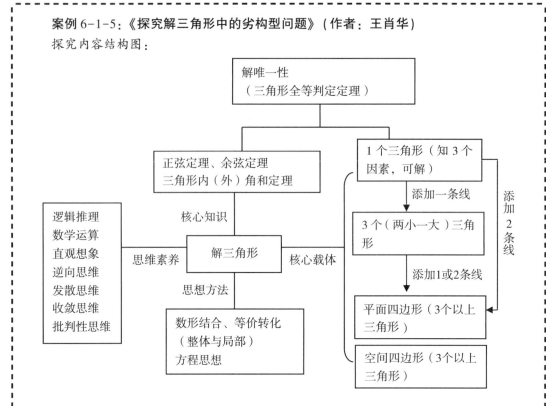

探究的大问题:解三角形中的边角关系劣构型问题

探究的子问题:

水平一:探究一个三角形中的解三角形问题(1课时)

水平二:探究3个(两小一大)三角形中的解三角形问题(1课时)

水平三:探究平面四边形中的解三角形问题(1~2课时)

水平四(拓展):探究空间四边形中相关解三角形的问题(1~2课时)

开放性的探究问题使得学生通过添加条件深刻理解正余弦定理的适用条件,解相关问题;学生理解和应用正余弦定理解三角形相关的问题时解的唯一性、不唯一性的根源,学会进行合理检验,完成正—反—正的批判性思维过程。学生完成解三角形的载体图形由1个三角形——3个(两小一大)三角形——平面四边形(3个以上三角形)或者可以拓展到空间四边形的进阶过程,这是认知水平和能力要求不断提升的过程。

学生通过自编探究题将复习过程中解三角形知识调用、整理,系统化、结构化,提高了探究应用的能力和意识。同时教师让学生明白三角形边角关系是问题的根,图形建构过程探究边角关系的变化对解三角形问题的影响,进行边角分类,构造新图形,培养了学生批判性思维习性和技能。

不同水平的探究问题使得学生的思路被打开。学生发散创新思维得到训练,提出了很多具有开放性的问题。让老师非常吃惊,原来学生的潜力是非常大的。有时候我们需要更高地定位学生的能力提升空间,搭建合适的平台,制定合理的评价标准,让学生提出好问题。这种单元教学设计开放性问题的教学实践效果很好,大大调动了学生在课堂上参与的积极性,不同层次的学生都能得到不同的实践探索机会，能力得到不同的提升。学生有了成就感，增加了学习数学的兴趣，提高了学习数学的自信心。学生对自我学习的责任心得到强化，学习成绩提升水到渠成。

3. 智力活动三水平图。[1] 探究问题开放多元，探究问题的分析和评价也是开放多元的。只要是合理的适合学生都是好的评价问题的标准或形式。下面是智力活动三水平图，帮助学生对问题进行分析和评价划分，并给出了划分解读与特征术语的描述。具体如下：

表 6-1-4　智力活动三水平图

水平划分	划分解读与特征术语
水平一	能够直接用"是或否"来回答问题，能够通过阅读文本来回答问题。 特征：描述、命名、观察、背诵、记录数据、回忆。
水平二	需要进行一定程度思考问题，可以通过文章的字里行间来找到答案的问题。 特征：比较、对比、确定变量、分类、分析。 辨别原因和结果，辨别事实和观点。 提出问题，想出方案，解决问题，做出决定，推断，然后下结论。 假设、实验，然后下结论，解释决策或结论的合理性。
水平三	促使我们超越现有知识的问题，哪些需要进行猜想、想象或预测的问题。 特征：评价、判断、想象、猜测、如果——那么——。 估计、应用原理、预测、创造一件新产品等。

第二节　探究的过程与评估

董毓说："'探究实证'是批判性思维的开放理性精神的实践和表现。"

探究就是依据科学的探究方法，精细准确地观察思考一个问题，从而得出有充分理由支持、更为合理的判断。探究是问题引领、任务驱动，批判性反思实证的认知过程。

在探究过程中，学生们抱着一个开放的心态，提出各种探究中的问题和任务，尊重他人的观点，乐于倾听和考虑他人的想法。

在探究过程中，学生们敢于质疑，想要抓住问题要点、寻找全面的信息和观点，进行严肃的批判性探究论证。

在探究过程中，学生们会给予积极多元评估。寻找更为充分的信息，经过深入思考判断，用文明有礼的方式进行沟通交流。通过探究，学生们会在团队合作学习中获得满足感。

在探究过程中，学生们会获得新知识，既理解关乎于问题本身的问题，也关乎于其他问题的问题。

在探究过程中，学生们的思维得到不同程度的训练，思维能力得到不同程度的提升。批判性思维品质——思维严谨性、谦虚性、公正性、坚毅性、思维的勇气、思维的责任感、思维的自主性和对推理的信心等都得到了培养。

---

[1]　[美] 约翰·巴雷尔：《教会学生探究》，教育科学出版社 2016 年版，第 33~34 页。

一、探究中的方法

北宋著名的政治家和文学家欧阳修曾经说过："任其事必图其效，必尽其方。"正确的方法对有效解决问题起到关键性的作用。教学中的探究活动如同科学探究一样，其中蕴含的方法也类似于科学探究的方法。探究的过程，实际上就是认识事物的过程。在认识事物的过程中，就是要不断地纠正偏差，完善结构，从而得出正确的结论，这样就要用到探究的方式方法。

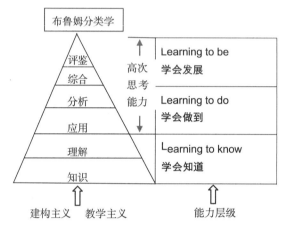

图 6-2-1　布鲁姆分类学和能力层级结构图

因为布鲁姆认知分类学六大层级：知识、理解、应用、分析、综合、评鉴，日常教学主义和建构主义，所以探究方法的运用，不是胡乱堆砌，随意任性的。而是要放到认识事物的过程中，在这个过程中的不同阶段，侧重不同的探究方法，实现学生学会知道、学会做到、学会发展的能力，充分体现批判性思维促进高阶思维能力发展的作用。

认知层级、能力层级与探究方法的结构关系如下图所示。在每一个认知过程，不同阶段认知方法虽然有所偏重，但是也不是一成不变的。下面对应关系仅供参考，具体问题可以灵活应用合理的探究方法探究解决。

布鲁姆的认知和能力层级与探究方法

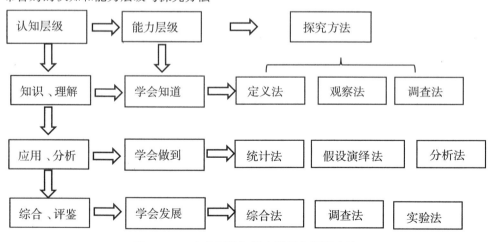

图 6-2-2　布鲁姆认知能力层级与探究方法

探究时，首先，我们要明确事物或问题的定义，才能清晰准确地认识一类事物或问题本质，这就需要定义法。我们要善于观察和记录数据，这就要用到观察法、调查法。这样，我们就完成了知识的理解、记忆，学会知道探究事物或问题。其次，当收集到足够多的数据后，就要开展理性分析研究。这个过程就是感性认识上升到理性认识的过程。在这个过程中，同样要用到各类探究的方法，例如统计法、假设演绎法、分析法等。这样，我们能够将学会的知识经过理解后准确灵活分析和应用，学会做到学以致用。最后，对于探究的问题及结果进行综合法、调查法或实验法进行综合评鉴，合理评估后学会创新发展。

（一）定义法

我们认识一样事物，要先确定出事物的定义。定义明确内涵和外延。这样探究问题时，才会做到方向明确，才会有意义。例如，如探究三角形唯一性的条件。这里面涉及"三角形唯一性"这个定义，要明确三角形唯一性指的是"三角形的形状和大小确定了"就叫做"三角形的唯一"。这里面要区别于三角形的个数唯一，澄清唯一性指的是"形状大小确定"，而不是"个数唯一"。

（二）观察法

观察，是指人们对周围存在事物的现象和过程的认识，这种认识是基于研究者对事物的现象和过程的理解。

现实世界是以具体而形象的方式展示在人们眼前，所以任何一项探究都是以感性认识作为基础，感性认识就是探究的根基和起点，只有大量而丰富的感性认识才能帮助人们提高到理性的认识。通过观察事物的表象特征，对事物有一个初步的了解。但是，教学中或科学中的探究，并不是一般性的观察理解，而是要在一定研究目标下，有计划有目的地展开。所以，教学过程中，教师一定不能忽略感性认识对学生的影响。在各个学科的教学中，观察法的用途非常广泛。例如：数学学科中，几何直观就是需要学生先对图形有一个直观的认识，然后再深入进行分析。生物学科中，观察生物体外部或内部的基本结构，以了解它的基本特征。

（三）统计法

统计法是指对某一现象有关数据的搜集、整理和计算分析的方法。

任何科学的探究方法，没有数据支撑，都是"一锅粥"。"大概齐"的研究方法，得出的结论必然是大概齐。大概齐数据叠加大概齐数据，就会得出偏差的结果。所以统计数据的重要性，就是科学探究的基础。

在数据收集过程中，要特别注意的就是不能添加任何感情因素。一定要做到客观公正、寻真求实。以一个冷静旁观者的身份，收集正反等各方面的信息。不能因为自己的喜好，或者是权威的结论就重点收集。同时也要禁止出现滑坡效应等想当然的数据。

例如，在探究活动中，常以小组的方式展开，而小组成员间的意见能不能得到很好的补充和修正，就需要每个人能够从理性的角度分析自己和别人观点的异同，而不是只认为学习好的同学提出的问题才对，而成绩不太优秀的同学的观点可以不采纳。

（四）假设演绎法

假设演绎法是在观察分析的基础上，通过推理和想象提出解释问题的假说猜想。再通过实验验证假说猜想的合理性。这是因为在客观上，不可能收集到绝对全面的信息。这样，在现有信息的基础上，为了尽快提升认识，就要大胆地提出假设，同时注意隐含假设。

（五）分析法

分析法是一种综合各种信息，进行整理和梳理，从而得到结论的一种方法。它应该应用到各种探究的方法之中。从数学的角度来看，在利用统计数据分析问题的时候，会经历收集数据、整理数据、分析数据、得出结论的过程。而这一过程也和科学探究的流程基本类似，学生在学习的任何一个阶段，都是带着学习目标或待探究的结论，展开探究活动，这需要在每一步都进行分析论证，分析论证使得探究活动朝着相对集中、指向性更强的范围内进行。

与假设演绎法、分析法同步出现的还有联导推理、因果推理、最佳解释推理等常用的探究推理方法。这都是在认识事物过程中必然经过。

（六）综合法

综合法是"分析法"的对称。实质在于：抓住事物在总体上相互联结的矛盾的特殊性，研究这一矛盾如何决定事物的各种属性，如何在事物的运动中表现出整体特性。

1. 简单综合法：就是对数据进行简单汇集、归纳、整理。

2. 系统综合法：从系统论的观点出发，对大量信息进行时间与空间、纵向与横向等方面的综合研究。是一个创造性地深入认识研究问题所面临的挑战与机遇的过程。例如，在进行企业竞争情况分析与预测时，既要从纵向方面综合企业本身、竞争对手、竞争环境（政治、法律、经济、金融、科技、社会文化等）、竞争战略等因素的历史、现状和未来发展趋势，又要从横向方面对与企业竞争有关的这些因素之间的相互关系进行全局的研究和分析。只有这样，企业才可能制定出符合客观实际的发展计划和发展战略。

3. 分析综合法：也就是对所搜集到的信息在对比、分析和推理的基础上进行综合，以认识问题特征和未来的发展规律，进行预测指导。在进行具体分析综合时有两种类型的方法可供选择：存优、化合。所谓存优，就是将搜集到的各种信息进行对比分析，去伪存真，去粗取精，然后将"真"、"精"有用的信息综合起来。所谓化合，是在思维活动中将各种信息进行综合创造，形成有用的信息资源，制定出解决问题发展方向、战略和具体计划。例如，在为新产品开发提供分析预测服务时，信息管理人员可以在大量搜集同类产品、可替代产品以及其他启迪作用的相关产品的性能、结构、质量、用途和市场前景、企业效益的基础上，通过分析综合，提出最优的产品设计方案。

数学领域综合法是一种解题的方法，是狭义的理解。广义的综合法运用能够了解问题历史发展，获得一些经验，把握未来发展方向，提出创新性发展策略。

（七）调查法

在探究的过程中，一个人的力量是有限的，一个人的认识也是有局限的。这样势必就要开展集思广益的方法来推动探究的深入。调查法就是一个很好的方法，比如制定问卷、访谈等，为的就是获取一定量的数据和结论，从而更全面更客观地获得问题真相的信息。教学中，用到最多的也许就是交流讨论，这也是调查法的一种方式，让学生在有限的课堂时间内，获取别人与自己不同的观点，从而反思或修正自己的判断，以便达到最合理的结论。小组合作探究是获取高效课堂比较有效的方式之一，学生在既定的目标之下，通过与同伴的交流和相互质疑，不断地获得更全面更客观的信息来完善自己的思维和认知。

（八）实验法

实验法是在得到了理性认识后，探究并没有停止，而是转入实际操作的层面，这也是由认识到实践的过程。

进入到实践阶段的探究，是检验之前认识的试金石，是纠正错误认识的不二法门。在这个过程中，最重要的就是实验法。

教学中的实验法是指有目的地控制一定的条件或创设一定的情境，来解决问题的一种方法。实验法在生物、物理、化学等实验学科中用途较为广泛。是利用特定的器具和材料，通过有目的、有步骤的实验操作和观察、记录分析，发现或验证科学结论。一般步骤：①发现并提出问题；②收集与问题相关的信息；③作出假设；④设计实验方案；⑤实施实验并记录；⑥分析实验现象；⑦得出结论。

例如，在"探究确定三角形唯一性的条件"这个探究活动中，老师首先提出问题，谁能够画出一个我心目中的三角形。在这个问题中，学生需要进行如下思考：

1. 老师心中的三角形是什么样子的？是多大？也就是需要知道三条边和三个角的具体数量，才能够按要求画出。——发现并提出问题

2. 当老师把具体的三角形的形状和大小呈现在黑板上，用什么方式和方法画出这些元素。——收集与问题相关的信息

3. 至少需要画出几个即可，对六个要素进行筛选。——对问题做出假设

4. 确定出至少需要三个元素，SSS，AAA，SAS，SSA，ASA，AAS——设计实验方案

5. 按照6个方案进行画图，发现哪些能够成立，哪些不能成立。——实施实验并记录

6. 分析不能成立的原因是什么？——分析实验现象和背后理论依据

7. 得到能够唯一确定三角形的条件。——得出结论

与之类似的，数学中虽然没有实验法，但存在试验的过程——即试错。很多学生在学习数学时，经常有畏难情绪，就是因为数学要想达到证明的结论，道路也许有很多。学生不敢下脚开始走，不知道往哪条路走，成了学生畏惧数学的根本原因。其实，试错才是获取真理的基础，要容许学生犯错误，容许学生思维上存在错误的路径，在他们错误的路径上进行修正和引导，就会让学生通过一条正确的路径达到成功。

教师要根据探究主题内容选择合理的探究方法，以保证学生在一个结构良好学习单元或项目里有时间去获取信息。学生识别、分析、评估问题后按照科学探究方法完成问题的分析实证，最终得到探究结果，进行合理评估论证，进而得到合理的结论，寻找到问题的答案。

二、探究中的任务

爱因斯坦曾经说过："探究中的任务，是个令人羡慕的机会。"

问题是探究的起点。问题引领，任务驱动，促进探究进程，促进学生思维提升。在探究主题确定的问题情境中，首先，我们会带领学生根据好问题的标准思考、识别并提出好问题。其次，我们会借助于二元问题分析法或问题矩阵分析法等方法进行分析好问题。再其次，我们会思考探究过程如何评估这些好问题。最后，我们会根据探究问题的三大环节（提出、分析、评估）设计学习活动和探究任务。

探究中任务的重要性及价值是什么？根据任务的不同分类，如何进行任务设计呢？探究任务特征有哪些？不同课型探究任务的侧重有哪些不同？

（一）探究任务的重要性

探究任务让学生的隐形思维显现出来，促使思维变得清晰，得以发展。学生批判性思维理论揭示了人们的思维方式都是潜意识的，学生也是如此，当思维在潜意识中运作时，学生在对自身思维过程不清楚的情况下改变思维是不可能的。但是学生在完成探究任务的过程中，其潜意识的思维则通过任务完成行为表现出来，可以让学生清晰地看到思维的结果。学生们通过探究任务的讨论、分享并动手实验这些环节，促进学生反思自己思维过程，思维过程变得清晰，学生的思维得以发展并进阶。

探究任务推动学生知识建构。学习是以学生已有的经验和原有的观念为基础，主动建构的过程。教师的责任是要把学生的建构引导到一种更高的知识能力水平上去。教师通过在探究中问题引领、任务驱动，推动学生进行知识建构，同时使学生的思维得到发展。在探究式学习中，学生通过探究或实践任务，自主地开展学习，获取知识。学生可以在各种开放的潜在相关资源中进行信息获取选择，设计并实践验证方案，探究结论和观点。

探究任务衔接学生的最近发展区和未来发展区，帮助学生建立新的认知和思维。所有的思维都是以先前的思维为基础。探究任务设计的起点是学生的最近发展区。我们用批判性思维工具进行任务设计时，一定要对之前的问题持开放理性的态度。在给定的探究情境中，探究任务中的学习对象要与原有知识结构框架中的学习对象相关联。探究任务的设计与已有知识、思维相关联，有链接点，这样便于学生进行知识建构、思维训练和能力提升。学生积累新的学习经验和思维，走向新的认知。

（二）探究任务的分类

关于任务的类型，不同的专家有不同的分类方法，借鉴批判性思维标准与思维元素，在提升学生思维水平方面，探究中的任务可以分为两类：一种是学生经过思考可以自己独立完成的任务，第二种是需要同伴或老师的启发引导才能完成的任务。

批判性思维认为所有的思维都有一定的目标，以信息为基础，然后经过推理得出结论。探究中的任务要从思维元素出发，注重目标的清晰性，信息的相关性和逻辑性；帮助学生更好地理解任务，明确具体要求，这样的任务具有可操作性。学生在完成任务中促进思维发展，并逐步提升批判性思维技能，如阐释、分析、评价、反思等能力。这是第一种任务类型。批判性思维承认思维总是或多或少不够清晰，不够准确，思维总是停在表面，没触及事实与观点的深度；同时思维是狭隘的，要达成思维广度，需要思考者不只用一个观点，而是在不同的推理框架下进行深度思考。在探究过程中，学生有许多困惑，一时不知道如何下手。此时需要外界的帮助，教师可以设置任务开阔学生的思路，给学生的思考指明方向，促使学生的探究能继续下去，推动学生深度思维，并在此过程中，让学生进一步感悟思想和方法。这是第二种任务。往往设置在学生认知障碍处、学生的困惑处及学生易错处，以促进学生的认知，培养学生的思维，提升学生的学科素养。

案例 6-2-1：第一类任务——以初中学生在物理课堂上探究液化的条件为例（作者：陈曦）

学习目标是通过探究掌握液化的条件。教师布置的任务是让学生用水蒸气制造小水珠，学生进行分组完成各个任务，实验器材是小烧杯、大烧杯、热水、小镜子、冰块儿。

任务一：用口腔中呼出的水蒸气制造小水滴。

任务二：用热水发出的水蒸气制造小水滴。

任务三：用教室中的水蒸气液化制造小水滴。

学生会在镜子上哈气，观察到口腔中呼出的水蒸气碰到镜子就产生了小水滴；学生会将镜子盖到盛有热水的烧杯上，镜子上出现了小水滴；有的学生还会将热水倒到小烧杯中，再在外面倒扣一个大烧杯，观察到大烧杯内侧出现了小水滴；学生将冰块儿放到烧杯中，在烧杯壁上会观察到小水滴，自然会想到这是教室中的水蒸气液化制造的小水滴。

在这个过程中学生们都会乐于完成这些有意思的任务，并向同伴们分享自己的收获。在一次次的体验中，学生会自发地思考水蒸气在什么条件下会变成小水珠。接触了冰块、热水等，学生自然会想到温度，水蒸气降低了温度会液化成小水滴，从而生动地掌握了液化的条件是水蒸气要降低温度。这个任务属于第一种任务，它的目标明确，调动了学生的主动性和积极性，学生在解决任务的过程中，思维是开放的，操练的机会较多，学生可通过操练、动手与动脑相结合，思维运转起来并构建新知识。

案例6-2-2：第二类任务——以初中学生在物理课堂上探究浮力大小与哪些因素有关为例

由于生活经验学生经常会认为物体的深度会影响浮力的大小，而事实上深度并不影响浮力，出现这种错误的猜想是因为当物体没有全部进入液体时，浸入液体的深度在变化同时物体浸入液体中的体积也在发生变化。并且在接下来的实验中如果这样设计实验并实施，那么当学生看到测力计的示数在变化时，很容易误认为是深度影响了浮力，得出错误的结论。这时教师可以直接布置任务通过实验探究验证浮力与深度是否有关。学生在进行探究实验中有时会得出正确的结论，有时会得出错误的结论。这时教师不要直接指出学生的错误，而是要引导学生学会及时地反思和审视实验过程，要善用批判性思维去审视自己的实验，找到真正的问题所在并加以修正，才能最终得到符合客观规律的结论。教师可以引导学生互相评价实验方案及实验结论的合理性，引导学生检查自己在实验中是否注意了控制变量，自变量是否唯一，自己找出问题所在。

在真实情境下，教师组织多种学习资源，设计多样的学习任务，有利于学生探索个性化的学习方法。根据任务分类，教师鼓励学生根据个人兴趣和特长选择需独立完成或合作完成的学习内容和学习方式。

（三）探究任务的特征

根据学生已有的思维和开放理性的问题态度，我们用批判性思维进行理性探究思考论证问题。探究的任务会根据探究的问题不同而不同，如何进行任务的设计呢？

根据理查德·保罗、琳达·埃尔德《批判性思维工具》一书，我们知道培养批判性思维的问题或任务设计方法有：应用关于思维元素的知识，应用于关于思维标准的知识，应用问题解决优先次序知识等。设计培养思维标准的问题和任务关注：清晰度、精确度、准确性、相关性、逻辑性、深度、广度等。设计培养思维元素的问题和任务关注：目标、信息、推理、概念、意义、观点、思维等。所以，根据思维标准和思维元素的知识，探究任务的核心特征有：目标性、关联性、情境性、清晰性、开放性、挑战性、评价性等同时充分体现了相关的思维品质，具有思维性。他们之间有一定的逻辑关系仅供参考，具体如下：

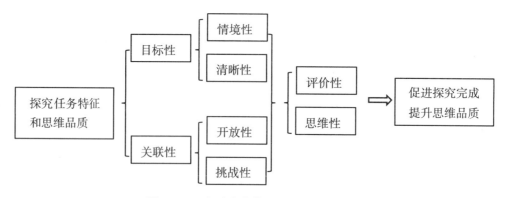

图 6-2-3　探究任务核心特征和思维品质

探究任务是服务于我们学习目标的，所有的思维都是有一定目标性。根据探究学习目标，我们设计探究任务情境，在情境中会有很多重要的信息需要我们进行提取，例如概念、假设、逻辑关系等。探究任务具体设计要有清晰性，同时充分体现任务的准确度和精确度。探究任务充分体现了思维的产生以信息为基础，依赖于其他的观点，离不开重要的概念、假设及合理的推理关系。我们设计探究任务同时要注重逻辑结构。探究任务要具有开放性，能够把事物之间进行关联，促进知识建构。探究任务在推理框架下引发深度、广度的思考，充分体现思维的关联性、深度和广度等特质。学生完成这些有深度、广度的挑战性任务时，会给予积极多元的评价，促进探究更合理地完成，最终提升思维品质。

1. 目标性。目标性是指对探究活动预期结果的主观设想，也是指活动的预期目的，为活动指明方向。探究目标具有维系各个任务关系构成系统的核心作用。

教师布置的探究任务体现了思维，所有的思维都有一定的目标。探究任务帮助我们要达成的目标，全面地理解问题和观点，得出有充分理由支撑的更合理论断。

教师布置的任务是学生为了实现学习目标而进行的、有明确目的的各种各样的活动，它有明确的目标性。这些目标可能是学生自己确定的，也可能是教师为学生确定的。任务目标可以是单一的，也可以是多元的。教学活动的目标性是我们一直在强调的，也是最为基础的原则。任务是人们所从事的带有明确目标的一件工作或活动，探究中的任务应具有较为明确的目标指向，就是利用任务达到预期的教学目的。作为促进学习的探究任务，教师应更多地关注其教学目的。

2. 情境性。美国心理学家林格伦（H. C. Lindgren）认为教育中有 3 个要素或焦点区域同教育心理学家和教师有关，这就是学习者、学习过程和学习情境。问题和任务具有真实性，这是批判性思维的四大关键词之一。所以，我们探究任务要具有情境性，即给探究任务穿上情境的外衣。

情境性是指学习者所在任务产生和执行的学习情境，是学习过程得以实现的时空许多具体情形的环境。学习情境也可以是一个立体大环境，指影响学习者或学习过程的所有因素或条件。

情境可能是真实的，也可能是模拟的或想象的。在任务设计中，应尽量使情境接近于真实。情境是情境认知的核心词，知识的习得是一种有机体内部将外在的知识信息内化，在头脑中进行意义建构与组织的动态过程。认知始终寓于情境中，思维发展是个体与情境发生交互作用时客体获得认知的过程。立足于现实生活的真实情境是学生学习的基本条件，任何脱离具体情境或场所的知识都是难以理解的。情境对人的认知和情感是有指导和激发的，关注情境的创设，强调认知的主体—环境交互生成性，能够为学生顺利的完成任务起到推进作用。创设情境能够帮助学生紧扣任务目标进行深度学习，是一种非常有效的教学手段。可以借助多媒体创设情境，也可利用实物展示创设情境。

学习情境围绕着学习目标和学生思维活动会非常丰富，处于不断的动态变化。此外，学习情境还具有过程性，开放性、探究性等特点。学习情境能够为学习者提供很多重要的信息、概念、假设等，引发学习者的关联、质疑、猜想等一系列探究过程。

3. 清晰性。清晰性是指探究任务语言清楚、明晰。首先，目标清晰。教师布置的任务需要清晰地指明学习者的学习方向和行为方式。其次，任务清晰。教师让学生知道如何操作并能完成。最后过程清晰。教师要让学生知道学习任务的清晰路径。

教师设置的任务往往以任务群的形式呈现，任务群之"群"表明这是一组任务，但其实核心任务只有一个，为了完成这一核心任务，分解出第一层、第二层、第三层若干任务。因此，任务群之"群"是由一个问题主干分支出去的不同层次的小任务共同构成的任务组织。各个任务之间有严谨的先后顺序与严密的逻辑关联。为了清楚表达各个任务之间的关系，任务群排布常常用思维导图呈现。因此，学习任务的路径非常清晰。

探究任务清晰是最基础的特征，是思维性、准确性、关联性、开放性、评价性基础。

只有我们的探究任务清晰，学习者才能做出准确地理解和判断；学习者可以更准确地进行思维，展示思维活动任务。

4. 关联性。关联性是指事物或对象之间彼此关联、互相牵涉；事物、任务或信号之间的共享关系、因果关系或逻辑关系等。

关联性思维会让我们的思考围绕目标保持在正确的轨道上，没有偏离。同时，关联性思维能够避免我们进行肤浅、单一、狭隘的思考。关联性思维帮助我们进行严谨地逻辑推理，全面理性分析。我们能够进行复杂、深入、全面地思考问题，设计好探究任务和问题。

关联会产生结构，包括内容和程序。内容可简单地表达为"做什么"，任何一个任务都需赋予实质性的内容，它在课堂上的表现就是需要履行的具体的行为和活动。程序指学习者在履行某一任务过程中所涉及的操作方法和步骤，在一定程度上表现为"怎样做"。它包括任务序列中某一任务所处的位置、先后次序、时间分配等。课堂上任务的开展离不开活动的支持，本着以学生为主体的原则，基于课堂任务的教学活动要尽可能多样，而之间的关联、层次需要教师把控。任务驱动的根本目的就是要让学生互动起来，从而思维发展起来。

关联性思维有助于学习者根据已有的知识结构完成新的学习经验，进行新的知识建构，形成新的知识结构体系。

5. 开放性。开放性是指探究任务在清晰准确语言描述中，处于张开、释放、解除限制的状态。

学生在完成教师布置的任务时途径不唯一，学生会应用已有知识储备针对任务提供多元性的实施方案。开放性的任务有助于促进学生拓展思维，多途径解决问题，从而培养学生的创新精神，帮助学生综合运用所学知识解决问题。开放式任务能够激发学生的求知欲、增进互助交流并培养学生的发散性思维。教师布置开放性任务之后，并不是每个学生都能够完整地给出全部答案。为了保证答案的完整性，教师要引导学生通过互助交流来完成任务。学生在小组内相互交流自己的认知，在交流的过程中能够增进感情，提高认识，促进学生拓展思维。教师要总结各小组的发言，对每一小组的答案进行评价，并给出完整的答案。

开放性和关联性使得探究任务有深度和广度。探究任务的设计能让我们自主地纵向有深度地思考问题。纵向不同水平层次的复杂探究任务会培养学习者的思维深度。探究任务的设计也需要我们能够抛开狭隘的视野，横向联系全面地思考问题。横向联系的探究任务会培养学习者的思维广度。开放性任务能够促进全面理性探究，避免思维定势，同时促进学习者创新发展。

6. 挑战性。挑战性是指探究任务具有一定的复杂性、挑战性，能够激发学习者主动探究的好奇心和求知欲。挑战性的探究任务鼓动学习者在挑战探究任务时自我挑战，不断提高自我。

开放性、关联性使得探究任务具有复杂性，具有挑战性。挑战性的探究任务使得学习者和任务之间进行深入互动。学习者需要分层次深入分析问题，独立或者团队合作设计解决问题方案，最后完成问题解决。挑战性的探究任务增加了学习者和教师之间的深度互动，增加了学习者之间的深度互动。学习者挑战复杂问题过程中，遇到困难时会请教教师，会和同伴合作交流。教师给学生尽可能大的学习空间，同时指明探究的方向和基本进程。教师引导学生适时质疑，多角度思考问题，拓展思路，并为学生提供资源。教师设计挑战任务增加学生思维容量，蕴含研究问题的方法，促进学习者思维提升。

7. 评价性。评价性是指对探究任务进行判断、分析、衡量、评定其价值，便于进行实践，便于对认知、能力和思维水平按照一定标准进行检测。

批判性思维的基本功能之一就是能够对思维进行评估和提升。依据布鲁姆的认知、能力水平划分，思维标准和思维元素的评估维度，进行探究任务设计便于实践。围绕着探究目标，探究任务的设计具有评价性，评价标准和呈现形式具有多元性。探究任务评价性与探究论证过程相互促进。

探究任务核心特征促进学习者探究，思维提升，知识增长。下面来看初中物理和高中数学在探究任务设计的案例。

案例 6-2-3：《平面向量》单元主题教学——向量"基"系列探究任务（作者：王肖华）

《普通高中数学课程标准》（2020 年版）中提到学习目标是"理解平面向量基本定理及其意义"。我们要站在大单元大概念下对向量基本定理进行理解：一维、二维、三维"基"之间的进阶关系和其逻辑关系。教师设计了整体主题性的情境学习"基"的系列大探究活动，每一个定理一节课。首先，对于"平面向量基本定理及向量坐标运算"的具体任务群，如下：

大任务：借助于向量运算发展学生的数学运算核心素养。

小任务："基"的理解和应用，几何与代数沟通的桥梁。

基向量概念后，向量就有坐标表示，有了坐标表示后，我们又可以重新审视向量的运算，又会得到一套新的运算体系。因此，向量在解决问题过程中，向量的这两个运算体系都是在推动学生运算素养的发展。

其次，关于"基"概念的理解，设计的探究任务如下：

目标性：理解向量"基"的概念、作用和意义。

关联性：根据空间和认知水平，理解一维、二维、三维"基"之间的进阶关系和其逻辑关系，理解"基"是沟通几何和代数的桥梁。

设计理解"基"系列探究活动

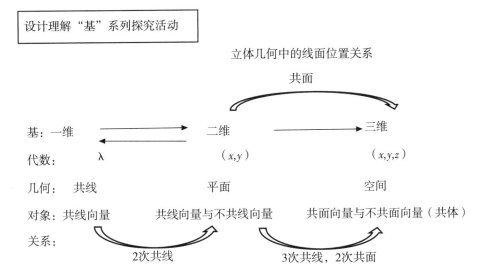

向量基本定理是向量几何表示和坐标表示相互转化的桥梁，是几何问题代数化的关键，所以这三节课在向量知识体系中起到核心作用。

任务1：理解一维共线向量基本定理；

任务2：理解二维平面向量基本定理；

任务3：理解三维空间向量基本定理。

通过单元教学设计，在相同的情境下整体设计这三节课，让学生学习研究问题方式上保持一致性、关联性和结构性。进阶关系是：一维共线向量基本定理为二维平面、三维空间向量基本定理做好充分的思维方式的铺垫。二维到三维借助于空间中线面位置关系通过共面向量基本定理完成了2次空间向量基本定理的生成和发展。逻辑关系是：一维到二维进阶过程是在不同方向上用了两次共线向量基本定理。二维到三维进阶过程是在两个不同的平面用了两次共面向量基本定理。在向量基本定理的理解下，选取单位正交基底，能够借助平面直角坐标系，掌握向量的正交分解及坐标表示。会用坐标表示向量的加、减运算与数乘运算及向量数量积运算，建立向量的代数运算体系。"基"的作用发挥到一个更高的高度，"基"的概念相当于实数运算中单位"1"的含义和作用。因此，向量在解决问题过程中，向量的这两个运算体系都是在推动学生运算素养的发展。

情境性和清晰性：借助于向量的丰富物理背景，设计探究任务穿上情境的外衣。

定理掌握	共线向量基本定理	平面向量基本定理	空间向量基本定理
实际物理背景	沿着长安街走一走，位移——共线向量	天安门至朝阳公园，不共线位移分解	天安门至北京电视塔最高处，天安门不共面向量分解

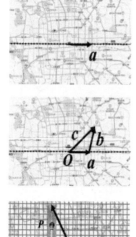

基

一维：天安门至长安街

基

二维：天安门至朝阳公园

基

三维：天安门至北京电视塔最高处

任务情境：某游客到北京旅游，现在在长安街逛一逛。以天安门所在位置为始点，向东 1 公里为终点的位移为向量 a，则这名游客在长安街行走时的位移与向量 a 的关系如何？如果这名游客逛完长安街之后想去朝阳公园逛一逛，那么以天安门为始点，朝阳公园为终点的位移 c 向量是否能用向量 a 线性表示？为什么？如果这名游客逛完长安街，从天安门处想到北京电视塔最高处去继续游览。那么以天安门为始点，北京电视塔最高处为终点的位移 d 向量与向量 a，b 之间什么关系？（补充说明：在从天安门到朝阳公园旅游的位移向量 c 与向量 a 的关系是不共线，不能用向量 a 数乘表示。根据向量加法三角形法则可知，存在唯一的向量 b 使得向量 $c=a+b$，c 用 a，b 线性表示。）

清晰性和评价性：探究任务要清晰、具体、准确、精确。

例如，共线向量基本定理的不同水平任务群如下：

水平一：（记忆、解释）能清晰准确复述共线向量基本定理内容；

水平二：（操作、理解）通过几何作图，深入理解共线向量基本定理条件、结论和本质；

水平三：（理解、应用、拓展）

① 理解一维"基底"的概念和作用，为一维直线上向量的坐标及其运算做好铺垫。

② 学生会用直接法或间接法（反证法）证明唯一性。

③ 探究不共线向量的线性关系，思考平面向量中"基底"的概念和作用？

开放性、挑战性和评价性：设计开放性的探究任务从不同角度引导学生理解向量基本定理的本质，感悟"基"的思想。探究任务设计形式 1 是上面的游客旅游位移的情境。探究任务设计形式 2 是利用控制变量法，把复杂的、有挑战的学习任务设计成具体不同水平划分的分层探究任务。

例如，设计"平面向量基本定理"有挑战的进阶水平探究任务如下：

水平一：几何作图表示线性运算结果

任务①：已知基底 $\{a, b\}$，化简下列各式，并几何作图线性运算结果。

$3a + b - a$，$3(a - b) + 4b$；$2(a + b) - (\frac{1}{2}a + b)$.

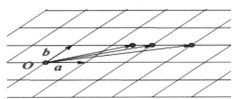

同时，探究方法上体现了由特殊到一般的归纳猜想，观察法。

水平二：根据向量线性表示，单变量几何作图探究平面上动点轨迹——点动成线，数形相互翻译转化，感受运算结果向量的两个要素大小和方向与运算对象和法则之间的关系。

任务②：通过几何作图做出下列向量，探究向量 c 的终点动点轨迹是什么？

$c = xa + b$，$c = xa + 2b$，$x \in R$. $c = a + yb$，$c = 2a + yb$，$y \in R$.

同时，探究方法体现了由特殊到一般、控制变量法、分析法。

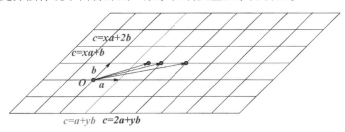

水平三（挑战性）：根据向量线性表示，双变量几何作图探究平面上动点轨迹——点动成线、线动成面，数形相互翻译转化，感受运算结果向量的两个要素大小和方向与运算对象和法则之间的关系。

任务③：$c = xa + yb$，x，$y \in R$. 观察向量 c 的大小和方向与 x，y 的取值有什么关系？

通过几何的作图来理解向量的线性运算的学习活动。让学生动手操作进而理解向量运算的实质和几何意义。同时，作图到运算的核心是合成的过程，在合成时候让学生再理解分解。

在对 $xa + yb$ 的研究过程中，把 y 固定住，只关注 x 的变化，在这个变化过程中，当向量起点在一起时，它们的终点就在一条直线上变化。

当 a 再变化时，终点所在的直线就进行上下的平移运动，引导学生从离散逐步过渡到连续的变化，即直线刷遍了整个平面。

从思维深度角度还可以继续设计一些任务深入理解基底对向量分解式中系数的影响。

整个探究过程，构建直观化的动态的教学效果，突破学生对 $xa + yb$ 的理解难点，这是一个挑战性的任务。在这个基础上再对 x，y 加以限制，比如 $x > 0$，$y > 0$，$x + y = 1$ 等，向量的终点位置在哪里？学生在这个过程中就是获得思想方法和活动经验的过程。

引导学生探究向量 a 与 b 在方向和模上的变化规律，通过改变线性运算中 a 和 b 的系数；让学生体会由不共线的两个向量可以生成同一平面上的任意一个向量。这个过程是不断叠加建立起来的，让学生把平行四边形在头脑中形成一种动态的变化，促进直观想象能力的提升。

挑战性任务④：你能类比平面向量猜想空间向量的概念、运算和一些应用吗？与平面向量会有哪些异同？

评价性：根据课标中对向量基本定理的要求，为了深度理解基向量的含义和基的思想，我们设计了多元开放的向量基本定理探究课。这些探究课确定探究学习内容、目标（任务）和评价水平划分及呈现方式。

内容	学习目标（任务群）、评价水平划分	评价呈现方式
平面向量基本定理	（任务）水平一： 能清晰准确复述平面向量基本定理的内容——条件、结论和本质； 会根据图形判断共线与不共线，用基底表示平面向量； 会进行线性运算，并能几何作图表示其运算结果。 （任务）水平二： 会几何作图求解向量的线性运算结果； 根据向量线性表示，单变量几何作图探究平面上动点轨迹——点动成线，数形相互翻译转化，感受运算结果向量的两个要素大小和方向与运算对象和法则之间的关系； 深刻理解平面向量基本定理中"基底"的概念和作用，唯一性理解和证明。 （任务）水平三： 向量基本定理理解与几何作图综合应用； 根据向量线性表示，双变量几何作图探究平面上动点轨迹——点动成线、线动成面，数形相互翻译转化，感受运算结果向量的两个要素大小和方向与运算对象和法则之间的关系； 转化选优秀基底线性表示向量求解问题，方程的思想； 三点共线，由共线向量基本定理和平面向量基本定理唯一性待定系列解方程组求解综合问题。	呈现方式： （1）几何作图、问题串、思维导图、不同水平典型例题和同步练习； （2）探究性问题、分层作业设计等形式； （3）查阅向量运算及其实际应用的文献。 （4）过关题、竞赛、汇编展讲等形式

案例 6-2-3：九年级物理《欧姆定律》探究任务的特征体现（作者：陈曦）

关联性：通过探究实验去进一步研究物理原理的方法，是目前物理学科最有效、最常见的方法。在物理学科中，一切问题都要通过实验来探究，可以说实验探究能力是学习物理的核心能力。这一节的学习目标是让学生通过实验探究掌握欧姆定律的内容，教师可以把它设置为一个大任务，其下包含两个小任务，分别是欧姆定律中的两条内容，电流与电压的关系和电流与电阻的关系。每个小任务再分解为任务群。

结构导图如下：

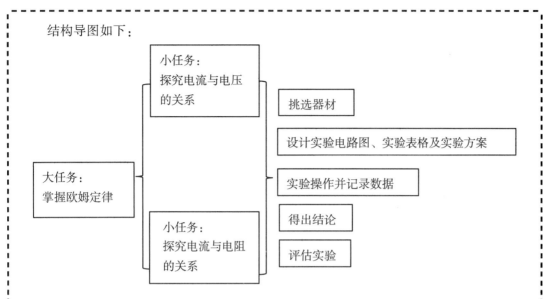

情境性：为了更好地创设情境，教师可以带领学生去实验室上课。教师通过演示电路实验逐步引导学生通过自身的观察发现电路中的电压或电阻发生的变化时电流是否会发生变化，进而结合教学内容提出相应的任务，探究导体的电流、电压、电阻之间的关系。教师可以将实验室中很多常用的实验器材提供给学生，让学生任意挑选实验仪器，探究电流与电压的关系和电流与电阻的关系。以定值电阻、滑动变阻器、电流表等实验仪器为素材再次创设情景，使学生在情境中有任务，在任务中有持续性、深度性的思考，以培养学生的物理学科核心素养。

开放性与清晰性：学生为了完成探究中的任务，经常会开动脑筋，展开思维，对于同一个任务会有多种不同的完成方案。在研究导体的电流与电压的关系时，有的学生会挑选小灯泡作为研究对象，用一节干电池给小灯泡供电，然后依次用两节、三节电池，通过观察电流表的示数，找到电流与电压的关系。而有的同学不选择灯泡，而是选用定值电阻作为研究对象。还有的同学会选用滑动变阻器，还有选择电阻箱的。在讨论评估中选择用小灯泡的这种方案首先会被否定，因为电压改变的同时，小灯泡的电阻会随温度改变而改变，无法控制电阻这个物理量不变。选择滑动变阻器的方案会被质疑，滑动变阻器的阻值无法读出，除非让滑动变阻器滑片滑到最大阻值，读出铭牌上的示数。选择定值电阻或电阻箱的方案会被肯定。通过挑选器材锻炼了学生思维的发散性，而任务本身是清晰的，在研究电流与电压的关系，需要改变导体的电压，而控制导体的电阻不变，学生们在交流评估中体会控制变量法这一重要的物理实验方法。

开放性：学生实验方案的设计上也是多种多样的，例如研究电流与电压的关系时，有的同学会选用用定值电阻与滑动变阻器串联，通过调节滑动变阻器改变定值电阻两端电压；还有的同学会选用电阻箱与滑动变阻器串联，通过调节滑动变阻器改变电阻箱两端电压；当然还有同学会用定值电阻与电阻箱串联，通过调节电阻箱改变定值电阻两端电压，这些都是可以的。学生在最初设计物理实验时，基本都是用增减电池来改变电阻 R 两端的电压，但由于任务具有开放性，学生在实验过程中逐渐认识到滑动变阻器的滑片也可以有效改变电阻 R 两端的电压。教师可以布置开放性任务能够吸引学生深入思考并不断探索，开放性任务对培养学生的思维灵活性、拓展性、延伸性具有促进作用。

开放性与挑战性：各个小组实验结论的呈现也是有差别的，有些学生喜欢列表格，通过记录数据比较大小或者找出因变量与自变量的倍数关系得出结论。还有些学生喜欢画图像，将实验数据画在坐标轴上，根据函数图像得出结论。获取和处理完成的信息要基于最后的证据来获得相应的结论，并对其作出解答。因此，有了相应的实验基础，学生基于最后的结果可以通过各种方式对其论证，并得出最后的结论。该过程主要是为了培养学生的分析能力与论证能力，使学生在学习数据处理的方法中，进一步学习如何通过实验的描述与解释证据来获取相对正确的结论，同时也帮助学生形成相应的科学态度。有些学生得出定性关系，当导体的电阻一定时，导体两端的电压越大，则通过它的电流越大。还有一些学生会得出定量关系，导体的电阻一定时，通过导体的电流与电压成正比。学生在评估结论时，会感到定量结论包含了定性结论，并更加精确地表达了电流与电压的关系，进而完成了学习目标。得出更为准确的结论对于学生是有挑战的，大多数学生在已有认知上都能得出定性关系，而得出定量关系对于学生难度较大，需要学生有很好的相关的数学基础。

目标性与清晰性：任务是否成功完成首先要看有没有完成想达到的学习目标。学生的任务目标不管是大任务还是小任务都是很清晰的，同时在完成任务的过程中，也培养了学生思路的清晰和语言表达的清晰，让学生感悟到在成长中为了实现人生目标，需要清晰地知道自己的目标和优先选择。学生在完成一个接一个任务的过程中熟悉并实践了物理实验探究的每个过程与环节，从挑选仪器、设计实验方案，再到得出结论，思维都是不受限制的。学生可以客观公正地考量各种方案，逐步形成清晰、准确、有逻辑地思考，同时每位同学都有各自的思维特点。同学之间可以相互激励、相互学习、取长补短，从中促进学生发展物理科学思维的能力。

（四）不同课型探究任务的侧重

教师布置的任务根据探究的目的进行分类偏重点是不同的。众所周知，常规的课型分类有新授课的学习、实验课的学习、复习课的学习、试卷讲评课的学习等，不同的课型应采用不同的教学任务设计策略。

新授课探究问题偏重于启发性和结构性。新授课中包含新的概念、规律、公式等，学生会有很多新的收获。在新授课中教师布置的任务偏重于启发性，教师要注重对学生循序渐进地引导，让学生能够在引导之下获得知识，而并非单纯地给学生灌输知识。通过这种启发性的教育，能够培养中学生的科学探究意识以及创新能力等，对落实学生科学核心素养具有一定意义。

实验课探究问题偏重于开放性。实验课需要明确实验的目的、原理、设计、步骤以及数据等相关内容，引导学生对实验进行探讨，让学生在探究的过程中找到实验的方法，并提升能力。在实验课中教师布置的任务偏重于多元性，应采用小组合作的模式，体现通过合作来解决问题的理念。小组合作模式使学生从传统的一言堂教学模式中解脱出来，让学生能够主动地对一些重难点问题进行思考，调动学生的学习思维。在小组共同的智慧之下，学生们相互学习，共同突破。

复习课探究问题偏重于关联性和结构性。复习课是对所学知识的一种巩固，需要教师先明确好考纲考点，提前梳理好相应的知识结构，对于重难点知识在课堂中要重点进行讲解，同时要引导学生对相应的方法进行归纳和总结。在复习课中教师布置的任务偏重于归纳与整合，教师需要充分地确立学生的主体地位，让学生在课前对于所学习的知识进行巩固，并在课堂中通过生生之间或师生之间的对话对学生存在的疑问点进行分析，最终整合。

试卷讲评课探究任务偏重于挑战性和建构性。在试卷讲评课中，我们根据学生错误让学生学会反思问题错因，设计一些有挑战性的任务，探究实证正确解答过程。在纠错改错过程中，学生学会反思，对知识体系进行完善，认知活动经验进行重新建立，深入理解问题。这些探究任务的完成能够让学生拨开云雾见月明，认知水平由学会知道，慢慢到学会做到，实现最终目标学会发展。

一个人可以听一千场讲座，读一千本书，好似通过这种方式获得了知识。但是求知的过程不仅仅是被动地接受知识，而是让知识进入自己的头脑。求知不是消极地接受，而是真正主动地进入知识领域，拥抱知识，掌握知识。思维必须行动起来，主动出击。

探究中的任务以解决具体的学习问题为主要目标，教师设置真实的问题情境，引导学生根据已有的知识水平对问题进行分析、思考，最后作出合理的解决方案。探究任务往往也是很有趣的，能引发学生思考，激发学生的学习兴趣及学习热情，从而提高课堂的趣味性。学生在完成任务的过程中，会将思维外化，逐步将思维由模糊变为清晰，关注信息的相关性，获得洞察力，构建理解的逻辑系统，学会反思与检验自己的思维。提升批判性思维技能，同时提高解决问题的能力和构建新知的能力。

教师根据学生的学习状态，在课堂上进行任务布置，以各种各样的任务链来引导学生解决问题。学生在探究中以任务为载体，以完成任务为动力展开思维，最终将知识和技能融为一体。任务是需要人们经过一些思考从所给的信息中得出结论的一项活动，这一过程由教师控制和调节，目的是促进学生的思维发展。探究任务让不同层次的学生都可以参与到课堂中，以较高的思维水平完成挑战，以发展学生高阶思维能力，提升学生思维品质。

三、探究中的质疑

所谓"质疑"，就是心有所疑，提出问题，以求解答。法国哲学家狄德罗说："疑问是迈向真理的第一步。"

（一）学会质疑的重要性

我国"十四五规划"中提出新发展理念，科技创新是核心，是风向标。现代教育中对学生批判性思维和创新性思维的培养至关重要。要实现这些，首先是学生要学会质疑。

质疑激发问题提出。虽然提出问题比解决问题更重要，但是现在的很多学生不会提问题。原因首先就是不会质疑，其次不善质疑、不敢质疑。例如，华南农业大学校长陈晓阳在2017年毕业典礼上的讲话："我们提倡善于质疑、敢于质疑。所谓善于质疑，就是不轻信，不盲从，凡事多问几个为什么，想一想是否合乎实际，是否真有道理。所谓敢于质疑，就是面对权威、权贵和经典，能够提出不同的见解。"质疑是问题产生的起点，是思维的起点。合理质疑探究问题和任务时会进行全面推理论证，会提出新的问题，是一种探究精神。

质疑利于全面思考。质疑的精神，能够调动学生在学习上的积极性、主动性。培养学生严谨的逻辑推理能力，有利于增加学生自我学习的能力。学生在学会质疑的过程中会运用所学的知识进行理性比较、思辨、论证进行深入交流、评价、鉴赏，加深对知识的理解和思维能力的提升。根据布鲁姆认知六个水平，质疑促进学生对新知的理解、分析、评估，是高阶思维实现落地的催化剂。

质疑助于探索。理想的批判性思维者喜欢探索、了解全面、信任理性、思想开放、立场灵活、评价公正、诚实面对个人偏见、判断谨慎、愿意重新思考、理解论题清晰、对复杂问题思考有条理、不断地搜寻有关信息、选择标准合理、考察专注、并且不懈地追求题材和条件容许的最精确结果。培养好的批判性思维者就是向这个理想努力。把发展批判性思维技能与培养这样的品质结合起来，是我们理性和民主社会的基础。

质疑走向创新。学生学会质疑从而乐于去探究，进而就能发现新问题，而这往往是创造发明的前提，也是获得和深入理解新知识的前提。日常教学中，教师鼓励学生敢于质疑，慢慢培养学生独立提出、分析、解决问题的能力。学会质疑使学生具有独立的思维能力，促进学生的创新性思维发展、训练，使学生综合思维水平得到提升。

合理质疑是一种习性，一种思维品质。教师在新课改理念指导下，以学生为主体，研究教法和学法，培养学生探究质疑精神，逐步培养学生的核心素养。

（二）探究质疑中的策略

陈美龄博士在她的畅销书《50个教育法，我把三个儿子送入了斯坦福》写道："教科书上写的不一定都正确，从小播下培养质疑精神的种子，对任何事物试着进行质疑，新的构思、发现、有趣的主意随之诞生。"

批判性思维是问题驱动的探究实证的认知过程，是培养学生质疑习性的重要途径和方法。在教学过程中，如何培养学生的质疑精神呢？

1. 教师做质疑的批判性思维者。作为一名教师，我们肩负着把学生培养成为一名优秀的批判性思维者的重任。首先，教师努力成为一名理想的批判性思维者；其次，教师把批判性思维的诸多品质传递给学生，带领学生也慢慢成为理想的批判性思维者——虚怀若谷、谨慎断言，坚持理性、勇于探索。

教师要做理论学习者，认真学习批判性思维等各种先进的教育教学理论，理论先行。

教师要做理论实践者，学习先进的教育教学理论后，要在教学中进行实践探索，先成为一名会质疑的批判思维者。

2. 教师示范质疑问题。教师应该给学生示范如何质疑，提出问题。教师给学生创造质疑的机会，搭建质疑的平台。

例如，教师带领学生回归课本，学会阅读获取信息，通过阅读学会质疑所学内容，而不是被动记忆。学生具有批判性阅读理解，获取信息的能力是批判性思维的体现。教师抛弃以往琐碎地引导式提问，有大任务观。教师把大任务直接抛给学生，让学生在阅读情境中，获取信息越多，质疑思考探究的角度越多。

教师示范阅读课本，提出质疑问题。

案例 6-2-4：高中数学《解三角形》一章中的三角测量。

情境与问题：在现代生活中，得益于科技的发展，距离的测量能借助于红外测距仪、激光测距仪等工具直接完成。不过，在这些工具没有出现以前，你知道人们是怎样间接获得两点间距离的吗？

如图 6-2-9 所示，若想知道河对岸的一点 A 与岸边一点 B 之间的距离，而且已经测量出了 BC 的长，也想办法得到了角 B 和角 C 的大小，你能借助这三个量，求出 AB 的长吗？

教师带领学生阅读课本，批判性深度阅读，示范质疑向学生提出如下问题：

问题1：查阅红外测距仪、激光测距仪的工作原理是什么？（因果机制问题）

问题2：根据已知两角一边（AAS）能求出 AB 的长吗？（关系性问题）

问题3：是否还有证明正弦定理的方法？（假想性问题、因果机制问题）

学生在课堂上完成老师质疑的问题探究。

问题1的学生解释说明：算理是物理光学知识和数学三角测量知识。借助于计算机语言算法程序化，借助于红外线或激光的反射路程和时间的关系，进行测距。

问题2的学生课堂上多角度给出了探究：

角度一：直接测量。足够大的地方把三角形画出来。——三角形全等（AAS）

角度二：相似比求解。根据 AAA，画出一个相似三角形，测量对应边。——相似比

角度三：探究正弦定理求解。探究利用辅助高线，面积相等建立等量关系推出正弦定理求解。

师生一起对这几种解决问题的方法进行了比较，分析了各自的优势，感受数学发展的历程。问题3的探究，学生课下通过查阅资料，小组讨论等形式也进行了充分探究，进行了展示交流。

情境与问题：在测量工作中，经常会遇到直接测量不方便的情形。

例如，如图所示故宫角楼的高度，因为顶端和底部都不能到达，所以不能直接测量。

假设给你米尺和测量角度的工具，你能在故宫角楼对面的岸边得出角楼的高度吗？如果能，写出你的方案，并给出有关的计算方法；如果不能，说明理由。

角楼的高度问题可以转化为：用米尺与测量角度的仪器，怎样得到不能到达的两点之间的距离？

问题4：故宫角楼的高度如何用三角测量方法进行测量？

这些方法可以迁移到哪些建筑物的测量？学生由故宫角楼测量方法迁移到国家图书馆高度测量。

课下学生完成的三角测量实践探究活动和一些创新给了教师很多惊喜。

学生测量，论证中质疑的问题：一组学生经过实际测量，获取数据，按照解三角形的知识进行求解发现计算结果跟实际高度差距很大。学生经过了多次实际测量获取数据发现计算结果很接近，但是与真实值相差甚远。学生得到的结论是，书上的算法是错误的。

质疑辩驳相互交流。学生发现错误在实际测量的水平面，与学生测量的水平面不是一个面。就是上图中 C、D 是护城河边上的两点，那么课本上图中的点 B 与学生实际测量取得点 B 位置不同，导致错误论证。

学生学会质疑课本，走出课本，进行实践探索验证，寻真求实、科学实证。

学生将课堂上老师示范的质疑探究问题应用到实际的三角测量问题，并且进行了实践创新，用开放理性的精神进行积极评价激励，提升学术的科学实证精神。用计算机语言进行编程，将研究问题算法化、程序化，跨学科融合创新。

3. 创设问题情境激发学生会质疑。教师应该给学生提供良好的质疑环境，培养学生的问题意识。

在日常教学中，教师以知识为载体，带领学生了解知识生成的来龙去脉。教师引领学生在问题情境中，学会获取信息，学会质疑，多角度探究，深入思考问题。

例如在《函数单调性的定义》教学中，教师给学生提供开放的问题情境，激发学生会质疑，有问题意识。

问题情境："记忆"在学习过程中扮演着非常重要的角色，有关记忆的规律一直都是人们研究的课题。德国心理学家艾宾浩斯（H. Ebbinghaus）曾经对记忆保持量进行了系统的实验研究，并给出了记忆规律曲线。

如果我们以 x 表示时间间隔（单位：h），y 表示记忆保持量（单位:%），则不难看出，y 是 x 的函数，记这个函数为 $y=f(x)=1-0.56x^{0.06}$。

教师激励学生合理质疑并自主提出下列问题。

问题1：遗忘规律是什么？画出遗忘曲线，看图、识图，思考遗忘曲线给我们什么启示？

问题2：观察遗忘规律曲线，从函数角度分析具有什么规律？

问题3：如何用不等式符号表示 y 随着 x 增大而增大，y 随着 x 增大而减小？

问题4：从几何直观、函数变量、抽象符号描述函数的单调性的内涵和外延吗？

问题5：当函数具有单调性时，增加或减少的快慢这种性质如何刻画？等等。

这样教师创设学生感兴趣的问题情境，不断激励学生会质疑，自主完成问题的探究。

4. 倾听交流激发学生敢质疑。第一，教师和学生要学会倾听。倾听是交流的前提。教师课堂上鼓励学生大胆表达自己的观点，引导学生多表达，做一个好的倾听者。教师与学生交流时的礼貌回答用语起到引领示范作用。例如："多讲一点……的情况，好吗？""你为什么认为情况是那样呢？""关于那个观点，最有说服力的论据是什么？""你是怎么回应与你的不同观点呢？""如果我没有理解错的话，你是说……吗？""我能确认一下自己有没有理解你的论点吗？"通过引导学生敢于表达自己的观点，同时反过来让学生明白认真聆听的重要性。所以，学生在回答问题时，教师要安静地听完，不打断学生，给学生回答问题的安全感。

在日常教学中，教师要充分重视学生的质疑，不要因为"简单"而忽视，要营造一种民主和谐的课堂氛围。让学生能够畅所欲言自由提问，同时教师要耐心倾听，给予积极的回应。探究学习过程中既要发挥学生的主体作用，同时也要发挥好教师的组织引导作用。

第二，教师鼓励学生们之间相互质疑，敢于深度交流。让学生多进行课堂交流的好处还有很多。例如，学生提出的问题被同伴提问或提出不同的解决办法比由老师提出来更舒服。原因有：首先，同伴更可能用接近学生经验的用语和例子来提出问题或指出新角度。所以，用学生熟悉的语言提出的问题和角度更容易被接受和准确理解。因为，学生老师之间的生活方式不同，接触的事物不同，就是有代沟！其次，教师和学生权力分配不同。学生认为教师是权威，教师提出质疑，学生会认为自己肯定错了，甚至不会质疑就接受。老师朱笔在手，掌握着学生的命运。而如果是同学提出思维相左的想法，学生自己认真考虑到底是自己错了还是同学错了，思维深度和广度会加深加大。

批判性思维尊重学生每个思维角度，鼓励学生敢说敢讲。学生在学习过程中，教师要根据教学内容，设计一些问题或者设计一些活动任务——搭台阶，让学生自己去试着推理思考定理或者概念等，而不是让学生驳倒专家、学者或老师的推理。

在思维碰撞交流过程中，回答问题的学生对于研讨的问题有了更加深入地理解，才能清晰准确地表达，学生既放松又有很大提升和成就感，极大增强了他们的自信心。由于学生对知识的深入理解更到位，知识系统越来越完善，逻辑思维能力和语言表达能力越来越强，学生综合素质得到提升。

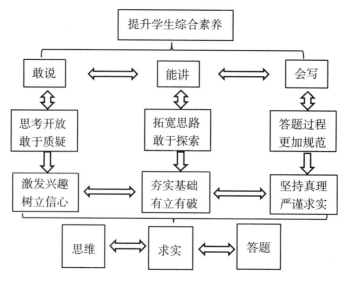

图 6-2-4　敢说能讲提升学生综合素养

综上，教师首先应该激发学生质疑的勇气；其次应该鼓励学生质疑教材，质疑自己的老师，质疑自己的同伴，质疑自我。比如质疑自己的老师，不是让学生挑老师的毛病，而是把它作为引导学生大胆质疑的一个突破口，让他们遇事多问为什么，激发学生的好奇心，善于提问的天性。所以，质疑精神不是人人怀疑，事事怀疑，质疑要有理有据有礼，不是强词夺理，只有科学的质疑精神才能发展学生的探究能力、逻辑推理能力、创新能力。

作为教师我们培养学生质疑的精神，就是培养学生具有探索的能力，培养学生具有自我保护的能力，使学生能有自己的思想和判断，使学生能具有独立的精神，在纷杂的社会生活中不会人云亦云，迷失自我。

四、探究中的论证

论证是运用论据证明论点的逻辑过程和方式。

论证是基于证据，经历推理，得出结论，并能对不同观点进行反驳以维护主张的过程。

探究中的"分析与论证"是指学习者在探究过程中，在获得实证的基础上将探究结果与自己原有的知识联系起来，运用分析、综合、归纳、演绎等科学研究方法，找到事件的因果关系或其他解释，形成超越学生原有知识和当前观察结果的新的理解。

"分析论证"是构成探究式学习过程中的诸多要素之一。

论证是"断言——理由的复合体"，它包括：①作出结论；②提出前提；③用明显的或者隐含的推理词语，来表示结构是从前提推导出的。论证必须包含理由（前提），结论（断言）和连接二者的推理关系。论证是批判理性的载体和对象。

（一）探究论证的重要性

论证在探究中起到了核心作用。论证是探究的基本材料。辨析论证非常有价值帮助学生解决问题。论证过程中是学生学会用各种科学理性的思维方式解决问题的过程。学生探究论证的过程是观察现象、猜想结论、设计方案、分析数据、利用推理关系、得出结论的过程。

探究论证的出现才有了科学的出现。牛顿、爱因斯坦等物理学家所在的英国皇家学会的座右铭中就体现了论证的思想，座右铭定为"不要相信任何人的说法，得出任何结论都要看实验"。看到实验拿出证据，才能得出结论。这代表着让人们独立思考，保持怀疑态度，而这是当时中世纪教会最担心和蔑视的，教会的人一旦知道你和上帝想的不一样，就会对你产生敌意，当年的科学家们就是顶着巨大的压力通过论证开启了科学的时代。今天的课堂更要培养学生获取证据、分析论证的能力，让孩子们像科学家一样研究思考。

探究论证能够培养学生的思维，提升思维品质。学生在探究论证中能够独立思考、逻辑思维、独立作出判断，得出断言。

探究论证培养学生的批判性思维习性。学生在探究论证中用开放、理性的精神去合理质疑，去合作完成猜想，证实和证伪。

探究论证过程也是分析论证和评估论证的过程。分析论证是评估论证的前提，二者相互促进完成探究论证。

（二）好论证的标准和维度

探究从理解和分析问题开始，紧接着就是全面收集各方面信息，包括：其一，各方的观点和论证；其二，可能的新事实。探究的目的是根据信息来对各方观点的基础和推理做全身检测。所以，搜集已有观点和论证，进行论证分析，完成评估论证五大任务：澄清概念，审查理由质量，辨认评价推理关系和合理性，辨认挖掘隐含假设，构造、考察替代论证和对立论证，比较综合判断，得出最后的判定和论证。这样得到的断言是实际、辩证和综合的好论证。下面就是黄毓教授提出的好论证的鱼骨图，是分析论证一个任务清单，是一种分析论证工具和构造论证的指南。

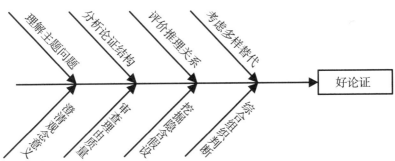

图 6-2-5 好论证鱼骨图

论证被认为是理性的表现，是通向更多真理的一个阶梯。根据董毓教授提出的批判性思维论证可知，评估论证要从以下六个维度进行：问题、概念、证据、假设、推理、辩证。具体的标准是问题的构成和背景、概念的清晰性和具体性、证据的可靠性和重要性、假设的深层性和合理性、推理的相关性和充足性、辩证的公正性和全面性。

1. 论证的规则和程序。

按照论证的鱼骨图，论证的规则和程序具体如下：

（1）理解主题问题。方法是二元问题分析法。

（2）澄清观念含义。消除概念谬误，定义关键概念。表达具体一致，明确观念所指，阐明语言图像。

（3）分析论证结构。辨别论证：前提、假设、结论，表述论证结构，辨别其他：意图、背景、问题。

（4）审查理由质量。考查信息理由来源，信誉、资格、直接性。评估报告客观全面、细致，全面探究信息。

（5）评价推理关系。演绎推理、归纳概括、统计归纳、类比推理、因果推理、假设演绎、最佳解释、联导推理、实践推理等。

（6）挖掘隐含假设。辨别隐含假设的前提、预设等。评估隐含假设。推导信息和断言的隐含含义。

（7）考虑多样替代。寻找多样对立、替代的观念、解释和论证，对立观念、论证的合理讨论规则。构造替代观念、解释、论证等途径。

（8）综合组织判断。结论和理由配合的判断，正反正论证，综合背景、历史、未来、事实、价值、目的等。

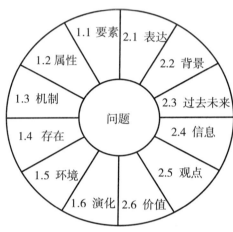

图 6-2-6　二元问题分析法维度

2. 论证的评估标准。

好论证的过程也是思维要素体现的过程，同时也是核心素养落地的过程。

图 6-2-7　论证的评估标准

（三）探究好论证的策略

1. 注重澄清观念含义——具体性的思考。思考的具体性，是实证的本质。要澄清概念和论断就是要求：概念的意义要有具体对象，论断要有具体的实例和证据。合理的质疑，常常始于澄清概念，体现思维的清晰性。

案例 6-2-5：新人教 B 版《函数单调性的定义》（作者：王肖华）

1. 理解主题问题

讲完函数单调性的定义后，进行概念的辨析，让学生深入理解函数单调性定义中"自变量在给定集合中取值的任意性"。

提出问题：判断下列命题的真假，并给出理由说明。

（1）若函数 $f(x)$ 满足 $f(2) < f(5)$，则函数 $f(x)$ 在区间 $[2, 5]$ 上为增函数。

（2）所有的函数在给定的定义域或者定义域内的集合上都有单调性。

分析论证：根据理查德·保罗的思维元素可以知道这个探究命题真假的问题中充分体现了思维要素。分析过程可以根据思维要素和思维标准，对问题进行细致全面分析论证。

思维要素 思维标准	思维标准和知识载体的具体呈现
目标功能 思维目标性	深入理解函数单调性定义中"自变量在给定集合中取值的任意性"
问题思维清晰性	若函数 $f(x)$ 满足 $f(2) < f(5)$，则函数 $f(x)$ 在区间 $[2, 5]$ 上为增函数所有的函数在给定的定义域或者定义域内的集合上都有单调性
信息思维相关性	若函数 $f(x)$ 满足 $f(2) < f(5)$
解释与推理 思维严谨性	联导推理、演绎推理
概念思维精确性	增函数
假设公理 思维广度	欧式平面几何
结果和意义 思维深度和广度	假命题举出反例即可。但是通过图像连续与不连续，形象比喻论证加深学生理解单调性定义中"自变量在给定集合中取值的任意性"这一难点。 学生在论证中提出了离散的点，对函数的定义、表示方法，离散型函数和连续性函数、分段函数图像都有了更加全面地认识和理解。 学生会提出新问题、新视角分析论证问题。
观点视角 思维完整性	合理质疑、多元开放视角；连续和离散，局部和整体视角看问题。

同时，也可以根据评估论证的标准来进行分析论证，评估论证有助于解决问题。

评估论证	具体体现
问题 构成背景 清晰	深入理解函数单调性定义中"自变量在给定集合中取值的任意性" 若函数 $f(x)$ 满足 $f(2) < f(5)$，则函数 $f(x)$ 在区间 $[2, 5]$ 上为增函数所有的函数在给定的定义域或者定义域内的集合上都有单调性
概念 清晰具体	增函数的定义

续表

评估论证	具体体现
证明 重要可靠	若函数 $f(x)$ 满足 $f(2) < f(5)$ 假命题举出反例即可。
假设 深层合理	欧式平面几何
推理 相关充分	联导推理、演绎推理 但是通过图像连续与不连续，形象比喻论证加深学生理解单调性定义中"自变量在给定集合中取值的任意性"这一难点。 学生在论证中提出了离散的点，对函数的定义、表示方法，离散型函数和连续性函数、分段函数图像都有了更加全面地认识和理解。 学生会提出新问题、新视角分析论证问题。
辩证 公正全面	合理质疑、多元开放视角；连续和离散，局部和整体视角看问题。

在论证中，我们需要对关键的概念进行澄清定义。

论证的核心就是要澄清函数单调性的概念，读懂问题，准确理解概念。

2. 澄清核心概念

增（减）函数：一般地，设函数 $y = f(x)$ 的定义域为 A，$M \subseteq A$。

如果对任意 x_1，$x_2 \in M$，当 $x_1 < x_2$ 时，都有 $f(x_1) < f(x_2)$，则称 $y = f(x)$ 在 M 上是增（减）函数［也称在 M 上单调递增（减）］，M 称为 $y = f(x)$ 的单调递增（减）区间。

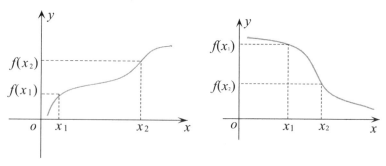

通过概念，我们知道函数单调性具有两大特性：区间性和任意性。思辨思考函数单调性的概念，任意性本质是存在性推不出任意性，任意性能够推出存在性这样的逻辑关系。

单调递增函数，从几何直观上看就是从左往右看，自变量随着因变量的增大而增大。图像从左往右看是上升状态。

3. 分析论证结构和审查理由质量

这是一个标准化的论证结构：前提——推理关系（隐含）——结论。审查理由具体清晰，质量保证。

4. 评价推理关系

正—反—正联导论证和演绎推理。演绎推理是由一般到特殊的思维过程。

5. 挖掘隐含假设和综合组织判断

学生探究这个问题情境的隐含假设是在欧几里得几何公理体系下进行推理论证。结合具体的例子正反实例实证，综合组织判断得出结论。按照评估论证的标准进行了同步评估。

（1）假命题

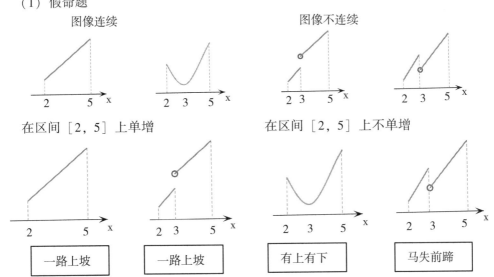

其中问题（1）这个命题不仅仅是得到真假结论。教师更应该引导学生从函数图像连续、不连续，思考单调和不单调的例子，利用批判性思维鼓励学生学会质疑，多角度深入思考问题。充分体现了批判性思维中的"正-反-正"三个思维过程，深入理解概念的内涵和外延，对问题进行有效论证。

同时，借助于形象的比喻，骑马爬山。如果所走山路一路上坡，在给定的集合内函数单调递增；如果所走山路有上坡也有下坡，在给定的集合内函数没有单调性；如果所走山路，有几段路，每段路都是上坡，但是从一段路到达另一段路时会出现"马失前蹄"的情况，则由每个子集合取并集后的整个集合内函数不是单调递增，没有单调性。形象比喻帮助学生理解记忆。

（2）假命题

例如：常值函数和定义域为单元素集合的函数（图像为一孤立点），因变量不随着自变量的变化而变化，函数无单调性。

学生1提出问题：给定集合中的元素是有限个，函数也有单调性吗？

学生2分析问题：可能有，可能没有。函数图像是离散的点，只要符合单调性的定义就行。例如，函数 $y = f(x)$，$x \in A$，$A = \{1, 2, 3\}$ 在定义域内单调递增。

x	1	2	3
y	2	4	6

而函数 $y = f(x)$，$x \in A$，$A = \{1, 2, 3\}$ 在定义域内没有单调性。

x	1	2	3
y	2	1	6

此时，函数图像都是三个离散的点构成的，学生辨析中深入理解函数在给定定义域某集合内的单调性。这个过程中，学生再次认识和理解了函数的定义及表示方法；同时对离散型函数图像有了更加直观的认识；对函数单调性中给定定义域的某个集合内自变量取值的任意性，函数单调性是函数在给定单调区间内的整体性质，二者是辩证统一的。

在论证过程中，教师培养学生的问题意识。学生提出问题比解决问题更重要。"一个好的问题，我们得到的并不是回答，而是引出两个新的问题。在未来我们的教育也是会朝着这个方向发展，我们培养人问问题的能力。"这都充分体现了批判性思维合理质疑、多元开放，公正全面。

澄清的概念要考虑具体情境，要回到原有的事实关系中。同时，我们的澄清的定义概念具有发展性，同时要合理，这样才能促进论证的实施。

2. 充分挖掘隐含前提和假设——深入严密的思考。批判性思维教育家布洛克菲尔德说："找隐含假设是批判性思维的第一要务。"

假设：这个词是指任何没有得到支持而做出断言，也就是被假定的断言。在一个论证中，任何没有得到子论证支持的前提都是假设。

隐含假设：没有被明确表述但又是一个论证的必要部分的断言。

隐含假设的合理性使得一个论证是有效的好论证。假设可以是道德方面的原则或者是合理事实性的。

人的思想和论证都有前提和假设，其中有些没有明显表达，就是隐含前提或假设。隐含前提和假设在人的思维中处于枢纽的地位，但常常被大家忽视。

论证过程中，一定要充分挖掘隐含假设，提升我们的认知、判断和发展的能力。这是一种深入严密的思考，充分体现思维的严谨、深度、公正。

同时，也体现了论证中的最大善意原则：一个人在理解实际论证内容的基础上对其选择最为善意的解释。这个解读原则的真正意图是防止对论证的解释的不公正。它通过鼓励我们趋向善意的解读方向，防止我们进行了片面不公不准确的解读，进行了错误的论证。

充分挖掘隐含假设：假设使论证由不合理变成合理，决定着论证的合理性。挖掘隐含假设完成论证的过程分为两大步骤：首先，完成辨别和补充隐含假设和前提；其次，评估隐含假设，原则是要补充隐含假设和前提，使推理最终合理。

假设演绎推理论证：假设演绎推理论证是在观察分析的基础上，通过推理和想象提出解释问题的假说猜想。再通过实验验证假说猜想的合理性。

隐含假设和前提的作用，在科学中尤为明显。凸显了科学的本质和发展的原因。

科学坐落在隐含假设的网中。

案例6-2-6：生物科学史中的科学假说的假设演绎推理论证（作者：郑新欣）

生物学是自然科学中的一门基础学科，是研究生命现象和生命活动规律的科学。它包括了人类认识自然现象和规律的一些特有的思维方式和探究过程，这个过程离不开科学假说。科学假说，多半是根据有限证据提出的对未知现象的猜测性因果解释。科学推理中的假说演绎法便是基于这种在观察之后提出的假说，然后从假说中推导出可以被证伪的预言，对它进行严格的检验，争取否定它，如果假说没有被证伪，而是成功地通过各种严格的检验，那就算它获得了正面的支持，可以被看做含有更多的真理的成分。不过这个接受是暂时的，迟早会被新的检验而证伪，被抛弃。这时，新的问题产生，新的猜测（假设）被提出来解释它，即新一轮的猜测与反驳又在运作。这样，人们不断走向更好的问题和猜测，得到更多的真理的内容。这样的"猜测和反驳"过程就是20世纪30年代奥地利科学哲学家卡尔波普尔提出的证伪方法论，这个科学观的核心，即假说的提出和对他的否定性检验，是科学发展的动力。

批判性思维就是通过多角度思考来寻找和检验假设，而在生物探究实验中，这也是深入理解实验的关键。以生物学中经典实验《促胰液素的发现》为例：

1. 沃泰默的三组实验：

（1）稀盐酸 $\xrightarrow{注入}$ 狗的上端肠腔 $\xrightarrow{结果}$ 胰腺分泌胰液

（2）稀盐酸 $\xrightarrow{注入}$ 狗的血液 $\xrightarrow{结果}$ 胰腺不分泌胰液

（3）稀盐酸 $\xrightarrow{注入}$ 切除神经的小肠肠腔 $\xrightarrow{结果}$ 胰腺分泌胰液

2. 批判分析下列问题：

（1）寻找假设：提出可检验的假想。他们对于所研究的现象的本质做了什么假设？

假设一：胰液分泌是由信号物质调节的，可能是神经调节的方式，也可能是体液（血液）中的物质；

假设二：如果是体液调节，作为信号的物质是稀盐酸。

（2）辨别假说：从假说中推导出可检验的例证。实验的设计者最重视的证据是什么？

重要的实验证据是不同处理下，胰液是否分泌。

基于假说，作出如下推测，并对实际结果进行分析，具体如下：

实验推测	结果分析
如果胰腺分泌胰液是体液调节，则实验二胰液分泌；	实验二胰液不分泌，否定胰腺分泌胰液是体液调节；
如果胰腺分泌胰液是神经调节，则实验三胰液不分泌。	实验三胰液分泌，否定胰腺分泌胰液是神经调节。

（3）结论是什么？如何得出结论的？

结论：神经顽固不易剔除干净。得出这个实验结论的依据是实验二本身否定存在体液调节，即体液调节存在未被证实。实验三否定胰腺分泌胰液是神经调节，按照卡尔波普尔的观点，假说一旦被证伪就应该被抛弃，再提出新的假说，而沃泰默却依然坚持胰腺分泌胰液是神经调节，我认为有两个原因：一是因为证伪有其复杂性，在这个实验中确实需要以"神经剔除干净"为条件，才能得出胰腺分泌胰液不是通过神经调节的，因而他需要进一步排查神经是否剔除干净，这也是科学的具体工作。二是当时时代背景，学术界普遍认为是神经调节。沃泰默运用假设演绎推理设计实验，但在得出结论时忽视实验现象，犯了诉诸权威的谬误。

（4）尝试提出不同的假设：

沃泰默结论过于牵强，如果存在体液调节，他却没有发现，那么主要问题在于假设二，即作为信号的物质可能不是稀盐酸本身。

3. 斯塔林和贝里斯的实验：

斯塔林和贝里斯大胆质疑分析

（1）寻找假设：提出可检验的假想。他们对于所研究的现象的本质做了什么假设？

在稀盐酸的作用下，小肠黏膜可能产生了一种化学物质，这种物质进入血液并随血液流到胰腺，促使胰腺分泌胰液。

稀盐酸+小肠黏膜 $\xrightarrow{研磨}$ 提取液 $\xrightarrow{注入}$ 血液 $\xrightarrow{结果}$ 胰腺分泌胰液

（2）辨别假说：从假说中推导出可检验的例证。实验的设计者最重视的证据是什么？

基于假说，作出如下推测：如果存在体液调节，那么离体获得的信号物质注射到狗的静脉，会通过血液运输到胰腺，导致胰腺分泌胰液。

实验结果及分析：胰腺分泌胰液，则存在体液调节。即假说被证实。

（3）结论是什么？何如得出结论的？

在稀盐酸的作用下，小肠黏膜产生了一种化学物质（促胰液素），这种物质进入血液并随血液流到胰腺，促使胰腺分泌胰液。

巴普洛夫的学生重复了斯塔林和贝利斯的实验，结果和他们的一模一样。由此生物学界开启了对体液调节的研究，由此可见科学的进步和革命常常来自对假说的发现和质疑，我们要培养学生的探究能力，让他们像科学家一样思考，就必然需要明确科学家持有的假说，提出的验证假说方法，同时要鼓励学生提出不同的假设。

科学发展来自于考问和改变隐含的、深层次的假设，包含各种辅助假设、观察背后的假设，假设中的核心观念。假设是有理由和次序的。科学进步和革命常常来自于对假设的发现和质疑。有理由的质疑，可能就是创新的开端。

案例 6-2-7：充分挖掘隐含假设，进行最佳解释推理论证（作者：王肖华、赖燕）

隐含假设和前提的类型[1]：

预设假设——确定谈论对象。

隐含前提——填空者，已知条件。

支撑假设——支撑着下一层的隐含假设。

含义——论证蕴含的意义和后果。

---

[1]　董毓：《批判性思维十讲》，上海教育出版社 2019 年版，第 171~173 页。

挖掘隐含假设完善并促进论证顺利完成。辨别和补充隐含假设和前提时需要寻找连接前提和结论的关系，符合逻辑的有效形式，想象排除反例、例外情况等。评估隐含假设的原则：要补充隐含假设和前提，使推理最终合理。要考虑几个标准：宽容原则、必要、程度合适、自身可信、可检验、不多余。

最佳解释论证（选择假说）：根据情境或观察发现探究论证问题，分析问题确定论证过程的产生假说，然后想出测试假说的方法，在科学实践中用科学方法排除错误的假说，一直到不能排除的假说为止，我们就得到了最佳解释假说，完成了最佳解释论证。

在科学的假说选择和判断中，最佳解释的判断是根据一系列标准的论证，来论证哪一个更好。

以《凹陷的曲面 飞舞的曲线》数学建模实验课探究性学习为例，进行说明。

实验要求：改变拉胚机的旋转速度，观察容器中凹陷的水面出现的各种情况，记录数据，并提出猜想问题。

学生提出了好多问题，在这些问题中，通过二元问题分析法或问题矩阵，确定学生感兴趣的问题。

我们先选择了两个问题进行探究论证：

问题1：凹陷的曲面是什么形状？

问题2：旋转抛物曲面内部的体积与什么有关？

在探究的方法中，我们提到了实验法：教学中的实验法是指有目的地控制一定的条件或创设一定的情境，来解决问题的一种方法。探究论证的一般步骤包含：①发现并提出问题；②收集与问题相关的信息；③作出假设；④设计实验方案；⑤实施实验并记录；⑥分析实验现象；⑦得出结论。

问题1：猜想凹陷的曲面形状？说出探究论证依据。

①发现并提出问题：学生猜想凹陷曲面形状是圆锥、球、椭球、抛物曲面、圆台等。

②收集与问题相关的信息：物理和数学结合的跨学科问题。

数学信息：凹陷曲面是旋转体，可以用轴截面将三维立体凹陷曲面转化成二维平面曲线问题。

物理信息：控制变量法，利用物理知识进行微分对液块进行受力分析。

③做出假设：

充分挖掘隐含假设：小液滴不受杯壁的摩擦力影响，只受杯壁的支撑力，本身重力影响，合力是旋转时的向心力。

假设拉胚机在旋转时，角速度不变，匀速运动。

④设计实验方案：经过同学们的热烈研讨，最后初步确定两种研究问题方法。

方案1：学生通过实验数据拟合来探究猜想这个问题，猜结论，并尝试严谨论证。

⑤实施实验并记录；

⑥分析实验现象。

方案2：数学上借助于在切点处的导数等于切线的斜率和微分知识；物理上，借助于牛顿第二定律，向心加速度与角速度，重力加速度及液滴所在的高度关系，理性推理论证。

⑦得出结论

我们理性严谨论证平面曲线形状是抛物线，所以凹陷的曲面是抛物曲面。学生回答方程中各变量物理意义。

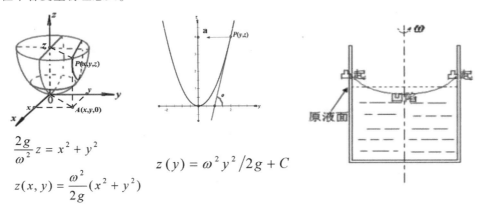

$$\frac{2g}{\omega^2} z = x^2 + y^2$$

$$z(x, y) = \frac{\omega^2}{2g}(x^2 + y^2)$$

$$z(y) = \omega^2 y^2 / 2g + C$$

完成了问题1的探究论证后，我们总结了探究论证的一般步骤，控制变量法，假设演绎推理，实验法等探究论证方法。将三维问题转化成二维问题，转化化归思想等。学生将这些思想方法进行迁移完成问题2的探究，提升了学生的思维水平。

问题2： 如何算出旋转时凹陷的曲面与液面最高水平面所围成的体积。

（旋转抛物曲面内部的体积）

经过同学们的热烈研讨，最后初步确定两种研究问题方法：

角度一：学生通过实验数据拟合来探究猜想这个问题，猜结论，并尝试严谨论证。

角度二：类比二维平面微积分基本定理中定积分求曲边梯形面积，推广到三维空间求几何体的体积。（难点）

$$V_{圆柱} = \pi R^2 \cdot \frac{\omega^2 R^2}{g} = \frac{\omega^2}{g} \pi R^4 = 2V_{抛物体}$$

挖掘隐含假设：支撑假设是"容器中的水是匀速旋转，并且水量合适，没有溢出。"

最后得到当凹陷曲面恰好最低点在杯底，最高点到达杯顶端，此时凹陷的水面与杯子最高端的平面围成的空间体积是整个圆柱形杯子体积的一半。

隐含意义和结果是：实际生活中，豆浆机有最高水位线和最低水位线。理由依据就是当豆浆机使用最大功率时，容器中的液体旋转速度越大，凹陷的曲面深度越深。为了保证容器中的液体不会溢出容器，安全使用，所以需要根据功率产生的角速度确定最高水位线和最低水位线。这样，我们的探究论证跟实际生活联系非常紧密。

学生们非常喜欢这样的探究活动，收获很多。例如：学生通过物理实验进行小组团结合作、积极探索新知、大胆猜想敢于创新。学生学会严谨思考分析解决问题，并在快乐交流分享中不断提高自身综合能力。学生在探究活动中不断体验成功，不断提高学习数学和物理的自信心和增加浓厚兴趣，学以致用。学生动手能力比较强，学生提出的问题很多。学生感受到了自然科学在实际生活中有广泛的应用，自然科学从实际生活中来并应用于生活。数学与物理有机结合，数学工具使得物理问题更加严谨，解决问题更加简洁、清晰，理论和实践紧密结合。两个老师一起上课，学生需要快速切换数学和物理模式，这就要求上课老师要衔接非常自然，互相补充，形成一体。

数学建模之所以是道亮丽多彩的风景，因为它能让你：用数学的眼光观察世界，用数学的语言表达世界，用数学的思维思考世界。希望学生们都具有一双学会发现生活中美的眼睛，是有心人，做有心事。

科学坐落在隐含假设的网中。知识的高级形态是依赖于各种假设、条件的。科学认识供养对假设的运用和考察而发展。隐含假设深植于观察经验中。科学推理的每一步骤，都收到隐含假设的保护和支撑。科学发展常在于考问深层假设。下面请看另外一个挖掘隐含假设的科学探究论证案例。

案例 6-2-8：探究燃烧的条件

问题提出：探究情境——变魔术（烧不坏的手帕）

取一块手帕，在酒精中浸湿，点燃浸了酒精的手帕，手帕燃烧，待火焰熄灭后，手帕完好无损。

观察实验——烧不坏的手帕。

你观察到了什么？

"手帕沾了酒精后就燃烧了，酒精烧没了就不燃烧了。""酒精烧没了之后手帕也没有被烧黑。""手帕沾了酒精之后燃烧火焰是黄色的。"……

关于燃烧，你还知道什么？

"酒精燃烧，火焰是蓝色的。""以前学过物质碳和硫在氧气中和空气中都能燃烧。""油液能着，有次我妈炒菜油锅就着了。""很多东西都能燃烧""着火了可以用灭火器来灭火"……

关于这个实验你还有什么问题或者困惑？你还想知道什么？

"为什么手帕没有燃烧？""为什么手帕沾上水不能燃烧，沾上酒精就能燃烧？""学习燃烧这个知识有什么用？""这个实验的原理是什么？""酒精的作用是什么？"……

提出探究问题——燃烧需要哪些条件？

探究论证——分组实验

小组1：探究缺少可燃物能否燃烧。仪器和药品：小木条、小石块、酒精灯、火柴

小组2：探究如果缺少空气（氧气）能否燃烧？仪器和药品：蜡烛、火柴、酒精灯、集气瓶

小组3：探究如果温度没有达到着火点能否燃烧？仪器和药品：纸盒、火柴、酒精灯、水

交流讨论，得出结论

（1）提出假设：基于证据、准确描述、尝试说明因果机制

仍然以"探究燃烧的条件"为例，在原来的设计中，提出探究的问题之后，就进入到了分组实验的环节，基于燃烧的条件——可燃物、氧气、温度达到着火点，分别进行了对比实验。实际上，对于学生来说，从提出探究问题到进行实验设计，还有很长的路要走。

■ 求真——手帕本身能燃烧吗？

从实验"烧不坏的手帕"来看，手帕没有燃烧，可能有两个原因：一、手帕本身不能燃烧；二、手帕本身能燃烧，但是基于某种不知道的原因，在这个实验中没有燃烧。解决这个问题的办法很简单，把手帕放在酒精灯上烧一下。实验证实，手帕本身是可以燃烧的。那么，本实验中手帕没有燃烧的可能原因是什么呢？

■ 基于证据提出假设

实验证据：对比两个实验：手帕在空气中可以燃烧，手帕浸了酒精之后酒精燃烧手帕不燃烧，提出假设：酒精在起作用。那么酒精到底起什么作用呢？其实到了这里，以学生的经验，想不到酒精的作用到底是什么。

经验证据：关联学生的已有知识和经验：油锅着火了盖上锅盖火就灭了；物质在氧气中燃烧和在空气中燃烧现象不同；

提出假设：燃烧好像应该和氧气有关。

■ 准确的语言描述假设和假设的因果机制

描述假设：物质燃烧的条件是需要氧气

假设的因果机制：手帕燃烧可能需要氧气，酒精燃烧过程中在手帕的周围形成火焰，火焰隔绝了空气，所以手帕不能燃烧。

（2）基于假设的实验方案设计：准确描述实验的目的和原理。

目的：证明物质燃烧需要氧气

原理：选择同样的一种物质，一个放在有氧气的环境里（空气中），一个放在没有氧气的环境里，点燃，观察两种条件下物质的燃烧情况。

方案1：点燃手帕，放在烧杯中，然后用盖子盖住烧杯，看手帕是否熄灭。若手帕熄灭说明燃烧需要氧气，若手帕不熄灭说明燃烧不需要氧气。

（设计说明：用盖子该住烧杯隔绝氧气）

方案：点燃小木条，然后把小木条放在盛满二氧化碳的集气瓶中，观察小木条是否熄灭。若小木条熄灭说明燃烧需要氧气，若小木条不熄灭说明燃烧不需要氧气。

（设计说明：用盖子该住烧杯隔绝氧气）

（3）实验方案的评价：证据对结论支持的力度（以方案 1 为例）

证据	结论	评价
盖住烧杯后，手帕慢慢熄灭。	燃烧需要氧气。修正：可燃物燃烧需要氧气，没有氧气不能燃烧。	描述的清晰性： "需要氧气"是什么意思？有氧气就燃烧还是氧气的量到一定程度才能燃烧？ 对证据的质疑： 熄灭后烧杯中还有没有氧气了？ 如何确定此时烧杯中没有氧气了？ 对推理过程的质疑： 空气中除了有氧气之外还有大量的氮气，在空气中燃烧不能确定燃烧需要氧气。隔绝空气后也隔绝了氮气，手帕熄灭也不能说明燃烧需要氧气。 对结论的质疑：（考虑其他可能性） 手帕燃烧过程中还产生二氧化碳，手帕熄灭是不是由二氧化碳引起的？

（4）得出结论：基于充足的证据谨慎地得出结论

基于对实验的评价修正实验方案，修正要点：

①确定氧气的"有无"；

②排除二氧化碳的影响。

确定实验如右图。

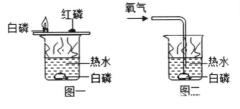

图一：热水中的白磷不燃烧，表明隔绝了空气白磷不能燃烧。

图二：通入氧气后白磷燃烧，表明白磷燃烧需要氧气。

结合图一图二两个实验说明物质白磷需要氧气。

（5）完善认识：基于新问题的继续探究

在这个实验方案中，为什么要用热水？热水的作用是什么？能换成冷水吗？红磷的作用是什么？这样的问题指向燃烧的其他条件：可燃物、温度。

辨别隐含假设、寻找反例、假想推理和想象替代观念，是高阶思维的四大功夫。假设决定着我们论证的合理性。论证是有限制的合理。

3. 图尔敏论证模型。图尔敏论证模型是英国哲学家斯蒂芬·图尔敏根据实际的论证情境，总结的一个论证模型。图尔敏认为一个好论证，应该包含六个部分：

（1）数据：用来论证的事实证据、理由。

（2）断言：要被证明的陈述、主题、观点。

（3）保证：连接证据和结论之间的普遍性原则、假设或关系陈述，是推理的根据。

（4）支撑：用来支持保证的事实、理由。

（5）辩驳：对已知反例、例外的考虑和反驳。

（6）限定：对结论的范围和强度进行限定，常来自对反例反驳的考虑。

案例 6-2-9："图尔敏模型"在语文《马说》教学中的论证（作者：燕纯纯）

以韩愈的《马说》为例。作者借物喻人，把伯乐比作知人善任的贤君，把千里马比作未被发现的人才，希望统治者能识别人才，重用人才，使他们能充分发挥才能，从而表达了自己怀才不遇、壮志难酬之情和对统治者埋没、摧残人才的愤懑和控诉。

如果用"图尔敏模型"来分析韩愈的论证过程，"世有伯乐，然后有千里马。千里马常有，而伯乐不常有"这一断言是有其限定的，那就是限于韩愈所处的封建社会。如果放在当今，随着人们对人才的重视，越来越多的"伯乐"涌现出来，且对于"伯乐"这一概念，我们既可以理解是一个人，也可以理解是一个政策、机制、平台……千里马可以获得很多"才美外见"的机会，所以就没有那么容易被埋没。在作者论证自己断言的过程中，层层推进，先分析千里马被辱没的直接原因是"食不饱，力不足，才美不外见"，根本原因是"食马者不知其能千里而食也"，于是作者对千里马的惋惜、同情，对食马者无知、浅薄的讽刺，越来越强调，直到结尾用"呜呼！其真无马邪？其真不知马也！"发出悲愤呐喊与强烈的谴责。

在论证过程中，同时伴随着评估论证。完成探究的论证之后，我们如何对探究进行评估呢？

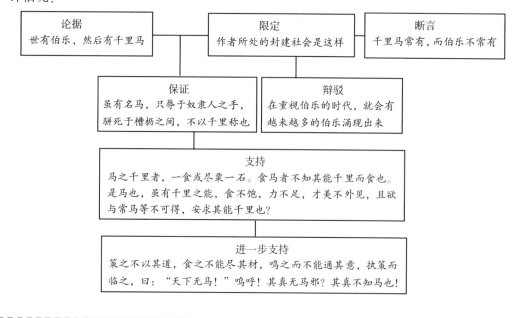

五、探究中的评估

探究中的"评估"是指学习者在经历了探究活动，并获得超越原有知识和当前观察结果新的理解后，对探究行为重新审视的过程。

探究中的评估是学生学习的重要组成部分。评估是促进学生主动学习的有效手段，也是批判性思维探究学习的重要环节。

在教师引导下，学生借助于各种探究论证途径和方法得到探究结果。在探究过程中，要对探究过程和结果进行合理评估。首先，探究评估有什么作用？其次，如何进行评估呢？策略有哪些？最后，我们进行了哪些实践探索？

（一）探究评估的作用

评估的作用就是对学生的探究性学习进行真实诊断、多元激励和促进发展。

中国高考评价体系，关于评估这一环节有六点基本要求：有评估探究过程和探究结果的意识；能注意假设与探究结果间的差异；能注意探究过程中未解决的矛盾；发现新的问题尝试改进探究方案；能从评估中吸取经验教训；认识评估对科学探究的意义。

1. 评估具有激励性和发展性。

评估对学生起到激励作用。学生在探究过程中提出问题、分析问题、解决问题。探究中的评估目的是了解学生知道什么，如何知道？学生在思考什么，他们为什么这样思考？学生有能力做什么，做得如何？探究评估过程时刻激励学生。

评估促进学生新的认知。例如，教师立足学情和学科素养，进行不同水平的探究任务设计，进行形成性评估和总结性评估。教师给学生的评估一定是高位的。教师给予学生的思想、方法的评估，促进学生思维得以提升。学生在探究中会模仿老师，感悟出思考问题、解决问题的思想和方法。在探究学习中，学生是课堂的主体。教师多样、灵活、生动、丰富的评估方式，能使学生如沐春风，让课堂充满勃勃生机，同时促进学生的发展。

2. 评估具有水平性和诊断性。

评估具有水平性。不同学科素养都有不同的评估水平的划分。利用批判性思维工具，实现探究性学习和教学，完成学科素养评估水平。

评估具有诊断性。前面的探究任务和探究评估中都体现了评估的水平性和诊断性。评估促进学生深度探究，同时发挥诊断功能作用。评估诊断包括对探究计划的严密性、证据收集的周密性，以及解释的科学性做出检查和反思，并对结论的可靠性做出评估。

3. 评估具有多元性和量化性。

评估形式具有多元性。可以分为教师评估、生生评估、自我评估——自我反思。学生之间评估会让学生感到亲切、开放，相互促进。学生的自评非常重要，让学生通过反思完成新的认知、独立思考、完善建构、自我激励。

评估形式可以量化。例如，评估形式有作业和考试，一般可量化。形式也多元开放，例如梳理问题的逻辑关系，画思维导图，竞赛，展示交流等。评估过程是质疑、辩驳、交流的过程，是学生思维外显的过程，是学生思维修正、完善、提升的过程。

4. 评估具有形成性和求真性。

评估的真实性是国内外课程改革中的显著特点，它强调在有意义、真实的活动过程中进行评估。探究学习就是要让学生像科学家一样去提出问题、发现问题。真实有效的评估应该和学生的真实学习过程具有内在一致性，本质特点是"学生将掌握的知识和推理能力运用于与现实世界中可能遇到的情况和科学家实际工作的情况中"。

评估的形成性是突出对学生学习的过程进行评价，学生通过收集、整理整个探究学习过程在各个方面的数据、信息资料，以及学生在探究学习全过程中前后能力水平变化的对比，对综合结果进行客观、全面的价值判断。

评估对探究非常重要，对学生的思维训练提升，综合素养提升都非常重要。

（二）探究评估的策略

结合探究论证过程思维标准、核心素养的评价水平和布鲁姆的认知水平，对学生进行不同水平、多元开放、可量化的探究评估。

1. 评估要分水平。评估过程是学生的认知和思维体现的过程。教师给出具体评价，学生在知识、思维方面都有不同的收获和提升。

探究性学习中，教师也可以从学生的参与和转化能力、思维和素养水平、迁移和应用能力、联系和拓展能力等方面进行不同水平划分，进行评价。

案例 6-2-10：《探究解三角形劣构性问题》评估目标、内容和维度设计（作者：王肖华）

评估目标		评估设计	评估内容和水平划分
参与和转化能力	行为态度	课堂表现积极参与程度，语言表达、小组合作等	水平一：回答问题主动质疑、提出建设性意见/被动参与； 水平二：语言表达清晰准确/不发表意见； 水平三：学会相互欣赏、多角度评价。
	价值观	敢于提出问题、分析解决问题 师生、生生、组间、组内评价	
思维和素养水平	基础型知识	理解、应用能力	水平一：对基础知识的掌握； 水平二：对课堂问题的开放探究问题的转化化归； 水平三：对于知识灵活调用、建构创新型问题的能力和价值水平评价。
	探究型知识	理解、开放应用、问题与表达能力	
	创新型知识	核心知识、思想方法和活动经验	
迁移和应用能力		图形建构复杂，问题进阶	水平三：转化问题、提出可行性思路和方案
联系和拓展能力		跟踪学生平面空间四边形解三角形问题建构	水平三：跟踪学生命题设计完成解决，知识体系建构； 水平二：问题探究收获与感受。

案例 6-2-11：认知水平和核心素养评估水平的案例《数学运算素养探究教学实例》（作者：王肖华）

评估水平	水平一	水平二	水平三
运算对象	熟悉数学情境（了解）	关联的情境（确定）	综合情境（转化）
运算规则	了解适用范围 体会意义和作用	合理选择方法 体会程序思想	确定对象和法则 明确运算方向
运算思路	形成	理解	构造
运算结果	用其说明问题	借助运算探究问题	理解和解释问题

比如就运算对象而言，水平一要求能够在熟悉的数学情境中了解运算对象，提出运算问题；在水平二时就要求能够在关联的情境中确定运算对象，提出运算问题；而到了更高一级要求即水平三中就提出要在综合的情境中，能够把问题转化为运算问题，确定运算对象和运算法则，明确运算方向。

这是前面介绍的平面向量基本定理的探究学习内容、目标和评价水平方式。

内容	学习目标、评价水平及方式	评价方式
数乘向量	水平一：理解运算对象、法则、结果和运算律，会正确运算，画图直观感知； 水平二： （1）理解运算结果向量的属性大小和方向与运算对象之间的关系； （2）理解运算结果的几何意义及逆向思维初步理解共线向量基本定理。	呈现方式： 实际情境物理背景、几何作图、问题串、思维导图、不同水平典型例题和同步练习
共线向量基本定理	水平一：能清晰准确复述共线向量基本定理内容； 水平二：通过几何作图，几何直观深入理解共线向量基本定理条件、结论和本质； 水平三： （1）渗透一维"基底"的概念和作用，为一维直线上向量的坐标及其运算做好知识铺垫。 （2）学生会用直接法或间接法——反证法证明唯一性。	呈现方式： （1）几何作图、问题串、思维导图、不同水平典型例题和同步练习； （2）以命题形式判断真假或通过联系逻辑进行概念辨析； （3）查阅向量运算及其实际应用的文献。
平面向量基本定理	水平一：了解——学会知道 1. 能清晰准确复述平面向量基本定理的内容——条件、结论和本质； 2. 会根据图形判断共线与不共线，用基底表示平面向量； 3. 会进行线性运算，并能几何作图表示其运算结果。 水平二：理解——学会做到 4. 会几何作图求解向量线性运算结果。 5. 深刻理解平面向量基本定理中"基底"的概念和作用，唯一性理解和证明。 6. 根据向量线性表示，单变量几何作图探究平面上动点轨迹——点动成线，数形相互翻译转化，感受运算结果向量的两个要素大小和方向与运算对象和法则之间的关系。	呈现方式： 几何作图、问题串、思维导图、不同水平典型例题和同步练习； （2）探究性问题、分层作业设计等形式； （3）查阅向量运算及其实际应用的文献。 （4）过关题、竞赛、汇编展讲等形式。
	水平三：掌握——学会发展 7. 向量基本定理理解与几何作图综合应用； 8. 根据向量线性表示，双变量几何作图探究平面上动点轨迹——点动成线、线动成面，数形相互翻译转化，感受运算结果向量的两个要素大小和方向与运算对象和法则之间的关系； 9. 转化选优秀基底线性表示向量求解问题，方程的思想； 10. 三点共线，由共线向量基本定理和平面向量基本定理的唯一性待定系数列解方程组求解综合问题。	

2. 评估要多元化和激励性。对于学生的评价可以采用师评、自评和互评相结合的方式。自评可以帮助学生完善自己的学习过程；同伴的评估也很重要，有句话说"当局者迷，旁观者清"。自评不一定全能发现自己的不足，所以同伴的评估是必不可少的。通过互评，可以发现优缺点，并能自我反省，相互学习，增进友谊，共同进步；也能培养学生虚心接受别人意见的态度。

教师的评估要起到高屋建瓴的作用。教师评估作用在于搭建脚手架，提升学生探究的信心和增加内驱力。教师给学生进行思想、方法的评估，促进学生思维得以提升，引导学生学会思考问题。

重视学生参与整个探究的过程性评估。评估学生在探究过程中表现出来的观察、实践和参与情感；显现出来的独特见解和方法；在实践过程中表现出来的独立性、自主性和领导力。在常态学习中，学生表现出对知识的兴趣。汇总整个过程中的点点滴滴，显示学生在不同时间、不同方面的才能。对这些点进行及时的点评，才能体现出评价的全面性。

下面来看课堂上师评、生评、自评三种评价方式体现相互促进，是一个有机整体。

案例 6-2-12：九年级物理《机械能》（作者：陈曦）

《机械能》的学习目标之一是通过实验知道影响动能大小的因素，为此教师布置的任务是让学生设计实验并验证猜想。

在课堂上，小王同学上前展示他设计的影响动能大小的因素。

小王同学实验演示和猜想：他两次推同一辆小车，小车速度大时会把物体推动很远的距离，小车速度小时把物体推动的距离并不远。猜想说明速度影响动能。

同学评价：A 同学说他用到了控制变量法，控制小车的质量相同，这个做法值得肯定。

小赵同学实验演示和猜想：在评价时，肯定了控制变量法。同时，对小王的做法提出了改进。实验演示：就是用一个斜面，让同一辆小车每次从不同高度自由下滑，到达底端时撞击物体，测量物体移动距离。

小赵评价 A：改进理由。小王只做两次实验不能说明普遍性规律，要多做几次实验，而在水平面上用手推小车，又不好控制速度大小。

小赵自评：而让小车在斜面上自由下滑不存在这个问题，小车在斜面上位置越高，到达底端时速度越大。这样做的好处是可以多做几次实验。

小李同学评价小赵：在评价小赵同学实验时，小李说他用到了转换法，将小车的能量大小通过被撞物体移动距离的远近反映出来，这个方法值得学习。

小王同学实验：猜想力的大小影响了物体的动能。他设计了一个实验第一次用较大的力推小车，小车把木块撞得很远，第二次用较小的力推小车，小车把木块撞得很近。通过观察实验，有学生进行评价，说出看出两次推力的不同最终造成小车和木块接触时的速度不同，所以还是速度影响动能。

教师评价：同学们，推力改变的时候实际上改的还是速度，说明速度是直接因素，推力看成间接因素，扩展到生活中很多问题中都包括了直接因素和间接因素。

同学们在评价的过程中，大家展示了良好评价氛围和品质。小赵学生肯定小王优点，改善实验，完善不足，思维得到完善。小李同学对小赵同学进行评价时，思考问题更加深入，进行关联。这对于小李同学是一种思维碰撞，学习的过程。同时对于小赵同学是一种积极的肯定，增加了小赵学生的成就感。希望大家相互激励，共同进步。

小王同学继续展示实验：设计并猜想质量也会影响动能的实验。在展示控制小车速度相同时，小王的做法是让不同质量的小车从斜面相同高度自由下滑，则到达底端的速度相同。

小华等一些同学在评价时认为这个不对。不同质量的小车从斜面相同高度自由下滑，则到达底端的速度应该也不相同。而还有一部分同学却支持小王的做法。在此学生们的观点产生了不同，学生们说应该做实验观察得出结论。

教师点评：学生们进行相互的质疑、辩驳，思维再一次进行了碰撞。非常好。如何验证哪种想法是对的，学生们通过实验进行观察验证猜想。

实验法探究论证。小华和小王分别在讲台上进行实验演示。用两个完全相同的斜面，两个相同小车从同一高度自由下滑，学生观察到达底端的速度。然后又用屏幕播放录制好的实验视频，之前用手机慢动作录的，让学生们看到不同质量的小车从斜面相同高度自由下滑，则到达底端的速度是相同的。

探究结论：说明小王的设计是正确的。

教师点评：同学们，非常棒。这节课的实验注意了控制变量，比如控制速度相同，只改变了质量。当实验中有很多的量时，只让一个量变，其他量都不变，这样可以把复杂的问题简单化，把复杂的问题简单化是解决问题的一个很好的办法。

大家敢于质疑，敢于猜想，敢于论证。

同学们的互相评价不仅可以让大家更好地完成任务，还能促进大家的深度思维，并对于不好理解的问题加深理解。关键是学会如何思考问题，提高思维能力。

史宁中先生曾经强调：通过开放探究题来考查学生的思维过程，开放探究题应当采用加分原则、满意原则。

3. 评估要可量化和诊断性，我们进行终结性评估时，有时会以命题形式，对学生进行量化评估。

案例 6-2-13：探究指数和对数相关定义新运算（作者：王肖华）

1. 命题意图（试题的整体设计思路）

问题相关情境是"若 $a, b \in \mathbf{R}, a * b = \dfrac{a + b + | a - b |}{2} = \begin{cases} a, & a > b \\ b, & a < b \end{cases}$"，定义新运算本质是求两个数的较大数。

问题情境是学生熟悉的指数和对数超越运算背景下的定义新运算问题。根据数学运算核心素养评价水平进行不同水平的问题设计，同时体现了逻辑推理等核心素养的考查。

第一问（水平一）：根据数学运算核心素养评价水平一，在学生熟悉情境里，让学生了解新运算，体会意义和作用。主要体现特殊值法，由一般到特殊思想。

考查根据新运算法则和演绎推理，由一般到特殊，代入特殊值进行运算求值。

考查类比实数乘法运算律，运算对象给出特殊值求出运算结果后，探究定义新运算的运算律——交换律、结合律是否成立？

考查类比实数一元一次方程求解，判断新运算下的单变量、双变量方程解的存在性和具体求解问题，探究运算本质。

第二问（水平二）：根据数学运算素养评价水平二，在关联的情境中，根据问题合理选择方法，体会程序思想，探究问题。从变量与函数的角度深入理解数学运算与函数的关系。

考查一般情况下，定义新运算的交换律和结合律是否成立，探究严谨论证。

考查类比实数一元一次方程求解，判断新运算下的单变量、双变量方程解的存在性问题和具体求解问题；考查运算律应用，体会程序思想，探究新运算本质。

考查关联问题情境下，选择函数的零点、方程的实根相互转化求解问题。

思想方法：

（1）学生会代入特殊值进行新运算求值，特殊值法；深刻理解指数和对数运算及其运用。

（2）学生经历"由一般到特殊到一般再到特殊"的思维过程；观察归纳法，总结发现新运算的本质。

（3）深入理解一种实数新运算四个维度：运算对象、运算法则、运算结果、运算律和研究应用的思维过程和意义等。

（4）从变量与函数的角度深入理解数学运算与函数的关系，同时利用变量与函数的关系，理解分段函数，函数、方程、不等式等价转化关系，利用转化与化归的思想方法解决指数和对数相关问题。

核心素养：数学运算、逻辑推理等；

2. 测查目标

	学科核心知识	关键能力
题干	实数加法、减法、除法运算 绝对值，指数运算 二元函数新运算	阅读理解能力 迁移能力
第（1）问	指数运算，对数运算 变量与函数关系 分段函数，方程求解	简单应用数学知识 分析、解决问题的能力 数学运算求解能力
第（2）问	指数运算，对数运算 分段函数 函数、方程、不等式关系	迁移能力、转化化归 分析和解决问题的能力 数学运算求解能力

3. 评估内容（呈现试题的具体内容及分数设置）

定义新运算 $a \times b = \dfrac{2^a + 2^b + |\, 2^a - 2^b \,|}{2}$，$a$，$b \in \mathrm{R}$. 根据新运算的运算法则，则：

（1）$1 \times 2 = $ _____，$2 \times (1 \times 3) = $ _____；

（2）给出下列命题中，正确的是_____。

水平一：

① $3 \times 2 = 2 \times 3$；

② $(3 \times 2) \times 4 = 3 \times (2 \times 4)$；

③不存在实数 a 满足方程：$2 \times a = 3$；

④存在实数 a 满足方程：$2 \times a = 5$；

⑤已知 $a > b$，$a \times b = 3$，则关于实数 a 的方程的解为 $a = \log_2 3$。

水平二：

①任意实数 a，$b \in \mathrm{R}$，$a \times b = b \times a$ 成立；

②任意实数 a，b，$c \in \mathrm{R}$，$(a \times b) \times c = a \times (b \times c)$ 成立；

③不存在实数 a 满足方程：$(-1) \times 2 \times a = 3$；

④存在实数 a 满足方程：$(-1) \times 2 \times a = 18$；

⑤已知当 $a > b$，函数 $y = a \times b - 3$ 有零点，则函数的零点为 $a = \log_2 3$。

核心素养：数学运算水平一、水平二；逻辑推理等。

分数设置：第 1、2 空（二选一），2 分；第 3 空，3 分；总分值 5 分。

4. 试题评标

分值	核心知识和能力	数学运算素养水平	认知评价标准
2 分	知识：指数、对数运算，函数、方程、不等式；能力：阅读理解，运算探究、分析、解决问题.	水平一	了解
3—4 分		水平二	理解
5 分		水平二 水平三	初步掌握 掌握

5. 素材来源

若 a，$b \in \mathrm{R}$，$a * b = \dfrac{a + b + |a - b|}{2} = \begin{cases} a, & a > b \\ b, & a < b \end{cases}$。

6. 案例分析：

本问题以数学运算素养为导向，依托数学运算评价水平进行了不同水平的问题设计，同时考查了逻辑推理等核心素养。问题情境是学生熟悉的指数和对数运算背景下的定义新运算问题。

根据数学运算核心素养评价水平一，水平二，设计学生熟悉、关联的运算情境，让学生了解新运算的对象、法则、结果。类比实数乘法运算，用特殊值法进行求值运算，观察、归纳、猜想、探究新运算的运算律；类比实数运算，探究新运算下的单变量、双变量方程解的存在性和求解问题，探究新运算本质。整个过程体会新运算的意义和作用，同时深刻理解指数和对数运算及其运用。

根据数学运算核心素养评价水平二，设计有关联的情境问题。在关联问题情境中，选择函数的零点、方程的实根相互转化求解问题。体会转化与化归方法，程序思想探究问题。整个过程从变量与函数的角度深入理解数学运算与函数的关系，是阅读理解、分析、解决问题的能力提升的过程，是数学运算素养落地的过程。命题的设计落实四基四能的同时，具有情境性、层次性和创新性，适合不同学情的学生。

4. 评估要过程化和真实性。评估要过程求真、开放、全面，促进学生思维发展。

史宁中先生曾经强调：通过开放探究题来考查学生的思维过程，开放探究题应当采用加分原则。不能仅仅通过结果判断学生答案的对和错，重要的是判断学生的思维过程是否有道理，是否合乎逻辑；只要学生的思维过程与得到的结论是一致的就应该满意，这就是"满意原则"，如果答得更好或者更深度可以再加分。由于开放题的答案是不确定的，这就对我们的老师提出了更高的要求，教师不仅要能出题，还要有判断思维是否，有逻辑能力。因此，教师在日常教学中要教会学生们思考问题，让学生在掌握所学知识技能的同时，积累思维和实践的经验，形成数学核心素养。

案例 6-2-14：探究三角函数图像和性质综合应用（作者：王肖华）

1. 命题意图

问题情境是学生非常熟悉的、相关联的、开放的。根据素养评价水平一或二设计的问题。考查函数周期性的定义及证明，函数周期性抽象符号的理解和应用，数学语言理解和表达能力。评价重点是数学抽象、逻辑推理核心素养。

原题进阶（2）和变式体现了命题情境是开放性的、多元的。考查读图获取信息的能力。考查根据三角函数图像会分析其性质，例如周期性、单调性、对称性、最值等；会用待定系数法求函数解析式；考查知识清晰结构性，会灵活运用性质解决函数零点相关问题，考查函数、方程、数形结合、转化化归等基本思想方法，分析问题、解决问题的能力。评价重点是直观想象、逻辑推理、数学运算核心素养的落地情况。

命题知识结构图如下：

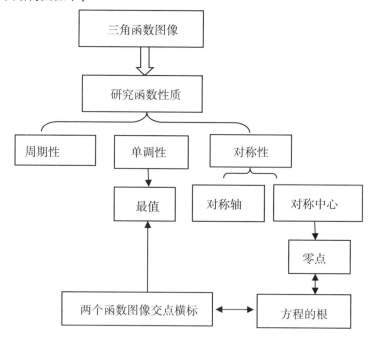

2. 测查目标

	学科核心知识	关键能力
题干	函数周期性、最小正周期 三角函数的图像和性质	阅读理解能力 语言表达能力
第（1）问	函数周期性定义与证明	逻辑论证能力 数学运算能力

续表

	学科核心知识	关键能力
第（2）问	待定系数法求函数解析式 正弦型函数解析式中三个系数 A，ω，φ 的几何意义 三角函数单调性、对称性	迁移转化能力 逻辑论证能力 数学运算能力
第（3）问	三角函数单调性与最值，函数零点 函数、方程、不等式关系 余弦定理和两角和的公式	迁移转化能力 逻辑论证能力 数学运算能力 分析和解决问题能力

3. 试题内容（呈现试题的具体内容及分数设置）

核心素养：数学抽象、直观想象、数学运算和逻辑推理水平一、水平二。

已知定义在 R 上的函数 $f(x)=A\sin(\omega x+\varphi)$（$\omega>0$，$|\varphi|<\dfrac{\pi}{2}$，$A$ 是正常数），对任意的 $x\in\mathrm{R}$，恒有 $f(x+\dfrac{\pi}{2})=-f(x)$，

（Ⅰ）（水平一）求证函数 $f(x)$ 是周期函数，并求它的一个正周期；

（Ⅱ）（水平一）若函数 $f(x)$ 在一个周期的函数图像如图所示，且满足（Ⅰ）的周期是最小正周期，求出函数 $f(x)$ 的解析式，并写出它的单调递减区间、对称轴和对称中心（三个性质选一）；

（Ⅲ）（水平一）求 $f(x)$ 在区间 $\left[\dfrac{\pi}{6},\dfrac{2\pi}{3}\right]$ 的值域；

（水平二）若函数 $y=f(x)-m$ 在区间 $\left[\dfrac{\pi}{6},\dfrac{2\pi}{3}\right]$ 有零点，求实数 m 的取值范围。

4. 试题评标

分数设置：本题共 13 分（Ⅰ）2 分；（Ⅱ）6 分；（Ⅲ）5 分；

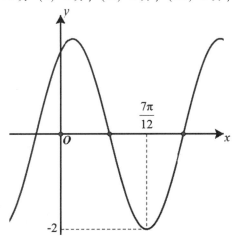

命题体现数学核心素养上的评估水平和特征以及问题解决的思考过程。因此，探究性学习和评估通常可以采用多重计分制（如表中匈菲尔德所采用的评分标准）；采用等级制评分的依据是《普通高中数学课程标准》（2022 年版）数学学业质量中的各个数学核心素养的行为表现及其水平指标，并需要在此基础上制订各个等级的赋值标准。

匈菲尔德的多重计分制

因素		表现	得分
思路		学生是否明确表达了某个思路（如"我打算用数学归纳法"）或者画出了某个图形？	1
实施		学生是否具体实施了某条思路？（要求学生解题时记录所有的思路和实施过程）	1
进展	极少	没有任何进展或只有一点暗示	0~5
	有些	实施过程虽然合理但没有迹象可以由此得出结论	6~10
	接近目标	虽然没有完成或者有小的错误，但已经接近解题目标	11~15
	完整	按照这条思路完整给出了解答	16~20

评价维度一：按照"标准"水平评价

		第 3 小题	
		主要特征	样例
不同水平学生作答预估	水平二的学生作答	知道求正弦型函数值域的思路与求正弦型函数单调性思路分不清楚，换元法理解不透。函数最值跟单调性关系分不清。知道求正弦型函数值域一般思路，但是出现计算错误。	情况一：$\frac{\pi}{6} \le 2x + \frac{\pi}{3} \le \frac{2\pi}{3}$，换元的思想没有理解到位。 情况二：因为 $\frac{\pi}{6} \le x \le \frac{2\pi}{3}$，所以 $\frac{2\pi}{3} \le 2x + \frac{\pi}{3} \le \frac{5\pi}{3}$，所以 $-\frac{\sqrt{3}}{2} \le \sin\left(2x + \frac{\pi}{3}\right) \le \frac{\sqrt{3}}{2}$。认为最值在区间端点处取，没有考虑单调性。 情况三：因为 $\frac{\pi}{6} \le x \le \frac{2\pi}{3}$，所以 $\frac{2\pi}{3} \le 2x + \frac{\pi}{3} \le \frac{5\pi}{3}$，所以 $-1 \le \sin\left(2x + \frac{\pi}{3}\right) \le \frac{1}{2}$，某一个最值的特殊角的正弦值求错。

续表

水平二的学生作答	知道求正弦型函数值域的一般思路，能准确求出函数给定区间内的最值。	因为 $\frac{\pi}{6} \le x \le \frac{2\pi}{3}$， 所以 $\frac{2\pi}{3} \le 2x + \frac{\pi}{3} \le \frac{5\pi}{3}$， 所以 $-1 \le \sin(2x + \frac{\pi}{3}) \le \frac{\sqrt{3}}{2}$， 所以 $-2 \le 2\sin(2x + \frac{\pi}{3}) \le \sqrt{3}$， 即 $-2 \le f(x) \le \sqrt{3}$，值域 $[-2, \sqrt{3}]$；标答。	
水平三的学生作答	首先，能够根据函数零点、方程的实根、两个函数图像交点横坐标三者之间等价转化； 其次，转化后求正弦型函数在给定区间内值域问题。	首先，因为函数 $y = f(x) - m$ 在区间 $[\frac{\pi}{6}, \frac{2\pi}{3}]$ 有零点，所以函数 $y = f(x)$ 与 $y = m$ 图象有交点。 其次，函数 $y = f(x)$ 在 $[\frac{\pi}{6}, \frac{2\pi}{3}]$ 上的值域问题。转化到水平二，标准解答如上，数形结合求出变量 m 的范围。	

说明：水平一指略低于"标准"、水平二指达到"标准"、水平三指略高于"标准"。

评价维度 2：匈菲尔德的多重计分制评价

因素		表现	第 3 问得分
思路		$x \to 2x + \frac{\pi}{3} \to \sin(2x + \frac{\pi}{3}) \to f(x)$。	
实施		思路对的情况下，如果出现计算等错误，但是没有算对。	1
进展	极少	没写	0
	有些	乱写无关联，但合理 $\frac{\pi}{6} \le 2x + \frac{\pi}{3} \le \frac{2\pi}{3}$， 换元的思想没有理解到位。	6
		因为 $\frac{\pi}{6} \le x \le \frac{2\pi}{3}$， 所以 $\frac{2\pi}{3} \le 2x + \frac{\pi}{3} \le \frac{5\pi}{3}$， 所以 $-\frac{\sqrt{3}}{2} \le \sin(2x + \frac{\pi}{3}) \le \frac{\sqrt{3}}{2}$， 最值在区间端点处取，没有考虑单调性。	12
	接近目标	因为 $\frac{\pi}{6} \le x \le \frac{2\pi}{3}$， 所以 $\frac{2\pi}{3} \le 2x + \frac{\pi}{3} \le \frac{5\pi}{3}$， 所以 $-1 \le \sin(2x + \frac{\pi}{3}) \le \frac{1}{2}$， 某一个最值的特殊角的正弦值求错。	15

续表

完整	第一小问：因为 $\dfrac{\pi}{6} \le x \le \dfrac{2\pi}{3}$， 所以 $\dfrac{2\pi}{3} \le 2x + \dfrac{\pi}{3} \le \dfrac{5\pi}{3}$， 所以 $-1 \le \sin\left(2x + \dfrac{\pi}{3}\right) \le \dfrac{\sqrt{3}}{2}$， 所以 $-2 \le 2\sin\left(2x + \dfrac{\pi}{3}\right) \le \sqrt{3}$， 即 $-2 \le f(x) \le \sqrt{3}$，值域 $[-2,\sqrt{3}]$；标答。 第二小问：因为函数 $y = f(x) - m$ 在区间 $\left[\dfrac{\pi}{6},\dfrac{2\pi}{3}\right]$ 有零点， 所以函数 $y = f(x)$ 与 $y = m$ 图象有交点，转化到第一小问的问题。	20

案例分析：

本问题情境是学生熟悉的三角函数图像与性质应用背景的问题。以直观想象、逻辑推理、数学抽象、数学运算等素养为导向，以开放的问题情境，或给三角函数图像读图找性质，或者给出三角函数性质分析图像，数与形结合探究分析、解决问题。落实基础知识、基本技能、基本思想方法，体会熟悉的基本活动体验，结构化知识和能力迁移，灵活分析、解决问题，落实提升核心素养。

问题评估上采用丰富的多维评估形式，评价学生的核心知识和关键能力。评价维度1：依托素养评价标准，预估学生作答情况，给出三个水平的具有样例和特征，体现认知和素养水平。评价维度2：根据匈菲尔德的多重计分制进行评价，等级制评价注重评价过程，除了诊断学习情况，更多地突出激励，促进可持续发展作用。

命题问题情境具有开放性、情境性、层次性、结构性，充分发挥评估的作用，诊断、激励、促进学生发展。

此外，我们可以思考探究课是否有通用评价量表？不同课型的评价量表会有哪些不同？

这一节我们完成了完整的探究实证过程，即问题提出、问题分析、问题论证和评估。

探究的价值就是解决问题、提升能力和思维品质。

探究从问题出发，经过假设–设计–评估–实验–得出结论的过程，就是问题解决的过程，也是对问题的解释。探究的价值除了解决问题之外，在探究的过程中，有假设的提出、方案的设计、结论的推理，这个过程是批判性思维探究实证过程。

探究过程中的批判性思维要点如下：

探究的过程	批判性思维要点
探究起点：提出探究问题	提出问题、分析问题（思维的准确性、清晰性、相关性）
探究的过程： 提出假设 提出实验方案 评估实验方案 得出结论	基于证据的假设、基于证据的推理（证据意识、推理能力、论证能力） 有理由的方案设计（证据意识、思维的清晰性和准确性） 质疑：（对证据、推理、结论） 开放理性：听取别人意见、基于证据和推理出结论 结论的条件、适用范围等

第三节　探究的实践和思考

探索实证过程是问题提出、问题分析、问题论证、问题评估和问题发展过程。下面是探究的实践案例和思考。

董毓教授在《批判性思维十讲》一书中提出了"二元问题分析法"，主张从问题的对象和问题的认知性质两方面共 12 维度进行问题分析。问题的对象指的是分析问题本身，对问题对象的构成、特点、机制等方面进行分析。问题认知性质是对即为什么要研究这个问题，从问题的类型、背景价值等方面进行分析。下面就以化学《电解质的电离为例》说明基于批判性思维二元问题分析法的化学研究性学习实践探索。

案例 6-3-1：基于批判性思维二元问题分析法的化学研究性学习实践探索——以《电解质的电离》为例（作者：娄福艳）

一、问题提出

问题分析法应用学科问题分析的思考。在北京师范大学王磊教授等著的《基于学生核心素养的化学学科能力研究》一书中针对水溶液（电解质溶液）主题的认识模型中，对溶液主题的认识角度包括：宏观现象、微粒数量、微粒种类、相互作用、物质组成。下面依据这个学科认识角度对二元分析法的问题对象角度的问题进行分析：

学科认识角度	学科认识角度之外的问题：
宏观现象（物质性质） NaCl 溶液有什么性质？ 微粒数量： 微粒种类 NaCl 溶液有哪些成分？（宏观、微观） NaCl 在水溶液以什么形式存在？ 相互作用 NaCl 溶液中，溶质和溶剂之间有没有相互作用？ 相互作用的结果是什么？ 微粒之间是如何运动和相互作用的？ 物质组成 NaCl 溶液有哪些成分？（宏观、微观）	导电机制： 导电的机理是什么？ NaCl 溶液能导电的原因是什么？ NaCl 溶液导电和金属导体导线有何不同？ 外界条件对体系的影响： NaCl 溶液在外界条件改变时（如浓度、温度），性质（如导电性）会发生变化吗？ NaCl 溶液和其他物质混合会有什么反应？ 改变温度、浓度等外界条件对溶液的性质有什么影响？ 外界条件（温度、浓度等）对溶液中微粒的运动和相互作用有何影响？ 不同状态的比较： NaCl 在其他状态（固体、熔融状态）时也会有同样的性质吗？ 时间维度的变化： NaCl 溶液接通电源一段时间之后会发生什么反应？

从上表分析可以看出，基于二元问题分析法提出的问题除了能够涵盖化学学科对该部分内容的认识角度之外，还有一些新的发展点：1. 导电机制：这个可以解决学生的疑惑；2. 外界条件对体系的影响，这个角度是后续学习水溶液中存在平衡的重要方面；3. 时

间维度的变化：这是后续学习水溶液中电化学的分析角度。二元问题分析法不仅能够解决当前问题，还能后实现后续学习的角度的预测，不仅如此，还能对相关的模块（电化学）产生关联。

这是因为二元问题分析法实际上是全面深入分析问题的地图，能够给出思考问题的角度，对问题分析更加全面，如果没有这个"地图"，教师仅凭经验进行分析，很难这样全面系统。

二、问题分析

能帮助教师设计促进学生的认知的提升的教学。

学生是学习的主体，对问题认知角度的分析中，有下列问题是和学生有关的：

问题认知分析中和学生有关的问题
研究 NaCl 溶液导电性，学生的已有基础是什么？学生对 NaCl 溶液中微粒的存在形态认识清楚吗？
关于这个实验，学生可能不清楚的问题是什么？还需要提供什么信息？
为什么一开始就讨论 NaCl 溶液的导电性问题？

这些问题考虑到学生对核心知识的知识基础和认识基础，教师在备课的时候对问题进行充分考虑，设计出解决学生问题促进学生认知发展的教学。

三、问题论证

设计促进学生认知发展和批判性思维能力提升的教学。

在以上关于"NaCl 溶液为什么能够导电？"的分析基础上，设计如下的教学活动，旨在加深学生对电离概念的理解，提升学生的批判性思维能力。

（一）探查学生认知基础

二元问题分析	教学环节——解释生活问题
研究 NaCl 溶液导电性，学生的已有基础是什么？为什么一开始就讨论 NaCl 溶液的导电性问题？	[生活中问题] 为什么湿手不能摸开关？需要擦干手之后再摸开关？ [问题聚焦] NaCl 和水一起真的能导电吗？ [观察] 氯化钠溶液的导电性实验。

设计意图：从生活问题"为什么湿手不能摸开关？"引入氯化钠溶液的导电性实验，学生感到熟悉亲切，降低陌生感，同时也能引起学生的兴趣，便于探究活动继续开展。

（二）澄清概念

二元问题分析	教学环节——"为什么氯化钠溶液能够导电？"
导电的机理是什么？ NaCl 溶液能导电的原因是什么？ NaCl 溶液导电和金属导体导线有何不同？ NaCl 溶液有哪些成分？（宏观、微观） NaCl 在水溶液以什么形式存在？	［问题 1］ 导电的机理是什么？ 请在图中画出带电微粒和移动方向。 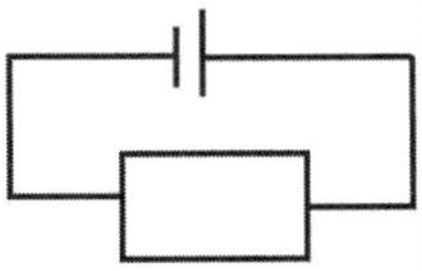 NaCl 溶液 ［问题转化］ NaCl 溶液中的带电微粒是什么？请说明你的理由。 ［学生实验］ 将 NaCl 溶液换成固体 NaCl，灯泡不亮。 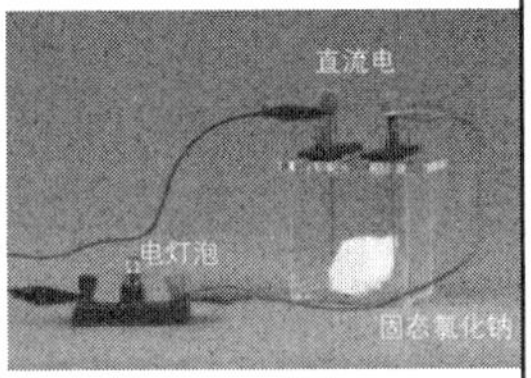

　　设计意图：导电本质是分析 NaCl 在水溶液中电离的基础，让学生在电路图上画出带电微粒和微粒的运动方向，不仅可以加强对导电性的理解，还让学生明确金属导体导电和电解质溶液导电的原理不同，迫使学生思考 NaCl 溶液中的带电微粒是什么，学生根据 NaCl 的组成，很容易想到是 Na^+ 和 Cl^-，这样顺利引入 NaCl 固体的导电性实验，结果不导电，制造认识冲突。学生通过分析固体氯化钠和氯化钠溶液的不同，自然想到可能时水在起作用。

（三）完善推理过程

二元问题分析	教学环节——水的作用是什么？
NaCl 溶液导电的根本原因是什么？ NaCl 溶液中，溶质和溶剂之间有没有相互作用？ 相互作用的结果是什么？	固体 NaCl 中有离子，不导电，在水溶液中却能够导电呢？ ［问题转化］ 溶液中水的作用是什么？
关于这个实验，学生可能不清楚的问题是什么？ 还需要提供什么信息？	［提供信息］ 1. 阴阳离子之间的相互作用，这种作用叫做离子键，由于离子键的束缚，阴阳离子只能小范围震动，不能自由移动 2. 离子键和阴阳离子间的距离有关，距离增大，离子键减小； 3. 水是极性分子，在溶液中会和其他离子形成水合离子； 4. 微观离子在不停运动
"NaCl 溶液导电"推理"电解质电离"的推理路径是什么？	［任务］ 在电路图上标出微观离子以及运动方向 从微观角度对 NaCl 溶液导电进行推理。 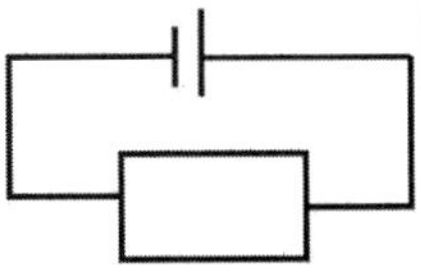

续表

二元问题分析	教学环节——水的作用是什么？
"NaCl 溶液为什么能够导电"这一问题对认识电解质在水溶液中行为的价值是什么？	[解释生活现象] 将泡腾片加入水中，产生大量气体。
除了水分子之外，还有其他因素可以让 NaCl 发生电离吗？	讨论： 只有水能破坏离子键，使 NaCl 发生电离吗？

设计意图：理解"电离"概念的本质在于理解水的作用，这个环节要求学生比较固体 NaCl 和 NaCl 溶液从组成和性质的不同，体会水的作用。教师给出离子键的概念，要求学生根据证据"NaCl 溶液能导电、固体 NaCl 不导电"完成推理过程，最后，要求学生解释泡腾片放进水中立刻产生大量气体，进一步体会水的作用。

最后一个问题："只有水能破坏离子键，使 NaCl 发生电离吗？"引入熔融 NaCl 额导电性实验，让学生形成对电离本质的完整认识。

（四）排除其他可能性

二元问题分析	教学环节——排除其他可能性
NaCl 溶液导电，除了 NaCl 电离之外，还有其他的解释吗？	[讨论] NaCl 溶液中的导电离子，除了来自 NaCl 电离之外，还有没可能来自溶剂水？ 如何设计实验证明或者排除这个可能性？

设计意图：批判性思维的一个特征是开放，要分析各种可能性。NaCl 溶液中除了溶质 NaCl 之外，还有溶剂水，要考虑水的作用。实际上，水分子也会存在电离平衡，溶液中存在少量的 H^+ 和 OH^-，虽然在高一阶段不需要学生了解水的电离，但是通过对带电微粒是否来自水的讨论，有利于建立对水溶液的系统和全面认识，也可以让学生的思维过程更加全面。

四、问题评估

（一）要根据实际情况选择是否利用二元问题分析法

二元问题分析法是一个全面深入的分析问题的过程，可以帮助教师全面、系统、深入地梳理核心知识、考虑学生的学习基础，帮助教师设计出促进学生认知发展、提升学生批判性思维能力的教学活动。二元问题分析的 12 个方面还是比较多，分析起来花费较多的时间和精力，不是教学中所有的问题都需要用二元问题分析法，教师在使用过程中要根据实际情况，选择核心的、有利于学生思维发展的问题进行分析。

（二）教学中二元问题分析法不一定面面俱到地分析

从以上案例看出，实际教学过程中，问题的对象分析的 6 个方面中，主要这对"1.1 问题对象内在构成要素及其关系""1.3 原因和机制""1.4 存在、运行方式和规律""2.5 问题涉及的不同观点和论证"的分析设计了教学活动。尽管二元问题分析对于学科教学有非常重要的价值，教学中由于课时的关系以及教学的阶段性，根据具体教学目标选择其中几个方面进行分析，把问题分析透彻就够了。

五、问题发展

问题分析法能设计促进学生批判性思维能力提升的教学。

在对问题的认知分析中，还有以下问题，指向了批判性思维能力。

指向批判性思维能力提升的问题
根据"NaCl 溶液导电"推理"电解质电离"的推理路径是什么？ NaCl 溶液导电，除了电离之外，还有其他的解释吗？ 除了水分子之外，还有其他因素可以让 NaCl 发生电离吗？ 对"NaCl 水溶液为什么能导电"推理过程对培养成"证据推理与模型认知"核心素养的作用是什么？

这些问题指向了推理、论证、多角度考虑问题三个方面，这都是提升批判性思维能力的重要途径，对这些问题的讨论，不仅能更好地理解"电离"的本质，还有利于学生批判新思维能力的提升。教师可以根据这些问题的提示

当然，这 12 个方面的问题有一角度一致可以合并，还有一些也不是核心问题，还有一些放在以后教学中进行思考，所以教师在具体使用中，应该结合教学目标和学生的实际情况，有意识地考虑一些重点问题即可。不过教师在教学之前如果有意识地对教学核心问题进行全面分析，会更加全面深入地理解教学内容，设计出更有价值的教学活动。

在新的中考形势下，阅读越来越重要。然而，语文教师在教学中发现，学生在阅读学习过程中经常有"读不懂"的现象，主要表现在以下四个方面：其一，学生不读，缺少阅读行为；其二，读完不走心，阅读体验空白；其三，阅读对话错位，读不明白作者的用意；其四，学生的阅读积淀单薄。以上现象在整本书阅读中表现尤为明显。

在师生共同阅读、探究、质疑、论证、分析、评价中，增加学生的积淀，让学生与作者进行深入的对话，将书读懂、读通、读深；让学生热爱阅读，乐于思考，更全面、更深刻地看待问题，更多地思考人生、社会乃至人类发展的问题。基于探究组织阅读课，解决学生阅读时常见的"读不懂"的问题。下面就以《额尔古纳河右岸》为例，说明如何借助于批判性思维探究初中语文阅读课。

案例 6-3-2：基于探究的初中语文阅读课的组织——以《额尔古纳河右岸》为例（作者：王天红）

一、问题提出

首先，我们确定阅读书目，以阅读迟子建的《额尔古纳河右岸》为例，师生按照阅读计划阅读本书并进行批注。教师在每周一次的阅读课上对阅读进行详细的指导：总结一周的批注情况，学生在小组或全班交流批注的内容或阅读的感想，也可以通过设置问题让学生回答等形式加强学生对阅读内容的理解。认真的阅读和批注是探究的基础。

为了更好地理解文本的内容，读出"文本意"，并在此基础上，读出"读者意"，教师要和学生一起确定接下来适合学生探究的内容，即提出问题。探究的问题应该是学生感兴趣的，适合学生当前水平的，并且应该与阅读书目的重点内容相关。

（一）梳理学生感兴趣的"点"

在黑板上，师生一起梳理出大家阅读后所有感兴趣的"点"，情况如下：

第一，风俗方面，学生对靠老宝、风葬、衣食住行等感兴趣；

第二，萨满方面，学生对萨满的神奇力量、怪异举止以及其他民族萨满所扮演的角色感兴趣；

第三，人物方面，学生对达西、伊芙琳、"我"和两任丈夫（达玛拉和林克）以及尼都萨满感兴趣；

第四，写作手法方面，学生对比喻、悬念和衔接感兴趣；

第五，主题方面，学生对保护环境、可持续发展等感兴趣。

（二）梳理所有可以想到的探究问题

上面环节师生共同列举出学生感兴趣的"点"之后，师生再次结合书中重点内容进行细致的梳理和提炼，初步形成探究的"主题"。比如，我们在梳理"人物"的时候，发现书中的尼都萨满、达玛拉、老达西、小达西、伊芙琳、玛利亚等人的性格前后都经历了变化，在深入思考后发现，这些变化都是由他们生命中的重大事件引起的，于是我们确定了小论文研究的一个主题"重大事件对人物性格的影响"。运用同样的方法，最终，我们确定了以下六个主题：

主题一：人物性格的两面性或丰富性（代表人物："我"、伊芙琳、老达西、玛利亚等）；

主题二：重大事件对人物性格的影响（代表人物：尼都萨满、达玛拉、老达西、小达西、伊芙琳、玛利亚等）；

主题三：辩证法对我们看待《额尔古纳河右岸》中人物性格的启示；

主题四：作家重要经历对作品的影响；

主题五：萨满探究（如萨满扮演的角色、萨满的超常力量等）；

主题六：鄂温克人下山之后（结合"寻根文化"来谈）。

二、问题分析

在搜集材料进行初步探究之后，我们会发现有些题目对于学生现阶段来说是不适合的，题目过大，探究的难度过大，比如主题六"鄂温克人下山之后（结合'寻根文化'来谈）"，这个题目的专业性太强，学生的相关知识积累太少，完成探究的可能性小，即使完成，效果也不会如人意。

同时，初中学生对于辩证法也不是特别的了解，难度也过大，而且"辩证法对我们看待《额尔古纳河右岸》中人物性格的启示"和"人物性格的两面性或丰富性"有重合，因此索性把这两个探究的问题合并。

在探究的过程中，有同学说："我不喜欢《额尔古纳河右岸》这本书，因为里面有太多的死亡了。而我们也看到迟子建在书中写道'我已经说了太多太多死亡的故事，这是没办法的事情'。"那么，作家所说的"没办法的事情"具体指什么呢？学生对这个问题很感兴趣。于是，死亡与作家的经历发生了联系，经过提炼，这个主题变为"《额尔古纳河右岸》中有众多人物死亡的原因探析"。

在探究中，学生进一步发现这本书的修辞很有特色，里面有大量比喻修辞的存在。他们统计后发现作品中共有比喻 404 处！如果把比喻按照明喻、暗喻和借喻来分类的话，本书中比喻三种类型中明喻用得最多，有 283 处，占总数的 70.05%；暗喻的数量其次，有 103 处，占总数的 25.50%；借喻用得很少，只有 18 处，占总数的 4.45%。这些数量极多的比喻主要呈现出明显的特点：设喻浅白，口语性强，设喻的本体、喻体涉及的范围非常广泛，几乎包含了鄂温克人在山林生活中会遇到的一切事物。于是，提炼出了"探究《额尔古纳河右岸》中比喻修辞的特点"这个探究主题。

经过这样的一番质疑后，我们整合出六个切入点小、便于操作、难度适中，并且与书中重点内容相关的探究主题：

探究主题一：从《额尔古纳河右岸》看鄂温克民族的风俗；

探究主题二：探究《额尔古纳河右岸》中比喻修辞的特点；

探究主题三：论《额尔古纳河右岸》中人物性格的多面性；

探究主题四：试论《额尔古纳河右岸》中重大事件对人物性格的影响；

探究主题五：小论《额尔古纳河右岸》神秘而苍凉的力量：萨满；

探究主题六：《额尔古纳河右岸》中有众多人物死亡的原因探析。

探究主题的确定需要教师和学生一起来商讨并最终确定，在确定之前可能几经修改。

这样经过分析，我们最终确定了探究的问题，进一步明晰本次探究主题适用的一些研究方法，如：细读文本、归纳概括、比较分析、查阅文献、知人论世等，此外，根据修辞特点的研究，还添加了统计分析的方法。学生可以从以上方法中选择适合的探究方法进一步探究，当然，也可以根据需要借助更多的方法进行探究。

三、问题论证

以"《额尔古纳河右岸》中有众多人物死亡的原因探析"这个探究问题为例，需要论证的问题是：《额尔古纳河右岸》中有众多人物死亡的原因，这个任务目标清晰，有一定的挑战性。下面，具体展示论证的结论及论证过程。

联系书中内容，查阅资料，我们发现，这部作品里众多人物死亡主要有以下三点原因：

首先，这与本书的内容——记述鄂温克民族百年发展的故事是直接相关的。本文是以一位年届九旬，鄂温克——我国东北这一弱小民族最后一位酋长女人的自述，向我们娓娓道来了鄂温克人生存现状及百年沧桑。《额尔古纳河右岸》从主人公的孩童时期写起，写到主人公九十高龄，近一个世纪的时间跨度，众多人物生老病死是必然的。

其次，这与鄂温克民族生活的环境有关。书中，作者用浪漫的笔触把鄂温克族人居住的环境描写得非常美丽生动，让人神往，但美丽的背后，我们应该看到，实际上，其生存环境是原始的、恶劣的。鄂温克民族世世代代生活在我国东北神秘的大兴安岭森林中，是一个以养牧驯鹿、猎杀森林中野兽而生的民族。这片茂密的原始森林，是鄂温克人与驯鹿赖以生存的居所，而其中却不乏狼、熊等凶猛的野兽，更是少不了随时可能到来的雷雨闪电，或者由雷电引发的森林大火或由雷电导致的死亡。

在《额尔古纳河右岸》这本书中，有些人物的死亡，就是和他们恶劣的生存环境相关的。比如主人公的姐姐列娜，是在搬迁时睡着，从驯鹿身上掉下来，在雪地中被冻死的；主人公的父亲林克是在瘟疫发生后，想要外出交换更多驯鹿时被闪电劈死的；主人公的第一任丈夫拉吉达是在"白灾"（雪灾）发生后，骑马外出寻找失踪的驯鹿被冻死的；老达西是在向咬伤他腿的狼崽报仇时被狼咬死的；主人公的第二任丈夫瓦罗加是为救"马粪包"被熊咬死的……由此可见，鄂温克民族原始的、恶劣的生活环境也是《额尔古纳河右岸》中有众多人物死亡的重要原因。

最后，这与作家自身的经历及写本书时的心情有关。阅读时，我们发现，书后的"跋从山川到海洋"中写到"在小说将要完稿的时候，我爱人三周年的忌日到了"，也就是说，这本书是在作家迟子建的爱人去世不久后开始写的。2008年11月，《额尔古纳河右岸》荣获第七届茅盾文学奖，迟子建在领奖时深情地表示："我要感激一个远去的人——我的爱人，感激他离世后在我的梦境中仍然送来亲切的嘱托，使我获得别样的温暖……"十年前，作家迟子建和大兴安岭地区塔河县委书记黄世君组成了家庭，度过了4年幸福的婚姻时光。不幸的是，黄世君因车祸英年早逝。迟子建知道大兴安岭是丈夫热爱的土地，他把青春和事业都留在了这里，这里有他的幸福和快乐，也有他的辛酸和委屈。作为妻子，她把深厚的感情注入笔端，写就长篇力作《额尔古纳河右岸》，以此告慰丈夫，寄托对他的深切怀念……也正因为写此作品时作家正处在丧夫之痛中，因此，必然会影响到本书的写作基调及情节的安排。于是，我们看到，本部作品整体基调哀伤，主人公的两任丈夫都英年早逝的安排可能就是作家自身经历的投射。

在《额尔古纳河右岸》这部作品中，我们看到"死亡意识"与"自然主题"完美地结合在了一起，它们相互交织，共同彰显了生命的内涵。鄂温克人生于自然之中，与自然为伴，他们热爱、崇拜、敬爱大自然，最后又因为他们认为死亡是在自然之中得到的另一种形式的永生，所以可以以较豁达的心态亡于自然之中。

四、问题评估

在探究活动中，评价方式应该是灵活的、多样的。《额尔古纳河右岸》的探究中，主要运用了以下几种评价方式：

（一）完成论文写作

每个探究问题的结果最终以小论文的形式呈现，在论文中要求有问题提出、问题论证和问题解决三个要素，字数不限，只要把自己小组负责的探究问题呈现清楚即可。

（二）板报展示论文

各组打印本组的论文，并可以添加有本组特色的展现方式，比如小报、绘制书签等，在班级教室以及年级楼道中进行展示交流。

（三）课堂交流展示

在完成小论文的写作、教师修改后，学生继续利用两周左右的时间分组进行PPT的制作，小组研讨展示汇报的形式，让汇报更加精彩，各组汇报的形式不一，有结合诗歌朗诵的，有以相声、小品以及短剧表演的形式展现的，也有以精彩的PPT制作汇报的等。教师对汇报全面把关，并对学生的表情、动作、声调、语速等进行指导。一切准备就绪后，全班利用1~2节课的时间进行展示，并评选出"最佳展示组"等。

五、问题发展

在探究实践中，教师通过创设各种情境，千方百计地让学生对阅读感兴趣，把书读起来；通过师生共读一本书，课堂讨论分享，设置探究问题等方式，让学生把书读进去；通过探究的整个过程、书写小论文并展示交流等形式，让学生把书读深，更全面、更深刻、多角度地看待问题。这一环环的设计与实践，初步解决了阅读教学中学生"读不懂"的问题，增加了学生的积淀及阅读体验，提升了学生的思维深度。

牛顿、爱因斯坦等物理学家所在的英国皇家学会的座右铭中就体现了论证的思想，座右铭定为"不要相信任何人的说法，得出任何结论都要看实验。看到实验拿出证据，才能得出结论"。这代表着让人们独立思考，保持怀疑态度，当年的科学家们就是顶着巨大的压力通过论证开启了科学的时代。今天的课堂更要培养学生获取证据、分析论证的能力，让孩子们像科学家一样研究思考。

根据情境或观察发现探究论证问题，分析问题确定论证过程的产生假说，然后想出测试假说的方法，在科学实践中用科学方法排除错误的假说，一直到不能排除的假说为止，我们就得到了最佳解释假说，完成了最佳解释论证。

挖掘隐含假设完善并促进论证要顺利完成。辨别和补充隐含假设和前提时需要寻找链接前提和结论的关系；想象排除反例、例外情况等。评估隐含假设的原则：要补充隐含假设和前提，使推理最终合理。下面以探究《电磁感应》为例说一说如何进行科学探究，充分挖掘隐含假设，完成最佳解释论证和评估。

案例 6-3-3：探究《电磁感应》（作者：陈曦）

以九年级物理《电磁感应》为例，这节课的知识目标之一是电磁感应的现象及产生的条件，内容是闭合电路中的一部分导体在磁场中切割磁感线运动就会产生电流，这个现象叫电磁感应，产生的电流为感应电流。这个概念通过讲授式给学生，学生学到的只是知识，通过让学生探究式学习，学生不仅掌握知识还能促进发展思维。

一、问题提出

首先教师可以从物理学史引入，当年奥斯特发现电生磁之后，法拉第猜想磁是否能生电，经过 11 年的研究终于发现了电磁感应。在此教师将实验器材发给学生，有金属线圈、蹄形磁体、电流表、开关、导线等，没有电池。

在此情境下引导学生提出问题：磁如何生电？即产生感应电流的条件是什么？

这个问题非常清晰，指在没有电源的情况下要做哪些操作电流表的指针才会发生偏转，同时具有挑战性和开放性。

二、问题分析

教师可以带领学生分析问题，既然电能生磁，反过来我们将导体放到磁场中观察是否产生电流，要思考怎么放置，竖放？平放？斜放？导体在磁场中是静止？还是运动？怎样运动？

三、问题论证

接下来教师布置的任务就是连接电路，将金属线圈的一个边长作为导体的一部分放入蹄形磁体周围的磁场中，通过实验尝试寻找产生感应电流的条件。电路连接如下图所示：

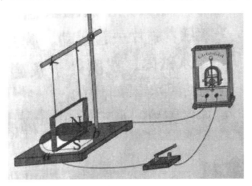

学生首先会闭合开关，然后让导体在蹄形磁体的磁场中不动，或者让导体在磁场中上下移动，还会让导体在磁场中前后、左右移动观察电流表指针的偏转情况，还有学生会让导体静止，移动蹄形磁体进行研究。

论证中教师要澄清概念。导体在磁场中上下运动和前后、左右运动是有区别的，区别在于导体是否在磁场中作切割磁力线的运动。这个概念的澄清可以帮助学生运用准确科学的语言归纳出产生感应电流的条件，即闭合电路中的一部分导体在磁场中切割磁感线运动就会产生感应电流。"闭合电路中的一部分导体"这句话对于学生是很抽象的概念，教师要注意让学生首先明确概念。

用最佳解释推理关系进行论证。科学研究需要正确的思维方法，其中最佳解释推理就是论证中的一种重要的思维方法。关于最佳解释推理，是指我们可以合理地相信某事物，不仅是因为我们需要靠它提供某种解释，而且它能提供我们可以得到的最佳解释。在此教师可以通过此理论设计课堂教学。在实验中有的小组发现他们组无法产生感应电流，闭合电路中的一部分导体确实在磁场中切割磁感线运动，但电流表指针并没有发生偏转，始终为0。此时新生成了一个需要论证的问题，按照前面的结论，这个组实验时为什么没有电流产生？

学生们根据已有的经验开始思考，此时思维是开放的，有的说可能是他们组蹄形磁体的磁性太弱了，有的说可能是他们组金属线圈匝数太多，有的说可能是导线中有故障，还有的说可能电流表不太灵敏。这就是最佳解释论证中产生的假说，此时教师引导学生们思考如何验证自己的猜想呢，也就是测试假说中的方法。在此教师引导学生思考，如何验证自己的猜想。如果认为蹄形磁体的磁性太弱的，那么就要在其他情况不变的前提下更换更强的蹄形磁体，再次实验观察电流表。如果认为电流表不够灵敏，则要在其他情况不变的前提下更换更加灵敏的电流表，既灵敏检流计，等等。学生可以使用这组的实验器材，亲自通过实验操作检验自己的猜想，然后汇报自己的结论。此时一些错误的假说可以排除了，比如换用匝数少的金属线圈，或换没有故障的导线，此时电流表指针依旧不偏转。而不能排除的假说出现了，分别是蹄形磁体的磁性太弱和电流表不够灵敏。因为换用磁性更强的蹄形磁体后电流表指针会有小角度的偏转，而换用更加灵敏的电流表后就算蹄形磁体不换，电流表指针也发生了明显偏转，这个现象说明这个猜想是优于猜想"蹄形磁体磁性弱"的。可见问题的根源找到了，这组同学使用的是一般的电流表，因为它不够灵敏，就算磁能生电也无法检测到，要用灵敏的电流表，即灵敏检流计进行实验。这也就是最佳解释假说。

四、问题评估

在学生实验中教师各组进行巡视，找到各组中电流表指针偏转最小的那一组，让其他组对这组进行评估。其他组学生会说出这组的实验现象太不明显了，而为什么这一小组即使使用了灵敏电流计，指针的偏转还是那么小呢。有的学生猜想可能是线圈的运动速度偏小，有的学生猜想可能是线圈的运动幅度偏小等等。按照上面的方法，针对不同的猜想教师依旧让学生通过实验找证据来说明。在此会出现反驳论证，说线圈的运动幅度偏小的同学展示论证时，让线圈在磁场中做大幅度运动，观察到电流表指针偏转变大，得出了线圈运动幅度影响电流大小这个结论。而会有其他同学进行反驳，这位同学展示时依旧是让线圈做大幅度运动，而运动的速度比较小，此时电流表的指针偏转比较小，说明并不是运动幅度变大，电流就变大，反之运动幅度小，电流就会小，电流大小与线圈的运动幅度无关。而刚才大家看到的电流变大是因为线圈幅度变大的同时运动的速度也很大，是运动速度造成的。教师在评估时要引导学生有控制变量的思想，要控制运动幅度不变，改变运动速度观察电流大小的变化，或者控制运动速度不变，改变运动幅度观察电流大小的变化。学生在评估论证这个环节最好能收获如何思考问题，并锻炼思维促进思维的发展。

五、问题发展

使概念深化变成学生自己的东西，是这堂课的亮点，通过探究给学生指出一条正确的思维方法是关键。在解决最初的探究问题中，学生还会遇到其他的一些问题，这使学生感到自己真正成了科学研究的主人。

中学物理教学一项极其重要的任务就是教会学生科学探究。猜想和假设就是科学探究中的一个要素。理解和领会这种思维方法也就是在体验科学探究的过程。同时使学生认识到真理来之不易，要学习科学家坚持探索真理百折不回的科学态度。教师要激发学生探索物理规律的志趣和培养学生在探索问题中一丝不苟的求实精神。下面就以《原子结构——电子的发现》教学案例来示范物理学科如何用批判性思维进行探究阐述。

案例 6-3-4：《原子结构——电子的发现》（作者：赖燕）

一、问题提出——利用演示实验情境激发学生的好奇心

演示实验（如图 1）

老师：看完实验你们有什么想法？

学生 1：看见绿光，绿光怎么产生的？

学生 2：射线是什么物质？

师生提炼出本节课要解决的问题：射线到底是什么？

二、问题分析

我们知道原子是由原子核和核外电子组成的，但是直到一百多年前，人们都一直认为原子是构成物体的最小单位，是不可分割的基本粒子。人们发现原子内部还有结构是源起于一种实验现象（做实验）。

老师：科学家在研究稀薄气体放电时发现，当玻璃管内的气体足够稀薄时，阴极就发出一种射线（命名为阴极射线），它能使对着阴极的玻璃管壁发出荧光，这种阴极射线到底是什么呢？

三、问题论证——猜想、假设、论证

学生：是一种波，是一种带电微粒。

老师：19 世纪 90 年代关于阴极射线的本质是什么，也持有两种观点的争论——一种认为是电磁辐射（以太波），代表人物为赫兹；一种认为是带电微粒，代表人物为 J. J. 汤姆孙。你质疑哪种观点，同意哪种观点？如何检验你的猜想？小组讨论，找到可行的方案。

学生：这两种观点的主要区别，就是粒子是否带电。根据前面知识：带电粒子会在电场或磁场中偏转，电磁波不会偏转，用实验方法论证。

学生小组实验：

1. 学生自主选择实验器材：阴极射线管、电源、蹄形磁铁。

2. 学生实验方案及过程：打开阴极射线管，将蹄形磁铁放置于射线管上方，观察阴极射线路径。

3. 实验现象：看到射线偏转（如右图）。

4. 实验分析：带电粒子在磁场中会发生偏转，说明阴极射线带电；"左手定则"判断得出带负电。

5. 实验结论：阴极射线是带负电的微粒。（不是波）

老师：赫兹通过实验在发现阴极射线在电场中不偏转，事实上汤姆孙也遇到过这个实验现象。但是赫兹就此打住，认为这对自己的电磁说是一种支持，于是不再往下追究。而汤姆孙则进一步研究，终于发现是因为管中的真空度不高，气体不够稀薄而引起的。汤姆孙增加

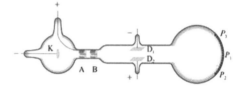

J. J. 汤姆孙的气体放电管的示意图

真空度继续实验才有了这一发现，这种穷追不舍的探索精神和深入细致的分析，是值得我们学习的。汤姆孙分别在电场和磁场中，均观察到了阴极射线的偏转，说明阴极射线确实是带电微粒。而且根据偏转方式，也判断出阴极射线的电性。阴极射线的粒子是什么粒子？其比荷是多少？如何得到？小组讨论。

学生3：加匀强电场，让射线垂直电场射入，粒子做类平抛运动，用平抛运动规律求解；或加匀强磁场，也垂直进入，粒子做匀速圆周运动，也可求。

老师：加匀强电场，右图"气体放电管"。装置中各部分的作用？K连接负极、A连接正极，有什么作用？A、B之间有很窄的狭缝，有什么作用？金属板D1、D2，有什么用途？管壁的末端涂有荧光物质，有什么用途？

学生4：加上万伏高压，使在K极产生阴极射线；选择只让水平方向的阴极射线通过；加电场或磁场，检验阴极射线是否带电及带电性质；荧光物是为了显示阴极射线向哪偏转的。

老师：汤姆孙通过标尺上的偏转读数求出了比荷，请大家推证汤姆孙如何根据标尺读数推算出阴极射线的比荷？通过下面实例推算。

情景如下：（如图）在真空中一对金属板，两板的长度l，板间距离为d，在真空板右侧L位置有一荧光屏，一束阴极射线平行极板射入时的速度为v_0，真空板加电压U时，阴极射线打到屏上P_3点；真空板不加电压时，阴极射线打到屏上P_1点，$P_3P_1=Y$，求阴极射线的比荷表达式。

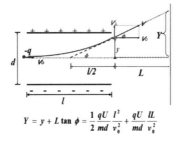

$$Y = y + L\tan\phi = \frac{1}{2}\frac{qU}{md}\frac{l^2}{v_0^2} + \frac{qU}{md}\frac{lL}{v_0^2}$$

学生5：分析求解

$$Y = y + l\tan\phi = \frac{1}{2}\frac{qu}{md}\frac{l^2}{v_0^2} + \frac{qu}{md}\frac{lL}{v_0^2}$$

$$\therefore \frac{q}{m} = \frac{2dyv_0^2}{Ul^2} = \frac{2dYv_0^2}{Ul\,(2L+l)}$$

d、l、Y、U 都是可以测量出来的，初速度 v_0 也可求（速度选择器 $qv_0B=qE$ 得 v_0）。

老师：历史上，汤姆孙也是通过反复做上面实验与计算，测出了该带电粒子的比荷，约为氢离子比荷的两千分之一。汤姆孙当时猜测：这可能表示阴极射线粒子电荷量的大小与一个氢离子一样，而质量比氢离子小得多。想办法测其电荷量。后来汤姆孙在测量精度不是很高的情况下，直接测到了阴极射线粒子的电荷量，发现和氢离子的电荷量近似相等。他根据比荷，进一步推出了该粒子的质量，约为氢离子质量的两千分之一（这一结果就验证了他最初的猜想是正确的）。后来把组成阴极射线的粒子称为电子。这个结果具有普遍性吗？其他阴极射线的比荷也会是这个值吗？如何验证这一猜想？

学生6：更换电极材料、更换稀薄气体种类等

老师：总结这些实验现象，能得到什么结论呢？（这种粒子是各种物质的构成成分吗？）

学生7：不同物质都能发射这种带电粒子，它是构成各种物质的共有成分；还有比原子更小的粒子存在，原子可以分割，原子内部有复杂结构。

老师：电子电荷 e 公认值是多少？由谁通过什么实验获得的？

密立根"油滴实验"（上图）。1909~1913 年间美国实验物理学家密立根通过"油滴实验"，精确测出了电子的电荷量是 $e = 1.602176634 \times 10^{-19}$ C. 密立根实验还发现电荷是量子化的。即任何带电体的电荷只能是 e 的整数倍。结合实验测到的比荷值，可以确定电子的质量 $m_e = 9.10938356 \times 10^{-31}$ kg。质子质量与电子质量的比值为 $m_p/m_e = 1836$。1897 年汤姆孙宣布发现电子——阴极射线本质是电子流。电子是原子的组成部分，是比原子更基本的物质单元。1906 年，由于 J. J. 汤姆孙对电子研究的重要贡献而被授予诺贝尔物理学奖，1908 年又被册封为爵士。

学生 8 总结：电子的发现是物理学史上的重要事件，人们由此认识到原子不是组成物质的最小微粒，原子本身也有结构。

四、问题评估

请学生评价刚才论证过程发言同学的表现。

学生 9：学生 2 提的问题很有探讨价值，是好问题。

学生 2：第一小组实验很成功，实验过程严谨、实验结果理想。

学生 3：学生 5 在演绎推导过程中逻辑思维强。

老师：大家有科学家的头脑，具有理性、求真的批判性思维品质。

五、问题发展

本节课通过问题驱动，学生动脑动手重温科学家汤姆孙的电子发现过程，培养了科学推理、科学论证等科学思维能力，培养了物质观念，以及深化对科学本质的认识，并感受到正确的科学探究精神。整个探究过程是师生共同提出问题，分析、解决问题，让学生体验到探究的乐趣。这对于培养学生批判性思维和创新能力，提高科学探究的质量具有十分重要的意义和作用。

接下来学生还会沿着这种探究过程模式继续用批判性思维进行问题探究，比如下节课的原子内部除了电子以外的其他结构（原子核）的内容探究。

教育部普通高中《思想政治课程标准》指出，普通高中思想政治课程是一门"综合性、活动型学科课程"，注重培养学生的政治认同、科学精神、法治意识和公共参与等学科核心素养。通过一系列的探究活动及结构化的设计，对已学内容进行逻辑整合，理论提炼，实现"知识问题化"、"问题情境化"、"情境活动化""活动序列化"，利于学生在已有知识基础上逐步从感性认识上升到理性认知，从分散到系统整合，符合学生的思维进阶。本课基于高中必修三教材三个单元内容，围绕"党的领导、人民当家作主、依法治国有机统一"这一主题开展综合探究，以"中国抗疫为什么行"为议题，以社区抗疫为视角，学生分三组深入社区展开实地访谈，收集资料。通过"体味：全国一盘棋的优势"、"凝聚：同心抗疫的力量"、"践行：遵纪守法的信仰"三个环节的探究活动，感悟党的领导、人民当家作主、依法治国在三统一中的具体地位及三者的内在联系，回应议题中国抗疫的优势在于坚持'三统一'，进而明确三者有机统一于我国社会主义民主政治的伟大实践。此外，此次综合探究活动在大中小一体化教学中起着承上启下的重要作用，对于大学的深度理论分析、初中对三者关系的基础认知、小学的感性启发教育都具有重要衔接作用，是大中小思政一体化教学的一次探索和实践。

案例 6-3-5：以社区抗疫为视角探究中国抗疫（作者：郭洁瑶）

一、问题提出——建构议题，以问导学

好的议题能够串联课堂，激发学生兴趣，引导学生在对议题思考和解决过程中建构学习内容。本次探究采取了"围绕议题的活动型学科课程"教学设计、同时开展了"以议题为纽带，以活动任务为依托"的社会实践活动。同时，将议题分解成数个问题的组合，节奏明确，激发学生不断探索的学习欲望。

本课围绕大任务"坚持党的领导、人民当家做主与依法治国有机统一",依托社区抗疫情境,设置核心议题:中国抗疫为什么行?

子任务1:通过"体味:全国一盘棋的优势"感悟党的领导。

本环节任务群:

(1) 结合视频,谈谈基层党员是怎样发挥作用的?

(2) 据此谈谈为什么说"办好中国的事,关键在党"?

子任务2:通过"凝聚:同心抗疫的力量"凸显人民为中心。

本环节任务群:

(1) 社区广大党员的行动,正是以人民为中心的写照。接下来请再列举你身边抗疫中感人的实例,并说明这些实例是怎样折射以人民为中心的?

(2) 分享、朗诵为社区抗疫者撰写的颁奖词。

子任务3:通过第三环节"践行:遵纪守法的信仰"感受依法治国的法治信仰。

本环节任务:针对以上讨论,对于"党大还是法大"这一命题你怎么看?

二、问题分析——以境促学,以辩明学

本课以问题导学,以情境促学,依据新课标,结合当下时政热点及知识架构,创设符合学生认知发展的情境,增加学生的情感体验,实现学生对知识的意义建构。采用"一境多例"的方式,借助"社区抗疫"这一大情境,环环相扣,同时依据本课主题呈现数个子情境,构思问题探究链,实现任务驱动,促进学生对知识的理解与内化。即按照"情境链——探究链——生成链"这一逻辑层层推进。同时问题设置注重"围绕议题的辩析式学习过程的价值引领"。在任务三通过澄清"党大还是法大"这一伪命题,引导学生结合现实问题作出理性解释、判断和选择,理清社会主义法治必须坚持党的领导、党的领导必须依靠社会主义法治,培养科学精神和法治思维。

《中国抗疫为什么行——以社区抗疫为视角》教学结构图(1课时)

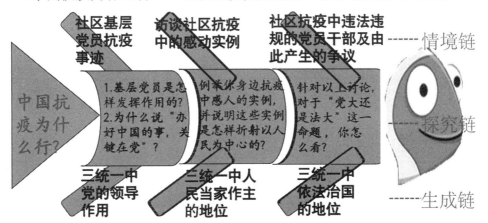

三、问题论证

课型课时	课时目标	达成评价	学习内容	任务活动	课时作业
综合探究课《中国抗疫为什么行——以社区抗疫为视角》1 课时	通过以自己所在社区为视角，自主收集基层党员在社区抗疫中的作用相关材料，明确基层党员发挥作用离不开党的领导，领悟党的领导是中国特色社会主义的最大优势，理解办好中国的事关键在党，加深对中国共产党的情感及政治认同；通过采访自己所在社区不同职业人群的抗疫事迹，感悟人民同心抗疫的凝聚力，体会党的根基在人民。通过给采访对象撰写颁奖词并朗读，体味平凡而感动的瞬间，不断升华情感，感悟以人民为中心的思想，懂得人民当家作主是社会主义民主的本质特征，正确理解党的领导与人民当家作主是相辅相成的关系，提升参与社会的意识和能力；通过澄清"党大还是法大"这一伪命题，引导学生结合现实问题作出理性解释、判断和选择，理清社会主义法治必须坚持党的领导、党的领导必须依靠社会主义法治，培养科学精神和法治思维。	①课前评价："实地采访社区抗疫事迹"社会实践活动小组评价表②课中评价：课堂表现嵌入式评价量表③课后评价："致敬卡"课后评价表。	(1) 为什么要坚持共产党的领导；(2) 为什么坚持以人民为中心；(3) 为什么要坚持依法治国；(4) 感悟党的领导、人民当家作主、依法治国的有机统一。	访谈社区抗疫事迹并探究：(1) 结合视频，谈谈基层党员是怎样发挥作用的？(2) 为什么说"办好中国的事，关键在党"？(3) 社区广大党员的行动，正是以人民为中心的写照。接下来请再列举你身边抗疫中感人的实例，并说明这些实例是怎样折射以人民为中心的？(4) 分享、朗诵为社区抗疫者撰写的颁奖词。(5) 针对以上讨论，对于"党大还是法大"这一命题你怎么看？	根据社区资源及采访实录，制作一张"致敬卡"。

导入：播放视频

导入语：2020 年注定是不平凡的一年，百年不遇的新冠疫情如噩梦般困扰着我们。这场新冠肺炎疫情是近百年来人类遭遇的影响范围最广的全球性大流行病，对全世界是一次严重危机和严峻考验。我国作为最先对外公布疫情的国家，此次抗疫取得了圆满成功，获得国际社会的高度评价。习近平总书记指出，"抗击疫情有两个阵地，一个是医院救死扶伤阵地，一个是社区防控阵地。"这节课我们一起深入社区，以社区为视角探析中国抗疫为什么行?

探究活动一　体味：全国一盘棋的优势

【情境】播放视频《基层先锋在行动》

旁白：面对新冠肺炎疫情的爆发，全民总动员，全国一盘棋。在党中央的直接领导下，北京五大应急体系同频共振。迅速启动突发公共卫生事件联合联防联控应对机制，北京市委市政府专门成立北京新冠肺炎疫情防控工作领导小组，下设社区防控组等 11 个专项工作组。全市 74000 余名党员干部下沉疫情防控一线，189000 名在职党员主动到社区报到近 7000 个社区，使所有社区成为疫情防控的坚强堡垒。

请大家独立思考：

【探究任务】1. 结合视频，谈谈基层党员是怎样发挥作用的？

2. 据此谈谈为什么说"办好中国的事，关键在党"？

活动意图说明：

（1）以疫情爆发前后生活各方面发生的变化导入，结合学生生活经验创设情境，激发学生好奇心与参与热情；

（2）通过学生围绕社区抗疫中的基层党员实地收集资料制作视频，调动学生的参与度与体验感，在收集整理资料过程中加深对党的地位及作用的认知，理解已学过的党的性质、宗旨、初心和使命等学科内容，并将理论与所收集的素材相结合进行深入分析，利于提高学生理论联系实际的能力，促进深度学习。通过本环节的教与学的活动，感知学生理论与实践断层所在之处并针对性解决，领悟中国共产党的领导是中国特色社会主义最本质的特征。

探究活动二　凝聚：同心抗疫的力量

【情境】播放第二组同学制作的访谈社区平凡人物的抗疫感人视频

【探究任务】

（1）社区广大党员的行动，正是以人民为中心的写照。接下来请再列举你身边抗疫中感人的实例，并说明这些实例是怎样折射以人民为中心的？

（2）分享、朗诵为社区抗疫者撰写的颁奖词。（播放背景音乐《你的样子》）

朗读颁奖词：疫情凶猛来袭，无数个平凡的你我，步履沉沉，迈向疫情防控的战场，一只小小的口罩便是所有的防护，一张简易的桌子便是全部的办公设备。测温、询问、登记、疏导、宣传，从寒风到酷暑度过一个又一个十二小时，寒风中手冻伤了，脚冻麻了，心里依旧火热；酷暑里有冷眼、有误解，意志却依然坚定。这个世界没有超级英雄，不过是有一分热，发一分光，萤火汇聚成星河。疫情的数字让我们触动，坚守的面孔给了我们最深的感动。加油，每一位平凡的英雄！

活动意图说明：通过学生实地采访自己身边的抗疫人物，用真实的情境感染学生；通过设问，引导学生体会中国共产党以人民为中心的立场，理解人民当家作主的地位；通过为社区抗疫人员撰写颁奖词并朗诵，学生由外向内升华情感，用榜样人物的事迹激励自己，体会人人皆可有所为的责任感及参与意识。

探究活动三　践行：遵纪守法的信仰

【情境探究】面对防疫工作人员开展的询问登记、体温检测、入户调查等工作时，有个别党员不如实登记信息，拒不配合检测，出现了一些违法违规行为。

对此，第三组小明和小丽产生了争论：

小明认为：中国共产党是领导核心，在我们国家具有最高的领导地位。那么党员便有权力不遵守这些防疫法律规定。党比法大。

小丽认为：法律面前人人平等，在我们国家，法律具有最高的地位。法比党大。

对此，你认为党大还是法大？

学生针对争议在组内纷纷展开讨论，结合所学内容及自身生活经验表达了看法，以下为辨析的过程：

生1：我们在必修三学过，中国共产党具有总揽全局、协调各方的地位，是中国特色社会主义事业的领导核心，所有的法律都是在党的领导下订立的，所以我认为党比法大。

师：从党的地位角度阐释了观点，他认为党比法大，有不同观点吗？

生2：法律面前人人平等，法治中国当然应该法律至上，任何组织和个人都不能有超越法律的特权，共产党也不例外，所以我认为法比党大。

师：这位同学从"法治国家法律至上"角度发表了看法。还有不同看法吗？

生3：我在网上看到过一篇文章，说的是"党大还是法大是一个伪命题"。因为这两个本身是不能割裂开比较大小的。党的主张需要经过法定程序才能制定为法律，所以党也要在法律范围内开展活动。另一方面，党是领导一切的，法律的制定和实施也离不开党的领导。因为共产党是领导核心，我们要建设法治国家、法治社会、法治政府都是在党的领导下进行的。党是组织，而法是一种工具，根本没有可比性。所以，我认为不存在党大还是法大的问题，这个问题本身不成立。

师：说得非常好，从性质上对二者的关系进行了分析。还有同学要补充吗？

生4：我同意刚才的观点，我们国家与西方国家最重要的区别就是坚持中国共产党的领导。这次疫情也体现了党的领导是我们最大的制度优势，共产党能够协调四方，全国一盘棋，集中力量办大事。如果否认这一点，全面推进依法治国的目标也没法实现。但不能由此认为党比法大，否则一些党员干部会以权压法，滋生腐败。所以我认为二者是相辅相成的关系。

师：很好，通过与西方政党制度做对比及这一观点可能带来的危害角度分析了党与法是统一的，有力支持了刚才同学的观点。通过辩论，我们感受到，在社会主义国家，党和法、党的领导与依法治国是高度统一的。社会主义法治必须坚持党的领导，党的领导必须依靠社会主义法治、是社会主义法治最根本的保证。每个党政组织、每个领导干部必须服从和遵守宪法法律。所以说不存在"党大还是法大"的问题，这确实是一个伪命题。

活动意图说明：通过讨论争议命题"党大还是法大"，引导学生一层层拨开迷雾，澄清认识误区，把握党的领导与依法治国的内在统一，感悟在社会主义国家，党和法、党的领导与依法治国是高度统一的。

四、问题评估

本课评价主体多元，主要涵盖师生评价、生生评价、组内自评等方式，教学评价贯穿课前、课中、课后三阶段，实现过程性评价与终结性评价的统一。

《中国抗疫为什么行——以社区抗疫为视角》教学评价清单

课 前 评 价		课 中 评 价		课 后 评 价	
评价形式	评价方法	评价形式	评价方法	评价形式	评价方法
"实地采访社区抗疫事迹"社会实践活动小组评价表	学生收集、鉴赏并剪辑短视频，由教师根据短视频与教学内容的关联度进行评价	课堂表现嵌入式评价量表	对课堂教学中各环节的表现进行自评和互评	致敬卡评价表	由教师和同伴根据量表赋分进行评价

"实地采访社区抗疫事迹"社会实践活动小组评价表（课前评价）

评价要素	要素描述	评价指标	教师评价	小组自评	均分
组织力	组内分工明确，有互补性和可行性	2.5			
执行力	组员能够积极行动，有较强凝聚力	2.5			
完成力	圆满完成任务单，并有一定的创新	2.5			
沟通力	言辞恰当，待人有礼貌	2.5			

《中国抗疫为什么行——以社区抗疫为视角》课中评价

课堂环节	探究活动	参与指标	教师评价	组员评价	均分
第一篇　体会：全国一盘棋的力量	情境1+探究1（1.25分）	○倾听○提问○交流			
	情境2+探究2（1.25分）	○倾听○提问○交流			
第二篇　凝聚：同心抗疫的力量	情境1+探究1（1.25分）	○倾听○提问○交流			
	情境2+探究2（1.25分）	○倾听○提问○交流			
第三篇　践行：遵纪守法的信仰	情境+探究（1.25分）	○倾听○提问○交流			
总　分					

课后作业设计：根据社区资源及采访实录，开展"寻找社区最美抗疫者"活动。

要求：选取一位自己感受最深的最美抗疫者，为他（她）制作一张"致敬卡"。（简评其事迹并谈谈对自己的启示）

设计意图：课堂上的思维碰撞与交流分享丰富了学生的观察与访谈角度，学生二次探究，深挖自己周边的事迹，利于培养学生关注生活的品质，实现理论与实践相结合，在生活情境中践行理论；通过制作"致敬卡"，学生对抗疫人物的情感得到升华，在评述人物事迹时，学生也在进行自我教育，以抗疫人物为榜样，敦促自己向榜样学习，为社区出力。

《中国抗疫为什么行——以社区抗疫为视角》课后评价

评审项目	评审标准	小分
访谈过程 （20分）	A. 问题和访谈提纲科学，调查对象具有代表性和广泛性（16~25分） B. 问题和访谈提纲较为科学，调查对象有一定代表性和广泛性（10~15分） C. 问题和访谈提纲存在问题，调查对象缺乏代表性和广泛性（0~9分）	
致敬卡内容 （30分）	A. 内容丰富具体，详实可靠。事迹与启示紧密结合（16~25分） B. 内容具体，取材较为可靠，事迹与启示基本涵盖（10~15分） C. 内容一般，有一定的材料说明，事迹与启示存在断层或缺失（0~9分）	
语言表达 （20分）	A. 层次清晰，文字准确精练，语句流畅（16~25分） B. 结构层次安排一般，文字较为精练，语句通顺（10~15分） C. 结构层次较差，文字拖沓，表达不准确（0~9分）	
感染程度 （20分）	A. 情理结合，感染力强 B. 情理结合较好，感染性较强 C. 情理结合较弱，感染性低（0~9分）	
总分 （100分）		

五、问题发展

反思：课例中的情境，来自于学生亲身参加的社会实践活动，并且是由学生自主创设的，学生感到熟悉而又亲切。他们在实践活动中形成的观点，非常急切地想在课堂上与同学分享，也非常想知道其他学生对同一问题的不同想法。这样，就极大激发起学生在课堂上开展"思维活动"的积极性，让学生在课堂上真正做到了既动手动口，又动脑动情，实现了"社会实践活动"和"课堂思维活动"的统一，有利于把活动型学科课程真正落到实处。

从学生参与热情度来看，通过本次鼓励学生为课堂分组搜集素材，学生从一开始的一知半解到后来的不断精进、围绕主题持续更新，思考的深度不断加强，说明其已经从一开始的被动参与、任务驱动到后来的主动收集与探索，让学生在参与中有了获得感与主体价值；从学生课堂参与讨论的效果来看，他们能够更主动地投入课堂思考与讨论，带着问题一步步拨云见日，享受揭开谜团的思维快乐；

发展：

（1）本节课不同小组收集的资料质量参差不齐，反映出学生的认知水平及态度的认真程度存在一定差异，后续的活动设计要分工明确，主题更加明了、具体，根据学生兴趣差异等不同合理分配任务，注重激发学生的参与积极性及收集资料的针对性。

（2）从学生的课堂表现来看，以问导学可以激发学生思考，但是问题设置应该更加具体而开放，让所有学生都能有话可说，实现更好的教学效果；

（3）这节课学生收集的素材丰富多样，本课的素材继续多角度深入挖掘，还可以为后续课程做好铺垫。比如抗疫事迹中党与人民以及社区居民守望相助的事例为下学期开展哲学《世界是普遍联系的》奠定了基础，抗疫精神为必修四学习弘扬社会主义核心价值观提供了宝贵素材，党的人民立场及抗疫为人民、靠人民等素材可以为唯物史观学习人民群众的重要作用提供情境支架。

附件1：六个等级问题（选自何耀华老师课题成果）
布鲁姆的认知水平等级和关键词问题的表示形式

第一级 level I

知识 Knowledge
展现对早前学过的材料的记忆，能回忆事实，术语，基本概念和答案。

关键词 Key Words

选择	怎么做	匹配	回忆	筛选	拼写	何时	谁
定义	贴标签	命名	关联	展现	说出	在哪里	为什么
找出	列出	省略					

问题 Questions

● 是什么……？
● 在哪儿……？
● 事情是怎么发生的？
● 事情为什么发生？
● 事情是什么时候发生的？
● 你怎么展现……？
● 谁是主要……？
● 哪一个……？
● ……怎么样？
● 何时发生的？
● 你怎么解释……？
● 你怎么描述……？
● 你能回忆起……？
● 你能选出……？
● 你能列出3个……？
● 谁是……？

第二级 Level II

理解 Comprehension
展现对事实和理念的理解，能够整理、比较、翻译、转述、描述和陈述主要意思。

关键词 Key Word

分类	解释	转述	表现
比较	延伸	简述	总结
对比	图示	关联	翻译
展现	推论	复述	

问题 Questions

● 你如何分类这种……？

● 你如何比较……？对比……？

● 你能用自己的语言来陈述或复述……？

● 你如何复述……的大意？

● 哪些事实和理念表明……？

● ……的主旨是什么？

● 哪些陈述支持……？

● 你能解释发生了什么事情吗？……是什么意思？

● 对于……你要说的是……？

● 哪个是最好的答案……？

● 你怎么总结……？

第三级 Level III

应用 Application

用不同方法应用已学知识、事实、技术和规律解决新情况中的问题。

关键词 Key Words

应用	发展	使用	筛选
建设	实验	建模	解决
选择	确认	组织	运用
建立	采访	计划	

问题 Questions

● 你怎么用……？

● 你会用什么例子来……？

● 用你学过的……怎么解决_____？

● 你怎么组织_____来展现……？

● 你如何表现你对……的理解？

● 你会用什么方法来……？

● 你如何将你之所学来发展……？

● 你还打算用其他的什么方法来……？

● 如果……，结果会是什么？

● 你能运用……的事实来……？

● 你会选择改变哪些元素来……？

● 你打算用哪些事实来展现……？

● 在采访……的过程中你打算问什么问题？

第四级 Level IV

分析 Analysis

通过确定动机或原因，检视问题，并将问题分解。运用推理寻求证据来支持归纳。

关键词 Key Word

分析	对比	作用	简化
假设	发现	推理	调查
分类	分解	检查	参与
区分	辨别	列表	检测
比较	切分	动机	主题
结论	检测	关系	

问题 Questions

- ……的组成部分或特点是什么？
- ……和……是如何关联的？
- 你为什么认为……？
- 你……的动机是什么？
- 你能列出……的组成部分吗？
- 对于……你的推断是……？
- 对于……你能得出什么结论……？
- 你如何区分……？
- 你如何对……进行分类？
- 你能识别……不同的部分吗？
- 你能发现……的证据吗？
- ……和……的关系是什么？
- 你能区分……和……吗？
- ……的作用是什么？
- 哪些观点证明……是对的？

第五级 Level V

综合 Synthesis

用新方式组合元素，或提出不同解决方案等用不同的方式重新编制信息。

关键词 Key Words

适应	删除	提高	预测
建立	设计	发明	提议
改变	发展	制作	解决方案
选择	讨论	最大化	解决
组合	详细阐述	最小化	假设
编制	估计	调整	测试
编写	用公式表达	原创	理论化
建构	发生	创作	
创造	想象	计划	

问题 Questions

● 你需要改变什么以解决……?

● 你如何改进……?

● 如果……会发生什么事?

● 你能详细说明……的原因吗?

● 你能提出替代方案来……?

● 你能发明……?

● 你如何调整……来创造一个不同的……?

● 你如何改变（修正）计划……?

● 若要是……最小化（最大化）该做些什么?

● 你会怎样设计……?

● 把哪些元素组合起来可以改善（改变）……?

● 假如你可以_____你会怎么做……?

● 你如何验证……?

● 你能用公式来表达……?

● 你能预测……的结果吗?

● 你如何估计……的结果?

● 把哪些事实放在一起可以……?

● 你能建构一个模型以改变……?

● 你能原创一个方案来解决……?

第六级 Level VI

评估 Evaluation

呈现或辩护自己的观点时会基于一套评估标准判断信息、观点效度或工作质量来。

关键词 Key Word

同意	演绎	阐释	推荐
评价	辩护	判断	裁决
评估	决定	证明	筛选
判定	反驳	标志	支持
选择	辩论	衡量	价值
比较	估计	观点	
结论	估价	认为	
评价标准	重要性	证明	
决定	影响	评定等级	

问题 Questions

● 你同意这种做法吗……? 结果是……?

● 你对于……的观点是什么?

● 你如何证明……? 证伪……?

● 你能评估……的价值或重要性吗?

- 如果……会不会更好？
- 他们（角色）为什么选择……？
- 你会推荐……？
- 你如何评定……的等级？
- 你会援引……来为某种行为辩护？
- 你如何评价……？
- 你如何决定……？
- 你会做出什么样的选择？
- 你如何确定……的优先级？
- 对于……你需要做出什么样的判断？
- 基于已知情况，你会如何解释……？
- 你会用哪些信息来支持……观点？
- 你如何证明……是合理地？
- 需要用哪些数据得出……结论？
- 为什么……比其他更好？
- 你如何确定……事实的优先级？
- 你怎样对比……这几个观念？或比较……人？

第七章 批判性思维与创新

第一节 创新的问题与分析

"创新"这个词语大家并不陌生。国家的发展需要创新，自主创新能力是一个民族发展的驱动力，从"中国制造"到"中国创造"，虽然仅有一字之差，但若没有创新则实现不了；国家发展战略的重心是科技创新，现如今我国某些关键核心技术发展遇到了瓶颈，受制于人，遭受"卡脖子"的科学技术呼唤原创性，而原创需要创新；各行各业要得到持续良性发展，离不开创新，理念创新、管理创新、技术创新等是各行各业良好发展的基础。

实现各种创新需要创新型人才，培养具有创新思维的人是当今教育领域的重要任务。在中学教育的一线教学工作中，创新存在一些问题。

一、创新的概念不清

国家的发展亟需创新型人才。教学中，对于什么是"创新"这个问题，更多学生认为：创新就是创造新物质；而教师们关于什么是"创新"的答案则五花八门："创造新物质"、"打破旧物质，创造新物质"、"教师教学方法的改变是创新"、"学生思维突破可以看作创新"、"创新就是有破有立，比如打破旧的东西变成新的东西是创新，改变形状或者变换角度，这可能也是创新"、"迁移也是一种创新。只要融进去了新的东西，或者产生的结果是新的，都属于创新"……

到底什么是"创新"？我们发现，师生对创新的概念是模糊的。如果创新的概念都不清晰的话，"怎样来实现创新"的行动很可能是"假、大、空"。鉴于此，我们有必要对创新的概念进行准确界定。

现代汉语词典关于"创新"有两种解释，一是动词：抛开旧的，创造新的；二是名词：创造性，新意。董毓教授在《批判性思维原理和方法》[1]第9章中提到，"创造性并不一定就是想象其他人都没有想象过的东西，开动脑筋想到自己以前没有意识到的解释、理由、观点也是创造"。在教学过程中，我们要完成批判性思维指导下的创新，更侧重于"创新"的动词解释：抛开旧的，创造新的。"抛开旧的"不一定是将"旧的"完全摒弃，还可以是将其改进、完善，好的留下，有缺陷的改进；"创造新的"不仅仅是创造新事物，还可以是发展新思路、新观念等。所以本章节中的"创新"概念界定如下：发现旧事物的不足，以所学知识为载体，在已有的思维模式上利用发散思维、逆向思维等提出不同的思路或见解，进行新的推测，探索新方法并进行严谨论证，从而改进或创造新的事物、方法等的行为。

创新是有破也有立的行为，包括但不局限于改进或创造新的事物，方法、路径等的改变，

---

[1] 董毓：《批判性思维原理和方法》，高等教育出版社2012年版，第372页。

这些都可看作创新。比如《中国高考评价体系说明》[1] 化学学科的创新思维包括研究新物质的结构、发现或合成新物质、发明新反应或合成方法、构建新理论或新机理、探索新技术或新方法等。下列有机合成路线设计的实例中，基于证据推理对丁烯二酸的合成路线进行优化的行为就是创新。

案例 7-1-1：

丁烯二酸（HOOCCH＝CHCOOH）可用于制造不饱和聚酯树脂，也可用作食品的酸性调味剂。某同学以 $ClCH_2CH＝CHCH_2Cl$ 为原料，设计了如下合成路线：

$$CH_2-CH=CH-CH_2 \xrightarrow[\triangle]{NaOH溶液} CH_2-CH=CH-CH_2$$
$$\;\;\;|\qquad\qquad\quad\; |\qquad\qquad\qquad\qquad\quad |\qquad\qquad\quad\; |$$
$$\;\;\;Cl\qquad\qquad\;\; Cl\qquad\qquad\qquad\qquad\;\; OH\qquad\qquad\; OH$$

$$\xrightarrow[\triangle]{酸性\,KMnO_4\,溶液} HOOCCH=CHCOOH$$

你认为上述合成路线是否合理？若不合理，请说出理由，请写出改进后的合成路线。

答案：合成路线不合理。
理由：酸性高锰酸钾溶液将官能团羟基氧化为羧基的过程中，碳碳双键也能被其氧化。
改进：酸性高锰酸钾溶液氧化羟基之前，先将碳碳双键进行保护，后期再进行脱保护。
修改后的合成路线如下：

$$CH_2-CH=CH-CH_2 \xrightarrow[\triangle]{NaOH溶液} CH_2-CH=CH-CH_2$$
$$\;\;\;|\qquad\qquad\quad\; |\qquad\qquad\qquad\qquad\quad |\qquad\qquad\quad\; |$$
$$\;\;\;Cl\qquad\qquad\;\; Cl\qquad\qquad\qquad\qquad\;\; OH\qquad\qquad\; OH$$

$$\xrightarrow[\triangle]{酸性\,KMnO_4\,溶液} HOOCCH=CHCOOH$$

二、创新的意识不足

在标准化考试评价体系指挥下，学生学习过程中的大部分学科知识要么来自于教材、要么来自于教师，他们很容易迷信权威、囿于权威，认为教材和教师给出的知识就是正确的、无异议的，他们没有意识到"自己的某些观点和看法"也是有价值的，对自己没有认同，缺乏创新的欲望。

以往的教学中，局限于标准化考试，教师易出现"给结论为主体"的现象，自身的教学方法创新意愿不足。

还有的教师认为在大学阶段学生才需要进行创新教育，理由是创新需要一定知识的支撑，中小学生储备的知识有限，大学再进行创新思维的培养也来得及，所以教学中这部分教师教学生创新的主动性几乎为零。其实不然，创新思维通常是好奇心和智力探险欲望的融合。年龄越小，学生们的好奇心越强，凡事都想问个"为什么"，更有利于创新思维的培养。

三、创新的方法缺乏

国家之间的竞争说到底是人才的竞争，是创新人才的竞争，当今社会需要创新型的人才。
新版《普通高中课程标准》对中学生的创新能力提出了要求"养成独立思考、敢于质疑

〔1〕《中国高考评价体系说明》，人民教育出版社 2019 年版，第 27 页。

和勇于创新的精神"，与之相对应的《中国高考评价体系说明》也提出了评价素质教育目标的四翼：基础性、综合性、应用性和创新性，高考选拔具有创新思维的学生。比如 2018 年北京化学高考试题最后一题，以元素化合物相关知识为背景，依托氧化还原基本概念，以实验探究为考查方式，充分体现了评价素质教育目标的四个角度。尤其最后一个问题，充分体现了试题命制的开放性和创新性原则。试题通过设计实验"酸性条件下 FeO_4^{2-} 与 Mn^{2+} 反应"来验证"氧化性 $FeO_4^{2-}>Mn^{2+}$"的结论，设问新颖：①设问没有考查学生分析反应原理，而是引导学生依据实验现象去寻找得出此条结论的证据；②设问角度具有一定的探究性和开放性，要求学生"若能，请说明理由；若不能，进一步设计实验方案"。考查的最终不是关注"能或是不能"的结论，而是要求学生给出严谨的分析思路或合理的实验方案，是对学生发散性思维和创新性思维能力的检验。这种考查方式与传统的考查方式有本质不同，引导学生打破常规进行独立思考和判断，对问题提出不同的看法并进行相关论证。从设问的角度及最终的参考答案看，学生的答案要么是"能"，要么是"不能"，"能"与"不能"本身就是相反的两个结论，但学生只要能给出支撑自己结论的合理证据或合理实验即为准确，所谓"言之有理、言之有据"，批判性思维在此处得到了体现。

大家都意识到创新的重要性和必要性。高考是中学教学的指挥棒，创新性是高考评价体系"四翼"中最关键的一翼，中学教学过程中教师不能仅仅关注学生所得结论的正确与否，更要凸显他们的思维历程和思维方法，"给结论为主体"的教师教学行为应当越来越少，甚至杜绝，培养学生的创新思维并引导学生准确输出自己的思维历程势在必行。

但是一线教学中，师生们不仅对创新的概念是模糊的，对于很多学生而言，他们不知怎样创新；学生不会创新，高考中考查学生的创新能力，教师在"如何培养学生的创新思维"具体实施方法上又有困惑，缺乏系统的、可以实际操作的方法，存在相应的短板。学生有创新思维才能成为创新型人才，创新型人才才能建设创新型国家。所以给一线教师提供一种可操作的培养学生创新思维的方法很有意义。

四、创新的评价标准不明

中学教育一线教学中，由于师生对于整个创新环节的迷茫，导致创新的评价标准不明确。有评价标准才能准确评估创新，有评价、有合适的评价才会促进创新的良性发展。所以本章提供给一线教师培养学生创新思维的方法中包含创新的评价标准，供老师们参考，这将更有利于学生创新思维的发展，有利于创新型人才的培养。

第二节　创新的方法与策略

一、批判性思维和创新相互促进

质疑和力求突破的态度是批判性思维的品质要求，求证、表达的过程是批判性思维的技能要求。创新需要发现旧事物的不足，质疑是发现不足的前提。质疑不是否定性的判断，是对与旧事物相关的内容进行或证实或证伪或改进。证实、证伪或改进，需要在所学知识的基础上，认真地分析（分析问题、分析题目背后的隐含假设、分析已有证据能否支撑所提出的结论等）、严谨地求证（新视角的论证或论证细节的变换是否会使证据更能支撑原有结论、或者得出不同的结论等），最后准确地表达自己的观点。质疑、分析、求证过程中，实现了改进或创造，完成了创新。

创新过程，学生利用自己的发散思维、逆向思维等尽可能多提出各种不同的思路或见解，并进行新的推测。学生提出的推测越多，经过严谨的证实或证伪过程，最后剩余的推测会更真。而新内容的"求真"是批判性思维最重要的品性之一。

《含氯净水剂——二氧化氯泡腾片》的学习中，有同学提出疑问：二氧化氯泡腾片标签上的有效成分为亚氯酸钠（$NaClO_2$）、硫酸氢钠（$NaHSO_4$）和碳酸氢钠（$NaHCO_3$），而得到净水剂二氧化氯（ClO_2）的反应是酸性条件下亚氯酸钠自身发生歧化，硫酸氢钠、碳酸氢钠并没有参与二氧化氯的生成反应，那么他们的作用是什么？商家得考虑成本问题，这两种药品肯定有用，否则不会添加。这个问题非常好，在同学们之间引起了共鸣。同学们讨论后的观点主要集中如下几点：

观点1：亚氯酸钠（$NaClO_2$）发生歧化需要在酸性条件下进行，硫酸氢钠（$NaHSO_4$）提供酸性环境，但碳酸氢钠（$NaHCO_3$）的作用不知。

观点2：硫酸氢钠（$NaHSO_4$）和碳酸氢钠（$NaHCO_3$）发生反应生成二氧化碳（CO_2）气体，二氧化碳溶于水生成碳酸使溶液呈酸性有助于二氧化氯（ClO_2）溶于水。

观点3：硫酸氢钠（$NaHSO_4$）提供酸性环境；硫酸氢钠（$NaHSO_4$）和碳酸氢钠（$NaHCO_3$）的另一个作用是发生反应生成二氧化碳（CO_2）气体，二氧化碳在水中扩散，相当于玻璃棒的搅拌作用，使生成的二氧化氯（ClO_2）快速分散到水中得到 ClO_2 溶液。

几种观点提出后，有同学就针对观点2进行了反驳：酸性条件下亚氯酸钠（$NaClO_2$）发生歧化反应得到净水剂二氧化氯（ClO_2），二氧化氯（ClO_2）从酸性溶液中生成的，观点2不准确。观点3得到了所有同学的认可。同学们还想到了生活中最常见的维C泡腾片中产生的气体也是起到了玻璃棒的作用，加速了维C的溶解。提出观点3的学生令同伴们刮目相看，很多同学表示：维C泡腾片溶于水气泡翻腾的现象太常见，习以为常，从来没有想过气泡的作用。但同伴"翻腾的气泡就相当于玻璃棒的搅拌"的观点让他印象太深刻了，能想到用产生气泡代替玻璃棒搅拌的人更厉害，生活中真的处处有化学，化学学科育人目的在此处得到体现。这节课后，听课的教师们对同学们发散思维、创新能力赞赏有加。同学们在创造性地提出了多种观点并给出相应的理由后，严谨分析理由，辨真、去伪，找到了更合理、准确的新结论，做到了真正的批判性"求真"。

二、创新的方法与策略

学生的发散思维、创新潜力是无穷的，教师在教学过程中，如何保持或挖掘真实情境下学生的诸如发现新问题、阐述新规律、提出新观点的创新潜力呢？即教师如何培养他们的创新思维呢？教师可按照以下模式开展学生创新思维培养：

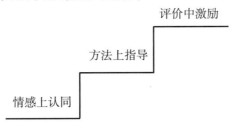

评价中激励

方法上指导

情感上认同

图 7-2-1

(一) 情感上认同

培养学生创新思维，教师首先要对学生学习过程中的想法或行为甚至是怪异的想法或行为包容和接纳，容忍其中的不确定性，也就是情感上认同学生。

从学生的角度来看，教师对自己的情感认同，是对自己的肯定，肯定自己的思考是有价值的，以后再有什么想法、思路都会跟大家分享、交流，教师的情感认同给了自己"怎么想就怎么说"的勇气；从教师的角度来说，对学生情感上的认同，有助于激发学生质疑的勇气，是对学生的发散思维的肯定，在学生提出新预测、新观点之前，不评价、不压制，无所谓对错。教师提供的包容环境会使学生潜在的创新能力露出水面，从源头上保证了创新过程的畅通，这也是认同的价值所在。若缺乏情感上的认同这一环节，学生担心自己的想法可能不正确，说出来后同伴们或者教师会嘲笑。他们会想：与其承受"颜面尽失"的风险，不如什么也不说，不说肯定不会犯错、出丑。课堂上一片死气沉沉，变成了教师的"一言堂"。若是这样，教师培养学生的创新从何谈起？教师对学生情感上认同对于学生创新非常重要。

案例 7-2-1："情感上认同"——推断种群数量过大导致的后果（作者：何耀华）

例题：A、B 是位于阿拉斯加的两个小岛，气候、植被等生态条件基本一致。人们向这两个原本没有驯鹿的小岛引入驯鹿，驯鹿主要以生长极为缓慢的地衣为食。科研人员经过多年调查统计，获得两个岛上驯鹿种群数量变化曲线如图。

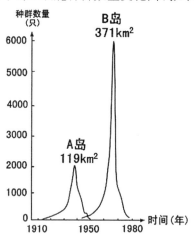

问题：两个岛的驯鹿种群数量达到峰值后骤减，最可能的原因是种群数量过大，导致_____。（答案：地衣被破坏，食物短缺）

学生1：种内斗争。

（教师没有直接给出对错的评价，问"是否还有其他答案"，目的是想引出更有思考价值的观点）

学生2：地衣被破坏，食物短缺。

（教师内心充满喜悦，喜悦的不是学生得出与标准答案一致的答案，而是两位学生提供了有讨论价值的观点。为了让学生有更深入的讨论，教师没有对两位学生的观点进行评价，追问"其他同学支持哪位同学的观点"）

学生 3：地衣被破坏，食物短缺。

学生 4：地衣被破坏，食物短缺。

学生 5：地衣被破坏，食物短缺。

（教师还是不评价，继续追问：为什么你们都支持"地衣被破坏，食物短缺"的答案？）

学生：……

（学生给不出合适的理由，教师：如果大家不能对两者答案进行更合理评价，"地衣被破坏，食物短缺"答案支持率高，我们就认定"地衣被破坏，食物短缺"是更好答案）。

学生一听，教师竟然以支持人多少来确定答案，太刷新他们认知了，简直不可理解，立马有同学反对。

学生 1：认同多的观点不一定是正确的，反而往往是不正确的

（面对学生的质疑，教师适时引导"是的，科学发展过程，很多观点并不一定符合事实或正确，但是因为在当时的知识背景下和人们思想观点影响，被多数人认可，成为主流思想，成为人们对问题或现象的'最合理、科学的回答或解释'"。）

学生一脸不可置信。

（教师：人们在运用原有观点去解释现象或问题出现矛盾时，才会反思原有观点是否科学，进而探索更合理、更科学的结论或解释。）

至此，学生像炸了锅一样，纷纷表示以后不能盲目相信权威，凡事都要问几个为什么，得出结论的论证严不严谨，是否还有更合理解释或结论。还有一些同学认为让自己的结论得到别人认同是非常重要的，开始讨论什么样的结论具有说明力。

（教师听到学生议论，点拨：以刚才种群的例题为例，大家为什么更愿意接受"地衣被破坏，食物短缺"。）

学生 2：这道题的题目信息里提到"驯鹿主要以生长极为缓慢的地衣为食"，符合事实；而种内斗争观点比较抽象，没有说服力。

（教师听到这里，感到很欣慰：回答问题时，让"解释和理由"更充分是我们思考方向，也是我们创新的体现。）

从上面实例可以看出，学生给出不同的答案后，教师没有急于纠偏，不直接给予所谓对错的评价，而是情感上认同他们，为他们提供开放的环境，鼓励所有学生继续思考，"怎么想就怎么说"，给出观点的学生的能动性和创造力被教师充分肯定和尊重，个体意见和建议被充分包容、接纳，很容易引出其他学生的有讨论价值的观点，新的创造力随之而来，形成一个良性循环；学生表达出观点后，教师对学生情感认同的同时在合适的地方及时给予合理指导，引导学生发现问题所在，及时改进；知识讲解过程中产生了超出学生认知的观点，教师点拨学生，使其意识到有的知识不会永远是正确的，可能只是在某个阶段是较为合理，新证据的出现会推翻以前我们认为是正确的知识，科学就是在批判与修正中缓慢向前发展。教师的认同、点拨提高了学生创新的欲望，激发了学生创新的主动性。

（二）方法上指导

教师对学生情感上认同有助于学生打开创新的大门，但是大门打开后，学生任何天马行空的想法表达出来后都是新预测、新观点吗？都是创新？肯定不是！因为有的天马行空的想法确实仅是想法而已。有没有好的方法使学生的创新更理性、更高效呢？有人说"想实

现创新就不能有限制，因为有限制条件就不容易实现创新，而方法本身就是一种限制"，这话很有道理。但是"创新"的本质是"发现旧事物的不足，改进或创造新事物"，构建与原先不同的论证可以证实或证伪或改进旧事物，或创造新事物，此过程即为创新过程。那么怎样构建不同的论证呢？笔者认为下面三种方法可以实现不同论证的构建，使学生理性、高效地完成创新过程：

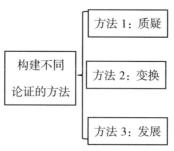

图 7-2-2

因为限定方法就容易限制创新，所谓"法无定法"用在创新方面最合适，创新应当没有固定方法，所以以上三种帮助学生理性、高效完成创新的方法仅供教师们参考。详细展开三种方法的相关论述。

1. 质疑。质疑是创新的前提，它不是否定性判断，是提问、是评估。

看到关于某种事物的观点、结论时，学生们可以质疑什么呢？可以质疑现有的观点、结论是否正确，可以肯定现有的结论但质疑现有的证据能否支撑，可以肯定现有的结论但质疑是否还有更好的证据来支撑等。学生们该怎样真正完成质疑呢？从批判性角度来看，诸如"你的结论是错误的"、"你提供的证据不能很好地支撑你的论点"等不是质疑，为自己的质疑提供相应的证据支撑，使得证据与观点或结论自洽，逻辑上经得起推敲，才是真正的批判性质疑。

因此，教师要教会学生：从质疑出发，寻找相应的证据，在证据支持的基础上构建相关的不同论证，或证实或证伪或改进或创造新的观点或结论，最终实现创新。

案例 7-2-2："方法上指导"——利用"质疑结论并提供新的证据"的方法判断污水处理系统中离子交换膜的类型

"质疑结论并提供新的证据"，从字面意义就可以看出这个方法很容易理解。对所给的结论持反对意见，并提供新的证据证明自己的质疑是准确的。教师教学生学会这个方法，必须先找到新的证据。如何找到新的证据呢？新的证据经常隐藏在试题提供的信息里，比如文字信息（题干信息、设问中的文字信息）、图表信息（图像、图示、流程图、装置图、结构图、表格）或化学学科中常用的化学用语信息（结构式、化学方程式）等，通过阅读信息，获取或加工信息，形成新的逻辑链条，从而形成新的证据为自己所用，构建新的论证。

一种三室微生物燃料电池污水净化系统的原理如图所示，图中含酚废水中的有机物可用 C_6H_5OH 表示。

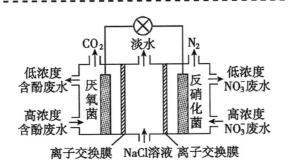

设问：判断左侧离子交换膜为_____（填"阴""阳"）离子交换膜。（答案：阴）

分析：这道题是真实情境下的电化学题目，考查学生应用电化学分析模型解决实际问题的能力，考查学生证据推理与模型认知的化学学科素养。

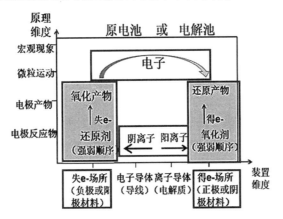

核心问题：

通过分析物质变化（得失电子、氧化还原），判断微粒（电子、离子）的运动，进而判断离子交换膜的类型。

总体思路：

物质核心元素化合价的变化→微生物燃料电池的正负极→电子移动方向→判断离子交换膜的类型

学生表现：

大多数同学都能分析到前三步——苯酚转化为 CO_2，碳元素化合价由 $-2/3$ 升高到 $+4$，失去电子发生氧化反应，所以左室电极为燃料电池的负极，电子从左室电极经导线进入右室电极。但是在判断离子交换膜的类型时，有些学生的分析就不严谨了。

学生1的因果推理过程如下：

因为电子是带负电荷的，带负电荷的电子从左室经导线进入右室，

左室溶液要想呈电中性，

左室中必须有阳离子通过离子交换膜进入中室，

结论：左侧离子交换膜为阳离子交换膜。

教师点拨：左室溶液要想呈电中性，只能是左室中的阳离子通过离子交换膜进入中室吗？还可以是什么？如何确定是哪种？有没有哪个信息是我们忽略掉的？

学生2：我反对学生1的结论，我们忽略掉了原理图中的关键信息：净化前后，中室中的物质由氯化钠溶液变成了淡水。氯化钠溶液中的氯离子和钠离子通过离子膜分别进入了左室和右室。所以，左侧离子交换膜为阴离子交换膜。整个因果推理过程如下：

因为电子是带负电荷的，带负电荷的电子从左室经导线进入右室，

左室溶液要想呈电中性，

左室中必须有阳离子通过离子交换膜进入中室，或者中室的阴离子通过阴离子膜进入左室，

净化前后，中室氯化钠溶液变成了淡水（发生了：Cl^- 通过阴离子交换膜进入左室，Na^+ 通过阳离子交换膜进入右室），

结论：左侧离子交换膜为阴离子交换膜。

此案例中，学生得出结论用到的论证主要是"因果推理论证"。因果推理论证的关键是"排除其他的可能"，"细节"是因果推理最关键的组成部分，它决定了因果推理论证的成败。开始时，学生1在推理过程中存在"想当然"的行为，认为自己的推理过程自洽，因为论证过程中忽略了细节，没有排除其他可能，导致推理错误，得出错误的结论；而学生2在教师的点拨下，注意到原理图中所给的信息，也是此题的关键信息，并运用它，通过提供新证据推翻了学生1的推论，得到了新结论，创新由此产生。

2. 变换。

变换是常用的创新策略。看到关于某种事物的观点、结论时，学生们可以通过变换什么来构建不同的论证呢？教师可以引导学生进行诸如"论证细节、论证立场"等的变换，通过变换得到新的观点，新的事物等。

如何通过"变换"实现最终的创新呢？

本章节中的"变换论证的细节"主要指论证环节中证据的变换，其步骤是：首先对原有的结论或观点先不做任何对错评价，接着通过变换证据，严谨论证，最后得出相应的结论，得出的结论可以与原论点相同（证实），也可以相反（证伪），甚至可以是与原论点没有任何关联的新结论（其他）。

而"变换论证的立场"主要指针对同一个观点或议题，辩论双方从相反的、对立的立场出发，在与议题相关的各个方面知识里寻找相应的理由或证据，从而分别构建不同的论证，得到不同的结论，实现相应的创新。必须注意的是，"变换论证立场"进行论证的最终目的不是争辩出谁对谁错，更看重的是过程中谁的证据更充分、论证更严谨，所有的行为更能充分支撑自己的论点，这与前面提到的2018年北京高考化学最后一个设问"'若能，请说明理由；若不能，进一步设计实验方案'，设问最终不是关注'能或是不能'的结论，而是关注学生是否给出严谨的分析思路或合理的实验方案"有"异曲同工之妙"，都是聚焦学生的发散思维和创新能力。

无论是"变换细节"还是"变换立场"，这两种变换方法中的所有"证据"，既可以从所提供的信息中寻找，也可以从学生自己的知识储备中挖掘。

案例 7-2-3："方法上指导"——通过"变换论证立场"探讨《红楼梦》中探春到底是一个什么样的人（作者：王文芝）

《红楼梦》"探春理家"的教学过程中，探春对待亲生母亲赵姨娘的情感态度引发学生的争论。有些学生赞美探春理家的公正无私，但不少学生认为探春刻意地疏远自己并不体面的出生家庭，转而投向富贵荣华地位尊崇的王夫人，这样的做法过于冷漠自私，这种行为是趋炎附势，令人鄙弃。

面对学生激烈的争论，教师先是出示了许多红学研究者对探春的评价：刘梦溪评价探春"利欲熏心、背叛生母"；解弢评价"贱视生母，趋炎附势，吾甚恶之"；姚燮评价探春"探姑娘之待赵姨，其性太漓，不可为训"；季新评价探春"全无表里之情，真无人心者"……接着抛出探讨的议题：从对生母的态度和行为上看，探春是否是一个"攀高枝儿"的人呢？最后给出小组任务：你们组的观点是怎样的（"是""不是""中立"）？写出观点并提供充分的理由。（为了能让学生展现更多的新论证，教师设置了各小组明确的任务，小组 1 和小组 2 观点"是"，小组 3 和小组 4 观点"不是"，小组 5 观点"中立"。这样设置的高明之处在于：跟辩论一样，"对立"或"不同"的立场除了容易让学生的热情高涨，还容易激发学生的创新的动力。）

小组任务给出后，为了让学生给出更好的论证，教师还为同学们讲解了《权衡》第十章"做出一个判断并为其提供充分论证"中提到如何"得到一个有充分理由支持的判断"：对论证做比较性的评价，以便分配它们在整体情形中的权重，然后将各种评价进行整合，从而做出最终的判断。[1]

经过教师的讲解及小组组员的认真讨论，各小组给出了多方面的论证：

小组 1：探春是一个攀高枝的人。探春对生母一口一个"姨娘"并不亲近，而且在赵姨娘想讨要丧葬费的时候，探春居然直接说，谁是我的舅舅？我的舅舅是刚刚升任九省检点的王子腾。不仅如此，她对着宝玉说"赵姨娘的行为是阴微鄙贱的"，确实太不近人情了，毕竟赵姨娘是自己的母亲。相比较而言，探春对待王夫人就用心多了。当王夫人受到贾母责备的时候，探春为王夫人出头，为王夫人解围，就是想要在王夫人面前讨好，却不惜冷落自己的亲生母亲，这不是明显的攀高枝儿吗？

小组 2：探春是一个攀高枝的人。她对自己的出生家庭不亲近。在第 27 回中，宝玉给探春买各种精致的小工艺品，探春为宝玉做一双鞋，探春从未给亲弟弟贾环做过一双鞋、一双袜。第 60 回中，蔷薇硝茉莉粉事件中，赵姨娘非常生气，大骂贾环，并且怂恿贾环去怡红院大闹一场，但是贾环不敢去，他说："你这么会说，你也不敢去，指使了我去闹。""你不怕三姐姐，你敢去，我就服你。"可见，贾环对探春是害怕的、畏惧的。亲姐弟俩儿之间，比如像元春和宝玉，哪怕是不成器的薛蟠和宝钗，彼此之间都是非常关心的，都是很体贴的，而不是疏远、惧怕的。我觉得探春是攀附家族权力中心的人。

小组 3：探春不是一个攀高枝的人。在第 46 回中，探春替王夫人解围，并不是为了攀高枝，而是看到王夫人受到贾母责备是冤枉的。我觉得探春是以公正公平为做事标准的。说探春是"有心"的人，我认为是在说能够看到事情的前因后果和问题的症结所在，

---

[1]　[加] 莎伦·白琳、[加] 马特·巴特斯比：《权衡：批判性思维之探究途径》，中国人民大学出版社 2014 年版。

探春的目光敏锐，心思敏捷，帮理不帮亲的体现。第60回中，探春生气地说："这么大年纪，耳朵又软，心里又没有计算。这又是那起没脸面的奴才们挑唆的，作弄出个呆人，替他们出气。"越想越气，因命人查是谁调唆的。说明探春是在乎母亲的，她在能力所及地帮助母亲。在第73回中，在抄检大观园中，探春面对王夫人抄检大观园这种自乱阵脚的愚蠢之举，不仅会极力反对，甚至不惜与王夫人对抗。而且在理家时拿凤姐和宝玉开刀做筏子。如果攀高枝儿，怎么会与贾府这些实权派对抗呢？

小组4：探春不是一个攀高枝的人。探春就应该远离赵姨娘和贾环。赵姨娘人品太低劣了，充满嫉妒和阴谋。第25回她和马道婆交锋中，对王熙凤和贾宝玉实施诡诈巫术；探春料理大观园的时候，作为母亲的赵姨娘，非但不帮助女儿做好工作，反而处处给女儿出难题，硬逼着女儿为他死去的兄弟赵国基破例，授人以柄、贻人口实，直到逼着女儿当众痛哭；贾环也如此，想用灯油烫瞎宝玉的眼睛，在贾政面前诬告宝玉。这两人就是自私贪婪、鄙贱恶毒的小人。

小组5：我们认为探春是个可怜的人，谈不上攀不攀高枝。探春受到宗法礼教的束缚，只能呼唤生母为"姨娘"，又因为自己从小跟着王夫人这边生活，与生母赵姨娘和胞弟贾环之间较生疏，相比之下与王夫人和宝玉更为亲密，这是人之常情，是情感使然。况且赵姨娘"阴微鄙贱"，探春才高志远，公正无私，光明磊落，也不屑生母所为。

立场"对立"或"不同"的各个小组成员，经过更细致的阅读，挖掘课本材料方方面面知识点，运用批判性思维审视语言文字作品，探究和发现语言现象和文学现象，充分地讨论，为自己的观点提供更合理的理由，最后进行理性的表达；在倾听其他小组同学的论证表述中，同学们进行了更广泛的质疑、更深入的分析。最后同学们发现探春对于母亲并非薄情冷血、六亲不认，而是对母亲的情感很复杂：①探春有不甘，有苦衷，身为庶出，才华能力都让人敬服，因为生母赵姨娘每每生事而无奈痛苦。②她内心想要为生母解围，也想要维护生母，从内心深处也爱着生母。经过不同思维的交流、碰撞，学生对人物的理解就更丰富了，发展了新观点。

通过"变换论证立场"的方法实现创新，要求师生交流讨论时，每个人要持有开放的心态，乐于倾听并尊重他人的观点和理由；教师引导学生对于经典作品深入思考，让学生明白有很多的文本材料内容是需要经过梳理整合、寻找共性和个性才能从中得到更好的证据；教师引导学生在证据支持的基础上、结合具体情景、基于逻辑推理去展开论证过程，针对复杂问题达成一个有充分理由支持的判断，包括对大量论证进行判断，帮助学生由浅到深、由表及里地理解和表达，从而得到新观点，最终实现了观点创新。

3. 发展。

发展是另辟蹊径的创新策略。比如发展新的视角来构建不同的论证，从而实现新事物的创造，新观点的产生等。发展新的视角也就是换个角度重新去思考、去做事，而不是囿于一个方向，可能就会有新的发现。"条条大路通罗马"，所以每个方向都有其存在的道理，利用自己的经验和知识去选择新道路、开发新道路。

案例7-2-4："方法上指导"——通过"发展新视角"创造直流电动机（作者：陈曦）

前记：为了培养学生创新，陈曦教师教学方法创新先行

九年级物理《直流电动机》这节课内容不多，但将原理应用于实践中，这个要求对于学生有一定的难度。以前上课时，陈老师会使用多媒体课件或挂图展示带领学生了解直流电动机的构造，以及各部件的作用，带领学生阅读课本图片学习电动机在不同位置时受力情况。陈老师发现，虽然学生掌握了磁场对电流的作用，但将它应用于电动机中，学生总也说不明白线圈的受力情况和为什么电动机能持续转动，大部分学生头脑中对于电动机的工作过程比较混乱。因此陈老师一直在思考如何能更好地让学生了解物理知识在实际中的应用，进一体会物理知识的应用价值。后来受批判性思维的启发，陈老师找到了改进方法。既然这节课内容对于学生来说是有难度的，那它正是培养学生思维的好机会。因此她将学习目标稍微做了调整：直流电动机的工作过程要给予学生一定的想象空间，除了培养学生的分析归纳能力、还要培养学生的探索精神，创新意识。陈老师认为教师可以先通过实验让学生明确通电导体在磁场中会反向运动的条件，然后通过实验现象和问题设置悬念"线圈为什么不能持续转动"、"有什么办法能让线圈能持续转动"，引导学生用所学知识分析问题，并解决问题，诱发学生的探索欲望，鼓励学生自己设计创造出电动机，如果学生设计有不妥之处教师再给予补充，学生在这样不断思考的过程中，思维得到发展，这节课也变得生动有趣，易于学生理解了。

改进后的教学过程如下：

教师将玩具小火车中的干电池与小马达拿出，并拆开小马达，让学生观察其中有线圈和磁铁。接着演示如下图左小实验：通电线圈转动。问学生：通电线圈作用力是什么提供的？学生很容易答出：磁场。

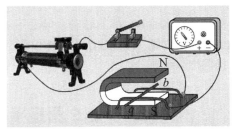

教师带领学生探究磁场对通电导体的作用。通过实物展台演示如上图右实验。水平轨道上 AB 金属棒作为通电导体水平放在蹄形磁体的磁场中。当开关闭合时，金属棒向某一方向运动。

教师再带领学生探究通电导体的受力方向与哪些因素有关，通过演示实验和表格记录的方式让学生得出结论。电流方向与磁场方向影响通电导体的受力方向，其中一个改变，另一个不变，则通电导体的受力方向就会改变（见下表）。

电流方向	磁场方向	受力方向
改变	不变	改变
不变	改变	不变
改变	改变	不变

完成上面环节后，教师将启发学生用此知识点设计创造能够连续转动的电动机。

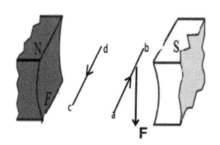

教师：如图所示，ab 边如果受力向下，cd 边向哪个方向？

学生：磁场方向没变，电流方向改变，受力方向则会改变，所以 cd 边受力向上。

教师：所以如果将 ab 和 cd 连成线圈就会受力转动。

教师演示以下两个简易电动机。

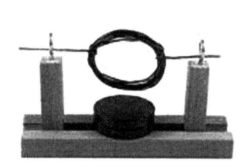

简易电动机通电后都能转动，但是不能连续转动，发现线圈在某一位置来回摆动，最后停在某一位置，教师让学生思考原因。在学生能力达不到的情况下，教师可以通过以下提问加以引导。

教师：图中哪个图是平衡位置？

哪个图是平衡位置？

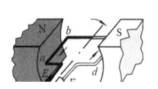
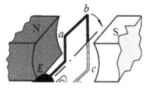
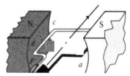

学生：中间的图上下两条边受向上的力和向下的力在一条直线上，所以为平衡力，中间的图为平衡位置。

教师：线圈在平衡位置时无动力，靠惯性越过平衡位置，之后受力方向变化吗？

学生：电流方向和磁场方向都没有变化，所以受力方向不变。

此时学生观察第三个图发现，ab 边如果在第一个图中受力向上，在第三个图中依然受力向上，察觉到线圈冲过平衡位置后没有向前的动力，反而有了阻力，做减速运动至停止，又反方向运动，在平衡位置摆动，最终停在平衡位置。

教师引导：怎样让线圈连续转动？

学生思考，并讨论后回答。

学生 A：线圈越过平衡位置后就断电，此时线圈就不受阻力了，再依靠惯性越过上面第三个图后，再通电获得动力，也就是给线圈半周通电，半周断电，这样线圈就可以连续转动了。

学生 B：线圈越过平衡位置后就要改变电流方向，此时磁场方向不变，而电流方向改变了，受力方向就会改变，那么阻力就变为动力，让线圈能够持续转动。

在此学生的思维经过不停运转，已经用已有知识创造了新的东西，这就是这节课的学习重点也是难点，接下来教师可以让学生继续用两种方案设计具体操作，如何让刚才展示的这两个简易电动机持续转动。虽然这对于学生又增加了难度，但利于学生思维的打开，学生会想到他们自己的想法，有的在现实生活中可能行不通，有的可能不切实际，但在此能够锻炼学生的创新精神，大胆去想去做的勇气。

个别学生会想到在制作第一个简易电动机时，在将漆包线两端的漆皮用小刀刮时，要求是一端全部刮掉，另一端只刮半周。这样实现让线圈半周通电，半周断电。对于第二个电动机模型可以安装两个金属半环，随着线圈可以一起转动，但是彼此绝缘。再用两个方形金属体卡在支架上，分别和电源正负极相连接，固定不动，那么在线圈转动过程中，金属半环不断地交换和方形金属的接触关系，从而就解决了自动改变电流方向的问题，为线圈持续提供动力。这就是换向器与电刷，能让通电线圈连续转动。这个改变电流方向的方法很简单，却用它创造了伟大的发明——直流电动机。学生感受到人的潜力是无限的，打开思维，大胆创新，人类社会就会进步与发展。

（注：下图中 E 和 F 为换向器，A 和 B 为电刷）

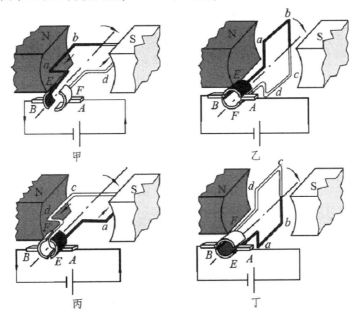

甲　　乙

丙　　丁

九年级物理《直流电动机》这节课的内容是第十四章——磁现象相关知识中学生最难理解的，电动机的线圈在磁场中受力方向的判断及换向器电刷改变电流方向这两件事虽然书中有所描述讲解，但对于学生来说，一般学生并不情愿去读这些理论性极强且枯燥的文字，对于学习能力强的同学来说读了之后还会出现不明白的地方，需要找教师请教帮助。出现这种情况的原因是直流电动机的工作原理直接呈现在学生面前，学生是被动的接受，而且生活中很难接触到其中的专业部件，所以加大了学习难度。为了解决这一问题，教师通过创新自己的教学方法，在课堂教学中启发学生从自己的经验和想象出发发展了新的视角，通过已有的知识创造出电动机，变被动为主动，从而突破难点，实现了学生自主创新的培养。

（三）评价中激励

以上三种创新方法的介绍，教师培养学生的创新思维在具体行动上有了"抓手"，但是完整的创新的流程还有一个关键环节——评价。评价是对正在进行或已完成的工作或学习的检测，是通过相关数据或资料对工作或学习的过程或结果进行的合理判断。评价的目的有很多，但本章节中评价的目的是激励，通过激励促进学生个体创新思维的良性发展。评价可以是教师对学生的评价，还可以是学生之间的互相评价。

创新的评价标准是什么呢？因为创新本身就不要有限制，所以其对应的评价标准也是"法无定法"。依据前面提供给大家的创新的参考办法，我们给出创新的评价标准，当然这个也是参考标准。创新的评价标准如下：

1. 学生提出的"质疑"是否为真；
2. 学生进行的"变换"是否更有效；
3. 学生构建的"发展"是否合理。

学生之间进行评价时，教师可以这样做：人在嘴不在，"体面的缺席"学生的整个创新过程，但可以用赞赏的目光、带笑的面容一直鼓励学生；学生之间互相肯定、质疑、论证、再修正，最后构建出大家都能接受的合理论证，达到创新的目标。

案例7-2-5：学生之间的"评价中激励"

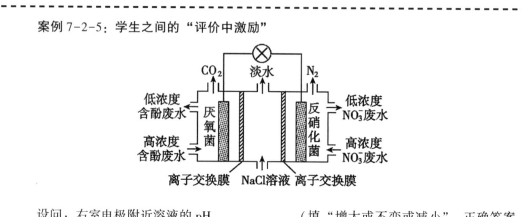

设问：右室电极附近溶液的 pH _____（填"增大或不变或减小"，正确答案是"增大"）。

化学课代表带领大家分析核心问题：

通过分析物质变化（得失电子、氧化还原），判断微粒（电子、离子）的运动，进而结合环境判断溶液 pH 的变化。

小组交流讨论，将自己的论证过程表达。

	分析过程	推理得出结论
学生 1	发生了什么事情： 右室电极附近溶液的 pH 增大 地点： 高浓度 NO_3^- 废水溶液中 有哪些微粒： NO_3^-、水、H^+、OH^-、水中的其他物质等 为什么发生的解释： 右室电极发生了物质转化 $NO_3^- \rightarrow N_2$，H^+ 的参与实现了转化过程，消耗了 H^+，pH 值增大	NO_3^- 得到电子转变为 N_2， 根据陌生氧化还原反应方程式的配平方法，右室电极反应式如下： $2NO_3^- + 10e^- + 12H^+ \rightarrow N_2 + 6H_2O$， 消耗了 H^+ 生成了水， 所以右室电极附近溶液的 pH 增大。
学生 2	发生了什么事情： 右室电极附近溶液的 pH 增大 地点： 高浓度 NO_3^- 废水溶液中 有哪些微粒： NO_3^-、水、H^+、OH^-、水中的其他物质等 为什么发生的解释： 右室电极发生了物质转化 $NO_3^- \rightarrow N_2$，水的参与实现了转化过程，过程中生成了 OH^-，pH 增大	NO_3^- 得到电子转变为 N_2， 根据陌生氧化还原反应方程式的配平方法，右室电极反应式如下： $2NO_3^- + 10e + 6H_2O \rightarrow N_2 + 12OH^-$， 消耗了水生成了 OH^-， 所以右室电极附近溶液的 pH 增大

同学们对两位学生的论证过程赞赏不已：他们依据宏观现象（右室电极附近溶液的 pH 增大），通过溶液中所含微粒的判断，解释了到底是哪些微粒发生了反应导致出现了这种现象，逻辑准确，条理清晰、易懂。

但同学们也很快发现了问题：两人的论证前提和结论都相同，但中间的推理过程却明显相反，互相矛盾。这是怎么回事呢？课代表引导学生找到了产生这个矛盾的关键所在：到底是哪个微粒的参与实现了物质的转化从而使溶液的 pH 增大？判断具体是哪个微粒参与转化过程取决于物质转化发生的环境（地点）。若是酸性高浓度 NO_3^- 废水，学生 1 的推理是正确的；若是碱性或中性废水，学生 2 的推理是正确的。那么高浓度 NO_3^- 废水溶液是酸性？碱性？还是中性的？题目中没有给明确的相关信息！此题难道无解吗？非也。

同学们开始讨论。

学生 3：前面两位同学的前提和结论都相同，推理过程却明显相反、矛盾，变换论证的细节应当可以解决这个问题。右室电极附近发生了物质转化 $NO_3^- \rightarrow N_2$，N 元素由 NO_3^- 转化为 N_2，氧元素发生了什么变化呢？（教师在旁边默默点赞：问到关键的地方了！）

学生 1：氧元素变为氧离子。

学生 2：氧离子在高浓度 NO_3^- 废水中不能存在！

学生 4：氧离子与 H^+ 结合生成水。

学生 5：氧离子与水结合生成 OH^-。

课代表：又回到刚才的矛盾了。题目没有明确指出溶液的酸碱性！

学生 3：那分情况讨论，若溶液是酸性的，结果是什么，碱性、中性溶液的结果又是什么，但是都不影响结论——右室电极附近溶液的 pH 增大。刚才学生 1 和学生 2 的论证过程，我们只要稍加修正，就能得到正确的论证。

修理后的论证过程如下：

	分析过程	推理过程
全体学生	发生了什么事情： 右室电极附近溶液的 pH 增大 地点： 高浓度 NO_3^- 废水溶液中 有哪些微粒： NO_3^-、水、H^+、OH^-、水中的其他物质等 为什么发生的解释： 右室电极发生了物质转化 $NO_3^- \rightarrow N_2$，N 元素由 NO_3^- 转化为 N_2，O 元素由 NO_3^- 转化为 O^{2-}，若溶液为酸性的，O^{2-} 与 H^+ 生成水，转化过程中消耗 H^+ 生成 H_2O，溶液 pH 增大 若溶液为碱性的，O^{2-} 与 H_2O 生成 OH^-，转化过程中消耗 H_2O 生成了 OH^-，溶液 pH 增大	NO_3^- 得到电子转变为 N_2，O 元素由 NO_3^- 转化为 O^{2-} ①若溶液为酸性，O^{2-} 与 H^+ 生成水， $2NO_3^- + 10e^- + 12H^+ \rightarrow N_2 + 6H_2O$， ②若溶液为碱性或中性，$O^{2-}$ 与 H_2O 生成 OH^-， $2NO_3^- + 10e + 6H_2O \rightarrow N_2 + 12OH^-$， 不管是①中消耗 H^+ 还是②中生成 OH^-，右室电极附近的溶液 pH 都增大。

完成了上述论证后，所有同学都很高兴，在学生 3 提出变换论证细节的方法后，每个人都通过"变换论证细节"输出了自己的思维历程和思维方法，进行了重新推理，证据链条清晰、准确，逻辑严谨，完成了对原来论证的修正，实现了创新。

上述整个评价环节，学生们开放的心态、清晰的逻辑思维及相互搭台、补充的论证过程收获了同伴彼此之间的肯定；学生们相互之间的质疑、论证过程，也获得了同伴的认同；同学们的肯定、认同对学生来说就是激励，这份来自同龄人的激励与来自教师的激励不同，在同学们的肯定、认同过程中，他们会获得极大的心理满足感，创新的欲望会更加强烈，好的想法会更加源源不断地从脑海中迸出，更有利于自身发散思维、创新能力的发展；而其他同学在这部分同学的带领下，也会向他们学习，慢慢向创新型学生转变，最终形成了一个良性循环，评价中的激励促进了学生创新的良性发展。有更多的创新型人才出现，则创新型国家将指日可待！

第三节 创新的探索与实践

每个学科的具体教学过程中，教师们又是怎样教学生学会创新的呢？本节"创新的探索与实践"分别选取了音乐、数学、化学及语文学科的4个案例。在这些案例中，教师们都运用了教会学生学会创新的模式，即"情感上认同——方法上指导——评价中激励"，但在创新方法的具体实施上，各个学科的着重点又有不同，音乐学科的"发展"、化学学科的"变换"、语文学科的"质疑"及数学学科的"不一样的情感认同及发展"会让大家得到不同的收获。

案例7-3-1：《变奏曲式创编》（作者：石静）

《初中音乐课程标准》要求以音乐课程的价值实现为依据，通过教学及各种生动的音乐实践活动，培养学生爱好音乐的情趣，发展音乐感受与鉴赏能力、表现能力和创造能力，提高音乐文化素养，丰富情感体验，陶冶高尚情操。可见，音乐实践是对于学生音乐感知力、音乐鉴赏力和审美能力的培养具有重要的作用和意义。音乐实践的手段和方式多种多样，创编则在探究结论的基础上进行创造性实践，创作出于原来作品既有联系又有区别的新作品。

《A大调（鳟鱼）钢琴五重奏》是浪漫主义音乐的重要代表作品，而歌曲《鳟鱼》正是《A大调（鳟鱼）钢琴五重奏》的创作素材之一。这首歌曲和《A大调（鳟鱼）钢琴五重奏》，均借由描述小鳟鱼遭遇的不幸，来抒发作曲家对自由的向往和对压迫者的憎恶之情，表现出浪漫主义音乐多沉浸于表达个人情感体验的鲜明特征。由于他们的音乐内容及文化内涵广泛而深刻，表现形式也多种多样，这就在一定程度上加大了学生对其认识、理解的难度。也正因为如此，这两种音乐体裁给学生提高音乐审美能力、拓宽音乐文化视野、增进音乐文化素养提供了良好的机会。此外，作品的第四乐章采用变奏曲式，生动形象地描绘了深山溪流中自由悠游的小鳟鱼。变奏曲式是古典音乐作品中最常见的一种曲式结构，是按照一定的艺术构思和结构原则组合而成的一种乐曲结构形式，采用同一主题材料，根据乐曲的发展的要求而加以变化重复。

一、情感上的认同

课上，我首先引导学生聆听歌曲《鳟鱼》片段并设问："歌曲中有几个主人公？他们之间发生了怎样的故事？"学生通过聆听歌曲、感受歌词得出结论：歌曲中有三个主要的人物：鳟鱼（受害者）、渔夫（施暴者）、我（旁观者）。对于学生的回答，我鼓励道："同学们听得很仔细，表述得很完整。"接着我追问道："歌曲表现了怎样的情感呢？"小A同学通过思考和联想回答道："歌曲表现了小鱼被抓的悲伤之情。"我评价道："这位同学敢于表达自己的观点，值得表扬！但是，大家想想这首歌曲的讲述是第几人称呢？"同学们异口同声地回答："第一人称！"我再次启发："正确，那大家想想歌曲表现了'我'对小鱼怎样的情感呢？"同学回答道："同情之情！"我评价说："同学们的回答能够很好地结合人称和情感，很准确！"

然后，教师介绍了歌曲的创作背景与作曲家舒伯特的生平。通过对歌曲片段欣赏与思考，学生了解了乐曲的创作背景和内涵，并对主题旋律进行初步体验。

二、方法上的指导——发展新变奏曲

（一）学唱歌曲主题，夯实双基知识

这一环节的主要目的是引导学生正确学唱歌曲的主题，为学习器乐作品奠定基础。

1. 模唱主题

步骤：说出节拍——模唱——说出第一小节的节奏型

2. 诵读节奏

步骤如下：带旋律诵读——读节奏——找出典型节奏型——记写

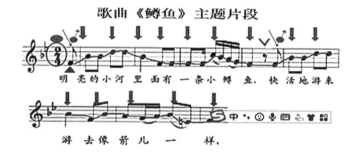

3. 视唱主题

步骤如下：观察调号——找出主音——注意临时升降号——首调视唱

4. 带歌词学唱

演唱要求：注意呼吸和咬字。

（二）对比主题，理解变奏曲式

通过学唱，学生基本熟悉了歌曲的主题。在此基础上，引导学生聆听乐曲《鳟鱼五重奏》的音乐片段并逐步理解变奏曲式的概念。

1. 对比两段主题，思考异同之处

教师引导学生聆听并思考：乐曲主题与歌曲主题相比有何异同？学生在仔细聆听后回答道："旋律和节奏不同。"通过这种方式让学生初步感受什么是"变奏"。

接下来，教师以设问的方式提出问题："这首乐曲的名称叫做《鳟鱼五重奏》，大家想想什么是五重奏？指的是哪五件乐器呢？"学生们各抒己见，教师揭示答案：五重奏是室内乐的一种，是由钢琴、小提琴、中提琴、大提琴、低音提琴这几件乐器组成的。

2. 欣赏乐曲片断，辨别主奏乐器

为了让学生更加直观地理解"五重奏"这一音乐概念，教师引导学生通过欣赏乐曲各个主题并思考："每个主题分别是用哪件乐曲演奏的？"待学生们完成这一问题后，继续设问："既然每个主题的音色不同，那什么相同呢？"学生异口同声地说："旋律动机相同！"

3. 分析乐曲结构，总结变奏曲式概念

依据上述结论，我们进行了进一步探究："《鳟鱼五重奏》这首乐曲的音乐结构到底有什么特点？"学生们展开了小组讨论，各小组内部进行了分工，将乐曲的各个部分的异同之处进行了细致的对比，得出结论："这首乐曲的结构用字母表示是 A—A1—A2—A3—A4—A5……"；用文字表示这种结构则是："以一个动机为原型，变化发展成多个动机"，进而教师总结道："这样的音乐结构叫做变奏曲式"。变奏曲式是世界上最古老的曲式之一，分节歌及其器乐伴奏部分的每次反复，可谓变奏之雏形。经过不同时代、不同流派的作曲家们的发展与完善，创造了多种多样的变奏方式，形成了固定低音变奏曲、装饰变奏曲、自由变奏曲等几种主要变奏曲类型，它们的产生是以变奏的要素——主题的旋律、和声、织体、结构为出发点。该曲式可独立存在，也可作为套曲曲式中某一乐章的曲式。著名的变奏曲有勃拉姆斯的《海顿主题变奏曲》等、埃尔加的《"谜"变奏曲》、拉赫玛尼诺夫的《帕格尼尼主题变奏曲》等，均是运用变奏曲式创作的杰出代表作。接下来，我引导学生完整欣赏全曲的视频，并设问："这首乐曲一共有几个变奏？乐曲的情感脉络是怎样的？"

学生们回答道："乐曲的情绪脉络是：欢快——悲伤——欢乐，结尾恢复了快乐和平静。"通过这样的分析，学生能够感受到各变奏部分的情绪变化，也表现出变奏曲式各部分音乐要素的变化对于音乐形象塑造的重要作用。

（三）了解变奏手法，自主创编乐曲。

1. 了解变奏手法

《鳟鱼五重奏》这首变奏曲式的形成是运用了怎样的变奏手法呢？带着这一问题，我们进行了新一轮的小组探究。

小组探究的几个主要的问题是：各部分主题的主题音色有何不同？速度是怎样变化？音区有什么不同？表现了怎样的意境？

小组 1：主题一的主奏乐器是钢琴，速度稍快，表现了小鱼自由自在游动的情景。

小组 2：主题二的主奏乐器是小提琴，速度稍慢，表现了小鱼悠闲自在游动的情景。

这时候，有学生提问："教师，我怎么感觉也像中提琴呢？小提琴和中提琴的音色有何区别呢？"教师解答道："大家先想一想，这两件乐器从大小上来说有什么区别呢？""小提琴的琴身小、声音更明亮"。教师总结道：由此可见，琴声的大小决定了乐器的音色。

小组3：是中提琴，速度是中速，表现小鱼轻快地游动。

小组4：是大提琴和低音提琴，速度稍快，情绪有点儿紧张，有一种不祥的预兆。

这时候，教师评价道："同学们分析得非常准确，充分显示了大家良好的音乐素养！"接着，教师再提出一个问题："大家尝试总结一下，这首乐曲采用了怎样的变奏手法？"学生们通过思考回答："它们的曲调都是歌曲《鳟鱼》，但每一次出现的时候，音色、速度、节奏又有一些不同。"教师总结道："变奏曲是一种古老的曲式结构，变奏手法也各不相同，作曲家可新创主题，也可借用现成曲调。保持主题的基本骨架而加以自由发挥，变奏手法有装饰变奏、对应变奏、曲调变奏、音型变奏、卡农变奏、和声变奏、特性变奏等。另外，还可以在拍子、速度、调性等方面加以变化而成一段变奏。变奏少则数段。多则数十段。主题之间的关系可以用字母来表示：A—A1—A2—A3……。"

2. 运用变奏手法进行小组创编

（1）教师范例，学生体验

课堂上，我对学生说："今天我们接触了变奏曲式，那么我们能否也效仿《鳟鱼五重奏》，利用某一特定的乐思来创作一首变奏曲呢。下面教师给大家准备了一首当下非常流行的歌曲，我们先来听一下是什么？（播放）这是韩国的神曲《甩葱歌》，大家跟着曲调先哼唱一下，教师把这一曲调的片段进行了简单的变奏，大家唱一唱，看看教师主要采用了怎样的变奏手法？"聆听之后，有学生问道："我觉得您的曲调更加简单，主要是节奏和旋律上更加简单。"教师鼓励道："同学说得很准确，主要通过改变节奏和旋律来对这一主题动机进行变奏的。"

（2）设定方法，小组创编

那么同学们下面的任务交给大家，我们能否尝试来改变其他的音乐要素？我们先来做一个改变节拍的尝试吧，现在我们以小组为单位进行比如节拍、速度、声部等方面。"主要方法为：

改变旋律节奏，创编变奏一；增加二声部，创编变奏二；改变节拍（四二拍变四四拍），创编变奏三。

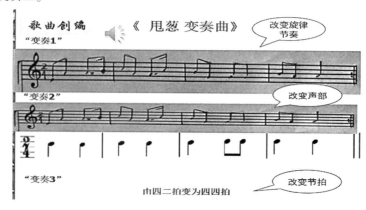

　　学生们开始了分小组创编，教师在学生创作的过程中针对节奏、音符的书写进行适时指导。

　　三、评价中激励

　　1. 小组展示，恰当评价

　　学生基本完成之后，组织学生进行小组展示，学生展示过后，我评价道："大家的音准节奏很好，但是请注意速度的设定要和四二拍的速度一样。"接下来，我引导学生运用改变声部的方式为变奏二配上二声部。学生进行小组展示后，教师进行纠错和鼓励性评价。然后，组织学生把三个变奏主题连起来，一起来演唱，并提出要求和鼓励："请大家注意稳定拍的速度的一致，哪个小组上前面来给大家展示一下？"教师对学生展示进行鼓励性评价和期望："节奏非常好，声音再整齐一些哦！"

　　2. 梳理歌曲情绪脉络，为歌曲取名

　　接下来，我又问学生："大家觉得我们创作的这首歌曲是怎样的情感呢？"学生通过小组讨论，梳理出歌曲的情感脉络："平静—欢快—热烈—平静"，我评价说："同学们的总结准确而完整！"我对学生说："让我们来给这个自己创作的乐曲取个名字吧！"很多同学异口同声地说："《甩葱变奏曲》！"最后，我引导学生根据歌曲各部分的情绪，有表情地演唱这首创作歌曲。

　　3. 当堂测评，评价总结

　　本课程即将结束的时候，我结合本课知识点设计了测评题目，引导学生当堂完成，并对测评结果进行了评比和讲解，通过这样的方式，回顾了教学重点和难点。最后，教师引导学生回顾本首作品的艺术价值和浪漫主义音乐及特征：这是一首寓意深刻、抨击现实的优秀作品。这首作品吸收了奥地利民族音乐的特点，富有浪漫主义音乐的抒情性，侧重于表达个人的情感，通过一个简明的故事，表达了舒伯特对当时社会的不满和对未来美好生活的向往。

　　（附1：课堂测评题目）

测评

1、（单选）下列关于作曲家舒伯特的美誉正确的是？

A、乐圣　　　　　B、音乐神童　　　C、艺术歌曲之王

2、（多选）《鳟鱼五重奏》由哪些乐器组成的？

A、钢琴　　B、小提琴　　　C、中提琴　　D、大提琴　　E、低音提琴

3、（单选）下列曲式结构哪个属于变奏曲式？

① A—B—A—C—A……

② A—A1—A2—A3—A4……

（附2：课堂表现评价量表）

评价内容	评价标准	分值	评价方式	得分
诵读	正确的节拍图示、正确诵读重点节奏型。	10分	师评	
视唱	正确地模唱歌曲旋律，做到音准、节奏正确。	10分	师评	
演唱	熟练地、有表情地演唱歌曲	20分	互评	
评价内容	评价标准	分值	评价方式	得分
回答	积极正确地回答教师提问	10分	师评	
总结	以小组为单位，代表小组成员总结发言有理有据	10分	互评自评	

备注：满分50分。40~50分为优秀；30~40分为良好；20~30分为及格。

综上所述，本课运用批判性思维方式，通过小组探究和歌曲创编的相结合的方式，引导学生自主探究乐曲的音乐要素生成变奏曲式的概念和特点，课上通过欣赏歌曲乐曲的创作背景和内涵，并对主题旋律进行初步体验；引导学生正确学唱歌曲的主题，为学习器乐作品奠定基础；通过学唱、聆听、对比、听辨等环节理解变奏曲式的基本概念和简单的变奏手法；运用简单的变奏手法进行创编，加深对变奏曲的理解；通过随堂测试题，让学生复习巩固本课的知识要点；通过对舒伯特艺术风格的总结，让学生初步体验浪漫主义音乐的特征。总之，本节课以学习者为主体，为了让学生更好地理解变奏曲式，运用了小组创编的方式，引导学生将所学运用于实践中，以流行歌曲的旋律为创作动机，依托古老而简单的变奏曲式，引导学生在学习浪漫乐派《鳟鱼五重奏》的基础上，创编出新歌曲《刷葱变奏曲》，教师从知识的传授者转化为学习的引导者，培养了学生的音乐创作能力和创新意识为学习西方古典音乐打下了良好的基础，学生在评价环节中创新思维得到了教师的肯定，更有利于新的创新的产生。

案例7-3-2：基于证据推理的暖宝宝发热原理探究（作者：王静）

基于证据推理的暖宝宝发热原理的探究，是"电化学腐蚀原理的应用"的具体实例，凸显电化学腐蚀原理的积极应用价值，使学生在基于证据推理的探究过程中体验到化学工作者在"变害为利"方面的创造性贡献，激发学生运用所学的知识综合分析解决化学对自然影响的"负面"问题，实现创新；过程中勇于承担、积极参与，有利于促进学生"宏观辨识与微观辨析""证据推理与模型认知"和"科学态度与社会责任"化学学科素养的发展。

一、情感上认同

教师展示一次性暖宝宝贴的说明书

品名：一次性保暖贴
主要成分：铁粉、水、食盐、活性炭、蛭石、吸水性树脂
产品性能：平均温度为55℃，最高温度为63℃，发热时间在12小时以上
使用说明：使用时将外包装袋撕开，取出内袋，将保护衬纸揭下，贴在需要取暖或热敷部位的内衣外侧；使用完后，从衣服上撕下即可【严禁直接接触皮肤】

提出问题：暖宝宝贴发热原理是什么？请说出你的猜测依据。

学生小组讨论、交流，给出结论并提供相应的理由，暖宝宝贴发热原理汇报如下：

小组1：依据暖宝宝贴的主要成分"铁、水、食盐、活性炭"猜测，应当是铁粉被氧化过程中放热

小组2：依据使用方法（保护衬纸撕下），再次确认应当是铁粉与氧气反应放热

小组3：依据元素化合价，因为水中有正一价的氢元素，有可能是铁粉与水发生反应，反应放热

小组4：铁粉与氧气、水可以生成铁锈，生成铁锈的过程可以放热

小组5：生活中铁钉生锈的过程我们根本感觉不到放出热量，应当是暖宝宝贴的成分中的物质可以形成原电池，加快了化学反应速率，所以我们在使用暖宝宝时很快会感觉到热量的放出

小组6：……

师生一起汇总同学们的讨论结果：

（1）Fe+氧化剂（O_2 或 H_2O 或 O_2 和 H_2O）发生氧化还原反应放热；

（2）成分中的物质可以形成原电池，加快了放热反应速率。

教师：每组同学说得都很有道理，大家通过阅读使用说明，将信息为我所用，依据成分及所学过的知识，寻找的证据都能支撑自己的论点，大家的批判性品质"言之有据"在此处得到了很好的体现。并且同学们在互相交流碰撞中，分析别人的说法，及时补充论点中的缺陷，最终得到所有人都能接受的结论，表扬大家。从刚才的讨论中，大家对"暖宝宝贴的成分中的物质可以形成原电池，加快了化学反应速率"没有异议，因为满足原电池的构成要素，而我们也可以通过验证产物来确认暖宝宝中确实形成了原电池。这里我们就不开展结果（2）的探究了，我们这节课的任务：铁粉到底是与哪种物质（O_2 或 H_2O 或 O_2 和 H_2O）发生氧化还原反应放出了热量呢？也就是小组1、2、3和4哪组同学的猜测更合理呢？我们如何得到合理的猜测呢？

二、方法上指导

小组任务：确认到底是 O_2 还是 H_2O 还是 O_2 和 H_2O 与铁粉发生了反应

小组1：

设计实验，组装仪器如图，利用控制变量法的实验过程如下：

实验装置	操作	预期现象及结论	实验现象	实验结论
	（1）瓶内装入铁粉和木炭粉，通入纯氧或用氮气赶走空气后再加入水 （2）观察试管内液面的变化	若试管内液面上升，氧化剂是 O_2；试管内液面下降，氧化剂是 H_2O	试管内液面几乎无变化	O_2 和 H_2O 都没有与铁粉发生反应

同学们满脸惊讶，不是氧气不是水，还能是哪种物质？自己的预测有错误？

教师：没有实验现象，就代表预测有误吗？暖宝宝的主要成分我们已知晓，暖宝宝放热也是事实，我们按照暖宝宝的主要成分设计了同类实验，为何就没有得到我们期待的实验现象呢？

学生1：是不是铁粉与氧气、铁粉与水反应时间太长，因此我们没有观察到明显现象，而不是不反应。所以我们可以尝试直接用暖宝宝做这个实验，因为暖宝宝的成分中所含物质已经构成了原电池的组成因素，可以加快反应速率。

教师：想法不错。"变换"是实现改进的方法之一，变换实验论证的细节、变换论证的立场都可能带来新的结果。而你变换了实验论证过程中的药品，理论上也可以实现构建新的探究过程得到新的结论。那如何确定到底是氧气还是水与铁发生了反应发出了热量呢？

学生：……

教师：给大家提示一下，在大家变换药品的基础上，若我再变换一下论证中的环境细节，用上面小组1的实验装置进行对比试验，药品都为暖宝宝，在左侧瓶中分别通入纯氧和空气，你们设想一下，什么现象能得出暖宝宝发热原理是铁与氧气发生了放热反应？

学生思考，讨论，分享。

学生2：右侧试管液面高度应当不一样。

学生3：通入纯氧的实验中，右侧试管液面高度应当更高

学生1：应当有时间限制，否则变量太多。相同时间内，通入纯氧的实验中，右侧试管液面高度应当更高。

教师：大家太棒了，倾听别人的观点同时，不断修正自己的观点，学生2给出的结论不明确、学生3修正，虽然最后学生3给出的结论也不精准，但是学生1在两人的基础上进一步修正，得到了准确的结论，这就是批判性的创新精神。实验我们来不及做，给大家展示一下相关的实验数据证实我们的观点[1]

相同时间液柱变化的对比

时间（s）	10	20	30	40	50	60	70	80
空气中液柱高度（cm）	0.3	0.7	1.6	2.4	3.2	4.1	5.0	5.7
纯氧中液柱高度（cm）	0.4	1.1	2.5	3.8	5.1	6.5	7.9	9.1

变换、倾听、论证，我们实现了构建不同的实验论证方法，完成了创新。

三、评价中激励

过程性评价贯穿于整个教学过程，"情感认同、方法指导"过程中教师肯定的语言、赞赏的眼神和同学们之间互相搭台的肯定，都激励了学生。教师给出新任务作为本节课的终结性评价环节：具体实例——微电解技术处理工业废水，要求学生通过分析，完成相应的任务。

"微电解技术处理工业废水"——工业废水中经常含有重金属离子，其不仅含量高，而且毒性大，对人类健康和自然环境构成威胁。微电解技术处理工业废水，不仅可以回收重金属，减少资源浪费，而且去除效率良好，不存在二次污染。下面是利用微电解技术处理酸性含铬废水（主要是 $Cr_2O_7^{2-}$，有毒）示意图，请尝试分析原理，并写出相应的电极反应式及去除有毒物质的反应。

---

〔1〕 项子妍："基于核心素养的生活化校本课程的实践研究——以'暖宝宝'发热原理探析为例"，载《化学教与学》，2018 年第 11 期。

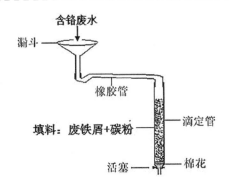

评价标准	（1）学生的参与度（是否积极参与，敢于发表自己的观点）
	（2）学生的创新方法是否正确（"质疑"是否为真，"变换"是否有效，"发展"是否合理）
	（3）准确表达结论

学生小组讨论、交流，组长充分调动组员，汇报如下：

（1）原理：

填料中废铁屑中的铁和碳粉分别作为微小电池的负极材料和正极材料，铁和废水中的氢离子分别作为负极反应物和正极反应物，废水作为离子导体，满足原电池的构成要素（装置维度和原理维度）。

（2）表达：

电极反应式：（负极）$Fe-2e^- = Fe^{2+}$

（正极）$2H^+ + 2e^- = H_2$（酸性条件）

将有毒的六价铬离子处理成无毒的三价铬离子的具体反应：

$Cr_2O_7^{2-} + 6Fe^{2+} + 14H^+ = 2Cr^{3+} + 6Fe^{3+} + 7H_2O$

同学们积极讨论。一部分同学讨论交流并表达结论如上。但是有一部分同学表示：看不懂示意图，导致原理不清，根本没有思路，不知怎么解答。

（3）"变换"：

通过刚才所学的具体创新的方法——"变换"，将复杂的工业技术装置"变换"为自己非常熟悉的简化原电池装置（这一步很关键），在此基础上完成相应的电极反应式及处理废水的反应原理就相对容易得多。

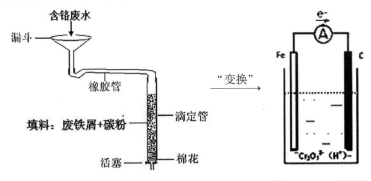

教师通过新任务作为终结性评价，通过评价标准判断学生是否完成了创新。学生通过此环节任务的完成体会到"电化学腐蚀原理为我所用"感受到化学学科的应用价值的同时，自己思维的输出得到了教师和同伴的认同和激励，创新的欲望得以加强。而在完成任务的过程中学生也加深了创新的策略之"变换"方法的认识，为下一次进行新的论证，得到新的观点、事物等打下了坚实的基础。

案例7-3-3：基于创新的《朝花夕拾》人物形象分析（作者：王天红）

随着教育部统编版教材的第二轮、第三轮使用，教师们在整本书阅读教学方面积累了一定的经验，在进行教学活动设计的时候，越来越能把握整本书阅读的重点、难点和独特性。教师以七年级《朝花夕拾》整本书阅读活动为例，在采取问卷的形式充分调查学情、分析学情的基础上，运用批判性思维的创新方法：情感上认同—方法上指导—评价中激励，帮助学生对书中人物有更全面、深刻的认识，产生新的观念，完成创新过程。

一、情感上认同

教师首先布置初读《朝花夕拾》作业：要求学生用5天时间阅读、批注《朝花夕拾》，每页至少批注一处，包括目录、小引等。之后，教师在课堂上拿出一节课的时间请学生用1~3个词来形容阿长、衍太太是个什么样的人，教师在黑板上记录关键词，同时，学生要结合书中内容谈谈依据。在学生举手表达观点、阐述论证的时候，教师始终面带笑容倾听学生的观点和证据，不做是否正确的评价，只是在学生谈论后带着笑容总结：你说出了你目前为止看到的阿长/衍太太，感谢你和我们分享。之后继续追问：请问你还有补充吗？其他同学还有什么补充和别的看法吗？在学生有新的、独特的看法的时候，教师竖起大拇指表示赞同，同时可以用摸头、拍肩、微笑、眼神等方式表示鼓励和肯定。类似这样不带正确与否的总结和追问，可以激发学生课堂上发言的勇气，鼓励他们在课堂上更多地进行交流。有了充分的表达教师才会知道学生目前的理解水平，知道学生的困惑点，解决问题后才会有创新。

在学生表达观点后，总结黑板上的文字，教师发现，学生对于阿长列举了很多特点，如：封建、迷信、唠叨、爱打小报告、不诚信等等，并相应列举了书中的内容作为例证。对于衍太太，学生总体认为她是个不错的人：善良、善解人意、不告状等，举的最主要的例子是长妈妈和其他人都喜欢告状，但衍太太不告状，还使劲儿让小孩儿打旋子，鼓励他们做他们爱做的事情。以上，教师看到学生读书的时候关注到了书中的一些主要人物和情节，但是却不能正确、全面地评价人物，教师需要在方法上加以指导，这样学生才会产生新的观念，进行创新，得到发展。

二、方法上指导

为了让学生对人物有更全面的认识，教师对学生进行创新方法上的指导——"质疑"，质疑对方提出的结论，并寻找新的证据、理由支撑自己的质疑。

首先，来看鲁迅用墨最多的人物——阿长。教师引导学生在《阿长与〈山海经〉》中圈画出鲁迅对阿长情感变化的语句，学生很快找出来：

开始时，因为长妈妈有思想迷信、行为粗鲁等缺点，鲁迅对长妈妈"实在不大佩服"；

讲长毛的故事时，也曾"发生过空前的敬意"；

后来也"逐渐淡薄起来"，甚至在知道长妈妈谋害了他的隐鼠之后，还一度憎恶长妈妈。

后来因为长妈妈给鲁迅买来了他心心念念的《山海经》，对长妈妈发生新的敬意。

"特别的敬意"是反讽，"新的敬意"是发自内心的尊敬和爱。教师引导学生提出质疑：如果阿长仅仅是封建、迷信、唠叨、爱打小报告、不诚信的人，作者会对她有发自内心的尊敬和爱吗？为解决这个问题，指导学生阅读勾画《阿长与〈山海经〉》《狗·猫·鼠》《二十四孝图》《五猖会》《从百草园到三味书屋》这五篇文章中有关阿长的内容，寻找新的理由来看阿长是个什么样的人。

圈点批注后，有同学说：我觉得阿长是个身份卑微的人，阿长并不是她自己的真实名字，而是前一个生得高大的女工的名字，连自己真实的名字都不能被叫，这是多么卑微。

有同学说：我觉得阿长是一个迷信、愚昧又有趣的人，她脑子里永远藏着那么多有意思的故事，比如"长毛"的故事、二十四孝的故事，美女蛇的故事等，让人不知不觉跟着她进入了故事的情境中。

有同学说：教师，我觉得阿长是个爱告状又关心鲁迅的人，书中说（阿长）"不许我走动，拔一株草，翻一块石头，就说我顽皮，要告诉我的母亲去了"。我们感觉她爱告状，但后来觉得阿长去告状也是情有可原的，因为从《百草园到三味书屋》里，我们看到其实鲁迅小时候真的是挺顽皮的，而她告状其实也是对鲁迅的关心，尤其是和衍太太对比，衍太太是"无论闹出什么乱子来，也决不去告诉各人的父母"的，对比更可见阿长对鲁迅的关心。

有同学说：我觉得阿长是一个迷信又对美好生活抱有希望的人。她平时的规矩很多，尤其是正月初一早上要说恭喜、吃福橘，她会"极其郑重地说"，认为"这是一年的运气的事情"，觉得说了恭喜恭喜，吃一点福橘，一年到头就会顺顺溜溜。我们在看到阿长迷信的同时，又怎能说这里没有她对美好生活的希望呢？

大家说完，我都会用言语和神态肯定大家的看法。学生彼此受到启发后又继续说道：我觉得阿长是一个可恨又可爱的人。她踩死了"我"最爱的隐鼠，还说是猫吃的，着实可恨；但同时，鲁迅又说"也许是以为我等得太苦了罢，轻轻地来告诉我一句话"；"隐鼠是昨天晚上被猫吃去了"。"轻轻地"这个词写出了阿长的紧张、害怕、矛盾和小心翼翼的心理。"也许是以为我等得太苦了罢"写出了阿长虽然不诚实，但是却真心爱鲁迅。

又有同学说：我觉得阿长是一个爱鲁迅的人。有个情节说阿长无法营救被父亲要求背熟《鉴略》的"我"，"只默默地静候着我读熟"，由于无法营救而焦急和担心，但又因地位低微而又无可奈何，看出她对鲁迅的爱。

后来学生又找到了鲁迅对阿长情感转变的关键事件——长妈妈给鲁迅买来了他心心念念的《山海经》，因为长妈妈对自己的爱，才真正使鲁迅"发生新的敬意"。长妈妈用"神力"影响了鲁迅，呵护了鲁迅的兴趣爱好，让他热爱民俗和民间故事，迷恋绘画，偏爱版画，以后更是推动了木刻版画的发展，给了鲁迅生命中似母亲的爱。

接下来，教师用同样的方法引导学生认识衍太太。首先，反对结论：没错儿，衍太太这个形象最开始读来确实是非常有迷惑性的，因为她"对别人家的孩子却好的，无论闹出什么乱子来，也绝不会去告诉各人的父母"。那么，这样的人，鲁迅说"对于她也有不满足的地方。"鲁迅不满足她的哪些事？从中可以看出衍太太是个什么样的人呢？

学生很快找到衍太太对别人家孩子"好"是鲁迅的反语，看出衍太太的虚伪，她是典型的"看热闹不嫌事儿大"的看客形象；鲁迅先生父亲去世前，衍太太教唆其不断呼喊快断气的父亲可以看出她是个封建的人；她还唆使鲁迅去做坏事偷东西，又散布流言中伤鲁迅，她是一个心术不正，喜欢造谣诽谤的人。

通过反对之前的结论，我们寻找了新的理由来更加全面地认识长妈妈和衍太太这两个人物，对人物的认识更加全面、多角度。而在这过程中，完成了创新，人物的形象在我们心中也更加丰满起来。

三、评价中激励

在教学过程中，教师的评价贯穿始终，主要是以小组为单位进行的过程性评价和终结性评价，评价都以激励学生为目的。过程性评价占一半分，主要看各组组长是否能够组织成员主动参与讨论、进行质疑，不断寻找反对结论的新理由，只要完成一条就可以得分。终结性评价也占一半的分，目标是每组完成一篇300字左右论文的写作，题目二选一：

1.《鲁迅先生"朝花"中最芬芳的那朵——长妈妈》；
2.《鲁迅先生"朝花"中最恶毒的那朵——衍太太》。

要求小论文有观点，有论据，并且论据可以很好地说明观点。小论文只要按要求完成即可，这一过程，就是把之前的论证、质疑过程进行再修正及成果的固化的过程，是把新观念固化的过程，最终完成创新。

案例 7-3-4：培养学生"定义集合新运算"的创新发展实践（作者：王肖华）

爱迪生曾经说过，"科学需要幻想，发明贵在创新"。创新在科学发展中至关重要。数学是科学发展中非常重要的工具。数学的应用渗透到生活、科技创新中的方方面面，对推动科技创新与发展的作用越来越大。

著名的华人数学家华罗庚曾经说过："新的数学方法和概念，常常比解决数学问题本身更重要。"在日常教学中，我们借助于一切载体，引导学生学会提出新的问题，发现新的数学方法，创造新的数学概念，定义新的运算，建立新的知识体系。教师引导学生学习新知中不断传承已有的知识财富，同时不断提出新的问题、方法和概念，也在不断创新发展。下面以高中数学集合的知识为例，说明如何培养学生"定义集合新运算"的创新发展实践。

学生在学习集合的运算和完成"定义集合新运算"的过程中经历了"师生情感上的认同"、"教师方法上的指导"和"质疑论证评价中的激励"。学生在创新中得到不断发展。

一、情感上的认同

教师情感上的认同体现在接受认知结构水平不同的学生表达观点。集合语言是现代数学的基本语言。集合作为高一学生接触的第一个数学内容，在初高中衔接中有着特殊的角色和作用。学生由初中到高中进阶学习过程中，学生已有的知识结构水平参差不齐。通过集合语言的学习，教师会了解学生的初中知识结构水平，包含知识、习惯、心理、兴趣等。学生的不同水平情况为教学设计提供关键的依据；同时为教师培养学生的必备能力和关键品格做好充分准备，顺利完成初高中过渡。在过渡中，教师让学生明白新知识与旧知识之间的联系和作用，明白数学知识创造发展的过程。

情感上的认同体现在教师充分接受学生对集合语言的错误认识。使用集合语言，可以简洁、准确地表达数学的一些内容。高中数学课程只将集合作为一种语言来学习，学生将学会使用最基本的集合语言表示有关的数学对象，发展运用语言进行交流的能力。但是学生在刚学完集合的概念及其运算之后，用集合语言描述数学问题时出现各种错误。例如，因为集合本身概念不清，分不清子集、真子集等，集合的运算不清，分不清交集、并集、补集，所以用集合描述函数概念、统计概率等问题时，语言表示不准确。教师在情感上要鼓励学生及时复习，学会不断应用。学生在应用中把概念不清的地方进行梳理通透，由不会到会。这是我们狭义上创新的理解。教师要培养学生学会梳理知识的习惯和能力；让学生体会知识一理百顺建构新知，创造新的角度和方法理解问题。

二、方法上指导

学生在学习集合的语言过程中，了解了集合产生的实际和数学意义；三种语言（自然、符号、图形）的表示。

集合的实际意义：在生活与学习中，为了方便，我们经常要对事物进行分类。例如，图书馆的书是按照所属学科进行分类；作文是按照文体进行分类：记叙文、议论文等；整理东西时按照：文具类、体育类、生活类等进行分类整理放在不同的抽屉、袋子或者固定地方等。

集合的数学意义：集合是一种表述事物的语言，是刻画一类事物的工具。通过集合语言可以研究数学对象更加清晰准确简洁的表达，能够准确地认识和把握数学对象。例如在函数、概率中的应用。

学生学习了集合的概念、分类、运算等知识，深刻体会到集合语言的重要作用和意义。

学生这是对集合语言本身的一种情感上认同。学生在情感上认同知识，教师在情感上认同学生的各种学习情况。师生两种认同的结合就是教师要在学生学习完零散的知识之后，给予学生具体方法上的指导。教师指导学生能够系统化、结构化所学知识，为创造新知做好充分的准备。

方法 1：集合运算知识梳理

知识梳理，帮助学生巩固基础知识，为建构知识做准备。

实际情景			
集合运算读法	A 交 B	A 并 B	A 在全集 U 中的补集
符号表示	$A \cap B$	$A \cup B$	$C_U A$
几何表示			
运算对象	集合 A, B	集合 A, B	集合 A, U
运算法则	$x \in A$，且 $x \in B$	$x \in A$，或 $x \in B$	$A \subseteq U$ 且 $x \in U$, $x \notin A$

续表

运算性质（运算律）	交换律 $A \cap B = B \cap A$ (2) 幂等律 $A \cap A = A$ (3) 结合律 $(A \cap B) \cap C$ $= A \cap (B \cap C)$ 与运算顺序无关 $A \cap \Phi = \Phi$ (5) $A \subseteq B \Leftrightarrow A \cap B = A$	(1) 交换律 $A \cup B = B \cup A$ 幂等律 $A \cup A = A$ 结合律 $(A \cup B) \cup C$ $= A \cup (B \cup C)$ 与运算顺序无关 (4) $A \cup \Phi = A$ (5) $A \subseteq B \Leftrightarrow A \cup B = B$	$A \cup (C_U A) = U A \cap (C_U A) =$ $\Phi C_U(C_U A) = A$ 德摩根恒等式 $C_U(A \cup B) = (C_U A) \cap (C_U B) C_U(A \cap B) = (C_U A) \cup (C_U B)$
运算性质几何表示			

方法2：思维导图，知识结构化

学生知识梳理之后，通过思维导图整体认识和理解集合中的思想方法，知识结构化。

集合语言元素是关键是核心，学生通过结构图了解集合产生的数学和实际意义。集合概念包含集合的含义，表示和集合元素的三个性质。核心的方法是元素分析法。根据元素个数对集合进行分类，根据集合中元素的关系，进行集合的分类和运算。理解集合三种运算中的运算对象、法则、结果和运算律，对集合有了整体结构化的认识和理解。

知识结构化为知识创新提供新的视角、新的方法。

集合认知结构图如下：

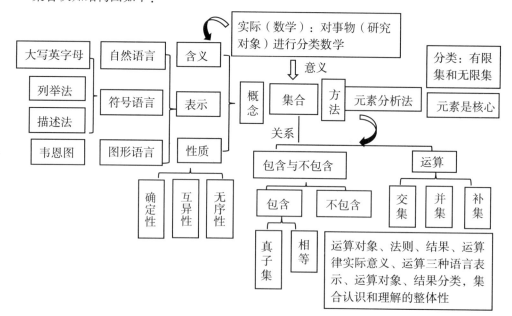

方法3：示范探究集合新运算

同学们请根据实数的运算和集合的基本运算：交、并、补，发挥你的聪明才智，你试一试给出你定义的集合新运算，并提出一些相关的问题。

例1：我们定义两个不同集合 A，B 的差集为 $A - B = \{x \mid x \in A，且 x \notin B\}$。

（1）请选取两个非空集合 A，B，试求 $A - B$ 与 $B - A$，它们是否相同？为什么？

（2）请你将差集与补集的概念作比较，并分析 $A-B$ 与 C_AB 在什么情况下相等，在什么情况下不等。请把你研究的结果整理出来，和同学们分享。

【解析】

（1）两个不同的非空集合 A，B，$A-B$ 与 $B-A$，它们不相同。

因为 $A-B=\{x\mid x\in A,\ x\notin B\}=A\cap(C_UB)$，

$B-A=\{x\mid x\in B,\ x\notin A\}=B\cap(C_UA)$，所以不同。

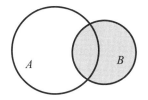 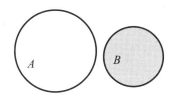 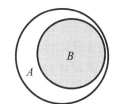

$A-B$（集合 A 中白色区域）

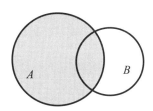 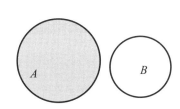 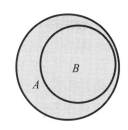

$B-A$（集合 B 中白色区域）

（2）$A-B$ 与 C_AB 关系

根据全集定义，C_AB 运算对象是 A，B，$B\subseteq A$，所以当 $B\subseteq A$ 时才有两种运算关系的讨论。

所以当 $B\subseteq A$ 时，$A-B=C_AB$。

$A-B=C_AB$（右图集合 A 中白色区域）

当 A，B，$A\cup B\neq A$ 时，两种运算结果不等 $A-B\neq C_AB$。

考查集合知识：两个集合的关系（4 种），集合的全集概念、补集运算、差集运算与补集运算的关系，子集的概念等。

例 2：设两个集合 A，B，定义一种新运算：和集 $A+B=\{x\mid x=a+b,\ a\in A,\ b\in B\}$。请给出具体集合 A，B，并求 $A+B$ 中元素之和（或之积），判断 $A+B$ 与 $B+A$ 是否相同？为什么？

【解析】根据新运算法则和实数加法（乘法）交换律可知：$A+B=B+A$。

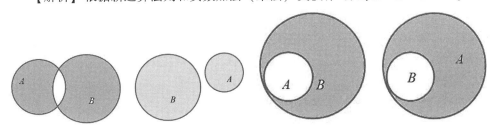

三、评价中激励

教师在学生学习过程中，给予了情感上的认同、方法上的指导，同时还要给予积极的评价。评价中激励学生敢于质疑、敢于实践、敢于创新。例如，让学生定义集合新运算。评价标准是运算的四个维度、与三种常见集合运算的关系、运算的名称创意等方面。

（一）编题高手、一展身手的积极评价

学生根据上面的例题"定义集合新运算"的示范指导，发散自己思维，独立创新，编写新的集合运算。学生编写过程明确运算的四个维度：运算对象、法则、结果和运算律。思考新运算有哪些创新点？与学习过的集合交、并、补三种运算是否有关联？下面是学生定义的集合新运算：

新运算 1：

名称：交并集

符号：∩∪

维恩（Venn）图

运算对象：A，B

运算法则：除去两个集合中公共部分的元素构成的集合，$\{x \mid x \in A \cup B, x \notin A \cap B\}$

运算性质：交换律

相关问题：

1. 已知 $A = \{x \mid -1 \le x \le 1\}$，$B = \{x \mid -2 \le x \le 0\}$，求 $A \cap \cup B$。

2. 已知 $A = \{x \mid -1 \le x \le 2\}$，$B = \{x \mid a \le x \le b\}$，$A \cap \cup B = \{x \mid -3 \le x < 1$ 或 $0 < x \le 2\}$，求 a，b。

考查集合知识：集合交集、并集运算及 Venn 图表示。

评价激励：学生的运算名称非常形象，运算四个维度非常清晰，与常规的集合运算类似。同时，学生还给出相关检测评价的练习问题，非常棒。

新运算 2：圆差积：运算结果集合元素是一维实数

$A \otimes B = \{z \mid z = xy(x+y), x, y \in A\}$，$A = \{0, 1, 2\}$。

集合的元素：实数

运算对象：集合 A，B

运算法则：如上

运算结果：集合

运算律：交换律（实数乘法和加法满足交换律）

考查知识：集合中元素是点集相关的新运算

实数加法交换律和结合律的深入理解。

评价激励：创新点有两个。一是运算结果不再是常见的集合，运算结果是一维实数。二是把实数的加法运算引入新的集合运算。

新运算 3：集合的积运算——运算结果集合元素是一维实数

$A \cdot B = \{z \mid z = x \cdot y, x \in A, y \in B\}$，集合 A、B 是非空数集。

满足交换律、结合律

考查知识：集合中元素是点集相关的新运算。

实数乘法交换律和结合律的深入理解。

评价激励：创新点有两个。一是运算结果不再是常见的集合，运算结果是一维实数。二是把实数的乘法运算引入新的集合运算。

新运算4：

名称：圆点积

运算对象：数对

已知集合：$A = \{(x, y) \mid x^2 + y^2 \leq 1, x, y \in Z\}$，$B = \{(x, y) \mid |x| \leq 2, |y| \leq 2, x, y \in Z\}$，运算法则：$A \ominus B = \{(x_1 + x_2, y_1 + y_2) \mid (x_1, y_1) \in A, (x_2, y_2) \in B\}$，

运算结果：集合

相关问题：求 $A \ominus B$ 中元素的个数。

评价激励：创新点是运算对象和结果，集合元素是二维数对。

新运算5：

名称：幂集

符号表示：2^A，A 是一个集合。

运算对象：集合 A

运算法则：求给定集合的子集构成的集合，$2^A = \{S \mid S \subseteq A\}$。

运算结果：集合

运算结果集合的元素：集合 A 的子集

例如集合 $A = \{0, 1, 2\}$，则 $2^A = \{\varnothing, \{0\}, \{1\}, \{2\}, \{1, 0\}, \{0, 2\}, \{1, 2\}, \{0, 1, 2\}\}$。

应用集合知识：集合的子集，集合的表示方法，集合中元素的深入理解。

评价激励：创新点是运算结果是运算对象的子集。

（2）实践思考

1. 学生定义的集合新运算有多少意义？创新点在哪儿？

这些新定义的集合运算是否都能用已有的集合的运算交、并、补表示？

2. 集合的新定义的实际背景有时很难找到，只是体现了公理化的知识建构过程。

3. 部分学生对于集合的交并补、子集运算知识掌握不扎实，出现符号表示错误。

4. 学生编完新定义后在寻求运算律和应用新定义解决问题过程非常薄弱，属于正常现象。

（三）学生定义新运算的意义

1. 对所学集合概念和集合运算知识有深入的理解和应用，加强概念辨析。

2. 学生对新定义集合中运算对象、运算法则的丰富认识和表示，体现了学生的综合发散思维能力很强。

3. 学生对定义名字的命名和运算符号表示非常形象、有诗意，体现学生的文化知识丰富，视野开阔。

数学是人类文化的重要组成部分。数学是人类社会进步的产物，也是推动社会发展的动力。学生创新编写这些集合新运算就是集合数学文化发展的一个缩影。教学实践中除了定义新运算之外，我们还让学生进行了"集合数学史"的学习和探索。例如，康托与集合论；集合论的发展简史；集合中的悖论；集合语言的广泛使用，它在高中数学中的重要地位（在函数、数理逻辑、概率等方面）；集合中的特殊符号"$\in$"，"$\subseteq$"，"$\supseteq$"，

"⊂"，"⊃"等的由来。这些开阔了学生视野。

学生在定义集合新运算过程中，逐步了解数学科学与人类社会发展之间的相互作用，体会数学的科学价值、应用价值、人文价值。学生开阔视野，寻求数学进步的历史轨迹，激发对于数学创新原动力的认识，受到优秀文化的熏陶，领会数学的美学价值，从而提高自身的文化素养和创新意识。

第八章　教师批判性思维培养

信息化时代的世界日益复杂化，培养高素质复合型人才无疑是教育追求的最重要目标，因此，无论是学生还是教师，都迫切需要建构新的思维方式，成为真正的终身学习者，成为具有创新能力的知识运用者。从 2016 年起，学校"种子"教师开展批判性思维教学与实践研究，在教育教学中积累了丰富的理论与授课经验，并在不断寻真求实中寻找探究途径。

第一节　批判性思维培养下的教师成长

教师批判性思维培养要求教师真正运用批判性思维方法、工具指导自己的教育教学，这就要求教师：主动改变教育理念；运用新工具解决教育教学遇到的难点和困惑、用新的思维方法指导自己的实践；成为一个积极的探索与改变者，主动寻求、优化方法解决现实问题。

一、"成长"需要教师主动改变育人理念

（一）教师育人理念改变的必要性

反复讲授的知识，学生为什么还会犯错？

教学中一个常见现象：教师反复强调和训练的知识点，学生仍然会犯错，甚至会犯同样的错，这个问题令很多教师困惑不已。Gerald M. Nosich 在《学会批判性思维》一书中曾经解释："课程中一些基本并且强大的概念，与学生的经历是格格不入的。"这个问题需要教师们思考，作为学科专家（相对于学生），教师的思维维度和作为初学者学生的思维维度是大相径庭的。

案例 8-1-1：初三语文学业水平调研试题：

"日月星辰"常常是古人抒发情感的载体。《水调歌头》一词中的"月"和"长河落日圆"中的"日"，或"星河欲转千帆舞"中的"星"，分别表达了诗人怎样的情感？

教师答案"长河落日圆"示例："长河落日圆"中的圆"日"西沉，<u>写出了边塞壮阔雄浑之美，表达了诗人的豪迈豁达之情</u>。

学生答案"长河落日圆"示例："长河落日圆"<u>描绘了黄河边落日浑圆的景象，表现了大漠苍茫壮阔，体现出诗人的孤寂悲凉之感</u>。

对比教师和学生答案，只有一个微小的差距，就是从同样壮阔苍凉的景物描写分析，推出了截图然不同的情感结论，一为"豪迈豁达"，一为"孤寂悲凉"。实际上，这一知识点，是教师在平时教学中反复强调的。

让我们来尝试对比教师的"专家"思维和学生"初学者"思维差距：

	批判性思维学习者思维	未经批判性思维培养的教师	学生"初学者"思维
问题认知与分析过程	对问题涉及要素分类清晰： 在分析中体现清晰思维路径： 擅长对已有观点反思与重构： 例如： 景物特点分析： "圆"字，生动写出红日仿佛出入于长河中，表现了河水吞吐日月的宏阔气势，整个画面因之更显雄奇瑰丽。<u>因此作者豪迈之情顿生</u>。 历史环境分析： 开元二十五年（737）春，河西节度副使崔希逸大胜吐蕃，王维奉唐玄宗之令赴凉州慰问，此诗即出塞途中所作。因此，<u>诗人应有奉命出使边塞的责任感和自豪感</u>。 上下句（内容）关联： "单车"写出行随从少，微露失意情绪，"归雁""征蓬"是诗人借雁、蓬草自况，写飘零之感，此处异国他乡的情味甚为浓厚，<u>豪迈之余也有身世飘零之感</u>。 出使原因分析： 去国离乡，诗人心境不佳，联系当时一向器重诗人的宰相张九龄于本年四月贬为荆州长史，可以推知诗人本次出使并非意气风发，<u>更可能是被贬谪惩罚</u>。 综合以上因素，教师推理出结论：塞外沙漠的壮景奇观与大胜吐蕃之战，使得诗人在"小我"之悲与"大我"之豪情中，选择了后者，特别是大漠辽阔的景象开阔了作者的视野，感染、净化了作者的心灵，<u>使得他最终在诗句中寄托豁达豪迈之情</u>。	能对诗歌要素分类并进行推理，形成论证。但要素分析流程运用相对随机，不固定。 分析中对推理、假设等思维路径形式化表达意识不强。 乐于接受既有观念，不擅长对已有观念（公认答案）进行反思与重构。	不能对诗歌要素分类 能或偶尔可以推理，形成论证。 乐于接受既有观念，不能对已有观念（公认答案）进行反思与重构。 例如： 大漠虽然壮阔，但是越发衬托作者渺小，"落日"给人悲伤的感觉，因为一般情况下，"落日"都代表悲衰。 作者"单车"出使，使他感觉悲凉和孤独，就好像大漠中的"落日"和"孤烟"一样，而且他也是被贬谪，怎么会高兴呢？

　　正如 Gerald M. Nosich 所说"批判性思维的一个主要目标是当你按部就班进行工作时，头脑中要一直牢记着整体。"上表中，可以明显看出经过批判性思维训练的教师在分析这一具体

问题时，可以将这个具体的问题置于全诗理解与作者创作意图的综合体系中考察，在看似矛盾的分析中牢牢把握问题的核心，经过合理而全面地权衡，形成更为理性的论断。但是未经培训的教师和学生在思考问题时，思维路径却不够清晰。学生之所以反复犯"错"，其根源是他们学习知识过程中，没有发展出联系性思维，他们更多靠记忆知识点（答案）来完成学习和考试。未经批判性思维培训的教师，在教学理念上相对保守，教学中不擅长调动学生自主学习，同时，由于教师也不擅长对既有答案反思、重构，就更不可能在教学中有效培养学生提出、分析、评估、重构问题的能力。随着国家教育改革深入，育人理念的变化，考试评价体系也发生着深刻变革，教师亟需改变育人理念，培养教师批判性思维可以真正助力教师的改变与成长。

（二）教师"成长"要从"提问"开始

教师教学首先要引导学反思并提问：如何才能最好地解决这个问题？

提出好问题是批判性思维的基础部分，批判性思维中最困难的技能之一就是学习者要觉察到学习中"一个你应该问的问题"而不是"一个你应该解决的问题"。无论是教师还是学生，都要理解一件事，即批判性思维要求学习者提出问题，而不是解决具体问题。

教师运用批判性思维改变教学理念，首先要求教师能重新思考自己在课堂中的提问环节——提出一个值得"探究"的，绝不会限制学生的思维的问题。同时，学生可以在教师的教学设计中，生出"我如何才能最好地解决这个问题"的想法。

请比较以下两组教师教学设计中的提问。

案例 8-1-2：九年级物理《机械能》（作者：陈曦）

一稿	二稿	教师提问比较、分析
情境——新闻视频：钱塘江大潮涌上岸边，100多米的铁丝隔离网被大浪冲毁，30多米的挡浪墙也被冲垮。 教师实验：在一个轨道中放入一个小球，用水冲小球。 提问学生： 1. 看到什么现象？ 2. 水冲击小球，说明谁具有能量？ 3. 哪次潮水的能量大？	情境——新闻视频：播放小鸟撞飞机的视频  教师提问： 1. 看完视频你有什么感受？ 2. 小鸟为什么会有这么大的威力，你能结合生活或学习经验分享对此问题的理解吗？	一稿问题特点 1. 直接引导式问题 2. 有一定层次设计的孤立问题组，不支持多元视角 3. 答案唯一，封闭性 4. 适合阐述知识点 5. 不利于学生发展联系思维 6. 学生不能通过这些问题系统整合学习内容 二稿问题特点 1. 启发式问题 2. 将新知识与学生已有经验关联 3. 引导学生自己提问并解答 学生在自问自答中到达或接近核心概念 4. 答案不唯一，具有开放性 5. 有利于学生发展联系思维 6. 学生可以能通过教师提问，在自问自答中系统整合学习内容 7. 不同学生回答角度不同，彼此激发、影响，学生在倾听中评价问题，并修改自己建构的知识系统

学生在教师修改后的问题提出后的表现：

刘同学：小鸟具有很大的能量啊，具有这么大的能量是因为小鸟具有很大的速度吧。

徐同学：小鸟威力巨大，说明小鸟对飞机做了功，飞机被撞后的样子让我想到，小鸟做功并转化为巨大的能量，破坏力巨大，这真是太神奇了！

同学们你一言我一语，在讨论中，"能量"、"速度"这些概念都会相继出现在对话里。陈老师以他们的对话作为契机，抓住学生所提到的"核心词汇"，鼓励他们继续思考，并建议学生通过自主设计实验证明他们的观点。

陈老师对两次问题设计的反思：

"运用批判性思维方法设计问题，我懂得了教师该如何帮助学生建构知识系统，对于教师来说，千万不要掰开揉碎知识问题'灌'给学生。相反，一定要设计一个能够引出学生自己建构知识系统的'大问题'，直接把它抛给学生，学生也许会自己打开思路，如果他们不能按教师预期开始提问并梳理、整合知识点，那就修改教师的设计好了，或者给他们提供可以联想到知识点的助力，比如与之相关的问题。在这样的课堂设计中，教师一定要大胆一些，就像老师们在帮助我磨课时对我说的：学生就像风中的树会晃来晃去，老师跟着他晃，晃得实在太歪了再帮他正过来。我对学生的放手，使得课堂思维的路也变宽了。"

陈老师设计一稿的"问题"正是知识本位传授式的课堂的问题设计模式。这样的问题直接指向解决具体问题，而不能引起学生主动提问，学生也就不可能进一步主动梳理、建构自己的知识体系了。然而，教师在教学中如果仅仅试图通过提问帮学生识记知识，那就绝不可能让学生在后续的学习中主动并形成学科思维。如果教师具有批判性思维，就会明白，一定要通过"设计真正的好问题"来教导学生——在学习的过程中学会思考、建构自己的认知系统、内化核心概念，并在这一过程中，不断尝试并理解该学科中的思维模式，并使它变成自己思维的永久部分，这才是学习的目标，这件事比完成考试重要多了。为了达到这些更高层次的目标，教师必须不断成长，努力设计出可以引发学生思考并整合、内化知识的好问题吧！

关于设计好问题，教师一定要明确自己的问题切中以下内容：[1] ①这门课程的最基本概念是什么？②这门课程最根本的思维模式是什么？③我应该如何在学科逻辑下开始思考？

（三）在组织探究教学活动中，教师不断提升能力

教师学习设计探究活动是教师教育理念改变的另一重要途径。本书在第四章中已经探讨过探究性教学的特点，主要要求教师引导学生通过自主阅读、观察、实验、思考、讨论、听讲等途径主动探究，自行发现并掌握相应的原理和结论。学生主体，教师辅助指导，采用教师助力学生建立自我认知模型和学习方法架构的方法与过程，使学生主动参与并完成探究活动，这无疑是学生高阶思维培养的重要途径。

实际上，在目前的日常教学中，大部分教师却因为教育理念保守，教学时间紧等原因，仍然偏重知识传授，忽略培养学生发现、提出、分析、解决问题的能力。在上面探讨教师理念转变必要性的例子中，学生解决问题时的思维就呈现出零散化、主观性强、封闭性等特点，集中反映出学生探究学习能力的欠缺。学生暴露出的问题实际上指向教师教学的问题，教师虽有分析问题、解决问题的部分思维路径，但是往往既不完整也不清晰。因此，教师批判性思维培养

〔1〕 ［美］理查德·保罗（Richard Paul）、琳达·埃尔德（Linda Elder）著，侯玉波、姜佟琳等译：《批判性思维工具》，机械工业出版社 2019 年版，第 216 页。

更是当务之急。

请阅读并思考以下教师的探究课堂实录，思考教师如何开展探究式教学，引导学生主动"探究"，并不断改变自己的教学理念，使自己和学生一起收获成长的快乐。

陈老师在引导学生提问并开始思考《机械能》课程基本概念后，继续通过组织学生自行实验来进行探究活动。《机械能》的学习目标之一是通过实验理解影响动能大小的因素，教师如何让学生设计实验并猜想、验证以达到这一目标呢？

案例8-1-3：九年级物理《机械能》（作者：陈曦）

探究目的	探究步骤	探究过程与探究评价	教师反思与改变
《机械能》学习目标：理解影响动能大小的因素。	第一步： 小组代表展示实验设计： 小福同学通过实验展示"影响动能大小的因素"。 他分两次推同一辆小车，小车速度大时会把物体推动相对远的距离，速度小时把物体推动相对近的距离。 小福同学的猜想：这个实验说明速度可能会影响动能大小，但是还无法排除其他因素。	探究过程： 联系（从鸟撞飞机） ——观察——比较——发现问题 教师明确核心问题：影响动能大小因素；学生自主设计实验。 学生观察发现：速度大的小车推物体远；速度小的小车推物体近。 学生猜想结论（待验证）：速度可能影响动能。	从教师演示实验到学生自主设计实验变化，教师把发现问题，提出问题，解决问题的机会留给学生，学生才可以开展有效的探究，教师的辅助作用实际是帮助学生达到最近发展区，而不是展示结论。
探究目标：如何排除其他因素，来确定速度影响动能大小？ 控制变量：当实验中有很多的量时，应用控制变量法，把复杂的问题简单化。	第二步： 教师引导学生展开对话，评价试验： 王同学： 我认为小福已经控制变量了，他控制小车的质量相同，这个做法值得肯定。 徐同学： 我建我们设计一个斜面，让同一辆小车每次从不同高度自由下滑，到达底端撞击物体，并依次测量物体移动距离。 我这样设计，首先是考虑到做两次实验，并不能证明规律的普遍性，设计斜面可以多做几次实验来证明。 其次，斜面可以控制速度大小，让小车从斜面上自由下滑，这样就不会因手推力不均影响实验结	学生互评，自主提出问题。 结论：控制质量相同，才能精确研究速度影响。 排除影响因素，优化实验。多次实验，合理推理。 再次确定修改后的设计： 1. 确保质量相同、高度不同、速度不同，判断能量大小。 2. 指出能量测量要借助转换法。 3. 提出新的假设。 4. 对假设的回应。 争论出现后，学生再次修改实验设计，并提出解决方案——观察实验。	老师很欣喜：学生提出了控制变量法。 学生改良实验方案使老师意识到学生思维的多元性，需要教师给学生充分的展示空间。 同时，教师也意识到给学生的任务可以多角度解决时，学生真的可以从多元角度思考，而且可能有所创新。 因此，教师学习批判性思维使自己的思维更开放、多元、求真。

探究目的	探究步骤	探究过程与探究评价	教师反思与改变
把复杂的问题简单化是解决问题的一个很好的办法。	果，而且小车在斜面上位置越高，到达底端时速度越大。 吴同学： 我认为徐同学建议很棒，他的设计可以帮我排除推力，这样就可以将小车的能量大小仅仅通过被撞物体移动距离的远近反映出来，而且他通过移动距离大小来比较能量大小，这个方法很妙！ 白同学： 斜面法可以避免推力问题，但是如果没有斜面，而就是依靠推力，如何排除力这个因素呢？ 同学间产生分歧后，大家一致认为应该通过实验观察得出结论。		
探究目标：排除影响动能的因素是推力？	学生自主实验： 第一次用较大的力推小车，小车把木块撞得很远。 第二次用较小的力推小车，小车把木块撞得很近。 通过观察实验生成探究结果： 两次推力不同造成小车和木块接触时的速度不同，所以速度直接影响动能，质量是间接原因。 教师推进探究深入，提出问题：如果控制速度相同，质量不同的物体撞击所产生的动能相同吗？	自主探究实验——学生观察——生成新的推论： 速度是直接因素，推力看成间接因素。 （教师点评补充）扩展到生活中很多问题中都包括了直接因素和间接因素。 依托学生思考，引导探究深入，教师助力推进。	学生敢于提出质疑，批判性思维使得教师不会否定、限制学生思维，相反教师会给学生试错空间，助力学生自主解决问题。
探究目标：控制速度相同，猜想质量也会影响动能的实验。	学生分歧： 小王： 不同质量的小车从斜面相同高度自由下滑，则到达底端的速度相同。 小华： 不同质量的小车从斜面相同高度自由下滑，则到达底端的速度不相同。	1. 出现分歧，意味着新问题再次被提出（学生自主提问）。 2. 演示实验。 3. 学生观察验证猜想。 4. 控制变量。	开放的学习空间任务会让学生产生多种设计方案。教师为了应对多种可能，必须要培养自己更深厚、更丰富的专业知识。

探究目的	探究步骤	探究过程与探究评价	教师反思与改变
	学生继续展示实验： 小华和小王分别在讲台上进行实验演示。 用两个完全相同的斜面，两个相同小车从同一高度自由下滑，学生观察到达底端的速度。然后又用屏幕播放录制好的实验视频，用手机慢动作放出，学生们观察到不同质量的小车从斜面相同高度自由下滑，到达底端的速度是相同的。 探究结论：说明小王的猜想正确。 学生确定速度相同（控制变量）后，继续探究，继续通过"自主实验——学生观察"，得出探究结论：速度相同，则质量越大的小车推出木块越远，质量也是影响动能的因素。	5. 自主实验。 6. 学生观察。 7. 生成结论。	

教师反思：

学生们通过教师引导，自主设计实验，在实验中论证自己的猜想。

通过现场实验和讲解，学生们一起观察实验，对比自己的思路提出肯定与反驳意见。

学生互评环节，也是知识通过思维内化的关键过程，学生提出新的问题、假设，现场推理自己的假设，在遇到矛盾时，继续通过设计自主实验来验证假设，最终得出更为合理的结论。

在这节（实验法）探究学习课上，教师为学生提供了探究平台和让学生敢于质疑的安全环境。更重要的是，教师鼓励学生大胆质疑、能质疑，敢猜想、能推理，最终完成了通过探究学习进行论证的过程。互评过程体现思维层层深入，"正反正"的对比论证模式不断在每个探究环节中呈现。学会在探究学习中真正开始做到：反思——提问——评估——重构自己的思维，探究课堂使学生低阶思维开始向高阶思维转变。教师教育能力提升需要教师真正改变教育理念，从设计探究式学习课堂入手，是一种非常有效的提升方法。在探究的过程中，师生、生生间不断"质疑——回应——反驳——实践"，以变促变，教学相长。

关于设计探究学习课程，给教师的建议。

教师应关注并训练学生：①提出和分析问题能力；②分析已有观点和形成论证，阐释观点的能力；③收集和评估各种信息的能力；④构造假设并验证的能力；⑤综合判断与形成结论的能力。

（四）教研"磨课"促进教师成长

教师转变教育理念也需要教师间不断切磋，互助成长，这种成长往往体现在教师教研中"磨"课环节。教育工作者的受众是学生，通过教育发展其思维，培养其品性，因而更需要教师研磨教学，打造精益求精促进学生成长的课堂。从运用批判性思维实践的角度来看：

批判性思维是一种合理的、反思性的思维。

——罗伯特·恩尼斯

"合理"是指符合人们的正常认知和逻辑准则；"反思"是指对自己过去的行为和思考的再思考，破除已有的观念，打破自己的狭隘性，达到新的认识。

——欧阳林《批判性思维与中学语文教学》

必须凝聚问题或争议，思考才有成效；发现并解决问题的能力即创新力。思维的发生就是反思—问题生成—探究、批判—解决问题的过程。

——拉吉罗《思考的艺术》

学生正常的认知和逻辑是怎样的，教师就应该从这样的认知和逻辑角度出发，设计自己的教育教学活动。在这一过程中，教师往往要打破自己已有的成见、经验、观念，才能使教育教学真正有效开展。教师在教育教学中遇到的"问题""争议""困境"，实际上正是教师已有观念中需要打破、改善的难点生发之处，教师如果可以通过团队教研，分解、琢磨这些难点，那么就可以更快也更有效地实现教师思维的"反思——提问——探究——评价——重构"过程。

案例 8-1-4：高二年级《有受有为刺玫瑰》——《红楼梦》探春专题研究课（作者：王文芝）

研究课（初稿）	研究课（二稿）	研究课（三稿）	思考与成长
活动一： 请用一种花来比喻探春，并说说这样比喻的理由。150字左右。	活动一： 请梳理并阅读探春在不同章回的言行，选择你最感兴趣的情节，为探春设计一张体现植物文化的书签，并说明理由。	活动一： 同二稿设计 探究目的： 欣赏探春之"美" 情境活动任务要求整体关注探春丰富的性格形象。	设计植物书签喻探春并陈述理由： ①研究探春和所植物之间的"形与神"的内在相似性，并形成讨论。学生各抒己见形成独立见解，教师引导学生从"异"中思考探春形象发展变化，共性与个性，追问探春内在性格。 ②说理明确，学生形成论证，在论证中走进探春的世界，整体关照探春个性化的性格形象。 多元理解 说理清晰 由浅入深
活动二： 分析探春之"刺" 脂砚斋说："探春以姑娘之尊，以王夫人之托付，暂理治事数月，而奸奴	活动二： 分析探春之"刺" 脂砚斋说："探春以姑娘之尊，以王夫人之托付，暂理治事数月，而奸奴	活动二： 分析探春之"刺" 1. 同二稿设计 2. 你何如看待探春的"刺"？	"刺"这一研究目标更为清晰，通过人物所为评价人物形象。 如何看待探春的"刺"，则要求学生透过探春形象进一步看到探春的处世原则和态度。引导学生

研究课（初稿）	研究课（二稿）	研究课（三稿）	思考与成长
蜂起，内外欺侮，突动风波，不亦难乎？"那么，探春身边出现了哪些风波呢？探春难在何处呢？	蜂起，内外欺侮，突动风波，不亦难乎？"那么，探春"刺"了谁？为何"刺"？	探究目的：分析探春之"刺" 探讨探春在反抗习奴、拒绝母亲过程中的情理冲突。	透过表面繁杂的现象，看到探春内在的稳定的持守。 问题层层深入 学生思维层层展开
活动三： 思考探究 思维提升 有人说理性让人更伟大；有人说感受爱吧，人的幸福来源于情感。那么，探春"重理轻情"的价值排序，你怎么看？	活动三： 合作探究 探春是不是"攀高枝"？	活动三： 同二稿，新增： 关于"探春远嫁"的结局，高鹗所续结局与 87 版《红楼梦》电视剧的结局设计差别较大。请认真观看，谈谈你更喜欢哪种结局设计？说说你的理由。 探究目的： 深味探春之"殇" 探究不同结局设计，思考其中蕴含的深广悲剧意蕴。	探春是否"攀高枝"： 批判性思维有两个基本要素：质疑、实证。在运用批判性思维的过程中，教师应先引导学生有序质疑，再引导学生基于逻辑推理去实证，培养学生养成了质疑与实证的习惯，并在质疑与实证的过程中不断锤炼。 对结局的思考： 引导学生细读文本，寻找信息；或者提供给学生错过的文本细节，引导学生以文本信息为依据，从分析问题开始，通过广泛搜寻证据与信息，进行合理分析与推理，通过辩证对话，得出综合平衡的判断。 合理推断 理性开放 综合评判
活动四： 读写结合 请你为探春的秋爽斋拟写一副对联。 要求：彰显探春的志趣操守与性格命运。	活动四： 读写结合（二选一） 1. 想象作文：探春远嫁前的最后一晚。 2. 贾探春是一个可悲又可叹的人物，请简述这个人物形象。200 字左右。	活动四： 读写结合 想象探春远嫁前最后一晚，提笔给母亲（或弟弟贾环，或其他人）写一封信，她会写些什么？ 探究目的： 触摸探春之"心" 读写结合情感体验，感悟人物言行背后的情理逻辑。	文本解读过程中"仁者见仁，智者见智"。学生进行文本阅读与文本形象任务分析过程中，融合原有经验和新的阅读经验，形成超越旧有更深层思考。注意，教师需要尊重学生受其审美理念、文化积淀、阅读经验、时代特征、个性特征、价值取向、评价标准等因素的影响，所形成的独特个人化解读。 合理推断 理性开放 尊重个性

同组教师 评价建议	高中语文教师 评价建议	多学科教师 评价建议	教师互评 作用
窦爽老师： 活动三是学生辩论环节，这个环节对于探春人物专题的设计意图是什么？想要达到什么目标？ 毛鹤灵老师： 活动四为探春的秋爽斋写一副对联，和活动一的区别在哪里？对学生全面深入理解人物的提升在哪里？	郝晨老师： 活动一是2017年北京市微写作，建议可以结合教学实践，更换为符合学生学情的活动设计方式，更易于调动学生的思维与表达兴趣。 许洁老师： 活动二既然想要引导学生看到探春的锋芒犀利和棱角，问题设计要更明确，否则问题指向不明，学生思考没有方向，表达也会含糊不明。	樊丽慧老师： 1. 探究探春的"刺"要看到探春坚守的处世原则和态度。这个比较难，但不能给学生设限，要引导学生发展高阶思维能力。活动二、三可以整合，思维因整合而深入。 2. 新的活动设计很好，能够引导学生以文本信息为依据，从分析问题开始，通过广泛搜寻证据与信息，进行合理分析与推理，通过辩证对话，得出综合平衡的判断。培养学生思维的深入性、全面性和综合性。 何耀华老师： 1. 对于探春对其生母赵姨娘的态度，我们不能站在道德的制高点去指责赵姨娘的阴微鄙贱、自私贪婪，而是要学生更理性地看到赵姨娘的如此行事背后的原因。 2. 学习探春人物专题，对于学生价值观的培养与引领，现实意义在何处？	王老师的课程活动一最开始局限于2017年微写作，在郝晨老师建议下修改，更有利于学生深入展开研究。 初稿活动一和活动四缺乏思维层进，指向相似，经过毛老师的建议后，王老师深入思考、修改后则避免了上述问题。设计"探春远嫁"这一情境是探讨探春形象非常好的角度，"前夜的信"则在情境设计的基础上，将研究问题指向探春精神内涵的情理之辨。不断的思考和修改，使得研究问题真正的有利于学生思维的提升与循序渐进发展。 活动三比较情境，是设计中非常精彩的部分。学生为了对比辨析，既要细读文本，提取信息；又要不断增补错过的细节，广泛搜寻证据与信息，来完成合理的推理论证。可见王老师从樊丽慧老师的建议中受益良多。

教师之间通过听评课、说课、课程解读等环节打磨教学思路的过程，本身就是一种批判性思维的体现。这有助于教师们不断打破自己有局限思维，从更为多元的角度分析问题，探究问题，使设计教学的过程成为了更为开放、寻真、理性的探究过程。这种开放、理性、公正的研讨使每个参与者都从中获益，从教师成长角度看，是大有裨益的

（五）在实践与反思中，教师形成新的信念

应用批判性思维的教师经过一系列的实践会发现，自己在教育教学中的观察角度，从关注学生成绩或表现开始变为关注学生思维路径、思维水平、思维发展。其教育教设计也着意于提升学生自主探究能力。教师的这一变化实际反映出教师教育信念发生了根本的变化，追求公正、开放、理性，讲求反思、探究、实证。为了帮助学习批判思维的教师更充分研究学生的学情，发展自己对学生的思维理解能力，教师需要清楚地了解学生思维水平，并需要依据一些标准来进行区分。如果教师可以用一些标准来合理分析、分类学生思维水平和特点，并据此不断调整、改进教学任务，长此以往，教师一定会成长优秀的批判性思维教学者，并更加坚定自己的教育教学信念。

给教师的建议及思维水平分类图表：①教师可以通过学生学情表现区分学生的思维水平，将学生按照思维能力进行分层，以便合理开展学习任务分层指导。②教师在提出问题，建构合理论证及评价环节要针对不同思维水平学生设计。③教师要根据学生思维水平发展来不断调整针对学生的分类，并调整教学设计。

表 8-1-1　不同思维水平学生分类和学生表现

学生类型（分级）	学生表现
学习能力强（A 档） ▶掌握学科思维能力 ▶可以通过学科思维、能力获得知识 ▶思维准确清晰 ▶合理、有效推理 ▶积累学科信息丰富	√准确清晰地分析关键问题 √能识别可疑的前提假设。 √能阐述关键观点。 √能使用学科语言。 √能区别相关的竞争性观点。 √能根据学科中清晰陈述的前提假设进行认真推理。
学习能力较强（B 档） ▶具有学科思维、能力 ▶思维能力缺乏深度，不能对比对立观点 ▶合理推理 ▶积累学科信息相对丰富	√有时能提出问题和论点。 √一般来说能清晰地分析问题。 √能识别出大部分的前提假设。 √能阐述主要概念。 √能使用学科语言。 √有时能辨别相关的竞争性观点。 √时常通过清晰阐述的假设来认真推理。
学习能力一般（C 档） ▶思考不具有连续性、一致性 ▶思维和获得知识的能力有限 ▶时常尝试用记忆代替理解 ▶思维不够清晰、准确 ▶不能合理推理 ▶思维无法展现出深度的理解	√偶尔能够提出问题和论点。 √偶尔能够清晰明确地分析问题。 √偶尔能发现可疑前提假设。 √阐述出部分合理概念。 √偶尔使用专业性的语言。 √偶尔能发现相关的竞争性观点。 √偶尔能根据假设进行推理。

学生类型（分级）	学生表现
学习能力弱（D 档或者 F 档） ▶通过记忆来完成课程学习通过考试 ▶只是试图记忆内容，而不是理解来获取知识 ▶思维不准确、不清晰 ▶缺少合理推理 ▶经常错误地理解基本概念和准则	√几乎不能提出问题和论点。 √肤浅地分析问题。 √不能找到前提假设。 √只能部分地阐述概念。 √极少使用专业性的语言。 √几乎不能辨别出相关的竞争性观点。 √不能通过假设进行推理

评价学生思维水平在答题中呈现示例。

案例 8-1-5：初三语文学业水平调研试题：

阅读文章，结合生活实际，说说你或身边的人喜欢"国潮"的原因。（2分）

考查能力：

1. 读懂文章，理解"国潮"的内涵。

"国潮"是"中国品牌""中华传统（文化）"与"新时期潮流文化""现代（科技）"的有机融合。

2. 从文章中习得的知识、思想观点，运用其分析、解释现实生活中的现象、问题。

"结合生活实际"：能够结合现实生活中真实存在的"国潮品牌""国潮产品"（电视节目、电影作品、小视频作品、文创产品等）。

"喜欢原因"：能够从"国潮"品牌或产品体现"中华优秀传统文化"与"现代科技"融合，或侧重"体现中华优秀传统文化""新时期潮流文化""现代（科技）创新创造"的一个角度进行分析。

学生类型（分级）	学生表现	学生答题示例
学习能力强（A 档） ▶掌握学科思维能力 ▶可以通过学科思维、能力获得知识 ▶思维准确清晰 ▶合理、有效推理 ▶积累学科信息丰富	√准确清晰地分析关键问题 √能识别可疑的前提假设。 √能阐述关键观点。 √能使用学科语言。 √能区别相关的竞争性观点。 √能根据学科中清晰陈述的前提假设进行认真推理。	√我喜欢北京冬奥会火种灯。 √它的设计创意源于"中华第一灯"西汉长信宫灯。"长信"指永恒的信念；方圆嵌套象征天圆地方；飞舞的红色丝带环绕在火种灯顶部，象征拼搏的奥运激情。 √宫灯融中华优秀传统文化与现代审美为一体，是我喜欢"国潮"的原因分。
学习能力较强（B 档） ▶具有学科思维、能力 ▶思维能力缺乏深度，不能对比对立观点 ▶合理推理 ▶积累学科信息相对丰富	√有时能提出问题和论点。 √一般来说能清晰地分析问题。 √能识别出大部分的前提假设。 √能阐述主要概念。 √能使用学科语言。 √有时能辨别相关的竞争性观点。 √时常通过清晰阐述的假设来认真推理。	√我喜欢"国潮"的原因是它将传统文化与科技结合一起，同时可运用在生活中。如故宫以《千里江山图》为灵感推出的手表。

学生类型（分级）	学生表现	学生答题示例
学习能力一般（C档） ▶思考不具有连续性、一致性 ▶思维和获得知识的能力有限 ▶时常尝试用记忆代替理解 ▶思维不够清晰、准确 ▶不能合理推理 ▶思维无法展现出深度的理解	√偶尔能够提出问题和论点。 √偶尔能够清晰明确地分析问题。 √偶尔能发现可疑前提假设。 √阐述出部分合理概念。 √偶尔使用专业性的语言。 √偶尔能发现相关的竞争性观点。 √偶尔能根据假设进行推理。	√我非常热爱中华优秀传统文化，在生活中，我也十分喜爱有中华文化气息的故宫文创等小饰品，而正是中华优秀传统文化赋予了"国潮"动力与我的喜爱。 举例证明："故宫文创小饰品相对模糊"，没有具体指向。 结论："中华优秀传统文化赋予了国潮动力与我的喜爱"显示学生思维不够清晰。 表达：有歧义。
学习能力弱（D档或者F档） ▶通过记忆来完成课程学习通过考试 ▶只是试图记忆内容，而不是理解来获取知识 ▶思维不准确、不清晰 ▶缺少合理推理 ▶经常错误地理解基本概念和准则	√几乎不能提出问题和论点。 √肤浅地分析问题。 √不能找到前提假设。 √只能部分地阐述概念。 √极少使用专业性的语言。 √几乎不能辨别出相关的竞争性观点。 √不能通过假设进行推理。	√我喜欢"国潮"的原因是我热爱中华优秀传统文化。我热爱书法，所以有时就会买与之相关的"国潮产品"。 概念：不能理解文章中"国潮"内涵； 例子："书法"与文中"国潮"内涵无关； 推理：不合理。

　　教师可以应用思维水平表格对学生的思维水平进行有效考量，在课堂、作业，以及平时的听说读写活动中，教师都可以观察、记录学生的表现。更重要的是，教师从学生思维层面评价有助于教师从思维路径角度思考、改善自己的教育教学设计，坚定教育信念，从根本上提升教育教学能力。

二、批判性思维助力教师解惑

　　学习批判性思维就是要打破思维方式，激活思维系统，增强思维空间的兼容性。它不能替你做出应该做什么事情、应该接受哪种信念的具体决定，也不能使你直接产生创新的思想和观念；但是，思维方式、思考系统和思维空间的改善有助于你思维的流畅性，从而进行更有效的思考。

——《学会批判性思维》译者 柳铭心

　　在学习批判性思维课程时，教授曾给课程班学习者一道思考题，通过回答题目来看看自己是否是一位具备批判性思维的教师。读者们也可以尝试回答以下问题，并参看问题对应的思维习性考察一下自己的批判性思维能力。

表 8-1-2　批判性思维习性问题表

问题	对应思维习性
有用理由、特别是举例来说明、支持自己说法的习惯	能主动建构论证
觉得说"这和事实不符"要比说"这是胡扯"还有力	求真、求实

问题	对应思维习性
对自我批评没有抵触感，知道这是求进步的好办法	能够自我反思
喜欢想问题，喜欢提探究的问题，并想办法去查找答案	喜欢探究
爱分析，知道把大问题分成小问题是好的解决的开始	主动分析
意识到凡事都不简单，都会先去"查一下"才发表看法	寻求信息合理性
论述自己时，会先想想有没有其他的反驳和替代的想法	全面辩证思考问题
讨论中不跑题，不打断对方，给每个人说话机会	善于倾听、公正待人
不会用"别人也没做作业为什么不批评他们"来辩护自己	考虑相关性，不转移话题
思考和表达清晰，喜欢用具体的词句和例子来说明	思维具体、清晰

批判性思维是一种思维工具，运用它，可以帮助学习者理解、评价、改变自己的思维方式，调整自己的思考系统，改善思维中的空间秩序。从现实层面上来说，运用它，可以帮我们应对生活中各种各样的疑难问题。或者可以说，没有疑难的问题，也不大用得到批判性思维。如果再进一步思考，我们甚至可以说，批判性思维就是从问题中来，又被用来分析问题，再次回到问题中去的一种思维。这句子理解起来有点"绕"，但是老师们也可以这样理解，它最大的作用就是帮我们解决生活与工作中的困惑。下面，笔者将通过运用批判性思维解决问题的实例来探讨它对于教师"解惑"的工具性意义。

（一）应用二元分析法——分层次、分结构、全面多元地分析问题

> **案例 8-1-6：教学实践中的困惑与思考（作者：窦爽）**
>
> "几年前我们组织过一个课前演讲活动，演讲主题是学生讲名家名作。学生其实非常喜欢讲，喜欢到霸住讲台不肯下来，记得那时沈老师班的一个男孩子，因为我迫不得已叫停他的演讲，到我的办公室大哭维权。但是在进行中我就意识到这个活动设计是不理想的。因为学生多数选择了作家这个容易讲的话题，不肯选择讲经典作品这个难题。但作家介绍思维含量低，与阅读和写作的核心能力相关性弱。在这个活动中，学生是主体，但是学生的思维没有得到充分的发展。"
>
> 窦老师遇到的困惑在语文教学中有一定的普遍性，看起来注重"学生主体"的自主演讲，因为缺乏对核心问题"名家名作赏析"的具体支撑问题设计，而变成学生避重就轻，重讲不重解读，即使解读也无法发展学生后续读写能力的问题。窦老师对此深感困扰，学习批判性思维之后，她开始意识到自己的问题点，改变自己的教学方法。
>
> 反思之后，窦老师首先要求学生选择作家的经典作品（可以片段）进行赏析。经典作品看似缩小学习范围，实际上却明确提升学生读写能力所必备的学习元素——那些在内容、语言、意义、结构形式上兼美或独有见地的文章。接下来窦老师更明确提出学习要求：
>
> 讲出细节：带领学生批注（人物形象，自然、社会环境，耐人寻味的语句及作者这样写的目的）。
>
> 讲出感受：对文章的总体理解和自己的阅读感受。
>
> 讲出疑点：自己的疑惑。

辅助板书（不用 PPT），并回答其他同学提问（总时长不超过 10 分钟）。

教师自己对问题分析、问题识别有足够了解，才能有效指导学生的研究性学习过程。窦老师修改后的教学设计也体现了她对经典名篇阅读教学深入的理解，她开始根据核心问题（培养读写能力）拆分出教学对应的重点要素，如经典人物、情节、环境，以及要素之间的关系（总体理解和感受）。学生依据窦老师设计的研读要素，开始进行有目标、有层次、有序展开探究。

学生遇到信息相对多元的问题时，欠缺分析解决问题的能力，教师也可以应用二元分析法指导学生合理提取文本信息，分析信息并建立合理推理。

案例 8-1-7：教学实践中的问题要素拆分训练（作者：刘媛媛）

下面是一位同学参观鲁迅博物馆后写下的一段话：

鲁迅先生在众多领域都颇有建术。在文学创作、文艺批评、文化历史研究、古籍校勘整理等方面，他都有开拓性贡献；他酷爱美术，喜爱钻研汉画像和碑帖，喜爱书籍装帧设计，还是篆刻高手，晚年大力倡导中国新兴版画运动，成就了一批杰出的青年版画家……

短篇小说集《呐喊》收录了《狂人日记》《故乡》《社戏》等作品。下图是鲁迅先生为《呐喊》设计的封面，根据你读过的相关作品和下面的设计说明，推测他的设计意图。

设计说明：

封面采用暗红底色，书名"呐喊"和著者姓名"鲁迅"分上下两层，文字从右到左排列，饰以阴刻框线，以印章形式镌刻在一个黑色的长方块中，位于封面正中上端。"呐喊"二字，初版时为宋体印刷字，后来改为隶书体美术字，笔划左右参错，突显三个"口"字。

学生错误答案及分析：

学生答题示例	案例问题分析
《呐喊》小说集中的《故乡》反映当时民众麻木、萎靡不振的风气，设计突出三个"口"字，意在通过自己的文字来唤醒人们沉睡的心灵，希望人们能振奋精神、勇于革命。 暗红底色是那个时代的背景色，突显出这本书内容的沉重；"呐喊"二字大气敦厚，吸引了读者的阅读兴趣。 隶书的蚕头燕尾、一波三折，让"呐喊"二字看起来很有神韵；突显三个"口"字，体现了书中的主旨。 鲁迅是篆刻高手，所以封面用印章形式；书名和作者姓名从右到左颠倒书写，意味着社会的黑白不分。	1. 思维片面 如：学生只分析了文字特点，对其他文本和图中要素无观察理解 2. 不能有效推理（逻辑不清） 如："呐喊"二字大气敦厚，吸引了读者的阅读兴趣。封面设计意图明确要求与鲁迅写作意图关联，此处指向吸引读者，缺乏问题意识，逻辑不清。 3. 思维混乱、零散、只关注表面意义 如：隶书的蚕头燕尾、一波三折，让"呐喊"二字看起来很有神韵。 4. 学生所掌握的课内外知识零散，无法形成有效关联 如：书名和作者姓名从右到左颠倒书写，意味着社会的黑白不分。

教师困惑：

题目信息复杂，阅读量大，角度多元，学生就读不懂题了，学生审题不清问题怎么解决呢？

未经批判性思维培训的教师可以告诉学生通过阅读，从设计说明中提取"颜色"、"构图"和"字体"三个核心要素分析问题，然后对应图片信息回答即可。但令教师苦恼的是，当教师想检验一下学生听课效果，要求学生亲自按设计说明画出呐喊封面时（因为试卷中题目呈现黑白底色，学生还需通过文字绘制），学生仍然忽略设计说明中的核心元素，如忽略"暗红"，"呐喊"二字隶书写法且从右向左等。教师再次尝试给学生其他平面设计，让其解读，学生仍毫无章法，随意发掘信息。这说明学生虽经教师提示，却仍不能自主分析题干信息。教师如何帮助学生学会审清复杂题目呢？

教师运用批判性思维改进后的教学设计：

▶引导学生联系生活实践，思考平面设计要素。

在现实生活中，我们经常会看到各种各样的平面设计，你会从哪些角度来分析它们？

请举例分析。对比呐喊封面题目，这些平面设计具有哪些共性？

答：学生通过观察，可以得出平面设计观察要素：

设计的构图（形）、颜色、文字，我们往往是从这三个角度来观察的；

作者为什么这样设计，其中蕴含了什么样意义。

▶引导学生分析问题构成要素，并建立关联：

1. 背景材料和题干文字论述的重点要素是分别什么？

答：作品：短篇小说集《呐喊》收录《故乡》……等作品

封面设计：鲁迅先生为《呐喊》设计的封面……

相关作品：根据你读过的相关作品

设计说明：根据下面的设计说明

答：设计意图与：作品的内容和封面有关；

设计说明解读封面；

鲁迅背景介绍指出鲁迅是设计高手。

2. 结合文字解释梳理封面图片构成要素

答：构图、颜色、文字的设计意图与：作品的内容关系

设计说明关系

▶引导学生关注与鲁迅相关的其他元素

题干指出我们学过的《社戏》等课文，与封面设计的关系是什么？

答：选自《呐喊》的文章体现出鲜明的批判色彩

▶训练学生根据探究目标合理运用信息形成解释

答：暗红底色，象征着仁人志士浴血奋战迎来希望和光明；阴刻框线和黑色长方块，

象征黑暗的社会，鲁迅先生把自己的名字放在黑色方块中，表明先生要与广大仁人志士一起呐喊斗争；选用隶书体，古朴厚重，体现了呐喊的力量，表明了先生斗争的决心。

用二元分析法对复杂题目拆解要素进行分析是非常有效的解题策略。教师针对具体研究问题，拆分其产生原因，支撑信息，所运用的概念，推论结构，所提出的假设，推测产生结果，内涵的观念等元素，对于分解复杂问题组成部分，寻找解答问题的入手点很有帮助。上面的例子，实际上要求学生能拆分：平面设计的设计意图内涵要素，文字信息和图片信息内涵要素，同时迁移学过的文章中与题目有关要素。相对多元的要素分析，对学生来说是难点，对教师来说更是帮助学生解决难点问题的突破口。有批判性思维的教师擅长从问题拆分角度分析问题，也会引导学生运用这种方法突破分析问题这一难点。

董毓在《批判性思维十讲》一书中提出"二元问题分析法"，主张从问题的对象（对问题本身的思考）和问题的认知性质（思考与问题本身相关问题）两方面共12个维度进行问题分析。应用二元分析法可以帮助教师分析学生学情问题，教育教学问题，个人生活中决策问题等，核心是促进教师应用思维工具，成就全面成长。

表 8-1-3　批判性思维工具二元分析元素组成

问题的对象	对问题本身的思考		对与问题相关问题的思考	问题的认知性质
问题对象构成要素及其关系 特征和不同状态下属性 原因和机制 存在、运行方式和规律 和各类外部因素的相互作用 演化过程	对问题本身的思考	观点 目标 结论 解释 提出的问题 概念 假设 资料 价值	对与问题相关问题的思考	问题的表达、类型 问题的背景、假设 问题的从过去到未来的演化 与问题相关的信息和推理 问题相关的不同观点和替代 问题的价值因素

（二）应用"正反正"思维——构建辩证的"学习任务群"

学生面对复杂问题会感到无从下手，有时候仅仅停留在表现概念理解层面，甚至因为问题过于复杂而产生错误解读。如下面案例中，学生在学习《威尼斯商人》时就根据节选文本得出了相对片面的答案。教师如何回应学生，又该如何改进教学设计，帮助学生正确且深入理解呢？从思维训练角度看，教师可以设计"学习任务群"，帮助学生架设解决问题的阶梯，让他们在探究论证中从不同角度反复思考、解读核心问题，不断通过"正反正"的思维路径破旧立新，最终得到更为优化的结论。

案例 8-1-8：部编版语文教材戏剧单元《威尼斯商人》（作者：燕纯纯）

莎士比亚《威尼斯商人》节选"法庭审判"部分，文章结尾处有这样的句子："夏洛克绝望而愤恨地说：'你们拿掉了支撑房子的柱子，就是拆了我的房子；你们夺去了我的养家活命的根本，就是活活要了我的命。'"在教师探讨夏洛克这一人物评价时，部分学生认为：

夏洛克的结局具有一定的悲剧色彩，他值得"同情"，因为夏洛克生活在民族仇视和宗教迫害之中。

《威尼斯商人》是莎士比亚的经典喜剧，塑造了一个吸血鬼的形象——夏洛克，他贪婪、固执、残酷。但在实际教学中，很多学生因为没有读过完整的剧本，不了解故事的开端与发展，所以在初读完节选课文后，学生会认为，夏洛克的结局具有一定的悲剧色彩。

割裂整个剧本语境理解内涵丰富的经典文学作品，学生"误读"文本是很可能发生的。此时的教师该如何做呢？强行灌输"正确"思路，或者就学生提出的问题建立"学习任务群"，设计结构化的问题群，引导学生展开思辨，进行合理推理。

燕老师并没有直接给学生展示前后剧情，而是让学生围绕他们自己提出的问题"夏洛克是应该被同情的吗"以及"《威尼斯商人》是喜剧还是悲剧"两个核心问题展开任务群的学习。学生提出的问题可以作为《威尼斯商人》的母题来思考，余党绪老师曾提出："母题是思维的方向，议题是思维的框架，问题是思维的抓手。从宏观到微观，最终聚焦人物、情节等具体内容，聚焦文本的细读与分析。"燕老师设计了一系列议题作为框架，引导学生展开学习与思辨：

《威尼斯商人》经典人物解读学习任务群

1. 阅读整本书，扩大阅读视野范围。

2. 了解创作背景并梳理作者写作经历。

3. 精选莎士比亚其他喜剧作品，联读比较。

4. 推荐阅读《威尼斯商人》经典文学批评。

5. 引导学生展开思想的交锋，组织辩论。

6. 学生合作导演剧本，在演出中呈现深入理解。

通过任务群学习，学生逐渐发现，《威尼斯商人》是莎士比亚早期喜剧向悲剧创作过渡的重要作品，既有喜剧的气氛，又有悲剧的思想，但从整部戏剧结局来看，更具有喜剧特质。因为安东尼奥是人文主义的代表，体现莎士比亚对人文主义的肯定。从这个角度看，人文主义的胜利凝聚喜剧色彩。夏洛克是否值得同情的问题就迎刃而解了。教师通过引导学生不断扩大阅读视域，对问题的探究由此走向深入。理清作品逻辑与作家写作目的、创作背景等要素的关系，不断思考研究结果的意义。学生在学习任务群中，不断运用所获得的新知识来解决问题，反思自己之前的思考，比较自己与批评家思考的异同，比较自己与同伴思考的差异，并在此基础上形成更为理性、深入、全面的思考。

（三）挖掘隐含假设——填补论证中的"漏洞"

案例 8-1-9 班主任用构建"隐含假设"法解决教育难题（作者：王秀莉）

到了高三，学生们对于时间就开始珍惜起来。13：00 是午睡时间，班里有些同学怕吵，就锁上前门，后面的同学有意见了，就把后门也锁上了，一下子矛盾就被激发了！有些同学说："老师，他们就是自私，到点锁门，我们问问题回来晚一点，就进不来！"有的说："别的班不锁门，为什么咱们班就要锁？"有的说："不锁门，总有人进进出出怎么休息？"

以上是校园生活中一个真实的情境，为了"锁门"问题，学生们各据其理，互相攻击，作为班主任教师，站在谁的立场都不对，但是谁的立场也都有点道理。该如何教育学生，才能既解决矛盾，又让学生有所觉悟呢？

教师的困惑是：应该给学生提意见的空间，让他们自主处理问题，但是怎么样去引导呢？学习批判性思维后，王老师给学生提出了一个"启示"。

王老师没有多说，到了班会课，直接提了一个问题："我们的班集体和咖啡馆有什么区别？"同学们叽叽喳喳："环境不同，用途不同……"王老师说："我觉得，有一个很大区别，集体是咱们的家，你们提出意见就要提出解决措施，大家都是'家庭'成员，有义务也有权利，你要让班级更好！但是咖啡馆是服务机构，你只需要提意见享受最好的服务就好。"王老师没再多说，让班长组织午自习"关门"措施讨论！最后学生给出的方案是：

集体公约：13：00 关门，没回来的同学到自习室，大家要互相体谅，尊重公共时间。

王老师解决问题的原则是，首先要理解学生原有认知，他们认为"反正班是我的，所以意见想提就提，但不管解决"，这个认知中，学生早就给自己设置了一个隐含假设："班级有为我服务的权利"，而忽略了"我为班级的义务"。而当教师要学生把班级和咖啡馆做对比时，学生将自己代入情境，他们的认知就和原有的认知就发生了冲突，进而引发更多元而深入的思考——"是的，我们不仅要提出意见，还要提出解决方案。因为我们是自己为自己服务"。学生错误的观念中，往往有一些他们自己也说不清、看不透的"隐含假设"，如果教师能挖掘这些"隐含假设"，就找到了学生错误观念的根源，指出这个问题，让学生发现自己的局限，也就能找到问题破解的出口。挖掘隐含假设是形成论证的一个重要步骤，教师可以利用这一工具，巧妙找到学生思维中欠缺的"链条"，或者他们无法意识到的"漏洞"。

三、批判性思维助力教师全面成长

学习批判性思维既可以使教师打破已有思维模式建立更理性、公正的教育信念，同时也可以培养教师教育教学技能，使教师成为一个积极的探索与改变者，主动寻求、优化方法解决现实问题。王秀莉老师做了 18 年班主任，在 2010 年学习了心理学，班主任工作驾轻就熟，在2018 年开始接触批判性思维并主动应用于班主任工作中，这使得她的工作更上一层楼。下面将从班级教育角度展示她在实践中主动运用其寻求自身理念改变，应用批判性思维的原理和方法进行教育实践与创新，最终收获成长的过程。

（一）运用善意原则，转变思维视角

案例 8-1-10：班主任实践（教师：王秀莉）

做了快 20 年班主任，总会遇到学生形形色色的行为问题。在学校里学生的问题行为是指扰乱他人或阻碍自己身心发展的行为。一般表现为心理、品德不良或犯有严重错误的行为。比如小 a 迟到了，小 c 骂人了，小 m 公共场合顶撞老师了。原来王老师通常会问：你为什么迟到了？你为什么骂人？你为什么顶撞老师呀？这样看起来，王老师在找寻问题背后的原因，其实往往也是一种质问。这样解决了学生的 A 问题，不久，他又发生了 B 问题。王老师学习了批判性思维后，当事情发生时：

案例一：小 a 迟到了。

第一次，王老师选择给予他犯错的机会，没有深究。

第二次，王老师告诉他：我知道你家很远，可以理解。

第三次，王老师替他解释：我了解到昨天作业很多，你写到很晚。

小 a 再也没有迟到了……其实在入学的调查表中，需要老师帮助的一栏，他还写到他容易急，爱找借口。所以，王老师耐心地把客观原因都给他找全了，他不得不陷入了自我反省。

案例二：小 c 骂人。

一天在班里，小 c 大声说了一句脏话，在王老师的班里说脏话是要罚写遍数的，大家就一起说 100 遍。王老师知道小 c 在原来的学校与老师关系不融洽，不信任老师，于是当时说：她这么可爱的一个女孩子，一定不是故意的，口头禅没注意，咱们给她一次机会。第二天王老师在办公桌上就看到了 100 遍的"我不该说脏话"。王老师认为：教师以最大的善意理解学生，认同学生，学生会深刻反省自己，也会以最大的善意来理解教师。

案例三：小 m 在楼道和年级主任发生冲突。

王老师以最大的善意理解他，没有一个学生愿意在公共场合挑战年级主任。王老师说："我知道你不是一个冲动的孩子，一定是发生了什么让你不能忍受的事情，才导致了这场冲突。"一下就打开了他倾诉的欲望。他说他最不喜欢别人和他大声说话，现在想想可能是从小听多了父母的争吵。实际上学生的问题行为是隐形的求助信号，正是老师帮助他的契机。小 m 冷静了，王老师问他："年级主任为什么叫住你？"他低着头说："我没有穿校服。"老师又追问："为什么大声？""楼道里人太多了！"老师的善意理解也带动了孩子的客观看待问题。

后来，王老师和他聊："你为什么这么相信我？"他和老师说："老师您接班的第一天说过，无论我们说什么您都相信。"

为什么会有这些转变？正是批判性思维，给了王秀莉老师新的视角和解决问题的起点。

记得一节培训课，让王秀莉老师茅塞顿开。红颜薄命，这是真的吗？为什么千古流传？因为红颜是知名的，大家统计时，非红颜没有算进去……在批判性思维中，这叫作确认者偏误。确认偏误，又称肯证偏误、验证性偏见，是指人们选择性地记忆、搜集支持自己的信念或结论的细节、证据，忽略和自己的信念或结论相矛盾的信息，或者对其进行片面的诠释。所以，在班主任工作中，尤其是像王老师这样工作经验丰富的教师，很容易出现确认者偏误。学生的问题实际上是他们是隐形的求助信号，这正是教师帮助他的契机。王老师豁然开朗，解决学生的行为问题，要全面分析，要基于学生的全面成长。

比如上面的三个例子，其实教师就是看到了迟到、骂人、顶撞其他教师。教师在接班之初就要统计到、观察到：小 a 离校很远，家里有小妹妹，不能送他坐公车；小 c 在初中顶撞老师，满足感低；小 m 父母经常吵架；等等。所以，当情况发生时，王老师改变了自己解决问题的视角和途径，应用了批判性思维的最大善意原则。善意原则是说，在理解实际文本内容的基础上对其选择最为善意的解释。首先是要理解对方，如果对方观点是以文本形式呈现的，去阅读一下原文，尤其注意他/她所说的词或语句在上下文中的意思。其次，在诠释他人的论证的时候，采取最善意的方式，尽量将对方论证解释得具有强的论证效力，同时也尽量将其论证解释得与上下文的其他断言相一致。遵循善意原则，意味着不要刻意歪曲对方论证，不要夸大其中某些不合理的因素，在对方的某些断言模棱两可的时候，采取最有利于对方论证的解释。

具体应用途径。第一步：了解学生。从空间上：学生及其相关联的人，如朋友、家长、相关任课老师进行交流。从时间上：问询问题行为开始和持续的时间。从形式上：面谈、问卷、档案、评语，了解学生成长背景、学习经历、习惯、兴趣爱好，找到行为表现背后的原因。第二步：理解学生。认同他们，最大善意地解释他们的行为。第三步：引导学生，打开他们的视角和善意。

其实在以前的班主任工作和教学中，在了解一个学生或接受一个新的知识的时候，总是觉得走近学生，接触多了，就会走进学生的心里，包括给学生培养思维能力，总是想着做了很多的相关化学教学实验，学生就有了这样的科学思维能力。通过对批判性思维的学习和课题研究，王秀莉老师的一些认知发生了变化。其实，很多时候是走近学生，认同学生，以最大的善意去理解学生，才走进学生的心里！

在批判性思维的引领下，王秀莉老师和学生们都改变了很多的视角，比如有人说："我的地盘我做主。"大家会用批判性思维追问："为什么？""请你谈谈你这样说的根据。"教师和学生都获得了更多的理性和全方位的审视。

学生全面成长系统分析表

流程	价值观	学习思考	沟通交流
行为表现	"骂"老师，对老师敌视，不信任。	手机不离手，上课经常说话，成绩中等，一年都是如此。	和多位老师、校领导都发生过冲突，情绪易怒，与同学关系较好。
系统分析	经常被老师请家长，被老师批评，曲解老师对他的管理。	没有目标，学习习惯不好，但对成绩很在意。上课总说与课堂无关的话，希望引起大家的注意。	小学初中都是寄宿，因此重视同伴之间的关系，会主动迎合，但缺乏安全感。父母觉得对孩子亏欠，因此比较宠。
引领计划	沟通第一位——学会情绪处理，不迎合——合理分配学习和手机的时间——纠正价值观		
启动自我		定学习目标	给他安全感
突破自我	正确看待老师的批评	合理使用手机，认真听讲、完成作业	情绪处理、同伴关系、师生关系
幸福成长	信任老师	做最好的自己	给他人更好的服务

（二）借助思维"工具"，助全面成长

转变了思维视角，让王秀莉老师有了意想不到的收获，但是解决学生的核心问题，需要思维工具，借助工具助力学生成长。

案例 8-1-11：班主任实践：应用图尔敏模型解决个体问题（教师：王秀莉）

解决学生的行为问题不仅要从"堵"到"疏"，最终要到"全面成长"。要从整个系统出发，在全面成长的基础上，解决问题。这个案例里的学生小 n，是曾经让学校领导和年级老师都头疼的学生，助力成长表格如下。

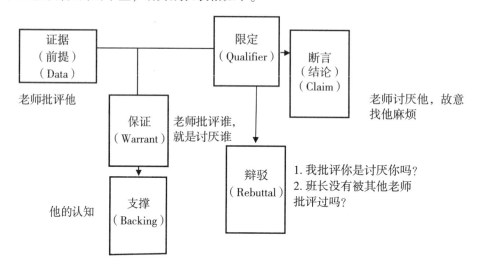

切入点在于，让他知道王老师之所以批评他，不是王老师讨厌他，而是要帮助他。怎么样让他感受到呢？

认同他，帮助他。相对于学习，他的情绪管理，与老师相处更为重要。如果总和老师冲突，还带着同学一起，他每天就把学校当成了战场，那怎么学习？怎么毕业？其他的同学在班里又如何好好学习？所以，王老师的引领计划就是以沟通为合理点，从老师与学生日常沟通开始，循序渐进帮助和引导学生学会处情绪，学会学习，最后形成价值观。

▶启动自我：

让他以课代表的身份走近老师，让他看到老师的另一面，同样也让他感觉到老师对他的信任。第一次深入谈话，王老师准备了他爱吃的零食。老师问："高一你过得好像有点混乱，高二有什么新想法吗？"他说："高一我就在试底线，通过以前的学生知道您很好，高二准备好好过。"王老师心中一喜：他认同我，我们就可以进一步。王老师说："新到这个组，需要你的帮助，此外安排你做化学课代表，课代表就是我的助手，我不喜欢你，不信任你，就不会让你当，因为天天见，我也害怕。下次考试化学希望你可以进到年级 50 名，起到带头作用。"他点头答应了，就这样，他走进了办公室，也走到了老师的身边。一个月以来，他看着王老师，每天早来晚走答疑，教案改了三稿，感受到了老师的辛苦。

▶突破自我：

1. 情绪处理。开学一个月，他就和两位老师发生了冲突。王秀莉老师没有指责他，她很清楚他这个问题不是马上能改的，要给学生犯错的机会，告诉他犯了错，老师在后面提供帮助，他自然有了安全感。王老师通过微信积极和他沟通，告诉他你的不好让老师知道就好，不要和其他老师冲突，让他有了宣泄情绪的通道。王老师也教他如何处理自己的情绪。当情绪不好时，要直接和老师表达：老师，我有点急。而不是又叫又闹。这一个学期内，他再没发生过冲突。王老师告诉他老师的底线，手中有尺，眼中有光；也会向他示弱：老师的身体不好，需要他的帮助。

2. 同伴交往。他一直是迎合大家，违反规定帮大家订奶茶，上课顶撞老师，赢得关注。老师表扬他，给他舞台，把事情做好，正向引起大家注意。他收上来的作业，王老师当着全班的面表扬他："小 n 收上来的作业，都打开到老师要判的那一页，这样非常方便老师，可以让老师快速判完作业返还给大家。"他就更起劲，卫生做得非常干净。王老师就又表扬：他能做到把事"做好"，而不是"做了"。老师又让他设计新年庆典，主持班里的新年活动。王老师感动的是他居然在游学期间，看到了老师的身份证，注意到了老师的生日。他组织得很棒，得到了同学们的表扬。这些事让他感受到正向行为得到关注，利人利己。

3. 对于手机。让他在娱乐的时间做有意义的事，给大家发通知，编辑重点会议。并且让他在班群里第一时间回复老师，加强了他和老师们的沟通。有沟通就会有理解，才会慢慢有信任。

4. 价值观。他认为老师对他的管理都是因为讨厌他，想治理他。在沟通和学业都有所改善的基础上，王老师借助图尔敏模型，开始尝试帮他建立正确的观点。王老师找来他，说："老师最近学习批判性思维，有个论证模型咱们一起来研究一下。"老师先是把辩驳捂住，问他合理吗？他一下子说出："老师您批评我不是讨厌我呀！"这句话一出，王老师知道她这么久的努力没有白费，他明白了！王老师继续加以引导，进一步分析老师批评他的原因："比如数学老师批评你不交作业，她并不是讨厌你，是希望你可以完成作业，防止在数学学科上掉队。因此，老师对你的批评其实是一种帮助，期待你可以越来越好。"

▶幸福成长：

他的认知变了，师生关系终于融洽了，春节他在群里主动给老师们发送祝福消息。他努力成为最好的自己，现在在一所大学担任班里的班长。他也懂得了为他人提供更好的服务，每次回来看望老师，他都给老师们分糖，还把糖果分给王老师现在班里的学生，告诉他们如何尊重老师，如何成为更好的自己。

幸福成长，做最好的自己，也要给他人带来更好的服务。我们无论做什么，终将走向社会，有更好的为他人服务的意识，就会很好地适应社会，也会让我们遇到最好的医生，最好的老师，整个社会都是美好幸福的。无论做什么，成功与否都是幸福的。

高三结束了，学生们纷纷发来寄语：

小悦：感谢在最好的年纪遇到最好、最用心的老师们，谢谢各位老师两年以来的教诲和陪伴，时光不会辜负您撒下的汗水，我也不会，每一位老师都是拯救过我的英雄，希望以后的日子里老师们都能更加幸福和快乐。

小 n：先跟王老师道个歉啊哈哈哈哈哈，对不起王老师，高中的时候给您添了不少麻烦。记得高二每次犯错都会跟我谈好久，谈话的内容不是批评也不是责怪，而是想办法帮我解决我的问题我的困难，所以能遇到王老师我很幸运。高中生活也要彻底结束了，也许以后很少会有和老师见面的机会了，但是各位老师永远是我高中生活不可或缺的一部分，会永远记得大家的。最后要感谢教过我的老师啊，谢谢各位老师对我的教导，小 n 不才没能让你们骄傲！

一句拯救，可以让老师看到所谓的"问题学生"是多么需要老师帮助，用真心帮助代替批评、指责，他会慢慢成长！

（三）借助正反正的策略，开好班会

走在阳春光华校区里，王老师的脑子里还满满的是上届初三（8）班的笑声，此时又成了初三（3）班的班主任，初三的孩子可爱、热情，可这个（3）班传说中"有些冷"，王秀莉老师也没有放在心上，直到给高三患癌症的女孩捐款时，班里有着"她生病了与我有什么关系"这样的声音响起，同时还发生了这件事……

案例 8-1-12：班主任实践（作者：王秀莉）

在运动会中，班里的小欣同学跑完了比赛回到看台，由于运动激烈产生的呕吐症状，此时班里同学的表现：（共 37 人，6 人在比赛）

3 人	问候
20 人	看了看又去干自己的事了
6 人	看也没看
1 人	给予实际帮助

这个结果让王老师觉得心寒。如果对于外班同学不愿捐款，老师还可以理解，对自己班同学的不闻不问，王老师不能理解，也超出了她这十年班主任的经验。痛批学生一顿吗？那宣泄的是老师自己的情绪。王老师始终相信学生们是可爱的，所以每个行为背后都是有原因的。

问卷调查：

8、当同学发言时，你是否能认真倾听？
A ✓ 是　　　B 否
9、在你遇到困难的时候，你是否需要别人的帮助？
A ✓ 是　　　B 否
10、在运动会中，你的同学吐了，你如何做的：
A 帮助了　　　B 问候了　　　C ✓ 看了一眼，又做自己的事了　　　D 没注意到

原因是：*那是他（她）自己的问题，一会儿的就好了。*

8、当同学发言时，你是否能认真倾听？
A ✓ 是　　　B 否
9、在你遇到困难的时候，你是否需要别人的帮助？
A ✓ 是　　　B 否
10、在运动会中，你的同学吐了，你如何做的：
A 帮助了　　　B 问候了　　　C 看了一眼，又做自己的事了　　　D 没注意到

原因是：*我帮他也起不了什么作用*

汇总结果：

90%	同伴交往中可以做到尊重
95%	希望遇到困难得到帮助
80%	选择犹豫：她吐完了就好了我去了也没用

分析其中本质原因，在于孩子们缺乏换位思考。只有开班会能够快速解决这个问题，王老师将其定义为同伴交往主题教育"暖"系列。第一次班会为"《暖人者，人暖之》意识篇"。此次班会：

1. 教育目标。

（1）低级目标：让学生们认识到每一位同学都想"人暖之"。

（2）中级目标：在思想上认识到想"人暖之"要先做到成为"暖人者"。

2. 活动过程。

一问、二做、三思，四提升。

一问——＿＿?＿＿，人暖之（5min）

情景：

1. 列出小欣在运动会上吐了，大家的表现和外显原因。

2. 请小欣与小晴发言。

设计意图：让学生能自觉地向自己发问，自己都想"人暖之"，但之前应该做些什么，其实每一个都想人暖之。

二做——团队心理活动（18min）

活动内容："盲人之旅"

1. 在背景音乐声中，学生戴上眼罩扮演一位盲人，先在室内独自一人穿越障碍旅程，体验盲人的无助、艰辛、甚至恐惧。

2. 所有学生中一半人继续扮演盲人，另一半人扮演帮助盲人的"拐杖"，由"拐杖"帮助盲人完成室外有障碍的旅行。完成后交换角色重新体验。

设计意图：让学生可以亲自体验无助时的感受。得到别人的帮助是温暖的，帮助别人同样是温暖的，让学生学会换位思考。

三思——小组交流活动的感受（18min）

一思：做盲人的感受。

二思：做拐杖的感受。

三思：＿＿?＿＿，人暖之。

感受摘录：

做盲人：我心里充满了恐惧，每下一节台阶都害怕。旁边的"拐杖"揽着我的腰让我转弯，让我感到无比温暖。当眼罩摘下时，我深情地拥抱了我的"拐杖"，再做拐杖的时候我一定做好。这是所谓正面的感受。

做拐棍：当我看到一个"盲人"，那么无助，我就毫不犹豫地搀扶她，告诉自己一定要做好她的"拐杖"。看到她安全抵达，我很开心，她的谢谢也让我很温暖。这是所谓反面的感受。

综合：当我做完"盲人"，看到我曾经的"拐杖"成为盲人时，我就飞快跑了过去帮他。我想，要想人暖之，首先应该先温暖他人。而做完"拐杖"，又做"盲人"的同学感觉到有人飞快来帮他，同样感觉到暖人者，人暖之。

四、提升——班主任讲话（4min）

"这是老师在班会中抓拍的一些照片，在这些照片中你能感受到什么？温暖。我们每一个同学都可以给同伴带来温暖，当看到他人遇到困难时，心中要有'暖人者，人暖之'的意识。当同伴沮丧时，有你的一个微笑；当同伴失败时，有你的一句鼓励；当同伴生病时，有你的一杯水……带给别人温暖，也同样温暖自己，让我们把'暖'系列进行到底。"

就这样，学生的批判性思维视角打开了，有了下面温暖的苹果，温馨的记录。

"10月22日早晨，小马同学来到教室以后主动把窗户打开，为教室换气。清新的空气从窗户涌入，赶走了一夜的浊气，为新的一天带来活力。这周，莉姐生病了。莉姐怕我们耽误的课太多而影响成绩，便拖着尚未痊愈的身体来给我们上课。我们很感动也很心疼她。"

每个问题行为都是一个预警，告诉教师：孩子们需要帮助了。老师善意地拉起他们的手，理性科学地帮助他们，终将走出沙漠，迎来海阔天空！

在批判性思维的教育教学下，王秀莉老师的学生不断改变着，也在不断应用批判性思维去解决问题。同时，他们也非常感激老师，下面是学生对她的分析和评价。

给人以美好 示人以希望

学高为师，身正为范，给人以美好，示人以希望，语言贫瘠、文笔拙劣的我实在想不出来更好的词语来概括这位我一生最崇敬、喜爱的老师（我们均亲切地唤为莉姐）。

若仅议她的业务精深，有深厚的知识功底和超高的教学能力，在我看来这对于莉姐的评价则过于浅显。每当我们私下里提起莉姐，大家总会心照不宣地对她从心中产生一股任重而道远的酸楚感，其中三分不舍、三分感激、四分期盼。她陪伴在我们每个人最单纯也是最重要的一段时光里，照亮道路、保驾护航、给予希望。即使他们开始的成绩并不是那么好；即使他们在当时活得并不那么成功；他们依然会清晰地知道，在那段最美好的记忆里，有这么一个能够让人定心的身影，在他们最需要的时候拉了他们数把，才让他们不至于变成更糟糕的人。

我有一个朋友，原本是个不太爱学习的学生，凭借着自己的小聪明在这个落后的普通班里混着一个中不溜的水平，高中一开始居住遥远后来又独居的他，每夜四处游荡，二十四小时从手机中获取着廉价的快乐，高一就成了老师们不再叫醒的"睡王"。与他相同的还有他的同桌，一名曾经位列年级倒数的女孩，整体的本科率飘渺不定。至此，这个班级似乎已经成了年级中最"安静"的班级。但又像陶行知先生说过的"教师不仅用自己的学识育人，不仅通过自己的语言去传授知识，而且要用自己的灵魂去塑造学生的灵魂。"莉姐她懂得教育中真正的"爱"。从高二接手，在这个班级中，无论好学生还是后进生，莉姐从没有放弃过任何一个人，从未！在大家无助、被人笑话、区别看待、自尊心脆弱的时候，莉姐给予了所有人温暖、存在感、归属感。给予所有人成长和发展的机会和帮助，是要让我们走出校园多年后依然能够保留在身上的、深入骨髓的那种习惯和性格。

她总是会让班里的同学"做最好的自己"，帮助分析每一个人的选择和可能导致的结果。强调是自己和自己比，昨天的自己和今天的自己比，不断超越自己。"做最好的自己"，便意味着要尽可能在自己的职业中达到自己力所能及的最好程度，也要对他人和社会负责。

对于学生来说能遇到一位这样有先见之明的前辈，能够给予他们连父母都无力顾及甚至反对的理解，是十分幸运的。莉姐激发并唤醒了潜伏在每个学生体内处于睡眠状态的能量。

她用两年时间将这个朋友和他的同学不喜欢的、零基础、年级倒数的化学科目，变成了全班最喜爱的、睡率为"0"的，年级整体排名位列前茅的科目，并且顺势拽着其他科目也蒸蒸日上。她的关注，一个夸赞，一个鼓励，殊不知唤醒了多少人内心的种子，改写一生。而在这个班级成长的过程中，莉姐所准备的一个个暖心又细致的活动让这个班级之间的环境无比奇特的暖心，无数班级的同学"艳羡不已"、老师"赞叹有加"。

另外莉姐的教学能力也是不得不排文夸赞，莉姐从不因循守旧，她能够一节课40分钟只讲一道题，但是这一道题讲得透彻无比，如行云流水一般，令人听毕顿觉心旷神怡，让人有想解一题的技痒之感。莉姐同样注重举一反三的变式训练，一道题从不同的角度剖析，有时从数，有时从形。想必这与我们曾看到的一题恨不得数页密密麻麻的备课有着个中联系。

而在这两年的过程中，莉姐对她班级的学生有一个要求，就是一定要坚持面批，逐条逐点地讨论同学逻辑上的含糊，结构上的错误，论证论据的不足，驳论的机会以及反对观点的预见，等等。莉姐还会进一步提问，建议再换一个新角度进行探究，正所谓尽己所能，授人以渔。

而上文的那个朋友，就是我自己，在莉姐的帮助下，我终是踩上了自主招生的分数线，而那个年级倒数的女孩在高考中则摘得了本校的探花成了单科状元，大家都在莉姐的拉扯下踏上了开往人生对岸的船。

老师能不能改变学生的一生？我想说能！而且对于莉姐，是每一个人。当我们扎进人堆毫无存在感时，却又被一个人发现了自己的特别并被温柔以待时，你的整个世界都将被持续点亮。

祝好！浩然正气的温暖一班。

祝好！我此生都将感激不尽的莉姐！

(刘言　2019届高三1班毕业生　现就读于北方工业大学)

第二节　教师批判性思维培养的途径

为培养教师理解并运用批判性思维解决实际问题的能力，学校自2015年起致力于通过多种途径对教师开展多角度、多层次的培训活动，并通过组建团队、开展课题研究、召开系列教科研年会等形式让教师们真正走近批判性思维，理解批判性思维，爱上批判性思维。

一、理论先行，培训激趣

孩子的天性是对事物有好奇心，但由于教育过分强化知识记忆，教师在教学中往往把答案直接呈现出来，学生在"学习知识而不是探究知识"的理念中越来越习惯被动接受知识。2016年9月，中国学生发展核心素养研究成果公布：理性思维、批判质疑、勇于探究、乐学善思、勤于反思……为了将学生培养为适应新时代，具有认知、反思和创新能力的人，教师必须首先转变观念，成为开放、理性、有思辨能力的人。2015年，为培养在校教师的批判性思维能力，学校引进了一系列提升教师专业能力的课程，开始开展多种形式的理论学习和培训课程。批判性思维的理论学习和培训使教师们突破了原有教育理念，尝试运用崭新的思维工具指导自己的教育教学实践，取得了丰硕的成果。

（一）集中培训，贮蓄力量

2019年和2021年，北京市第十九中学先后两次承办全国批判性思维与基础教育培训，对教师进行较为系统的、集中的理论培训。集中培训可以使教师在短时间内比较系统地学习相关知识，并在后期的教育教学实践中通过不断运用，逐渐达到教育教学理念、习性层面的改变。

1. 与批判性思维相遇。为全面提升教师教育教学水平，学校在教科研中发现，因缺少解决问题的理论指导及策略引领，教师自身分析问题、解决问题能力不足，对教学理解和定位停留在知识层面，不能很好发挥知识所承载能力和素养的培养功能。根据进一步研究，学校发现制约教师从"老师的教"到"学生的学"的转变，需要教师能够创设开放课堂，让学生提问质疑，使学生的问题得到充分反映及时解决，这些变革亟需培养教师高阶的思维能力。为此，学校开始探寻能够最有效提升教师思维能力的理论支撑。2015年，何耀华老师随海淀名师工作站组织《基于学生创新能力培养的教学设计》项目赴美学习。在比较美中两国教学方法异同的过程中，认识到教师的批判性思维水平是限制教师专业成长的关键因素。回国后，何老师受到两个问题启发，开设批判性思维选修课，希望利用课余时间和学生开展项目学习，探索批判性思维训练是否真正有助于培养学生学习能力。经过一段时间的探索，何老师发现，经历批判性思维培训的学生开始主动提出有一定质量的问题，学生学习的积极性也显著提升。学校迫切改革的愿望与种子教师探寻发现最终使学校教科研开始与"批判性思维"结缘，并不断促进教师运用批判性工具解决教学实际问题，提升教师的批判性思维品质和技能。

2. 在学习中丰富并深入理解批判性思维理念。学校在培训教师学习批判性思维的路上，不断尝试和探索，创造各种机会鼓励种子教师参与各地的批判性思维及基础教育研讨会，参会教师们对这种思维方法非常感兴趣，并主动将理论学习成果融入自己的教育教学实践中。

（1）在会议中学习交流提升。2016 年至 2019 年，学校先后选派部分种子教师先后参与四届批判性思维基础教育研讨会，学习批判性思维理论，教师在会议中逐步感受批判性思维在教育教学中的重要意义并开始习得运用方法。

表 8-2-1　批判性思维会议学习

会议时间地点	主要学习内容	参会教师	教师学习收获
2016 年 6 月北京市八一学校	分享和交流已经开展的批判性思维课堂探索和实践；全国一线教师和国内批判性思维专家就学生思维培养展开了讨论。	何耀华王静张征	学习推理论证；挖掘隐含假设；评估结论合理性；等高阶思维能力。
2017 年 8 月上海新纪元学校	基础教育阶段批判性思维培养的目标和方向、教学实践与研讨、如何在学科教学中发展学生的批判性思维能力。	何耀华娄福艳	批判性思维以思维作为思维的对象，其本质是反思；起点是质疑；批判性思维训练核心是逻辑训练；批判性思维的目标在于求真择优。
2018 年 7 月江苏常州高级中学	在基础教育中通过逻辑训练全面培养学生批判性思维能力。	何耀华王肖华王天红窦爽	批判性思维与深度学习的关系；以批判性思维的视角审视教学问题与解决措施。
2019 年 7 月武汉华中科技大学	在教学中创设真实生活情境，激发学生学习兴趣；让学生积极主动去完成较为复杂、有挑战性的任务；如何给学生提供思考的动力、路径与方法。	何耀华王静张征	聚焦三大领域：阅读、研究性学习和写作训练批判性思维。在观察、认知、理解、欣赏类课型、创作类课型、决策类课型、习题、考试、解决问题、STEM+类课型、操练类课型中开展"模拟过程的对话"训练批判性思维。

（2）在培训中深化教师批判性思维理念。2019 年和 2021 年，我校承办第三届、第四届全国批判性思维与基础教育培训，针对教师开展系统、集中的理论培训，培训更为集中地深化了教师批判性思维理念，发展了教师批判性思维品质，营造了团队共同成长的学校文化。

2019 年 7 月 18 日至 22 日，批判性思维探究式学习研修班在我校成功举办，这次培训聘请国内外权威专家团队对校内外教师开展系统的批判性思维理论培训。在这次培训中，教师主要就马克·巴特斯比和莎伦·白琳《权衡：批判性思维之探究途径》一书具体学习并训练：批判性思维的基本概念；探究式学习法批判性阅读和论证分析；识别问题，澄清意义；考察前提；信息的可靠性演绎和归纳；相关性、充足性；识别论证中常见的谬误统计，类比，因果，科学方法；权衡、综合、做出判断；写作与思维培养等。参加培训的教师普遍认为这次学习对自己触动很大，尤其是在理论层面，是非常丰富而深入的。同时教师们也表示，批判性思维理论学习让自己看到了自己在教育理念与实践中的局限性，也意识到非常希望将批判性思维应用于教育教学实践，使它成为改进自己教育教学的好方法、好路径。

2021 年 7 月 19 日至 23 日，我校继续承办了"基础教育批判性思维教育"研习班。教师主要围绕董毓教授《批判性思维十讲：从探究实证到开放创造》一书进行了系统理论学习和实践训练。这次研习班对教师进行系统培训，促使教师理解以开放理性精神和探究实证技能为主轴的批判性思维原理和方法；着重帮助教师研习探究性学习、批判性阅读、分析性和论证性写作。这次学习中，教师逐渐理清：什么是好的探究性问题；设计好的探究性问题的标准；怎样从分析问题入手来探究、寻因、发展知识和解决问题。

2019 年至今，我校已有 40 多位教师通过集中培训相继学习了批判性思维的相关知识并逐渐开始在自己的教育教学中运用批判性思维改变自己的教学课堂。老师们通过学习课程，深切感受到：教育出发点和教育意愿的改变是非常困难的，因为这关系到深入反思文化、教育和社会价值观对自己的影响并勇敢改变自己。因此批判性思维学习需要教师在学中用，用中学，反复学，批判地学……学习与实践之路上，学校引领教师迈开脚步，稳扎稳打基础理论，深入实践反思锤炼技能，不断成长。

（3）承办会议促动全员学习与实践。2021 年 7 月 17 日至 18 日，全国基础教育批判性思维教育研讨会在北京市第十九中学举行。本次研讨会主题为"基础教育批判性思维教学研究与实践"，旨在促进我国基础教育领域批判性思维教育的理论研究和实践探索，提升学生核心素养。

此次研讨会分三个环节进行，来自全国各地的大中小学专家学者、校长、骨干教师，以及关注批判性思维教育的有关人士参加研讨会。北京市教育科学研究院院长方中雄、海淀区教委主任王方、北京市学习科学学会常务副理事长兼秘书长李荐等先后致辞。

王方：举办此次研讨会恰逢其时，对于推动和深化基础教育批判性思维的研究与应用发挥具有积极作用。

李荐：批判性思维是人思维的底色，也是创新教育的根基。批判性思维其实是号召每一个学生都要有自己的独立思考，有审慎的、严谨的、客观的态度。在学习过程中学生要养成一种质疑、论证、求真的品格，对孩子创新思维的发展是有很大的好处的。

董毓：批判性思维教育将会成为教育改革的重心。

在大会主题报告环节中，北京市第十九中学校长高新桥、上海市语文特级教师（上海师大附中副校长）余党绪、《中国高考报告》执行主编徐尚昆等嘉宾，分别从教师专业发展、课堂教学、高考综合改革等不同角度发言。他们一致认为，批判性思维不仅是精神和技能的结合，还是培养开放理性的理智品德；既是构造求真求实的内在驱动力，又是改善社会文化价值观的必由之路。

研讨会既有理论也有实践，既有宏观也有微观，给教师们来了深切的思考和启迪，有力地推动了基础教育批判性思维的研究与应用。高新桥校长就批判性思维在教育改革和学校教育教学中的作用做了总结发言，她明确指出：教师需要在理念上转变，在行动上跟进，这种转变就应该是以课堂作为着力点，也以课堂作为落脚点。课堂是教育实践最重要的场所，所以我们举办 2021 年全国基础教育批判性思维教育研讨会就是为了给我们老师在理念转变、课例研究、行动跟进上提供一个支撑和帮助。

本次会议掀起了学校教师学习批判性思维的更大热情，在后续的课程班中，有很多教师陆续加入到理论学习之中，全员学习与实践在学校开展。

3. 教师学习批判性思维感受分享。随着会议学习与集中培训教师们也开始在自己的教育教学实践中尝试运用批判性思维发现问题、解决问题，逐渐变革自己的教育理念与习性。特别值得关注的是，教师们开始借助批判性思维工具，分析与挖掘影响课堂教学质量的深层原因，能够从学生的学反观教师的教，从学生的学习品质反观教师的思维品质，探究也逐步从问题的表象深入到问题的本质。

（1）何耀华老师（参加多次批判性思维基础教育研讨会并参与交流）认为：

学习和运用批判性思维首先对生物教学很有帮助；其次，批判性思维绝不限于培养思维能力，它几乎涉及生活的方方面面，尤其在人文精神层面，可以培养学生形成独立人格，提升学生综合素质，学生能够运用批判思维解决实际问题；最后，批判性思维有一定的工具性，运用这个工具，可以指导教师如何教学，不断改变自己的教学来匹配和促进学生发展。

将批判性思维融合在教学过程中，实际上是把批判性思维渗透在每一个环节，渗透在教师和学生的相处的每一分钟。具体来说，就是一个在课堂教学中培养学生的提问能力。同时，教师对学生的评价要有效，这两个环节，是融合批判性思维教育的最重要的环节。教学过程中，学生的提问很可能比学生掌握知识更重要，而这恰恰是我们学生最薄弱的环节。那么要改变这个现象，就在于从事基础教育的教师要注重学生的提问能力的培养。这对学生未来的发展是非常有意义的，因为他可以面对新的问题，去思考、去分析、去解决，那么也就是我们通俗所说的"创造能力"。

（2）郝晨老师（2019年批判性思维课程班学员）认为：

为期5天的批判性思维研修班内容丰富，安排紧凑而不紧张，使她收获满满。最大的收获是，她在培训中，系统地学习了讲授批判性思维探究途径的专业书籍《权衡：批判性思维之探究途径》。她反思自己之前听闻"批判性思维"一词，总感觉很高深，总觉得这种"纯理论"的东西艰涩因而令人却步，甚至觉得这只是哪些"专家"又折腾出的名词而拒绝学习。但一番学习下来，她为自己粗浅的狭隘的认识而哑然甚至汗颜了。郝老师认识到，虽然自己暂时还不能把批判性思维的内容掌握得很专业，但是学习让自己的认识有了进步，或者说是从内心接受了一些进步的理念并愿意继续学习和运用。

（3）刘媛媛老师（2021年批判性思维课程班学员）认为：

在弥漫求真、求新为目的学习氛围中，大家积极参与讨论，勇于发表见解，根据实证辩论，权威性的话语第一次彻底从学习过程中消失，以平等谦逊、多元理性思维支撑的对话终于开启。在学习批判性思维课程的过程中，她亲身实践了批判性阅读，探究式学习和批判性写作的训练。并在课堂上，通过参与讨论具体问题和分享活动，锻炼了自己运用批判性思维方法的能力。在学习中，刘老师切实体会到来自教授们身上浓厚的求真、求实的品格与魅力，以及学习过程中，课堂氛围始终贯穿着理性思维的宽容和严谨，既活泼又严肃。她认为，自己列举的这些看似意义相反的词汇背后，恰恰展现了具有批判性思维能力的思维者所特有的求真、求知、求创新的人文品格，这次学习真的很愉快且让她受益良多。

（4）陈曦老师（2019年批判性思维培训班学员、2021年分享批判性思维研究课）认为：

在课题团队的带领下研究学习了《批判性思维工具》这本书，感觉这是一种新的思维模式，可以帮助老师、学生及很多人更好地学习、工作和生活。2019年至2020年，她参见了课题组每次的会议和活动，听了课题组成员张静梅老师、刘宇老师和何耀华主任所上的公开课，并于课后运用批判性思维一起研讨交流，收获很多。在2020年3月至2020年8月她开始尝试将批判性思维运用于物理教学中，并在课题组的帮助下在《北京教育》期刊上发表了论文《巧用引导，激发学生思维》。在教学中她发现以前教师讲授知识或教师做演示实验，学生学习目标的完成情况并不乐观，在批判性思维的指导下她尝试在物理课堂上将老师要讲的知识点换成由学生分组设计并通过实验验证的方法来学习，这样学生的学习目标就能很好的完成了。

作为参与批判性思维学习的教师，通过学习，大家开始逐渐意识到变革自身观念的重要性。开放理性精神绝非单一化理念，它内涵丰富且蕴含诸多学习者需要系统学习的品格和习性，因此需要通过系统学习获得，其实质是要求学习者通过"探究"和"实证"实现对外在知识和自身的认知，坚持求真原则，不断变革自身观念，提升教育教学能力。

（二）通过教科研年会营造共同成长的教研氛围

2019 年至 2021 年学校先后两次召开"从学习视角话教与学""学习者的思辨与实践"科研年会，年会集中呈现了多年来学校在批判性思维理论学习与实践创新中的探究成果与经验反思。教科研年会的召开肯定了学校教师运用批判性思维指导教育教学的实践的实绩，推广了种子教师应用批判性思维收获的课堂经验，激发全校教师学习和运用批判性思维理论的热情。

表 8-2-2　批判性思维与教学研究教科研年会

年会主题	教科研年会内容	教科研年会作用
从学习视角话教与学	1. 指导思想：以批判性视角审视"教与学"。 2. 组织形式：通过学生与教师对话，还原课堂真实面貌，师生共同对话教与学，从而达到了解学生学习品质发展的真实问题，教师反思教与学的设计与实施策略，提升课堂教学质量。 3. 主要流程： 　来自 6 个年级的 11 位教师和 9 位同学参加了研讨；何耀华副主任作《理解、评价、发展——互联网+教育背景下教师重新定位》主旨发言。	1. 分析了新时代教育背景下学情的变化； 2. 对老师们在新教学环境下重新定位课堂教学的必要性和重要性进行了详细的指导； 3. 肯定了激励性评价体系的建立既是沟通教与学的桥梁，也是解决教与学问题的有效途径和措施。
学习者的"思辨与实践"	1. 指导思想：教师重新审视自己的角色，以学习者视角对"教学"进行思辨，调整"教学"方式，更好为学生成长提供有效的帮助，进而发挥教师育人功能。 2. 组织形式：围绕"思辨""实践""感悟"教师分享教育心得，分年级组研讨，年级研讨汇报，校长讲话。 3. 主要流程： （1）教师分享。 "思辨"： 主问题：好课是怎样炼成的？ 子问题：教师如何开展教学反思？教研力量怎样挖掘？磨课价值是什么？ "实践"： 主问题：如何让好课落地？ 子问题：如何创设问题，启发学生的思维？如何设计活动，增强学生体验？如何进行评价，促进学生自主发展？ "感悟"： 主问题：怎样提升教师领导力？ 子问题：教师哪些做法最触动学生？学生成长过程中最需要的是什么？ 2. 分年级研讨核心问题。 3. 年级研讨汇报。 4. 高新桥校长讲话。	1. 明确了教师课堂教学活动应更多激励学生通过质疑、表达等形式提出好问题来找到思维困惑并解惑，这样学生才得到真正发展。 2. 通过教师分享教师磨课经历，指出批判性思维需要在教研中不断"对话"来找到核心问题，明确重点难点。 3. 指出评价在教育教学中的重要性，教师要合理、适时评价，鼓励学生学习积极性。 4. 课堂上有效的学生"对话""体验"，是促进学生自主学习重要途径。 5. 当教师成为自己教学的学习者，学生成为自己学习的教师时，对学生学习产生的效应最大。

两次教科研年会始终依托批判性思维理念，将研究重点定位于教学中的"教与学"。从批判性思维影响教学的关键环节"问题""探究""评价""对话""反思"等入手，通过组织教师参与活动，分享经验，分组探讨等多样教研形式展开教师对话、探究与反思。在两次年会中，可以看到学习和应用批判性思维给教师教学、教研带来的真实变化。首先，教师教育理念初步发生转变，教师越来越关注学生思维发展，特别是逻辑思维发展进阶；越来越将教育重心转移到如何激励和评价学生主动探究的角度；课堂教学活动设计特别重视激励学生质疑、对话、表达，并在其中组织学生自主质疑、探究。随着年会的召开，越来越多的教师开始关注、了解、学习、应用批判性思维解决教育教学难点问题，学校也逐渐形成越来越浓厚的敢于质疑、大胆求真研究教育教学的良好氛围。

二、课题引领，助力实践

一个人只能走得很快，但不能走得很远，只有一群人才能走得更远。组建优秀的批判性思维团队，以课题为引领，应用批判性思维一起筑造美好的未来。

（一）课题先行——仰望星空

在学校的指引下，教师们接触了批判性思维，部分老师对此也充满兴趣！可是，此时的批判性思维是抽象的，神秘的，也是无形的。我们想看却都不知道，它在哪片星空？2019 年，学校开始了《运用批判性思维工具培养教师核心素养的实践研究》的课题研究，有了 10 个人的核心研究成员，建立起了团队。我们明确了：

1. 为什么做这个研究？

提升教师队伍的专业发展水平和能力，是所有学校坚持不懈的努力方向，它直接关系到学生发展和学校发展。本课题研究尝试探索以批判性思维方法为工具，以同伴对话，学生批判，反思写作为手段提升教师专业发展的研修方式，为教师专业发展培养提供一个切实可行思路和方法，且这种研修方法在教师教育教学实践中进行，教师的批判性思维技能可直接转化为教师的教育教学能力，直接影响教育教学效果。总之，参加课题的老师们都有着这样一个共同的情怀，通过学习批判性思维，让自己成为一个开放、理性充满教育热情的老师，并引领孩子们成为开放、理性、有使命感的学生。这就是那片星空！

2. 这个研究具体做什么？

（1）建立教师批判性思维能力提升途径；

（2）学科组开展"批判式"研修组织方式；

（3）探寻"开放、批判、探究"课堂教学组织策略；

（4）营造"开放、批判、合作"学校文化氛围。

3. 怎样做这个研究？

理论学习和培训——课题组制定实施方案——交流——评估——展示推广为主试验干预的实践探索。以教师批判性思维能力为切入点，运用参与式培训与教育教学实践改进行为来促进教师专业成长。借助同伴对话、学生批判、思考写作、论坛、展示课等方式评估实践效果并修正，最终形成具有普适性教师专业成长的机制。

Why？What？How？在课题中都一一解决了，我们的星空就在那里，我们抬头就可以看到，无形的批判性思维变得有形了。如何把它落下来，落在老师们的行动里，理念里？

（二）学习与实践结合的双螺旋上升趋势

建立起从学习——→实践——→交流——→反思——→学习的环，沿着这个环下来，实现深度的学习和理解，逐渐改变认知，从而改变思维，形成观念，落实行动。

案例 8-2-1：

王秀莉老师对最大善意原则很有感触，即要理解学生，最大限度地从学生角度出发。在十九中，大课间需要跑步，一次不跑需要家长的假条，多次不跑需要医院假条。她以最大的善意理解他们，如果有的学生当天早上到校后不舒服，就来不及让家长开假条，所以他们的班规有一条就是每人一学期有一次不需要假条的请假，只要和老师说一下"我不舒服，今天不能跑步"。最后的结果是全班一学年只有一人用了一次。这非常出乎意料，因为学生们挺怕跑步的，以往总有学生偷偷不跑。在课题组会进行交流时，王秀莉老师就讲了这个案例，来分析这种转变。觉着学生被老师的善意打动，何耀华老师提出的一个观点，学生之所以被打动，是因为认同，他们说的话得到了认同。王老师回来进行了反思，走进学生心理，就是认同，就是相信，才开启一扇窗，于是再进入新的学习，不断改变，大家在不知不觉中理性，求实！

---

1. 学习——多种模式，及时分享。

（1）参加培训——系统学习，这种集中培训比较系统地学习了相关知识。

（2）开展读书会——理论学习，有明确的读书计划，上交读书心得，使老师们扎根实践，同时有反思实践的理论自觉。

表 8-2-3　读书活动《批判性思维工具》寒假读书计划节选

读书时间段	读书内容	关键摘要	读书心得
第一周	《绪论》	良好的思维方式需要付出努力；成为自己思维的批判者；培养对自己推理能力和识别事物能力的信心。	见案例 8-2-2
第十周	《第十七章 成为一名高级的思考者：总结》	练习批判性思维；完善的思考者的心理品质和内在逻辑。	见案例 8-2-2
备注： ①本计划是按照两周的阅读时间规划，可以根据自己的阅读时间、阅读速度、阅读习惯等来自行调整。 ②理论与实践相结合。对于自己比较感兴趣、有启发、有共鸣的内容，可以结合教学实践，来谈体会，或者产生新的教学设计，让所读内容真正落地。 ③《批判性思维工具》领读人：燕纯纯				

案例 8-2-2：读书心得摘录

教师：思维方式决定着行为方式。思维决定行为、感受和需求。巴菲特曾经说过：一个人的眼界决定了他的思维，而一个人的思维会决定他的行动，而行动则会决定结果。因此一个人的思维是非常重要的。在他看来，不管是在职场还是互联网领域，有这几种顶级思维能力的人更容易成功：

第一种思维：整合型思维，善于提取有价值的信息。能够从众多复杂的事情和问题中找到解决问题的方法，同时能够将问题解决了。

第二种思维：目标导向思维，把目标当成第一驱动力。任何时候都将实现目标当成是

第一工作要务，将实现最好的结果当成是最重要的事情去做，并力求将这件事做到最好。

第三种思维：利他思维，明天利他就是更好的利己。在很多时候考虑的问题不光是自己，更多的时候是考虑他人，为他人着想帮助他人解决问题，到最后发现在帮助别人成功的同时，也成就了自己。

第四种思维：迭代思维不断的更新，提升自己。善于学习特别是愿意去学习这个世界上最新的知识和东西，以此来充实自己，最后实现自己人生的蜕变。

课题读书活动促进了大家对批判性思维深层次的理解。

（3）微信群分享——碎片化学习。大家会把看到的比较好的文章，案例，自己的实践感想随时发到微信群，让大家学习。

例如：

①推荐文章：高新桥校长推荐《把握教学反思的两大关键》，她的推荐理由是：这本书很好地阐述了教师反思是教师成长的核心因素。

②推荐会议：王天红"思辨的力量：'中学生批判性思维培养与思维读写教学实践研究'"。推荐理由是：余党绪老师主持的大会，其中有最新关于评判性思维阅读和写作的方法推荐。

③推荐书目：何耀华老师推荐《思考，快与慢》这本书，推荐理由是：课上我运用快思考、慢思考策略引导学生思考，学生表现很兴奋。下课，一群学生围过来说："老师，你大大提高了我思考的效率。"这本书中的策略对课堂教学很有帮助。

④推荐视频号：何老师推荐理由：讨论是最有效的学习方式。

这样随时在学习，推动了大家的知识分享和创造。

2. 实践——勇于尝试，求真务实。

（1）子课题研究：在这个团队的引领下，一些老师找到了自己的研究方向，并应用于自己的课堂。

案例 8-2-3：

王静老师《批判性思维方法在中学化学概念教学中应用行动研究》《批判性思维方法在中学数学概念教学中应用的实践研究》，何耀华主任《应用批判性思维工具培养学生科学素养的研究》。

（2）批判性思维的课程及研究：以上文章正是教师在课题中形成的智慧结晶。

3. 交流、反思——分析质疑，开放互助。

（1）微信群里实时交流，反思：大家会把自己的一些想法放进去，另外，其他人员会质疑、补充。

案例 8-2-4：

教师的意见反馈

何耀华：在准备批判性大会发言稿时，何耀华老师在群里发来发言稿。

王老师回复：何老师，您的课件我看了好几遍，觉着特别有收获。都不知道怎么提建议了。作为组长我就不得不带头评价一下了。

一、文本格式上：

1. 第四页 ppt 的右下角有个地大的字眼，是否要删掉。

2. 最后几页是否文字过多。

二、具体内容上

1. 您写的是改变评价方式。我感觉是改变了评价的内容与方式。这里可否对学生的学习力要素加一些。学生学习包括学习态度，学习能力，学习技巧，学习习惯等。为什么选择学习态度，学习习惯，合作精神等来做评价？

2. 怎样评价，是方式，我觉着是否有个思想，比如，评价要有证据的评价等。我看您的评价方式的改变：

（1）从单一好、棒的评价到多元；

（2）从评价个人到赋分制评价团队；

（3）想多元的评价，想激励学生就要让学生有多种展现的机会。多样的作业。

类似于有个教师进行评价的简易思维模板，或是思维流程，便于效仿。

………

何老师：非常好的建议，帮助我捋顺思路。

王老师：其实，我觉着看完您写的更多的触动是您的教育情怀。有情怀才会为了孩子们做了这么多。每一项的活动，每一次的评价，学生的那端都是您的陪伴和引领！

何老师：是的，我最后一个内容就是有效评价源于教师自我反思。

这样随时的交流，让大家快速，且有效地进行自我思考。

（2）交流会：线下会议定期召开，大家在交流会中，没有校长、主任，只有平等的学习者。你方大胆质疑，我方小心求证、回应。你来我往，开放理性，不断进步。

案例 8-2-5：

第一步：张静梅老师应用批判性思维在高一年级开了一节生物课《酶》，她以问题串联结合相关细胞内化学反应图，将学生引入探寻"生命"奥秘之旅，通过细胞外与细胞内反应截然不同条件，发现神秘的生命之魂"酶"的存在。张老师通过设计阅读科学史、教师演示实验和学生实验设计等方式，让学生在探究过程中了解酶的"神奇力量"及"嗜好"，进而让学生感悟到生命力量。本节课学生不仅对生命有了初步了解，同时还感受探究魅力，树立探究和敢于表达的勇气。

第二步：研讨交流，质疑，反驳。运用《批判性思维工具量表》，将参加课题组教师分成三组，对学情分析、教学目标、教学过程、学生学习平台、教学评价等环节进行观察，课后集中研讨，提出质疑，然后授课教师进行回应，老师们反驳，授课教师再回应，问题越辩越明，教师的课越来越完善。

案例 8-2-6：

第一组组员：高新桥，郑欣新，刘宇，石静，王秀莉

会议整理：王秀莉

针对本课的讨论：

主题：聚焦关键问题

第一部分：基于学情的分析

学生在初中阶段所学与本课相关知识的了解；本课内容与化学学科知识的交叉性。

化学反应发生的条件是什么？活化能的形象表示？引入在花生燃烧实验：温度控制的影响；学生在实验操作的基本规范，设计思路；物理、化学、生物共同的控制变量；实验主体分为四部分；如何观察实验现象。大家认为学情分析到位，才能更好地引导学生，落实教学目的。

第二部分：教学设计与实施

教学内容的取舍，聚焦关键问题，突出教学重点；生物史的内容能否做成资料给学生；因变量，自变量等内容能否简化；授课过程中教师对问题描述不够清晰，且给学生留白时间短，造成老师自问自答的多。比如让学生观察花生燃烧的实验，应该让学生明确观察什么？怎么观察？演示实验要有背板，实验要有对照；高效性实验可以让学生设计；生物史可否让学生自己阐述观点；板书设计需要修改，字体太小，内容呈现；可否一些板书放在课件里，关键性内容留在板书？大家认为教学设计要宏微结合，既关注重点、难点的突破，也要注意板书、课件的细节。

案例 8-2-7：第二组的意见反馈

质疑：两个学生在前面的演示实验效果不好。其一，这个实验一开始要观察什么没有明确，实际上是关于观察气泡，实验现象后排看不到，只能听表述。其二，表现为上台对学生的实验步骤，不需要询问老师，那还不如老师做这个重要的实验，不知让两个学生上台做实验的用意何在。其三，是没有清晰地向每位学生展示此实验内容，每个试管中使用的材料及产生的现象在进行实验中显得混乱。建议这个实验教学重新设计。

回应：让学生上台做演示实验，主要目的是了解学生所学知识理解情况，因此，他们上台操作暴露出来的种种问题，正是学生深入学习的切入点，通过教师评价，操作的学生修正了操作过程的同时，促进他们对所学知识的理解，而这是一过程是具体、可见的，他们亲自体验的，因此理解更深刻一点。

反驳：如果教师亲自演示，整个操作过程更规范点，学生观察会清楚一些，知识更明了一些，而不是学生演示掺杂着错误的操作。

再回应：教学是让学生发展，学生不断修正过程就是学生真正发展的过程，而观察教师标准操作，只是模仿，学生认识没有发生迭代，是浅层次的学习。

案例 8-2-8：第三组的意见反馈

（1）关于学情

质疑：学情分析没有依据，没有发挥其分析对教学设计导向作用，建议通过学生作业，与学生对话，了解学生具体问题如下：活化能对学生是一个新概念，对自变量，因变量、无关变量在初中物理课中有所涉及，但理解不深刻。学生不能说出新陈代谢实质。

回应：是的，学情分析这一点的确做得不够，我是凭经验或前面所学知识，去假设学情的，事实上真正的学情与我的假设往往差异很大。

（2）关于教学目标

陈述：原有教学目标。

1. 通过对淀粉酶水解淀粉、花生燃烧、过氧化氢的分解等实例，理解细胞代谢是细胞内的化学反应。细胞的功能绝大多数基于化学反应。

2. 通过体外和体内化学反应条件的对比，认同体内化学反应条件温和：常温、弱碱性、常压，所以需要催化剂——酶才能使得化学反应顺利完成。

3. 通过"关于酶本质的探索"的资料，认同科学是不断被修正完善的过程，某个时期认识上有局限性是正常的。

4. 通过"过氧化氢酶的作用"这个具体的实验，以及微视频，说明酶发挥作用的机理是降低活化能；说明酶有高效性这一特性。通过淀粉酶的实验，说明酶的专一性。尝试实验设计、实施、获取结果、得出结论等。

质疑：从细胞能量供应角度了解细胞需要将有机物氧化分解（事实），进而理解细胞内的化学反应（观点），在此基础上理解细胞的功能绝大多数基于化学反应（观点）。

依据是：利用学生能接受的事实让学生认同并接受相应的生物学观点。

通过体外和体内化学反应条件的对比，让学生猜想人体化学性质特点是温和：常温、弱碱性、常压，怎样才能顺利完成一系列的复杂化学反应，学生猜想可以很神奇，目的是让学生勇于猜想。所以需要催化剂——酶才能使得化学反应顺利完成，这一点学生是猜想不到的。通过"关于酶本质的探索"的资料，认同科学是不断被修正完善的过程，某个时期认识上有局限性是正常的。问题培养学生探索的勇气，通过"过氧化氢酶的作用"这个具体的实验，以及微视频，让学生得出酶发挥作用的机理是降低活化能。

反驳：教学目标不是学生达成目标吗？把学生达成目标写清楚是否即。

回应：教学目标对教学起导向作用，教学目标达成路径越清晰，则教学思路更明了。

张静梅老师进行回复：需要回去再反思，形成了新的一版教学设计。

（3）课题组其他成员反思

研讨会结束后，教师纷纷表示这种深入的坦诚研讨非常有效，能促进自己对教学思考。

任雪洁老师还表示"虽然研究活动花时间较多，但是能真实解决教师实践问题，能促使教师对教学深入思考，这种方法对教师专业发展帮助很大"。

石静老师说到："坦诚地讲，今天研讨过后，我的心情久久不能平静……是一种幸福感和满足感，感谢学校为我们搭建这么好的教研平台，让我们有这么好的学习交流机会！静梅老师的过硬的专业素养和敢为人先的科研精神令我们钦佩！向静梅老师学习！"

教师通过同伴对话，课堂教学关键问题研究，提升对课堂教学设计能力，进而促进自身专业成长，大家共同进步。批判性思维理论认为多数人的思维方式都是潜意识的。教师在设计教学和组织教学过程往往很难做到多角度进行深入思考，也很难反观自己的教学效果，仅仅通过自身反思来改进教学有一定的局限性。但是，教师面对他们质疑或评价时，对自己的教学设计进行陈述时，会对教学环节进行更深入了解，对教学效果评估更加科学。然后，教师再次对自己的教学设计和课堂活动进行审视、分析和反思长处、短处、难处、重处、创新点，进入再一次学习，让批判性思维成为老师们自觉的行动。

三、课堂实践，呈现成果

课堂是教育教学的主阵地，也集中呈现了学校引领教师运用批判性思维变革教学理念，落实教育教学改革的实绩。

（一）探索之初——种子教师探寻研究路径

种子教师自学习批判性思维伊始，就开始用理论指导教学。在最初的课堂教学研究中，为了更加清晰了解学生思维品质培养与能力之关系，他们对 2016、2018 届学生开展批判性思维能力培养七个维度（寻求真理性、思想开放性、分析性、系统性、自信性、好询问性、认知成熟度性）的抽样调查。同时通过试点跟踪其生物水平测试，发现其中自信性强、好询问性强的学生，成绩提升可能性较大，相反自信性弱，好询问性弱的学生成绩往往提升幅度比较小。此外，学习系统性水平低的学生，学业成绩提升难度较大。这一结论对老师们触动非常大，他们重新审视自己的教学，认真思考如何培养学生学习力。为此，生物学科、化学学科、数学学科、英语学科和语文学科开始着手开展有关批判性思维与学科教学相关系统研究。

（二）探究深入——多学科多年级研究并进

学校生物学科、化学学科、数学学科、英语学科和语文学科共同开展批判性思维与学科教学相关研究，使得学校围绕批判性思维进行的教科研活动开始蓬勃发展起来。

2019 年 10 月开始，《运用批判性思维工具促进教师专业发展》课题组在高新桥校长的带领下，在全体成员的共同努力下，开展"以课题为载体，运用研究方法探索课堂教学关键因素"的课例研究活动。

表 8-2-4　运用批判性思维研究方法探索课堂教学部分课例展示

学科	课题名称	开课教师	研究要点
初中数学	《认识线段》研究课	刘宇	好问题要素
高中生物	《酶》研究课	张静梅	课堂提问和评价
初中物理	《机械能》《质量及其测量》	陈曦	课堂提问、实验探究
初中语文	未选择的路	王天红	探究过程、课堂评价
高中语文	有为有守"刺玫瑰"——《红楼梦》人物专题之贾探春	王文芝	探究过程、课堂评价
高中数学	探究《解三角形》中的劣构型问题	王肖华	课堂提问、逻辑推理
初中音乐	江苏民歌《茉莉芬芳》	石静	课堂提问、多元评价

1. 课例研究流程示范：

第一步，主讲教师依据课题组提供教学设计模板，对课堂教学进行分析和思考，形成教案；

第二步，课题组成员观课；

第三步，课题分小组对教学设计、观课六个维度进行询问和质疑，主讲教师进行回应；

第四步，研讨形成共识；

第五步，主讲人教师修改教案，再次开课。

课例研究中，老师们的科研意识进一步加深，能够跨学科寻找到共性的教学方法，并结合批判性思维理论改进自己的教学设计。

2. 课例研究成果示范：

（1）"开放、批判、探究"课堂初步取得成效。

学生尝试并敢于表达自己的想法，而非记忆信息；

学生的改变在于独立搜集信息，并将其用到讨论过程中；

学生思维发展路径更加清晰，思维发展过程更符合科学探究历程；

学生在同学和老师的关系通过讨论式教学发生了良性改善；

学生体会到在学习环境中自身角色上的变化，学习的自主性增强。

（2）教师教学策略发生变化。

从问题到问题课堂教学组织形式：设计了核心问题，激发学生对学习内容理解，组织学生讨论并促进学生一起探究并分享观点和成果。与波普尔提出"理性重建"过程相符合："问题→尝试性解决→反思、质疑、排除错误→新的问题→……"教师在评价中关注学生差异，实施个别化评价。

（三）从学科教学走向教育

教师教学理念和教学策略的变化，给学生带来不一样的课堂教学，使他们感受到学习快乐。与此同时，教师也开始在班级教育中运用批判性思维指导实践。如燕纯纯老师运用批判性思维建设班级的尝试。王秀莉老师运用批判性思维召开班会，培养学生运用批判性思维解决矛盾、决策能力。拥有批判性思维，是学生面向未来应该具备的思维能力，在教育中培养学生的批判性思维，是班级及学校应该重视的教育目标之一。

四、共筑美好——经验分享与展示

学习实践批判性思维的初衷，就是通过学习批判性思维，让自己成为一个开放、理性充满教育热情的老师，并引领孩子们成为开放、理性、有使命感的学生。更希望这星星之火可以燎原，让更多的老师感受到批判性思维的魅力，从而让更多的孩子们开放、理性、创新，让我们的社会更加美好。

（一）展示课

教师需要在理念上转变，在行动上跟进，这种转变就应该是以课堂作为着力点，也以课堂作为落脚点。课堂是教育实践最重要的场所，在2021年全国批判性思维研讨会中，课题组的六位老师上了展示课。在展示过程中，从教学设计、实施、学生的活动都让大家耳目一新，也为在场的老师们的理念转变、课例研究、行动跟进上提供一个支撑和帮助。

（二）发言

课题组成员把"学习—实践—交流—反思—学习"的感受、经验提炼出来，在学校的教科研大会、其他学校的交流活动中，在全国的批判性思维大会上与大家分享，带来了自己的转变，也带给了他人关于批判性思维学习和实践的技术支撑。以下是课题组老师做的部分发言，在批判性思维的习性和技能互相上给予启示。

表 8-2-5 批判性思维发言展示

发言人	发言题目	习性	技能	亮点
高新桥	批判性思维与教师专业发展	求真、开放、反思、实证	阐释、分析、解说、评估	批判性思维在理念、课堂、行动促进专业成长。
何耀华	批判性思维理念下学生评价方式的初探	开放、公正	阐释、评估	基于过程的多样评价方式促进学生思维发展。
刘宇	批判性思维在数学实践的应用	开放、反思	分析、推理	逻辑思维与数学研究方法的结合。
陈曦	磨出一节好课	求真、反思	评估、解说	落实学生的思维。
王天红	独木咋成林	开放、反思	分析、解说	同学科，跨学科磨课，应用批判性思维。
王肖华	以问题启动思考—批判性思维的模式教学	求真、实证	推理、评估	如何以问题启动思考。
王秀莉	运用批判性思维原理和方法解决学生行为问题的研究	公正、探究	分析、解说	应用善意原则和图尔敏模型在班主任工作中。
王文芝	"磨"出好课，"研"出成长——贾探春人物教学的实践与思考	开放、反思	分析、推理、解说	优化教学设计，师生共同成长。
燕纯纯	在体验中学习与成长——基于活动者的活动设计	开放、探究	阐释、分析	活动的多样，层层递进的设计激发学生的内在动力。
窦爽	批判性思维视野下高中议论类写作教学的改进	反思、探究	推理、解说	提高学生写作的思维能力和转化能力。

课题组教师们在展示中不断精进自己，让批判性思维成为无形的意念，付诸行动，让学生们更开放、理性。

批判性思维的学习实践引领学校教师从学校的课程研究出发，一步步深入探究教育教学，不断反思总结经验，从校到区、市乃至全国展示、发表个人的研究思考与成果，也展示出学校在批判性思维引领教育教学改革之路的勇气与魄力，坚定与执着。

表 8-2-6 部分研究成果的获奖情况

论文、论著	发表时间	出版单位、刊物名称及刊号、获奖级别
《怎样概念教学才能促进学生深入理解》	2019.03	海淀区新品牌学校建设工程现场会
《科研如何引领课堂教学改革》	2019.03	北京教育科学研究院基础教育
《批判性思维如何与学科教学融合》	2019.07	第二届批判性思维与基础教育探究式学习论坛
《利用学情分析工具，准确把握教学起点》	2019.11	《基础教育论坛》
《核心素养培养目标下的教与学探索》	2019.12	"吕梁高中教育振兴计划——2019 年高中生物学科骨干教师北京跟岗访学研修班

论文、论著	发表时间	出版单位、刊物名称及刊号、获奖级别
《问题激活思维　思考提升素养》	2020.08	《北京教育》
《运用批判性思维方法，引导学生赏析民歌》	2020.08	《北京教育》
《基于语文核心素养的单元整体教学》	2020.08	《北京教育》
《初中历史课堂运用批评性思维培养史料实证素养一例》	2020.08	2021 北京市教师"基本功与专业能力"教育教学研究成果
《运用有效提问培养学生批判性思维模式的策略》	2020.08	2021 北京市教师"基本功与专业能力"教育教学研究成果
《巧用引导，激发学生思维》	2020.08	《北京教育》
《如何运用批判性思维改进教学》	2020.09	《批判性思维与创新教育通讯》
《以学生"自我评价"为主的生物选择题讲评课课型设计》	2020.11	《生物学通报》
《运用批判性思维，改进语文阅读教学的策略》	2021.05	《北京教育》
《基于语文核心素养的古诗教学策略探究》	2021.05	《北京教育》
《运用批判性思维建设班级的系列尝试》	2021.05	《北京教育》
《通过合理引导帮助学生思维进阶的教学尝试》	2021.05	《海淀教育》

后　记

　　十九中引入批判性思维以来，课题组的老师们从茫然、好奇、熟悉、认同、赞叹到应用，实践批判性思维，发生了很大的变化。课堂上、论文写作、大会发言处处有着他们的身影。每一位老师都有着这样或是那样的感受。下面的内容，是我校学习批判性思维的部分教师在学习、使用批判性思维过程中的切身感受分享，以及他们对批判性思维生活、学习中价值的思考。

何耀华：

　　对于我而言，批判性思维价值促使我教育思想和理念的改变。没有接触到杜威的《我们如何思维》之前，教育孩子就是三种方法：批评、讲道理、刻意感动。杜威在《我们如何思维》一书中指出批评、讲道理、刻意感动都是无效的教育。这让我既感到意外，又似乎正确。我具有教师通性，喜欢跟学生讲道理，尽管学生表面都认同，都接受批判，都认为老师付出很多，事实上学生几乎看不到变化，原来常用的教育三种手段都是无效的教育方式。一个典型的例子是，2016届有一位学生，喜欢刷题，把刷题当作最主要的学习方法。我批评他刷题无效，学生不理会，照旧刷题。一直到高三第二学期，尽管他刷了大量题，成绩非但提升不了，排名还退步了，很苦恼。我再次与他沟通，这次，我改变说理方式，而是与他一起分析刷题跟他说刷题的优点是可以提升你的思维能力和丰富你的解题经验，但刷题的不足之处在于概念的理解和知识的准确迁移是比较弱的。在此基础上，提供了如何优化学习的方法，采用更多学习策略来提升自己的知识迁移能力，如：概括、总结、思维导图要比刷题好。最后，学生接受了我的观点。开始注重概念理解，知识梳理总结及问题分析，最后高考取得74分好成绩（满分80分）。学生为什么愿意接受我的建议，改变学习方法，原因可能很复杂。我想，我沟通方式的改变，问题分析视角的调整是重要原因。两次谈话核心观点是一样的，但是第一次是仅仅传达我认为正确的学习方法，而第二次，不是一味否定，而是先肯定刷题对知识巩固有一定的帮助，而且也能提升做类似题熟练程度，我与他对刷题学习方式达成一定程度上认同，在此基础上，有理有据对各种学习方法进行分析、论证，让我的观点更有说服力，学生愿意接受。在这一事件过程，我实际上运用了批判性思维方法，与学生就学习方法进行探讨。

王肖华：

　　思维方式决定着行为方式。思维决定行为、感受和需求。我使用批判性思维过程中最大的感受是要开放、理性地思考问题。开放体现在我们要公平、公正地尊重别人的想法，不带个人主观偏见。理性体现在我们要学会用批判性思维去探究实证。探究实证的认知过程是学会合理质疑、理性论证、严肃评估思考问题的过程。在问题探究实证中学习新的知识，提高新的能力，建构新的认知体系。批判性思维的价值最大体现在让我学会分析自己的思维方式，评估自己的思维方式，并尝试提高自己的思维方式。在学习和使用批判性思维工具过程中，我不断地具备批判性思维特质和习性，例如思维正直、勇气、谦虚、坚毅、理性等。批判性思维能够促使思维自主独立，促进创新；促使学会思考，优化思维方式，最终成为一个高级和完善的思考者。

燕纯纯：

学习批判性思维后，我的心态，以及看问题的角度都发生很大变化。之前遇到班级或学生的问题，会比较困惑、着急，或陷于思维定势。但现在首先会换一个角度来审视问题，学会与学生在平等与尊重的基础之上进行有效沟通，评估各方观点，重建思维。自己也能够逐渐建立起建设班级的整体构想，并把教育与自己的学科教学进行融合。再遇到问题比较从容，会带着研究与学习的心态来应对。在我的带动下，学生也学会运用批判性思维来反观自己的行为，变得更加理性与辩证。课题的学习促进了自己和学生的共同成长。

在教学中，自己也会带着批判性思维解读文本、查阅资料、论证观点、求真求实。在课堂上，也逐渐敢于放手，引导学生进行思辨，在思辨中走向理性与深入。批判性思维为我打开了一扇窗，让我看到了天地之间流动的、真实的存在。

王天红：

《义务教育语文课程标准（2011 版）》对阅读教学有具体的建议：阅读是运用语言文字获取信息、认识世界、发展思维、获得审美体验的重要途径。阅读教学是学生、教师、教科书编者、文本之间对话的过程。在理解课文的基础上，提倡多角度、有创意的阅读，利用阅读期待、阅读反思和批判等环节，拓展思维空间，提高阅读质量。语文核心素养的四项内容之一是"思维的发展与提升"。这让我产生了困惑：怎样让我们课标及核心素养中关于思维的要求落地？在接触批判性思维之前，我是靠经验让思维的内容落地的；接触批判性思维之后，批判性思维给了我一个理性的支点，让我可以撬动我的课堂教学，让语文的核心素养和课标中有关思维的要求落地。这是我在学习、使用批判性思维的过程中最大的感受。我认为批判性思维价值的最大体现是让我有一颗开放的心，促进我尽可能全面、客观、多角度地看待问题。

王秀莉：

批判性思维让我收获到了"五个一"。

一个新的视角：最大善意去倾听，去看，会领略风景；

一种静的心态：会认同，就会开放，就会更理性；

一批好的工具：隐含假设、图尔敏模型、鱼骨图从教育到生活皆可用；

一群真的伙伴：在课题组中，大家质疑、反驳、互促成长；

一撮小的火苗：批思让我更好地理解学生，温暖学生，反过来，他们也把这种温暖带给我，带给更多的人。

批思在路上，携手前行，不断进步中。

刘媛媛：

在工作和生活中难免遇到复杂且实际的问题，学习批判性思维之前，会非常情绪化对待甚至不去处理。学习批判性思维之后，我开始意识到，其实解决复杂问题是生活中的常态，我开始平心静气面对它们，并且有了一些可以操作的"思维路径"。第一，不要急于证明自己对和别人错，这样急赤白脸的争论很可能带着偏见，不但问题解决不了还会产生负面影响呢。澄清问题，多方考虑才是此刻应该做的，换句话说，就是先明白我们解决这个问题的目的是什么。第二，如果可以找到问题的本质，就可以根据这一点来综合考虑站在不同角度的人的观点了，可以列出来，大家一起分析分析，如果能找到共同点就太好了。第三，还要注意说话的用词，不要带有人身攻击性，不要以偏概全，不要导出一个可怜的"稻草人"谬误……如果可能，把这些方法一点点地在解决实际生活问题和设计课堂讨论的过程中，分享给学生吧，让我们的生活因为批判性思维而变得清晰、美好。

座谈会主题："批判性思维与我"——初遇，相处，未来

编者按：

王秀莉老师在教育教学中应用批判性思维原理已经有两年了，我们很想知道，这对于学生思维的建构与改变到底起到了怎样的作用。出于对这一问题的思考，我们召开了座谈会，下面是我们通过座谈会，整理的学生关于批判性思维对其学习、生活的多角度思考，为了读者阅读方便，我们从"初遇、相处、未来"三个角度进行了划分。

学生：

一、初遇

1. 高一初见莉姐时，她就在班里教会我们如何用批判性思维思考问题：做事要合情合理，选择要有理有据。用理性、思辨的视角带给我们对世界的新认知，让我们同时站在自己、他人、社会的角度思考问题，指引我们在人生路上谨言慎行，走得更远。（朱文诺）

2. 批判性思维是决定了人应该信什么和做什么的思维，也是一种合理的、反思型的思维。批判性思维的最终目的是培养独立的思维和自己的价值观认识。但自己价值观的养成有赖于不同思维碰撞进而"推陈出新"，我认为：倾听他人的观点是一种好的行为习惯，学会倾听才能够吸收别人的见解认识，见贤思齐，改正自己的不足。最大善意原则便是留有善意，在团队之中，这有利于我们的团队合作，帮助团队走向成功。（马鸣）

3. 批判性思维是目前教育的高等目标，总的来说就是学会反省，反思自己。这种思维不仅可以应用在学习上，更可以应用在生活上，毕竟学习学的是思路，是事物发展的规律，最后都是需要我们应用在实际上的。实践是检验真理的唯一标准，你只有真正说出来了，才能真真切切地确定自己脑子里想的是什么，说出来的又是什么，表述的对错，表述是否完整，能不能真正在考试中拿分……这都是落到实处才能看出来的，如果光在脑子里想，等到正确答案一出，觉得差不多也就过去了。对错不重要，最后明白才最重要。现在的我们，不应该再在乎自己不会了是不是没有面子之类的事。再说逆向思维，逆向思维更容易摆脱常规，更容易帮助我们脱颖而出。（盖亭宇）

二、相处

1. 用批判性思维判断事物对错可以极高地提升思维的广度与深度。从被动对外界信息照单全收，盲目接受一切信息，变为主动的对接收到的信息进行思考、分析和提炼，去粗取精、去伪存真。进行逻辑推理，自我批判才能获得更好的思维，并从中受益。（李婧如）

2. 批判性思维使我尽全力去做最好的自己，每件事都要做到勤思，善思。身为班委，在班级中要起到带头作用，完成每一项任务都要合理运用批判性思维，我的行为是否恰当？我如何能做得更好？我怎么能引领好其他同学？步入社会后，如何充分尽到自己的职责？只有不断进行反思总结并加以改正，才能给予他人更好的服务。（王可欣）

3. 高考是人生的重大转折点，很大程度地决定着我们未来的人生走向，意味着更多的机

遇与更广阔的天地。因此，高考选科尤为重要。我们根据自己的兴趣与能力等多方面，找准切入点，对自己进行一个大致的评估，以做到较大程度地发挥自己的学科潜质，及早定位自己的职业生涯，使自己有努力方向，最终走向光明的未来。同时，我们也不仅局限于规划未来人生道路，也有志于回报社会、奉献国家，将目光放眼社会急需、有前瞻性、有创新性的学科及职业，结合自身优势，综合考量，从而选择心仪的科目。（代佳昕）

三、未来

1. 对于学校的课程来说，作为学生的我们是最直面感受的，一般的课程都是按照进度，一个模块、一个模块地复习，在一定的时间段内只学习一部分内容，不再复习前面的。于是，许多同学都会对前面的知识或多或少得有些遗忘。我建议，学校可以定期添加一些系统课程，综合现在所学与之前所学，这样既可以巩固之前的知识，更加明确自己所遗忘的是哪些知识，自己可以进行专项复习，又可以检验这段时间的学习是否扎实了。对于学校的课程来说，课程安排并不是一成不变的，适当地改变或增加一些必要的课程，用批判性思维去看待我们的日常学习，灵活地变动课程安排，或许对我们的成绩更有帮助。（孙维娜）

2. 高中开始接触批判性思维一开始觉得只是在做题上，后来才慢慢地延伸到生活中的点点滴滴。在做事的过程中会经常遇到各种各样的问题和困难，运用批判性思维不光是正反两方面想问题，让问题变得简单，更多的是让自己处事变得理性，想到利弊。所以在以后的生活中不光要在自己身上运用到批判性思维，也要传递给更多的人，一方面不光把批判性思维发扬下去让别人受益；另一方面，在别人与你共事上或合作时你也会舒服很多，对方也会考虑到更多方面。（张颖涵）

3. 写议论文时，应要正反对比论证型，通过将两种性质截然相反或有差异的事物进行比较，从而深化主题内容与中心论点。而正反对比论证则又分为两种，横比可以对错误的或者差的事物予以否定，对正确或者好的事物进行肯定。纵比则是将同一事物在不同的时间、地点的不同情况进行比较，给人以深刻的印象，产生了强烈的效果。写议论文时，正反对比论证可以看作是辩论赛的正反方辩手，作者通过换位思考而进一步论证中心论点，正反对比的论证正是批判性思维的具体呈现形式之一，它可以指引我们从批判中走向更有价值的"正"，这对于我们思维发展培养起到了重要的助力，因此，我认为批判性思维是写作中必不可少的。（朱晨）

4. 系统思维不仅需要对于实验变量细节的把控，更需要有"大局观念"，首先基于大背景进行分析，确定实验中的变量、不变量，并假设出不确定的影响因素。其次进行对比实验，在对比实验过程中，也是对于假设的检验，排除次要或无影响因素，在不断的比对中，更强调我们发挥批判性思维的作用，"这条思路在这种背景下是否可行？""是否还存在其他可能性？"而正确的思路也在这样不断的提问与解答中延伸出来了。（李思麒）